国家社科基金项目

陕西省社科院优秀学术著作资助项目

实事求是价值哲学研究

王玉樑 著

人民出版社

目　　录

一
实事求是价值哲学与价值哲学发展规律

二
西方价值哲学的困境与实事求是价值哲学在中国的兴起

三

效应价值论：实事求是价值哲学的学术形态

前　　言

本书是国家社会科学基金项目"中国化马克思主义价值哲学及其重大意义研究"的最终成果。

为什么要研究这个项目？要了解这个问题，首先要了解国内外价值哲学的发展情况。

当今世界上，西方价值哲学是主观主义价值论特别是情感主义统治的，在理论上陷于混乱。西方价值哲学中的客观三义价值论，是机械的客观价值论，由于思想僵化，逐渐消亡，早已退出历史舞台。我国价值哲学领域广为流行的居主导地位的是满足需要论，从主体需要出发界定价值，而需要并非都是合理的，在理论上也陷于混乱，把哲学价值混同于功利价值，把哲学价值功利化、庸俗化，不能坚持正确的价值导向。价值哲学的发展，要求克服国内外价值哲学的理论混乱，使当代世界价值哲学走出困境，实现价值哲学理论的科学化。

本书的研究目的，就是探讨并建构一种既超越西方主观主义价值论，又超越西方客观主义价值论，也克服我国流行的满足需要论价值理论揭示有中国特色的或中国化的马克思主义价值哲学的重要意义，促进价值哲学理论的科学化。

本书主要论述了以下四个问题：

1. 什么是实事求是价值哲学？为什么说它是中国化或中国特色的马克思主义价值哲学？

本书研究的课题是实事求是价值哲学：中国化马克思主义价值哲学及其重大意义研究。要研究这个问题，首先要了解什么是实事求是价值哲学，它的本质和特点是什么。

实事求是价值哲学就是以实事求是思想为指导的实践价值哲学。实事求是价值哲学以实事求是思想为指导,实事求是是马克思主义的精髓,是对辩证唯物主义和历史唯物主义的科学概括,以实事求是思想为指导,就是以马克思主义哲学为指导。马克思说,人应该在实践中证明自己思维的真理性。所以,马克思主义的价值哲学是实践价值哲学,实事求是价值哲学是实践价值哲学,这也体现了马克思主义价值哲学的特点。所以实事求是价值哲学是马克思主义价值哲学。

实事求是价值哲学,以实事求是思想为指导。实事求是是中国古代的重要哲学思想,富有中国特色。所以实事求是价值哲学是有中国特色的或中国化的马克思主义价值哲学。

实事求是价值哲学的基本思想,主要有五个方面:一是坚持以实事求是思想为指导,即坚持以马克思主义哲学辩证唯物主义和历史唯物主义为指导;二是拿事实来说话,从实践、实践效益、效果、效应出发来理解价值;三是以人民作为价值主体和评价主体,一切从人民的根本利益出发;四是以人民利益、社会发展、人与自然和谐发展及客观规律为价值尺度;五是以真、善、美为灵魂,从功利价值与真善美相统一的角度来理解哲学价值,把社会效益放在首位,坚持经济效益、社会效益、生态效益相统一,坚持眼前价值与长远价值与实现中华民族伟大复兴的中国梦相统一。

实事求是价值哲学的这些基本思想,从根本上区别于西方价值哲学。西方价值哲学是主观主义思想或机械的客观主义思想为指导,以唯主体论的单极思维或以唯客体论的单极思维为指导;是脱离实践的理论价值哲学;是以个人为价值主体,一切从个人利益出发;是以情感愉快、兴趣、欲望、需要等为价值尺度;只重视功利价值,忽视超功利的真、善、美的价值,只重视眼前价值,忽视长远价值和崇高理想,把价值哲学功利化、庸俗化。实事求是价值哲学从根本上克服了西方价值哲学的这些局限,是对西方理论价值哲学的弊端的突破与超越。

实事求是价值哲学也克服了国内流行的满足需要论的局限。满足需要论认为价值的本质就是满足需要,以满足主体需要界定价值,但是需要有合理与不合理之分,在理论上陷于混乱;把哲学价值混同于使用价值,混同于功利价值,不能坚持正确的价值导向,不利于汇聚正能量,不利于培育和践行社会主义核心价值观,不利于实现中华民族伟大复兴的中国梦。

实事求是价值哲学坚持实事求是,从实践、实践效益、效果、效应出发理解价值,有力地克服了满足需要论的理论混乱;坚持从功利与真、善、美相统一的角度理解哲学价值,坚持正确的价值导向。有利于汇聚正能量,有利于培育和践行社会主义核心价值观,实现中华民族伟大复兴的中国梦,为我国价值哲学理论的科学化奠定坚实的基础。

2. 价值哲学发展的规律

实事求是价值哲学是实践价值哲学。实践价值哲学是对理论价值哲学的超越,反映了价值哲学发展的规律。要深刻理解实事求是价值哲学的重大意义,就必须深入了解价值哲学发展的规律。

价值哲学的发展是从自发到自觉,从理论价值哲学到实践价值哲学,这是价值哲学发展的规律。当今世界上存在着两种价值哲学,即理论价值哲学与实践价值哲学。西方价值哲学是理论价值哲学。西方价值哲学有两大流派,一派是主观主义价值论;另一派是客观主义价值论。西方价值哲学中的主观主义价值论,从情感愉快、兴趣、欲望、需要等出发来理解价值,是受本能支配的自发性的表现;西方客观主义价值论,从直觉或先验的直观出发来理解价值,直觉或直观是一种自发的认识形式,也是自发性的表现。由于崇拜自发性,从主观心理或从自发的认识形式出发,脱离实践,单纯从理论出发去理解价值,陷于理论价值哲学或经院价值哲学。由于崇拜自发性,受非理性思维支配,在理论上陷于混乱。而脱离实践,单纯从理论的方式去探讨价值问题,谁是谁非,缺乏正确的真理标准,使西方价值哲学中的理论混乱长期得不到解决,因而使西方价值哲学长期处于混乱状态而停滞不前,陷入困境。价值哲学的发展,迫切要求克服西方价值哲学的理论混乱,走出困境,实现价值哲学理论的科学化。

要使当代西方价值哲学走出困境,关键在于正确认识价值的本质。马克思主义经典作家的论述,为正确认识价值本质指明了方向。在马克思主义经典作家相关论述的启示下,毛泽东、邓小平提出坚持以实事求是思想为指导,从实践、实践结果出发来理解价值,拿事实来说话的思想,即实践价值哲学思想。毛泽东邓小平的实践价值哲学思想,坚持实事求是,从实践、实践结果出发来理解价值,能正确理解价值的本质,有力地克服西方价值哲学的理论混乱,为价值哲学的科学化奠定坚实的基础,是对西方理论价值哲学的突破和超越,为西方价值哲学走出困境指明了方向,是中国对世界价值哲学的重大贡献。毛泽东邓小平的实践价值哲学思想,以实事求是思想为指导,就是实事求是价值哲学思想。

3. 西方价值哲学的困境与实事求是价值哲学的兴起

西方价值哲学已有 100 多年的历史,其发展过程中也取得了多方面的进展。但由于崇拜自发性,脱离实践,陷入理论价值哲学,在理论上陷于混乱。西方主观主义价值论,否认价值的客观性,把价值视为纯主观的东西,使价值哲学研究失去客观基础,受非理性思维支配,忽视逻辑一贯性,陷入理论混乱,只重视功利价值,忽视超功利的真善美的价值,重视眼前价值,忽视长远价值和崇高理想,把哲学价值功利化、庸俗化。西方客观主义价值论,把价值视为客体固有的属性或先验性质,思想僵化。由于脱离实践,缺乏正确的真理标准,西方价值哲学中的理论混乱,长期得不到解决,因而长期停滞不前,陷入困境。

在马克思主义经典作家相关论述的启示下,毛泽东邓小平继承了中国古代的实事求是思想,提出了以实事求是思想为指导的实践价值哲学思想,即实事求是价值哲学。实事求是价值哲学,一切从实际出发,从实践、实践结果出发来理解价值,拿事实来说话,坚持客观地、全面地辩证地理解价值,既坚持了价值的客观性,又辩证地从发展出发来理解价值,有力地克服了西方主观主义价值论否认价值客观性和客观主义价值论的思想僵化的弊端。从实践、实践结果出发来理解价值,坚持了逻辑一贯性,有力地克服了西方价值哲学中的理论混乱。从功利与真善美相统一的角度来理解价值,把社会效益放在首位,坚持经济效益与社会效益、生态效益相统一,坚持眼前价值与长远价值、崇高理想相统一,有力地克服了西方价值哲学把哲学价值功利化、庸俗化的弊端,是对西方价值哲学的全面超越,为价值哲学理论的科学化奠定了坚实的基础。

4. 效应价值论

　　实事求是价值哲学有三种形态：一种是毛泽东、邓小平的实事求是价值哲学思想，这是实事求是价值哲学的基本形态；二是大众实事求是价值哲学，是流行于广大干部群众中的求真务实，从客观效益效果出发来理解价值的思想，是对毛泽东、邓小平实事求是价值哲学思想的认同与运用；三是效应价值论，是实事求是价值哲学思想的学术形态，是对实事求是价值哲学思想的理论阐释和学术解读。

　　效应价值论坚持以实事求是思想为指导，即坚持以辩证唯物主义或辩证唯物主义和历史唯物主义为指导；从主客体相互作用产生的客观效应出发来理解价值，体现了从实践、实践结果出发来理解价值的实践价值哲学思想；坚持以人民作为价值主体，以人民利益、社会发展为价值尺度，从功利与真善美统一出发理解哲学价值，也体现了马克思主义价值哲学的基本思想，同时又坚持以实事求是思想为指导，而实事求是是中国古代的哲学思想，富有中国特色。所以，效应价值论是具有中国特色的或中国化的马克思主义价值哲学理论。

　　效益价值论以实事求是思想为指导，坚持客观的、全面的、辩证的关系思维，既坚持价值的客观性，又重视价值的主体性；既克服了唯主体论的单极思维的片面性，又克服了唯客体论的单极思维的片面性；既克服了西方主观主义价值论否认价值客观性的偏颇，又克服了西方的客观主义价值论的僵化思想，也克服了我国流行的满足需要论理论混乱的局限，为价值哲学理论的科学化奠定了基础。效应价值论的这些思想，独树一帜，成一家之言，是价值哲学研究中的重要突破与重要的理论创新。

　　在上述研究内容中，价值哲学的发展规律、实事求是价值哲学、西方价值哲学的困境与实事求是价值哲学在中国兴起，都是本书作者首次提出的原创性成果，也是重要的理论创新。

　　实事求是价值哲学在中国的兴起，克服了西方理论价值哲学的理论混乱，是对西方理论价值哲学的突破与超越，为价值哲学理论的科学化奠定了基础，为西方价值哲学走出困境指明了方向，是中国对世界价值哲学的重大贡献，也是对马克思主义哲学的重大发展，有助于提高价值自觉和价值自信，具有重大的学术价值。

实事求是价值哲学思想,指导我国革命、建设和改革开放取得了伟大胜利。在这一思想指导下,我国人民只用了 28 年时间,就取得了中国革命的伟大胜利,使中国人民站起来了;其后又取得社会主义建设的伟大胜利。改革开放以来,仅仅 40 多年时间,就使中国快速崛起,为世界所瞩目。实事求是价值哲学思想的指导,是中国快速崛起的秘密之所在。实事求是价值哲学思想,包含着丰富的"中国智慧",为各国快速发展提供了重要经验,给各国人民以深刻启迪,具有重要的国际意义和重大的实践意义。

本书的部分内容相继在一些报刊发表,有的还被《新华文摘》、《中国社会科学文摘》和中国人民大学报刊复印资料转载,表现了本书研究成果的较好的社会影响和效益。

我们党 90 多年的实践经验证明,只要我们坚持以实事求是价值哲学思想为指导,中国革命、建设、改革就取得胜利;反之,只要背离实事求是价值哲学思想的指导,中国革命、建设、改革就会受到挫折,就会失败。历史的经验反复证明实事求是价值哲学思想的正确性和生命力。我们常说,中国革命、建设、改革的胜利,靠的是党的实事求是思想路线的指导。党的实事求是思想路线,一切从实际出发,理论联系实际,坚持实践是检验真理的标准。党的实事求是思想路线,从哲学上说,就是坚持以实事求是思想为指导,一切从实际出发,尊重客观规律,讲求实效,拿事实来说话的实事求是价值哲学在实践中的运用。实事求是价值哲学,将马克思主义哲学的真理观(认识论)、实践观、唯物史观与价值论相结合,是对马克思主义哲学的重大发展。试问,有哪一个国家的马克思主义理论,能发挥实事求是价值哲学那样的重大作用和影响? 从来没有。所以,研究实事求是价值哲学有重要的理论意义和实践意义。本书的探讨,只是一个开端,希望有更多的学者从事这个重要问题的研究,以造福中国人民和世界各国人民。

一

实事求是价值哲学与价值哲学发展规律

第一章 绪 论

——实事求是价值哲学:中国化马克思主义价值哲学及其重大意义

本书研究的是实事求是价值哲学:中国化马克思主义价值哲学及其重大意义。要研究这个课题,首先要了解什么是价值哲学。

一、价值哲学

价值哲学(philosophy of value),也称为价值论(Axiology)或价值学、价值理论,西方有的学者也有称它为伦理学或道德哲学的。这些不同的名称,包含着对价值哲学或价值论的内涵的不同理解。我们这里采用的是价值哲学这个名称,而不用价值论或价值学、价值理论等名称。这是为了表明这门学科是研究价值问题的哲学学科,突出学科的哲学性质。它是从哲学的高度去研究价值问题的学科,是研究一般价值问题的哲学学科。而价值论、价值学、价值理论,则既包括一般价值论,即哲学价值论,也包含各领域各方面的价值理论,不能明确表明学科的哲学性质,容易把一般价值论与各种特殊价值论相混淆。西方有的学者曾用过"一般价值论"这个名称,这个名称正是哲学价值论的内容。我国也有学者用"哲学价值论"这个名称的,也是为了克服"价值论"这个名称不能明确表明学科的哲学性质的缺点。用价值哲学这个名称则既简明而准确地表明学科的哲学性质,克服了上述其他名称的缺点。

价值哲学,有广义和狭义之分。广义的价值哲学指从古代哲学到现代哲学中的价值理论。狭义的价值哲学则主要指 19 世纪中叶以后,特别是 19 世纪末 20 世纪初西方哲学中兴起的价值哲学的理论。古代和近代哲学中虽有对道德价值、审美价值的研究,但是并未形成关于研究一般价值理论的独立哲学学科。所以,严格地说,价值哲学是 19 世纪中叶以后的产物,于 19 世纪末 20 世纪初形成独立的哲学学科。我们这里讲价值哲学,主要指狭义的价值哲学,即 19 世纪中叶以后在西方兴起的价值哲学理论。

"价值哲学"这个名称,有两种不同的用法:一种用法认为,价值是整个哲学的中心,哲学就是研究价值理论的学科。这是德国新康德主义弗赖堡学派价值哲学的观点。在这种观点看来,哲学就是价值哲学,是以价值为中心的学科。这种观点把哲学等同于价值哲学,把价值论提到元哲学的地位,夸大了价值在哲学中的地位和作用,忽视了本体论、实践论、认识论、历史观在哲学中的地位,显然是片面的。

"价值哲学"这个名称的第二个用法认为,价值哲学是研究一般价值论的哲学学科,是研究价值问题的哲学分支学科。在这个意义上,价值哲学与作为哲学学科的价值论、价值学、一般价值论的含义相同,除此之外还包括伦理学、美学等其他价值学科。

我们主要持后一种观点。从这种观点来看,哲学分为元哲学和分支学科,价值哲学是哲学的分支学科,价值哲学从属于元哲学,受一定的元哲学指导。价值哲学研究的是一般价值论,它包括伦理学、美学等价值学科,伦理学、美学受价值哲学或哲学价值论指导。在整个哲学体系中,价值哲学或哲学价值论与本体论、实践论、认识论、历史观等是并列的。

在价值哲学或哲学价值论与伦理学的关系上,有些学者把价值哲学或哲学价值论列于伦理学之下,将价值哲学或哲学价值论从属于伦理学。这种观点是不妥的。因为伦理学是研究道德价值的学科,道德价值是一种特殊价值;而价值哲学或哲学价值论研究的是一般价值问题。价值哲学或价值论与伦理学的关系是研究一般价值与特殊价值的关系。所以,伦理学应从属于价值哲学或哲学价值论,而不应将伦理学置于价值哲学或哲学价值论之上,让价值哲学或哲学价值论从属于伦理学。否则,就颠倒了一般价值与道德价值的关系,在理论上陷于混乱,也使伦理学失去哲学价值理论的指导而失之肤浅。总之,价值哲学是研究一般价值问题的哲学分支学科,价值哲学从属于元哲学,受一定的元哲学指导;伦理学从属于价值哲学或哲学价值论,受一定的价值哲学或哲学价值论指导。

二、马克思主义价值哲学

要研究实事求是价值哲学——中国化马克思主义价值哲学及其重大意义这个课题,必须了解什么是马克思主义价值哲学。

马克思主义哲学诞生于 19 世纪 40 年代。价值哲学诞生于 19 世纪 60 年代,于 19 世纪末 20 世纪初形成独立的哲学学科。在马克思主义哲学创立时期,还没有价值哲学这门学科。所以,在马克思、恩格斯的论述中没有论及价值哲学。当时马克思研究的价值问题,主要是商品价值,属于经济价值,而不是哲学价值。随着西方价值哲学的发展和传播,其影响日益扩大,到 20 世纪 60 年代初,苏联和东欧学者开始用马克思主义观点研究价值哲学。这样就产生了马克思主义价值哲学。从 20 世纪 70 年代末 80 年代初开始,在实践标准的大讨论和改革开放大潮的推动下,我国兴起了价值热,我国学者对哲学价值问题展开了广泛的研究。中国的价值热,从总的方面来看是广大学者运用马克思主义哲学的基本原理,借鉴西方及世界各国的价值哲学开展的价值哲学理论研究。从理论上说,以马克思主义哲学为指导的价值哲学,就是马克思主义价值哲学;但是由于对马克思主义哲学的本质以及对哲学价值的本质的理解不同,人们对马克思主义价值哲学存在着不同的理解。为了搞清楚什么是马克思主义价值哲学,首先必须了解什么是马克思主义哲学。

(一)什么是马克思主义哲学

什么是马克思主义哲学? 目前国内哲学界主要存在着两种观点:一种观点认为马克思主义哲学是辩证唯物主义,或辩证唯物主义和历史唯物主义;另一种观点认为马克思主义哲学是实践唯物主义,实践唯物主义是对马克思主义哲学本质的确切表述。

我们认为马克思主义哲学是辩证唯物主义或辩证唯物主义和历史唯物主义。

其一,从马克思主义哲学的创立过程来看。马克思主义哲学是马克思创立的,恩格斯对马克思主义哲学的创立也作出了重要贡献。马克思在哲学思想上最初接受的是黑格尔的唯心主义的辩证法。后来马克思接受了费尔巴哈的唯物主义,用唯物主义批判黑格尔辩证法的唯心主义和神秘方面,使辩证法和唯物主义相结合,从而形成辩证唯物主义的基本思想。马克思运用辩证唯物主义的基本思想,批判包括费尔巴哈在内的旧唯物主义忽视实践、忽视主体能动性的主要缺点,创立了科学实践观;在此基础上创立了唯物史观,克服了旧唯物主义在社会历史观上是唯心主义的缺陷,使马克思主义的唯物主义成为彻底的唯物主义,从而使马克思主义的唯物主义成为新唯物主义。马克思的新唯物主义,就是唯物主义辩证法与科学实践观、唯物史观相统一的辩证唯物主义。所以,从马克思主义哲学的形成过程来看,马克思创立的哲学是新唯物主义,即辩证唯物主义。

其二,从马克思对他的哲学的本质和特点的论述来看。马克思在《关于费尔巴哈的提纲》中明确指出他的哲学是"新唯物主义"。"新唯物主义"这一名称,明确指出他的哲学的本质和特点,即他的哲学本质上是唯物主义,但又区别于旧唯物主义,克服了旧唯物主义忽视实践、忽视主体能动作用及在社会历史观上是唯心主义的不彻底性的主要缺点。在《资本论》第一卷第二版中,马克思又明确指出他的方法的"唯物主义基础"①。又一次明确地指出他的哲学的唯物主义本质。他高度赞扬辩证法的批判的和革命的本质。他说:辩证法在其合理的形态上,引起资产阶级及其夸夸其谈的代理人的恼怒和恐惧。辩证法"按其本质来说,它是批判的和革命的。"马克思同时强调指出,他的辩证法与黑格尔的辩证法的根本区别,他说:"我的辩证方法,从根本上来说,不仅和黑格尔的辩证方法不同,而且和它截然相反。"②"因为我是唯物主义者,黑格尔是唯心主义者。"③在这里,他再一次明确指出其哲学的唯物主义本质。马克思的以上论述充分说明,马克思的哲学是以唯物主义为基础,又坚持从本质上来说是批判的革命的辩证法的哲学,是唯物主义与辩证法的统一,是辩证唯物主义。

---

① 《马克思恩格斯选集》第2卷,人民出版社1995年版,第110页。
② 《马克思恩格斯选集》第2卷,人民出版社1995年版,第111—112页。
③ 《马克思恩格斯选集》第4卷,人民出版社1995年版,第578—579页。

其三,从马克思主义哲学的特点来看。马克思主义哲学的诞生是哲学史上的伟大革命。马克思主义哲学不仅区别于唯心主义,而且区别于旧唯物主义。马克思主义哲学区别于旧唯物主义和唯心主义的根本特点是科学实践观的确立。

什么是科学实践观? 有的学者说,科学实践观就是唯物主义的实践观,这种说法是不准确的。科学实践观不是一般唯物主义的实践观,而是辩证唯物主义的实践观。旧唯物主义是形而上学的唯物主义,在历史观上是唯心主义的。旧唯物主义是僵化的唯物主义,它根本不可能构建能动的科学实践观。辩证唯物主义则内含着本质上是批判的、革命的、能动的辩证法,因而能够构建科学的实践观,并在此基础上构建唯物史观,从而克服了旧唯物主义在历史观上是唯心主义的不彻底性,确立了既区别于旧唯物主义又区别于唯心主义的新唯物主义。所以,只有以辩证唯物主义为指导,才能确立科学实践观。科学实践观之所以不仅区别于旧唯物主义也区别于唯心主义,最根本的原因在于它以辩证唯物主义为指导。所以,辩证唯物主义是马克思主义哲学区别于一切旧哲学的最根本特点。

有人说,辩证唯物主义忽视实践。这种看法完全是误解。如前所述,马克思说:辩证法按其本质来说,它是批判的和革命的。辩证法的本质决定了辩证唯物主义内在的要求,批判旧世界,改造旧世界,推动革命变革,这就必然重视实践,重视主体能动作用。所以,重视实践、重视主体能动作用是辩证法的本质决定的,是辩证唯物主义的内在要求和根本特点。辩证唯物主义是高度重视实践和主体能动性的哲学。科学实践观是辩证唯物主义克服了旧唯物主义形而上学的僵化思想和唯心主义的局限而确立的。在马克思创立辩证唯物主义之前,从来没有任何一个哲学家提出过科学实践观。只有当马克思创立了辩证唯物主义之后,才在辩证唯物主义指导下确立了科学实践观。历史的事实证明没有辩证唯物主义,就没有科学实践观。科学实践观是在辩证唯物主义指导下确立的,高度重视实践,重视主体能动性,是辩证唯物主义的根本特点。

其四,从马克思主义哲学的本质来看。马克思主义哲学是新唯物主义,坚持唯物主义一元论,即坚持物质一元论。旧唯物主义在历史观上是唯心主义的,它不是彻底的唯物主义,因而不能坚持物质一元论。辩证唯物主义确立了唯物史观,克服了旧唯物主义在历史观上是唯心主义的缺点,因而是彻底的唯物主义,所以辩证唯物主义能坚持物质一元论,坚持物质一元论是辩证唯物主义区别于一切旧唯物主义和唯心主义的本质特点。只有辩证唯物主义才能坚持物质一元论。离开辩证唯物主义的指导去讲实践唯物主义,实质上是把实践置于唯物主义之上,只能是搞实践一元论,而不能坚持物质一元论。

以上几方面的分析充分说明,马克思主义哲学是辩证唯物主义。辩证唯物主义是彻底的唯物主义,它内在地包括唯物史观,在这个意义上也可以说,马克思主义哲学是辩证唯物主义和历史唯物主义。

我国哲学界还流行着一种观点:认为马克思主义哲学是实践唯物主义,而不是辩证唯物主义。对这种观点应作深入分析。

对实践唯物主义,人们主要有两种理解:一种是坚持物质一元论的实践唯物主义;另一种是坚持实践一元论的实践唯物主义。

坚持物质一元论的实践唯物主义的观点认为物质是第一性的,意识是第二性的,唯物主义的观点是马克思主义哲学的首要的基本的观点,实践、实践观从属于唯物主义,实践、实践观受唯物主义指导。物质一元论,就是彻底的唯物主义,就是唯物主义一元论,就是新唯物主义,即不仅在自然观上是唯物主义,社会历史观上也坚持唯物主义。这样彻底的唯物主义只能是辩证唯物主义。因为旧唯物主义是不彻底的,它在自然观上是唯物主义,在社会历史观上则是唯心主义,旧唯物主义在自然观和社会历史观上实质上是二元论,而不是物质一元论。要坚持物质一元论,必须坚持彻底的唯物主义,坚持新唯物主义,即坚持辩证唯物主义。辩证唯物主义是彻底的唯物主义,它内在地包含着唯物史观。所以,坚持物质一元论,就必须坚持马克思主义哲学是辩证唯物主义,实践唯物主义从属于辩证唯物主义,受辩证唯物主义指导。在坚持马克思主义哲学是辩证唯物主义,实践唯物主义从属于辩证唯物主义,在受辩证唯物主义指导的意义上去理解实践唯物主义,是有意义的。它表明马克思主义哲学是高度重视实践的新唯物主义,即辩证唯物主义。这样理解实践唯物主义,有助于突出对马克思主义哲学与旧唯物主义与唯心主义的根本区别,有助于突出马克思主义哲学高度重视革命实践,重视主体能动作用的根本特点,有助于深化马克思主义哲学的研究。马克思主义哲学是新唯物主义,坚持物质一元论。这种坚持物质一元论的实践唯物主义是正确的,应当肯定。马克思恩格斯所说的"实践的唯物主义",就是这样的实践唯物主义。

坚持实践一元论观点的实践唯物主义,即把实践、实践观点置于全部马克思主义哲学的首位,将唯物主义置于实践、实践观点之后的实践唯物主义。持此观点的人很多。这种观点主要有三种不同表现:一是实践观点首要论,二是实践或实践观点核心论,三是实践本体论。另外,还有一种持实践一元论的观点,即实践人本主义或实践主义,亦即超越唯物唯心论,等等。

持实践一元论观点的实践唯物主义的第一种观点是实践观点首要论。这种观点认为,实践的观点是全部马克思主义哲学的首要的基本的观点。这种观点把实践观点置于全部马克思主义哲学的首要的基本的地位,就排斥物质第一性、意识第二性的观点了,就把实践置于唯物主义之上,就不能坚持唯物主义了,就不可能坚持物质一元论了。这种观点把实践观点置于全部马克思主义哲学的首要的和基本的地位,是赤裸裸的实践一元论,从根本上否定了物质一元论,否定唯物主义。马克思主义哲学是新唯物主义,这种观点却坚持实践一元论,否定唯物主义,这就从根本上背离了马克思主义哲学新唯物主义的本质。这种观点把实践观点置于全部马克思主义哲学的首位,又说自己是唯物主义,这就自相矛盾,在理论上陷于混乱。

实践观点首要论的根本错误在于,实践观点有唯物和唯心之分,在哲学史上不仅有唯物主义的实践观点,而且有唯心主义的实践观点,这是客观事实。把实践观点置于全部马克思主义哲学的首位,就不可能坚持物质一元论,不可能确保马克思主义哲学的唯物主义本质,就可能将唯心主义的实践观点置于全部马克思主义哲学的首位,实质上是对马克思主义哲学的唯物主义本质的否定,也就是从根本上否定马克思主义哲学。

坚持实践观点首要论的学者辩解说:他们所说的实践的观点,是马克思创立的科学实践观,他们所谓科学实践观,就是唯物主义的实践观。科学实践观的确是马克思主义哲学区别于一切旧唯物主义和唯心主义的根本特点。如前所述,科学实践观是以辩证唯物主义作指导的实践观,是辩证唯物主义的实践观,而不是一般唯物主义的实践观,更不是一般的实践观点。一般唯物主义不可能确立科学实践观。这种观点把科学实践观混同于一般唯物主义实践观，进而又混同于一般实践观点。这种观点说什么"实践观点"是全部马克思主义哲学的首要的基本的观点，又说他们说的"实践观点"是科学实践观。他们把不同的概念等同起来，充分说明他们在理论上逻辑上是多么混乱。由此可见，这种观点在理论上是根本站不住脚的，是根本不能成立的。

如果真正认为科学实践观是全部马克思主义哲学的首要的和基本的观点，而科学实践观就是辩证唯物主义的实践观，是以辩证唯物主义为指导的实践观。在科学实践观中，辩证唯物主义居指导地位，实践观或实践观点居从属地位。也就是说，在科学实践观中，首要的具有决定意义的观点是辩证唯物主义观点，而实践观点则居次要地位。从这里我们就可以得出辩证唯物主义观点是全部马克思主义哲学中首要的和基本的观点的结论。这才是承认科学实践观是马克思主义哲学区别于一切旧唯物主义和唯心主义的根本特点所必然得出的逻辑结论。这个逻辑结论正好证明，马克思主义哲学的本质是辩证唯物主义，而不是实践唯物主义，证明辩证唯物主义观点是全部马克思主义哲学的首要的和基本的观点，证明所谓实践的观点是全部马克思主义哲学的首要的基本观点是错误的、不能成立的。

持实践观点首要论的人，为了掩盖其否定辩证唯物主义和历史唯物主义的困境，还提出马克思主义哲学是实践唯物主义、辩证唯物主义、历史唯物主义"一体化"的观点。但是他们仍然认为实践的观点是全部马克思主义哲学的首要的和基本的观点，并把实践唯物主义置于辩证唯物主义和历史唯物主义之上。这表明他们仍然坚持实践一元论，并将其贯彻于全部马克思主义哲学之中。这就充分暴露了他们坚持实践一元论，否定马克思主义哲学是新唯物主义的本来面目。

持实践一元论观点的实践唯物主义的第二种观点是实践或实践观点核心论。这种观点认为，实践或实践观点是马克思主义哲学的核心，所以，马克思主义哲学是实践唯物主义。马克思主义哲学是新唯物主义，坚持物质一元论。实践或实践观点核心论把实践或实践观点作为马克思主义哲学的核心，就排斥了物质第一性，让位于第二性的观点，就不可能坚持唯物主义，就否定了物质一元论。这种观点认为，实践或实践观点是马克思主义的核心，是赤裸裸的实践一元论。这种观点的根本错误在于,对实践范畴可以作主观的理解,也可以作客观的理解。实践的观点有唯物主义与唯心主义之分,有唯物主义的实践观点,也有唯心主义的实践观点。把实践或实践观点作为马克思主义的核心,搞实践一元论,不可能坚持马克思主义哲学的唯物主义本质,从根本上背离了马克思主义哲学的物质一元论。

实践或实践观点核心论,无法与实用主义划清界限。当代美国实用主义者莫利斯说:"对于实用主义者来说,人类行为肯定是他们所关注的核心论题。"①他所谓的"人类行为",指的就是人类的实践活动。这表明人类实践是实用主义者所关注的核心论题,也就是说,实用主义哲学是持实践核心论的哲学,而实用主义是以经验主义为其理论基础的。实用主义所谓实践,是指主体采取的任何活动,包括那些纯主观的意识活动在内。实用主义既嘲笑唯物主义的形而上学,也嘲笑唯心主义的形而上学。实用主义的实践观,是经验主义的实践观。实用主义的经验主义与贝克莱的主观唯心论是一脉相承的。实用主义的创始人皮尔士说:"贝克莱比任何其他人更有权认为是把实用主义引入哲学的人。"②皮尔士的话清楚地表明了实用主义的实质,即实用主义的实践核心论,是以主观唯心主义的经验论为基础的。实用主义重视实践,突出表现为重视实际效果。皮尔士认为,存在(实在)就是有效,这是判断事物的实在性的根本原则。皮尔士把实际效果当作人的感性知觉,即认为凡能引起人的某种感性知觉的就是有实效的,而人的感性知觉是主观的东西,是人的一种感性认识或感受。所以,实用主义所谓的"皮尔士原则",即存在(实在)就是有效的原则,与贝克莱所谓存在就是被感知的主观唯心主义实质上是一致的。实用主义的"皮尔士原则",正是继承了贝克莱的主观唯心主义思想。实用主义哲学宣称自己以实践为核心,标榜自己超越唯物主义与唯心主义,实际上,它是一种与贝克莱的哲学合流的主观唯心主义哲学。认为实践或实践观点是马克思主义的核心,把马克思主义哲学说成实践或实践观点核心论,就是把马

---

①　[美]莫利斯:《美国哲学中的实用主义运动》,转引自刘放桐等编:《现代西方哲学》上册,人民出版社1990年版,第274页。

②　[美]培里:《詹姆士的思想和性格》,转引自全增瑕主编:《西方哲学史》下册,上海人民出版社1985年版,第549页。

克思主义哲学混同于实用主义哲学，这是对马克思主义哲学的严重歪曲。

实践是主体与客体相互作用的有目的的感性物质活动。实践范畴是一个关系范畴。如果说，在哲学史上，对存在、实在这样一些范畴有不同的理解，都既可以作客观的理解，也可以作主观的理解。例如，实用主义哲学对存在、实在就作主观的理解。那么，对实践范畴就更可能有不同的理解，即同样既可以作客观的理解，也可以作主观的理解。所以，实践范畴、实践观点不可能是哲学的核心。实用主义宣扬自己的哲学是实践核心论，实际上它的哲学是以主观唯心主义的经验论为指导的，其核心是主观唯心主义的哲学观。说实践或实践观点是马克思主义的核心，从根本上背离了马克思主义哲学唯物主义的本质，不能确保马克思主义哲学新唯物主义的方向。

一些学者为什么坚持实践或实践观点核心论呢？他们持此观点，主要是为了与旧唯物主义划清界限，认为物质第一性是唯物主义哲学共同的观点，不是马克思主义哲学区别于旧唯物主义的特点，只有科学的实践观，才是马克思主义哲学区别于旧唯物主义的根本特点。

说科学的实践观是马克思主义哲学区别于旧唯物主义的根本特点，这是对的；但是说实践或实践观点是马克思主义哲学的核心就不妥了。科学的实践观与实践观点是两个根本不同的概念。如前所述，科学的实践观，是以辩证唯物主义为指导的实践观，是辩证唯物主义的实践观，它的确是马克思主义区别于旧唯物主义的根本特点，而实践观点则有唯物主义与唯心主义之分。以实践的观点作为马克思主义哲学的核心，无法坚持马克思主义哲学的唯物主义本质，也无法区别于唯心主义的实践核心论，根本不是马克思主义哲学的特点。这种观点把科学的实践观混同于一般的实践的观点，背离了逻辑一贯性，因而导致理论混乱。所以，认为实践的观点是马克思主义哲学的核心的观点的看法，是根本错误的。

如前所述，如果真正认为科学的实践观是马克思主义哲学区别于旧唯物主义的根本特点，因而是马克思主义哲学的核心的观点，而科学的实践观是辩证唯物主义的实践观，那么就应当说辩证唯物主义的实践观是马克思主义哲学的核心的观点。而在辩证唯物主义的实践观中，辩证唯物主义观点居指导的地位，实践的观点处于从属的地位。这样，就应当说，辩证唯物主义观点是马克思主义哲学的核心的观点,这才是科学的合乎逻辑的结论。由此可见,马克思主义哲学的核心的观点,是辩证唯物主义观点而不是实践的观点。只有辩证唯物主义观点,才能区别于形而上学的旧唯物主义和一切唯心主义,才是马克思主义哲学的核心的观点。

持实践一元论的实践唯物主义观点的第三种观点是实践本体论。这种观点认为马克思主义哲学变革的实质在于实现了从传统的物质本体论到实践本体论的转变。这种观点把实践理解为整个世界的本体,无视外界自然界的"优先地位",否定思维与存在的关系问题是马克思主义哲学的基本问题和最高问题,是最典型的实践一元论,从根本上背离了马克思主义哲学的唯物主义本质。

持这种观点的学者有一个基本的观点,就是贬低物质本体论,认为物质本体论是前人的成果,是马克思从前人那里继承下来的,而不是马克思主义哲学超越前人之所在;而实践的观点则是马克思主义哲学超越前人之所在。所以他们认为实践是整个世界的本体,实践观点是马克思主义哲学的基础和核心。

马克思主义的物质本体论,是辩证唯物主义,它同一般的唯物主义的物质本体论有联系又有区别。一般唯物主义的物质本体论,坚持物质第一性,意识第二性的基本原理,这一点辩证唯物主义与一般唯物主义相同。唯物主义有新旧之分,旧唯物主义是形而上学的、直观的,在历史观上是唯心的,是不彻底的唯物主义。新唯物主义是辩证的、重视实践的,在历史观上坚持唯物史观,是彻底的唯物主义。如前所述,马克思创立新唯物主义,即创立辩证唯物主义,经历了两次革命。马克思早期接受的是黑格尔的唯心主义辩证法,后来马克思接受了费尔巴哈的唯物主义思想,运用唯物主义思想批判黑格尔的辩证法的神秘的唯心主义,将它改变为唯物辩证法,使唯物主义与辩证法结合,形成辩证唯物主义的基本思想,这是一次伟大的革命。在此基础上,马克思又运用辩证唯物主义的思想,批判包括费尔巴哈在内的旧唯物主义的直观性,忽视实践、忽视主体能动性的缺点,创立了科学实践观,即辩证唯物主义的实践观,从而克服了旧唯物主义的直观性,忽视实践、忽视主体能动性的缺点。在科学实践观的基础上,马克思确立了科学的真理观和唯物史观,克服了旧唯物主义的不彻底性,从而创立了根本区别于形而上学的旧唯物主义的新唯物主义,即辩证唯物主义。辩证唯物主义是具有科学实践观、科学真理观和唯物史观的彻底的唯物主义。从对旧唯物主义的批判到确立科学实践观、真理观和唯物史观,进一步完善了辩证唯物主义,从而确立了新唯物主义,这是一场深刻的革命。辩证唯物主义是马克思恩格斯的伟大创造。试问,在哲学史上,在马克思之前,有谁创立过辩证唯物主义。所以,马克思的辩证唯物主义绝不是对旧唯物主义的简单的继承,而是在前人成果的基础上作了深刻变革的伟大创造,它正是马克思主义哲学超越前人的根本特色之所在。说马克思主义哲学的物质本体论只是从前人那里继承下来的成果,而不是新唯物主义的旗帜,纯粹是误解。

实践概念和实践的观点的确很重要,但实践概念和实践观点都并非马克思创造的。在马克思之前早已有许多哲学家使用过实践概念和实践观点,并赋予它们以不同的内涵。马克思的功绩在于创立了科学的实践观。从根本上与旧唯物主义和唯心主义划清了界限,同时也为科学的真理观和唯物史观奠定了基础。而科学的实践观是以辩证唯物主义为指导的实践观。辩证唯物主义是科学的实践观的灵魂,辩证唯物主义是区别于形而上学的旧唯物主义的新唯物主义,它仍然以唯物主义为基础,仍然坚持唯物本体论,但它是以新唯物主义超越旧唯物主义。本体论回答的是世界的本原问题。科学的实践观是辩证唯物主义实践观,有赖于辩证唯物主义的指导,在科学的实践观中,实践的观点的性质决定于辩证唯物主义的性质。在这里,实践的观点的性质从属于辩证唯物主义观点,实践、实践观点不具有本原的性质,怎么能说马克思主义哲学是实践本体论呢?在科学的实践观中,真正回答世界本原问题的是辩证唯物主义,它告诉人们世界的本原是物质的,物质是辩证地发展的,这就是辩证唯物主义的物质本体论。由此可见,马克思主义哲学的革命的实质,不在于实现了从传统的物质本体论到实践本体论的转变,而在于实现了从旧唯物主义到新唯物主义,即辩证唯物主义的转变,从而丰富和发展了物质本体论。马克思主义哲学是新唯物主义,坚持物质一元论,坚持物质本体论,并丰富和发展了物质本体论。说马克思主义哲学是实践本体论,就是鼓吹实践一元论,否定马克思主义哲学的物质本体论,就是从根本上否定了马克思主义哲学的唯物主义本质,是完全错误的。

实践一元论还有一种观点,即实践人本主义或实践主义。持这种观点的学者从他们对马克思《关于费尔巴哈的提纲》等著作中的论述的理解出发,把实践作为马克思主义哲学的最高范畴。认为马克思主义哲学变革的实质是从本体论的思维方式转变为实践的思维方式。本体论的思维方式,是追求终极本质,注目过去,看重现在,进而形成哲学的两极对立——唯物主义和唯心主义的对立。马克思主义哲学在批判唯心主义和旧唯物主义的过程中,克服了本体论的思维方式,确立了实践的思维方式。认为"马克思主义哲学再也不能被容纳于传统的唯物论与唯心论派别对立的模式,既不能从唯心论观点去理解它,也不能从唯物论观点去理解它,马克思主义哲学诞生的秘密,变革的实质,恰恰就在于对唯物论和唯心论对立的超越。"①这种观点认为,我们既不能在唯物主义的意义上,也不能在唯心主义的意义上去理解马克思主义。这就从根本上否定了马克思主义哲学的唯物主义本质。这种观点把实践作为马克思主义哲学的最高范畴,也是典型的实践一元论。

马克思明确指出他的哲学是新唯物主义,并且尖锐地批判唯心主义。这种观点却说马克思主义哲学超越了唯物主义与唯心主义的两极对立。这就从根本上否定了马克思主义哲学的唯物主义本质,这是对马克思主义哲学的极大歪曲。这种观点说马克思主义哲学超越了唯物主义与唯心主义的两极对立,是以马克思《1844 年经济学哲学手稿》中的一段话为根据的。马克思说:"彻底的自然主义或人本主义既有别于唯心主义,也有别于唯物主义。"②对这段话,要正确理解。

马克思的哲学思想的发展是一个过程,马克思是从黑格尔的唯心主义辩证法出发走向费尔巴哈的唯物主义,然后发展到历史唯物主义。1845 年春写作的《关于费尔巴哈的提纲》标志着马克思主义哲学的形成,《1844 年经济学哲学手稿》则是马克思早期转变过程中的作品,其中有许多重要见解,同时也存在着某些局限,在《1844 年经济学哲学手稿》中仍沿用费尔巴哈的某些表述。例如,费尔巴哈由于不满意当时一些人把唯物主义庸俗化的观点,称自己

---

① 高清海:《再论实践观点的超越性本质》,《哲学动态》1989 年第 1 期。
② 马克思:《1844 年经济学哲学手稿》,刘丕坤译,人民出版社 1979 年版,第 120 页。

的哲学观点为自然主义或人本主义,同时总是避讳用唯物主义这个术语。在《1844年经济学哲学手稿》中,马克思把自己的哲学思想称为"彻底的自然主义或人本主义"(或"人道主义"),就是沿用了当时费尔巴哈的术语。这表明,在《1844年经济学哲学手稿》中,还存在着某些费尔巴哈的影响,这是《1844年经济学哲学手稿》的局限。《1844年经济学哲学手稿》中所说的"彻底的自然主义或人本主义既有别于唯心主义,也有别于唯物主义",这里的"唯物主义",指当时被一些人歪曲的唯物主义,即庸俗唯物主义。这表明马克思对费尔巴哈所讨厌的某些所谓的唯物主义的不满,而不是对一般唯物主义的否定。马克思在《1844年经济学哲学手稿》中还说,费尔巴哈哲学的伟大功绩在于:"创立了真正的唯物主义和现实的科学。"①可见,在《1844年经济学哲学手稿》中,马克思是肯定费尔巴哈的"真正的唯物主义"的。所以在《1844年经济学哲学手稿》中,马克思是坚持唯物主义的。马克思的哲学超越的是唯心主义和费尔巴哈所讨厌的唯物主义而不是一切唯物主义。用马克思这一段话来证明马克思主义哲学"超越唯心论与唯物论的两极对立",是对《1844年经济学哲学手稿》的严重误解。《1844年经济学哲学手稿》中的这一段表达不准确,有局限。1845年,马克思在《关于费尔巴哈的提纲》中明确提出他的哲学是新唯物主义,进一步表明马克思主义哲学的唯物主义本质。说马克思主义哲学诞生的秘密、变革的实质在于对唯物论与唯心论对立的超越,是毫无根据的,是对马克思主义哲学的严重歪曲。

实践、实践观点的确很重要,应高度重视。但是马克思主义哲学是新唯物主义,重视实践、实践观点的作用,必须以坚持马克思主义哲学的新唯物主义的本质为前提。上述持实践观点首要论、实践或实践观点核心论、实践本体论三种实践唯物主义的观点,以及实践人本主义或超越唯物与唯心论对立的观点,都是实践一元论,都背离了马克思主义哲学的新唯物主义的本质,都是对马克思主义哲学的歪曲。只有辩证唯物主义才是对马克思主义哲学的准确表述,才真正反映了马克思主义哲学的本质。所以,马克思主义哲学是辩证唯物主义,而不是实践唯物主义。持实践一元论观点的学者认为,马克思主义哲学

① 《马克思恩格斯全集》第42卷,人民出版社1979年版,第158页。

是实践唯物主义而不是辩证唯物主义,否定或贬低辩证唯物主义,是错误的有害的。只有坚持马克思主义哲学是辩证唯物主义,实践唯物主义从属于辩证唯物主义,受辩证唯物主义指导,才是正确的。

这是因为,马克思主义哲学是新唯物主义,坚持彻底的唯物主义,坚持唯物主义一元论,坚持物质一元论。只有彻底的唯物主义才是新唯物主义,才真正坚持物质一元论。辩证唯物主义是彻底的唯物主义,它不仅在自然观上,而且在社会历史观上都坚持唯物主义。而绝大多数持实践唯物主义观点的人,实际上都是持实践一元论。如果要坚持物质一元论,必须坚持以辩证唯物主义为指导,必须承认马克思主义哲学是辩证唯物主义。辩证唯物主义不仅坚持物质一元论,坚持彻底的唯物主义,从根本上区别于唯心主义,而且它内含着批判的革命的辩证法,科学的实践观、真理观和唯物史观,从根本上区别于形而上学的直观的旧唯物主义,是马克思主义哲学区别于旧唯物主义和唯心主义的根本特点。创立辩证唯物主义,是马克思主义哲学变革的实质所在。马克思主义哲学是辩证唯物主义,辩证唯物主义内在地包含着科学实践观和唯物史观。在这个意义上,马克思主义哲学是辩证唯物主义和历史唯物主义。

(二)什么是马克思主义价值哲学

什么是马克思主义价值哲学? 马克思主义价值哲学就是以马克思主义哲学为指导的价值哲学。马克思主义哲学是辩证唯物主义或辩证唯物主义和历史唯物主义,马克思主义价值哲学就是辩证唯物主义价值哲学或辩证唯物主义和历史唯物主义价值哲学。

要深入了解什么是马克思主义价值哲学,必须首先了解马克思主义价值哲学区别于西方价值哲学的基本特点。

其一,马克思主义价值哲学以辩证唯物主义或辩证唯物主义和历史唯物主义为指导。西方价值哲学则以唯主体论的单极思维或唯客体论的单极思维为指导,即以主观主义或机械僵化的形而上学的客观主义为指导,因而西方价值哲学是主观主义价值论或机械客观论的价值哲学。

其二,马克思主义价值哲学是实践价值哲学,坚持从客观实际出发,从实践、实践结果出发去理解价值,用实践结果去证明对价值本质认识的正确性及价值的有无与大小,致力于指导实践,改变世界。西方价值哲学则是脱离实践的理论价值哲学。单纯从主体情感、兴趣、欲望、需要等出发,从主观心理出发,或从直觉或先验直观出发,从理论出发去理解价值,无视现实生活实践的结果和实践的检验。

其三,马克思主义价值哲学以人民为价值主体,把个人利益与社会利益统一起来,一切从广大人民的根本利益出发。西方价值哲学则以个人为价值主体,一切从个人利益出发,从个人情感、兴趣、欲望、需要等出发,或从个人直觉或先验直觉出发。

其四,马克思主义价值哲学以主体发展、人的发展、社会的发展、人的全面而自由的发展为主体尺度,以客观规律和生态和谐为客体尺度。西方价值哲学则以主体情感、兴趣、欲望、需要等为主体价值尺度,或以直觉或先验直观为主体尺度,忽视生态和谐的作用。

其五,马克思主义价值哲学从解放全人类,从每个人全面而自由的发展的思想出发,既重视功利价值,也重视超功利的真、善、美的价值,重视理想、信念、道德、人格的价值;既重视眼前价值,又重视长远价值和崇高理想、信念、道德价值。西方价值哲学则从趋乐避苦、趋利避害的本能出发,从主体情感、兴趣、欲望、需要等出发,或从直觉或先验直观出发,只重视功利价值,而忽视超功利的真、善、美的价值,只重视眼前价值而忽视长远价值和崇高理想、信念、道德人格。急功近利,重利轻义,见利忘义,把哲学价值功利化、庸俗化。

总之,马克思主义价值哲学是以辩证唯物主义和历史唯物主义为指导的,从实践和实践结果出发理解价值,以人民为价值主体,以发展、人的发展、社会发展、人的全面而自由的发展为主体尺度,以客观规律和生态和谐为客体尺度,以真、善、美为灵魂,从功利与真、善、美相统一来理解价值,既重视功利价值,又重视超功利的真、善、美的价值,既重视眼前价值,又重视长远价值,重视崇高理想、信念和道德、人格的实践价值哲学。而西方价值哲学则是以唯主体论的单极思维或唯客体论的单极思维为指导,脱离实践,单纯从理论出发理解价值,以个人为价值主体,以主体情感、兴趣、欲望、需要等为主体尺度,忽视客观规律和生态和谐,把哲学价值混同于功利价值,只重视眼前价值而忽视长远价值和崇高理想的理论价值哲学。马克思主义价值哲学是对西方价值哲学的全面超越。

三、实事求是价值哲学：中国化马克思主义价值哲学

实事求是价值哲学：中国化马克思主义价值哲学，是本书的主题。要研究这个问题，首先要了解什么是实事求是价值哲学？为什么说实事求是价值哲学是中国化马克思主义价值哲学？

什么是实事求是价值哲学？实事求是价值哲学就是以实事求是思想为指导的实践价值哲学。实事求是价值哲学的基本思想，主要有五个方面：一是坚持以实事求是思想为指导；二是从实践效益、效果、效应、实绩出发来理解价值，拿事实来说话；三是以人民为价值主体和评价主体，一切从人民的根本利益出发，使改革发展的成果惠及全体人民；四是以人民利益，以发展、人的发展、社会的发展、社会与自然和谐发展，以客观规律为价值尺度；五是坚持物质文明、精神文明、生态文明相统一，把社会效益放在首位，坚持经济效益、社会效益、生态效益相统一，以真、善、美为灵魂，从功利价值与真、善、美相统一来理解价值，坚持眼前价值与崇高理想、与实现中华民族伟大复兴的中国梦相统一。

为什么说实事求是价值哲学是中国化马克思主义价值哲学？首先因为实事求是价值哲学是以实事求是思想为指导的实践价值哲学，而实事求是是马克思主义的精髓，所以它是马克思主义价值哲学；同时，它又具有鲜明的中国特点、特色，不同于一般的马克思主义价值哲学，所以它是中国化或中国特色的马克思主义价值哲学。

实事求是是马克思主义的精髓，以实事求是的思想为指导的价值哲学，即实事求是价值哲学，自然是马克思主义价值哲学。

实事求是价值哲学是马克思主义价值哲学，它又有不同于一般马克思主义价值哲学的突出特点或特色。最主要的一点，就是坚持以实事求是思想为指导。实事求是是对马克思主义哲学辩证唯物主义和历史唯物主义的概括，是马克思主义哲学基本原理的运用，是用中国语言表述的马克思主义哲

学的基本原理。实事求是是中国古代哲学中的一个重要命题。用"实事求是"来概括辩证唯物主义和历史唯物主义,是中国所独有的,具有鲜明的中国特色。

从实事求是价值哲学的基本思想来看,实事求是价值哲学以实事求是思想为指导。实事求是,一切从实际出发,理论联系实际,坚持实践是检验真理的标准,这是对马克思、恩格斯创立的辩证唯物主义和历史唯物主义的思想路线的科学概括。这种概括也是中国特有的,也体现了中国特色。

马克思主义价值哲学是实践价值哲学,从实践、实践结果出发来理解价值。实事求是价值哲学从实践效益、效果、效应出发来理解价值,坚持拿事实来说话,既坚持实践价值哲学的基本特点,又具有中国特色。

马克思主义价值哲学认为人民群众是历史的创造者,以人民为价值主体和评价主体,一切从人民的利益出发。实事求是价值哲学要求全心全意为人民服务,为人民造福,把改革发展的成果惠及全体人民,必须给人民以看得见的物质福利。实事求是价值哲学的这些思想,也是既坚持了马克思主义价值哲学的基本精神,又具有中国特色。

马克思主义价值哲学致力于实现解放全人类,致力于每个人自由而全面发展的伟大历史任务,努力促进社会发展,人的自由而全面的发展,以发展为基本的价值尺度。实事求是价值哲学坚持发展才是硬道理,以发展为执政兴国的第一要务。实事求是价值哲学的这一思想,既体现了马克思主义价值哲学的基本思想,又具有中国特色。

马克思主义价值哲学既重视功利价值,又重视超功利的真善美的价值,坚持真善美基础上的功利与真善美的统一,既重视眼前价值,又重视长远价值,努力为全人类的解放而奋斗。实事求是价值哲学坚持两手抓,既重视物质文明建设,又重视精神文明建设,把社会效益放在首位,经济效益与社会效益、生态效益相统一,社会主义现代化建设与实现中华民族伟大复兴的中国梦相统一,坚持以真善美为灵魂,功利与真善美相统一。实事求是价值哲学的这些思想,既体现了马克思主义价值哲学的基本精神,也具有鲜明的中国特色。

总之,实事求是价值哲学,既坚持以马克思主义哲学为指导,又具有鲜明的中国特色,是中国化或有中国特色的马克思主义价值哲学。

四、研究实事求是价值哲学:中国化马克思主义 价值哲学的重大意义

研究实事求是价值哲学——中国化马克思主义价值哲学,具有重大的理论意义和实践意义。

(一)西方价值哲学发展的困境与国内流行的价值哲学理论的缺陷

要了解研究这一课题的重要意义,首先要了解国内外价值哲学发展的情况。

首先我们来看一看西方价值哲学发展的情况。当代世界主流的价值哲学是西方价值哲学。西方价值哲学于 19 世纪末 20 世纪初形成为独立的哲学学科,至今已有 100 多年的历史。西方价值哲学的发展经历了三个阶段:第一阶段是 19 世纪末 20 世纪初,西方价值哲学形成阶段。这个阶段是主观主义价值论居主导地位,如情感愉快论、欲望对象论、满足需要论、评价结果论等,客观主义价值论影响不大。第二阶段是 20 世纪初到 20 世纪 20 年代,是主观主义价值论与客观主义价值论对峙并存的阶段。这个时期,前一阶段的主观主义价值论依然存在,又产生了兴趣价值论等主观主义价值论;同时,产生了两种客观主义价值论,即直觉主义价值论和现象学价值论,与主观主义价值论对峙并存。第三阶段是 20 世纪 30 年代到现在,是主观主义价值论特别是情感主义统治阶段。在这个阶段里,第二阶段产生的两种客观主义价值论,由于其思想机械僵化,在逻辑实证主义的猛烈批评下逐渐消亡,作为一个学派退出历史舞台。整个西方价值哲学,成为主观主义价值论,特别是情感主义的一统天下。这个时期的主观主义价值论,包括情感愉快论、欲望对象论、兴趣对象论、满足需要论、评价结果论、心灵赋予论及情感主义等,情感主义在西方价值哲学中居统治地位。

在主观主义价值论特别是情感主义统治下,西方价值哲学在理论上陷于混乱,长期停滞不前,陷入困境。

　　首先,在价值本质的理解上陷入混乱。西方主观主义价值论,特别是情感主义,从情感、兴趣、欲望、需要等出发来理解价值,否认价值的客观性,把价值视为主观偏好,使价值理论研究失去客观根据。西方一度颇有影响的客观主义价值论,是机械的僵化的客观主义价值论,它虽然坚持价值的客观性,但是只强调价值的绝对性,否认价值的相对性、历史性,因而陷入僵化,不能解释价值因人而异的现象,在逻辑实证主义的批评下,走向消亡。西方价值哲学中主观主义价值论与客观主义价值论在价值本质的理解上都陷入混乱。

　　其次,忽视逻辑一贯性。西方主观主义价值论特别是情感主义从情感、兴趣、欲望、需要等出发来理解价值,而情感、兴趣、欲望、需要等都有合理与不合理之分,因而不能坚持逻辑一贯性,在理论上陷于混乱。西方客观主义价值论,从直觉或先验的直观出发来理解价值,而人们的直觉或直观各不相同,也不能坚持逻辑一贯性,在理论上同样陷于混乱。

　　再次,价值追求功利化、庸俗化。在价值追求上,西方主观主义价值论特别是情感主义,从情感、兴趣、欲望、需要等出发来理解价值,西方客观主义价值论,从直觉或先验直观出发来理解价值,重视眼前价值而忽视长远价值,忽视崇高理想和道德人格,重视功利价值而忽视超功利的真、善、美的价值,重视工具理性而忽视价值理性,使西方道德理论和道德文化生活陷于混乱和危机,影响社会和谐和可持续发展。

　　100 多年来,西方价值哲学存在的这些问题,长期得不到解决,使西方价值哲学理论长期停滞不前,陷入困境。

　　当代西方价值哲学陷入困境的原因,最根本的是崇拜自发性。趋乐避苦、趋利避害,是人的本能。人们总是自发地趋向于认为使自己快乐的东西,对自己有利的东西就有(正)价值,使自己痛苦、对自己不利的东西就是负价值。西方有些学者认为,能使人快乐的东西就是有价值的,这种观点就是情感愉快论。西方一些学者认为,是兴趣对象的东西,就有价值,或认为是欲望对象的东西,或能满足需要的东西,就有价值,因为是兴趣的对象、欲望的对象、能满足需要的东西,都能使人产生快感。这样的观点就是兴趣对象论、欲望对象论、满足需要论观点。这些观点,都是人们趋乐避苦的自发性的表现。西方有的学者认为价值是情感态度的表达,实际上也是认为价值是人们是否快乐的表达,也是人们自发性的表现。可见西方当代价值哲学中的情感愉快论、兴趣对象论、欲望对象论、满足需要论、情感主义价值论等,都是价值哲学中的自发性的表现。而上述各种价值哲学观点,正是当代西方价值哲学中的主流的观点、统治的观点。当代西方价值哲学之所以从情感愉快,从兴趣、欲望、需要等出发去理解价值,根本原因在于受本能支配,受自发性支配。西方价值哲学中已经消亡的客观主义价值论,从直觉或先验的直观出发去理解价值,直觉或直观也是一种自发的认识形式,因而也是崇拜自发性的表现。

当代西方价值哲学之所以陷入困境的另一个原因,是脱离实践,陷入理论价值哲学。当代西方价值哲学是主观主义价值论特别是情感主义统治,从情感、兴趣、欲望、需要等出发来理解价值,从主观心理出发来理解价值,脱离实践,单纯从理论出发来理解价值,陷入脱离实践的理论价值哲学或经院价值哲学。西方已经消亡的客观主义价值论,从直觉或以先验的直观出发来理解价值,也是脱离实践的理论价值哲学。由于脱离实践,不顾后果,只在理论上进行争论,各家都坚持己见,谁是谁非,又缺乏令人信服的真理标准,众说纷纭,莫衷一是,得不到什么结果,使西方价值哲学中的一些错误观点长期得不到纠正,致使西方价值哲学长期处于混乱状态。

当代西方价值哲学陷入困境的再一个原因是受非理性思维支配。西方价值哲学中居统治地位的主观主义价值论特别是情感主义,崇拜自发性,受本能支配,从情感、兴趣、欲望、需要等出发来理解价值,使情感意志支配人的价值生活,使整个价值理论完全受非理性思维支配,忽视逻辑一贯性,导致理论混乱,陷入困境。西方价值哲学中一度颇为流行,早已消亡的客观主义价值论,从直觉或先验的直观出发来理解价值,从表面现象去理解价值,忽视理性思维和逻辑,受机械论思想支配,思想僵化,不能解释复杂的价值现象,实质上也是一种僵化的非理性思维。所以,总的来说,西方价值哲学都是受非理论思维支配,因而在理论上陷入混乱。

当代西方价值哲学陷入困境,还有一个原因是以唯主体论或唯客体论的单极思维为指导。西方一些学者以唯主体论的单极思维为指导,从情感愉快,从兴趣、欲望、需要等出发来理解价值,把价值视为主观偏好,否认价值的客观性,陷入主观主义价值论。西方的另一些学者,以唯客体论的单极思维为指导,只重视价值的客观性,只讲价值的绝对性,否定价值的相对性、历史性,不能解释价值因人而异的现象,陷入机械的僵化的客观主义价值论。二者都是以单极思维为指导,都陷入片面性,因而在理论上陷入混乱。

以上这些原因,导致西方价值哲学长期理论混乱,陷入困境。

从我国情况来看,在我国价值哲学学术领域,30 多年来流行的主要观点,一直是满足需要论。这种观点是美国实用主义哲学家詹姆士于 1897 年提出来的。他说:"善的本质,简单说来就是满足需要。"①他所谓善,指的就是(正)价值。也就是说价值的本质就是满足需要。这种观点是西方价值哲学中流行的一种重要的观点。在西方,这种观点是公认的主观主义价值论观点。文德尔班说:"每种价值首先意味着满足某种需要或引起某种快感的东西。"②他认为,价值就是满足某种需要或引起某种快感的东西。也就是说,满足需要之所以有价值,就是因为能引起快感,引起快感是满足需要之所以有价值的根本原因。德国哲学家舍勒说得更清楚,他认为主观主义价值论以需要为基础,或者把价值等同于快乐,或者把价值看作产生愉快的原因。③ 西方主观主义价值论以需要为基础,把价值等同于快乐。所以满足需要论从思想根源上说是,认为能使人产生快感的东西就是有价值的,这种思维就是快乐主义。而快乐主义实质上是主观主义的情感愉快论,所以满足需要论在西方是公认的主观主义价值论。

持满足需要论的学者,从他们的主观愿望来说,是想坚持价值的客观性的。这是我国持满足需要论的学者与西方持满足需要论的学者的不同之处。但是由于他们的观点的主观片面性,因而他们的观点无法保证价值的客观性。例如,我国持满足需要论的学者认为,需要本质上是客观的,即认为需要从根本上说都是客观的,而他们认为价值的本质就是能够满足需要,所以价值是客观的,以此论证价值的客观性。但是现实的情况是,不仅有客观的需要,如物

---

① [美]詹姆士:《信仰的意志》,转引自张岱年:《论价值的层次》,《中国社会科学》1990 年第 3 期。

② [德]文德尔班:《哲学概论》,转引自杜任之主编:《现代西方著名哲学家述评》(续集),三联书店 1983 年版,第 35 页。

③ 参见江畅:《现代西方价值哲学》,湖北人民出版社 2003 年版,第 190 页。

质的、生理的、安全的需要等,还有精神的、心理的,如爱的需要、尊重的需要等。把需要都说成是客观的,显然是夸大了需要的客观性。既然需要不仅有客观的,也有主观的,以满足需要界定价值,不仅无法确证价值的客观性,而且暴露了他们的观点的片面性、主观性。

持满足需要论的学者认为,满足主体需要就有正价值,但是需要并非天然合理。这是谁也无法否认的客观事实。满足合理的需要是有正价值的,满足不合理的需要,则是负价值。而我国持满足需要论的学者却无视这一情况,坚持认为能满足需要就有正价值,这显然是违背事实和逻辑的,是片面的主观的,这样的观点怎能保证价值的客观性。

持满足需要论的学者认为,只要能满足主体需要,就有正价值,只问是否需要,不问是否可能,不问是否符合客观规律,不问效果如何,很容易导致主观盲动。1958 年我国"大跃进"的失误,就是历史的教训。实践证明,从满足需要去界定价值,很难保证价值的客观性。

满足需要论不能保证价值的客观性,是由这种观点的本质决定的。如前所述,需要并非天然合理,这是客观事实。满足合理的需要是有正价值的,满足不合理的需要则是负价值。按照满足需要论的观点,只要能满足需要都有正价值;也就是说,按照这种逻辑,满足不合理需要也有正价值,这显然是荒谬的,是明显的逻辑矛盾。但是他们不顾事实和逻辑,坚持以满足需要来界定价值。他们为什么固执地坚持这一观点,最根本的就是因为他们认为满足需要能使人愉快,因而就有(正)价值。满足需要使人愉快,是一些人不顾事实和逻辑,坚持满足需要论这一观点的根本原因。这种观点实质上是西方古代伦理学中的快乐主义观点。快乐主义伦理学认为,能使人快乐就是善,实际上,快乐并非都是善的,因而这种观点本质上是一种主观主义观点。所以在西方,满足需要论被公认为是主观主义价值论。满足需要论的这种本质,决定了这种观点不能坚持价值的客观性。这是我国满足需要论的一个重要缺陷。

满足需要论的另一缺陷,是忽视逻辑一贯性,理论上陷入混乱。我国持满足需要论的学者认为,能满足主体需要,就有正价值,反之则是负价值。而需要并非都是合理的。按照满足需要论的观点,满足合理的与不合理的需要,都有正价值,这就和西方的满足需要论一样,背离了逻辑一贯性,在理论上陷入混乱。

满足需要论的再一个缺陷,是从使用价值去理解哲学价值。我国持满足需要论的学者,从能否满足主体需要理解价值,实质上是从使用价值去理解哲学价值。因为人们说商品有使用价值,就是说商品能满足某种社会需要。使用价值的特点,是表示物能够满足某种社会需要,能使人愉快,对主体有用,等等。使用价值的这些特点,正是功利价值的特点。所以,满足需要论从使用价值去理解哲学价值,实质上是把哲学价值混同于功利价值。哲学价值不同于功利价值。哲学价值不仅包括功利价值,还包括超功利的真、善、美的价值,是以真、善、美为灵魂的功利价值与真、善、美的统一。功利价值是基础性的价值,又是较低层次的价值。真、善、美具有超功利性,是较高层次的价值。功利价值对主体有用,能使人愉快,但使人愉快的并非都是善的,而哲学价值本质上是善的,所以,哲学价值高于功利价值。从使用价值去理解哲学价值,把哲学价值混同于功利价值,就会忽视真、善、美的价值,就会和西方价值哲学一样,把哲学价值功利化、庸俗化,就会唯利是图,见利忘义,急功近利,只顾眼前价值而忽视长远价值,忽视崇高理想信念与道德,失去正确的价值导向。

由此可见,一度流行的满足需要论,以满足需要界定价值,无法保证价值的客观性;忽视逻辑一贯性,理论上陷入混乱;从使用价值去理解哲学价值,把哲学价值混同于功利价值,把哲学价值功利化、庸俗化。以上这些方面,我国的满足需要论与西方价值哲学中的满足需要论的弊端完全相同。我国价值哲学中流行的满足需要论的这些缺陷,是当代世界价值哲学发展的困境在我国的重要表现。

(二)实事求是价值哲学的兴起,是价值哲学发展的新阶段

实事求是价值哲学在中国的兴起,是价值哲学发展的重大突破,使世界价值哲学的发展出现了新的局面,是价值哲学发展的新阶段。

1. 实事求是价值哲学的兴起,超越了西方价值哲学的三大弊端

首先,实事求是价值哲学的兴起,克服了西方价值哲学在价值本质问题上理解的混乱。实事求是价值哲学坚持实事求是,从实践效益、效果、效应出发来理解价值,拿事实来说话。事实是不因人而异的客观存在,拿事实来说话,

就有力地坚持了价值的客观性,从而有力地克服了西方价值哲学中的主观主义价值论,特别是情感主义否认价值客观性的弊端。实事求是价值哲学坚持实事求是,一切从实际出发,在事物的联系、变化、发展中辩证地理解价值,既坚持了价值的客观性,又克服了西方客观主义价值论的僵化思想,从而坚持客观地辩证地科学地理解价值。这是对西方价值哲学中的主观主义价值论和机械客观论的僵化理论的重大超越。

其次,实事求是价值哲学坚持发展才是硬道理。以主体发展、社会发展为主体尺度,以客观规律为客体尺度,从实践的效益、效果、效应出发去理解价值。凡实践证明能产生积极效益、效果、效应的,就有正价值;反之则是负价值。理论严整,有力地坚持了逻辑一贯性。这是对西方价值哲学忽视逻辑一贯性、理论混乱的弊端的超越。

最后,实事求是价值哲学坚持"两手抓",既重视物质文明建设,又重视精神文明建设,把社会效益放在首位,坚持经济效益、社会效益、生态效益相统一,以真、善、美为灵魂,功利价值与真、善、美相统一,眼前价值与长远价值和崇高理想相统一。这是对西方价值哲学只重视功利价值,忽视真、善、美的价值,只重视眼前价值,忽视长远价值,忽视崇高理想,忽视可持续发展的弊端的超越。

我国流行的满足需要论与西方价值哲学中的满足需要论的弊端本质上是相同的。实事求是价值哲学对西方价值哲学的超越,也是对我国学术领域流行的满足需要论的超越。

实事求是价值哲学对西方价值哲学和我国学术领域流行的满足需要论的弊端的超越,为使当今世界价值哲学走出困境、实现价值哲学理论的科学化开辟了道路。

2. 实事求是价值哲学的兴起,使价值哲学从自发进到自觉

西方主流的价值哲学和我国流行的满足需要论为什么陷入困境,最根本的原因是崇拜自发性,受本能驱动,受趋利避害的自发性支配,从是否产生快感,从情感、兴趣、欲望、需要等出发来理解价值,把价值视为纯粹主观的东西,否认价值的客观性。西方一度颇有影响的客观主义价值论,从直觉或先验的直观出发来理解价值。直觉或直观是人们的自发认识形式,也是受自发性支配的表现。这种自发性思维使西方客观主义价值论受表面现象迷惑,把价值视为事物固有的属性,只讲价值的绝对性,否认价值的相对性、历史性,因而陷于僵化。二者都不能正确认识价值的本质。

实事求是价值哲学坚持以实事求是思想为指导,一切从客观实际出发,按客观规律办事,从实践、实践效益、效果、效应出发来理解价值,拿事实来说话。既有力地坚持了价值的客观性,又有力地克服了西方机械的客观主义价值论僵化思想的局限,客观地、全面地、辩证地、科学地理解价值的本质。从而有力地克服了西方价值哲学和我国流行的满足需要论崇拜自发性、不能正确认识价值本质的局限,使价值哲学从自发进到自觉,这是价值哲学发展的重大飞跃。

3. 实事求是价值哲学的兴起,使当代价值哲学从理论价值哲学发展到实践价值哲学

实事求是价值哲学的兴起,克服了西方价值哲学脱离实践,陷入理论价值哲学或经院价值哲学的局限,使当代价值哲学从理论价值哲学发展到实践价值哲学,这是又一个重大飞跃。西方主观主义价值论特别是情感主义由于崇拜自发性,脱离实践,单纯从情感、兴趣、欲望、需要等出发来理解价值,单纯从主观观念出发来理解价值,陷入脱离实践的理论价值哲学。我国流行的满足需要论也是如此。西方的客观主义价值论,从直觉或先验的直观出发来理解价值,也是脱离实践,单纯从直觉或先验直观认识出发来理解价值,同样陷入脱离实践的理论价值哲学。由于脱离实践,使西方价值哲学中的争论只能用理论的思辨的方式去解决,而谁是谁非又缺乏令人信服的客观标准,只能众说纷纭,得不到什么结果。

实事求是价值哲学则坚持以实事求是思想为指导,一切从实际出发,理论联系实际,从实践、实践效益、效果、效应出发理解价值,以实践、实践结果作检验对价值本质认识是否正确的标准,以实践证明对人民、对社会发展、对人的自由而全面发展和生态和谐产生积极的实践效益、效果、效应去理解价值,拿事实来说话。实践结果是不因人而异的客观存在,有力地证明了人们对价值本质的认识的正确性,也有利于证伪一些错误理论的荒谬性。这就有力地保证了价值哲学沿着正确的轨道发展,也有利于使西方价值哲学走出困境,走上繁荣发展的康庄大道。从而使当代价值哲学实现了从脱离实践的理论价值哲学，到实事求是，从实践、实践结果出发理解价值的实践价值哲学的重大飞跃。

4. 实事求是价值哲学的兴起，实现了价值哲学从非理性思维统治到科学的辩证的理性思维的飞跃。

当代西方价值哲学是主观主义价值论特别是情感主义统治，崇拜自发性，受本能支配，受趋乐避苦、趋利避害的自发性支配，从情感、兴趣、欲望、需要等出发来理解价值，把价值视为情感意志的产物，不顾事实和逻辑，不顾后果，忽视逻辑一贯性，在理论上陷入混乱。西方一度颇有影响的客观主义价值论，从直觉或先验的直观出发来理解价值，也是忽视逻辑和理性思维，由于其思想僵化，作为一个学派，早已消失，退出历史舞台。当今西方价值哲学实际上是主观主义价值论特别是情感主义的一统天下，整个西方价值哲学受非理性思维统治，使西方价值哲学长期陷入混乱。要使西方价值哲学克服理论混乱现象，走出困境，必须冲破西方价值哲学受非理性思维统治的局面，以科学的辩证的理性思维为指导去研究价值哲学。

实事求是价值哲学的兴起，坚持以实事求是思想为指导，一切从实际出发，尊重客观规律，以人民利益、社会发展、生态和谐为价值尺度，从实践效益、效果、效应出发来理解价值，坚持客观地、全面地、辩证地理解价值，有力地克服了西方价值哲学无视事实和逻辑，忽视后果的非理性思维，确立了科学的辩证的理论思维，有利于克服西方价值哲学中存在的混乱现象。这是当代价值哲学发展的又一重大飞跃。

5. 实事求是价值哲学的兴起，实现了价值哲学从唯主体论或唯客体论的单极思维，向主客体双向的全面的辩证思维的飞跃。

西方价值哲学中的主观主义价值论特别是情感主义，从情感、兴趣、欲望、需要等出发来理解价值，把价值视为纯主观的东西，否认价值的客观性，是一种唯主体论的单极思维，是片面的，不能科学地认识价值的本质；西方一度颇有影响的客观主义价值论，从直觉或先验的直观出发来理解价值，把价值视为客体自身固有的属性，只讲价值的客观性，只重视客体的作用，忽视价值的主体性，忽视主体的能动作用，只讲价值的绝对性，否认价值的相对性、历史性，思想僵化，实质上是一种唯客体论的单极思维，是片面的，也不能科学地认识价值的本质。

实事求是价值哲学以实事求是思想为指导,即以辩证唯物主义和历史唯物主义为指导,从客观实际出发,坚持以主客体双向相互作用出发来理解价值。既重视价值主体的作用,又重视价值客体的作用,既重视价值的客观性,又重视价值的主体性,既肯定价值的绝对性,又肯定价值的相对性、历史性,有力地克服了西方价值哲学中主观主义价值论和客观主义价值论的唯主体论和唯客体论的单极思维的片面性,为客观地、全面地、辩证地、科学地理解价值奠定了基础。这也是价值哲学发展史上的重大飞跃。

实事求是价值哲学的兴起,使价值哲学从理论混乱走向科学,从自发到自觉,从脱离实践的理论价值哲学到从实践、实践结果出发来理解价值的实践价值哲学,从非理性思维走向科学理性思维,从唯主体论或唯客体论的单极思维到主客体双向全面作用的辩证思维,为价值哲学理论的科学化奠定了坚实的基础,为处于困境的西方价值哲学走出困境指明了方向,从而使当代世界价值哲学发展到一个新的阶段,即价值哲学发展的科学化阶段。

6. 实事求是价值哲学兴起于中国,是中国当代哲学的重大成果。

实事求是价值哲学是对西方价值哲学的超越,也是当代中国哲学对西方哲学的超越。近代以来,中国哲学长期被认为落后于西方,一些人对西方哲学顶礼膜拜,而对中国哲学则自愧不如。实事求是价值哲学在中国兴起,使中国价值哲学跃居于世界价值哲学的前列,为当代世界价值哲学走出困境,实现价值哲学理论的科学化奠定了坚实的基础,这是中国对世界价值哲学发展的重大贡献,从根本上改变了中国哲学被认为长期落后于西方的局面。实事求是价值哲学使马克思主义哲学的本体论、实践观、认识论(真理观)、唯物史观与价值论相统一,丰富和发展了马克思主义哲学,是马克思主义哲学发展的新阶段,这是中国对马克思主义哲学的重大贡献。研究实事求是价值哲学及其对西方价值哲学的超越和对马克思主义哲学的发展,可以增强我们的价值自信,有助于弘扬中国哲学和中国文化,促进中国哲学走向世界。

（三）实事求是价值哲学为实现中华民族伟大复兴的中国梦提供了重要的思想保证

实事求是价值哲学有助于坚持正确的价值导向,汇聚正能量,培育和践行社会主义核心价值观,促进实现中华民族伟大复兴的中国梦。

当前,我国人民正在努力培育和践行社会主义核心价值观,为实现中华民族伟大复兴的中国梦而努力奋斗。

要加快实现中华民族伟大复兴的中国梦,必须提高价值自觉,培育和践行社会主义核心价值观,必须汇聚正能量,排除错误思想干扰。在我国价值哲学学术领域流行的是满足需要论,这种观点认为,能够满足需要,即为正价值,反之则是负价值。而需要有合理与不合理之分,按照这种观点的逻辑,满足合理的需要,是有正价值的;满足不合理的需要,包括满足吸毒贩毒、嫖娼卖淫的需要,也是有正价值的。这显然不利于扫黄打非,不利于净化社会风气,不利于坚持正确的价值导向,不利于汇聚正能量,只能干扰社会主义精神文明建设,不利于培育和践行社会主义核心价值观。实事求是价值哲学则坚持从实践证明对主体、对社会发展的客观效益、效果、效应出发来理解价值,积极的效益、效果、效应是正价值;反之则是负价值。有利于坚持正确的价值导向,扶持正气,汇聚正能量,抑制歪风,有利于培育和践行社会主义核心价值观,有助于加快实现中华民族伟大复兴的中国梦。

要加快实现中华民族伟大复兴的中国梦,要坚持正确的价值导向,汇聚正能量,必须正确理解价值的本质。我国流行的满足需要论,认为价值的本质就是满足需要,这样理解价值实际是把哲学价值理解为使用价值。因为说商品有使用价值,无非就是说它能满足某种社会需要。使用价值的特点是表示物能满足某种社会需要,对人有用,能使人愉快,等等。这些正是物的功利属性。所以从使用价值去理解哲学价值,实际上是把哲学价值混同于功利价值,这是人们趋利避害的本能的表现,是人们自发性的表现。满足需要论,认为价值的本质,就是能够满足需要,实际上认为哲学价值就是使用价值,把哲学价值等同于功利价值,忽视超功利的真、善、美的价值。哲学价值不仅包括功利价值,还包括超功利的真、善、美的价值,是以真、善、美为灵魂的功利价值与真、善、美的统一。把哲学价值混同于功利价值，就会把哲学价值功利化、庸俗化，就会忽视真善美的价值，就会唯利是图、见利忘义、急功近利，只图眼前价值而忘记崇高理想，就会失去正确的价值导向，就不利于汇聚正能量，不利于培育和践行社会主义核心价值观。实事求是价值哲学则认为，价值的本质是善的，哲学价值既包括功利价值，又包括真、善、美的价值，是以真、善、美为灵魂的功利价值与真、善、美的统一，这样理解价值，有利于坚持正确的价值导向，汇聚正能量，培育和践行社会主义核心价值观。

实事求是价值哲学，为加快改革开放推进社会主义现代化建设，加快实现中华民族伟大复兴的中国梦，提供了重要的思想保证。

近90多年来，在实事求是价值哲学思想的指导下，中国发生了翻天覆地的伟大变化。我们党在实事求是价值哲学思想的指导下，依靠广大人民群众，排除"左"和右的思想的干扰。仅仅用了28年的时间，就取得了中国革命的伟大胜利，把一个半殖民地的中国，变成社会主义的新中国，中国人民从此站起来了。中国革命的伟大胜利，靠的是什么？靠的是中国共产党的领导，靠的是马克思列宁主义与中国革命实践相结合，靠的是实事求是的思想路线，靠的是实事求是价值哲学思想的指导。

新中国成立以后，我们党在实事求是价值哲学思想的指导下，在一穷二白的中国大地上，领导全国人民，取得了社会主义建设的伟大胜利，使社会主义的中国巍然屹立于世界的东方。

改革开放以来，我们党在实事求是思想的指导下，从我国实际出发，坚持社会主义道路，坚持改革，扩大开放，借鉴国外经验，依靠科学、依靠客观规律，领导全国人民进行各项现代化建设，取得举世公认的伟大成就。仅仅30多年时间，中国快速崛起，为世界所瞩目。我国取得的这些胜利，靠的是什么？靠的是党的领导，靠的是全国人民团结奋斗，靠的是走中国特色社会主义道路，靠的是实事求是价值哲学思想的指导。

90多年的历史经验证明，坚持以实事求是价值哲学思想为指导，中国革命、建设、改革，就取得胜利；反之，离开了实事求是价值哲学思想的指导，中国革命、建设、改革，就会产生失误，就会受到挫折。我国"大跃进"和"文化大革命"的失误，就是历史的教训。历史的经验告诉我们，只要我们坚持以实事求是价值哲学为指导,我们就无往而不胜。90 多年的历史经验证明,实事求是价值哲学思想的指导,是中国快速崛起的秘密之所在。

今天,全国人民正万众一心,为实现中华民族伟大复兴的中国梦而奋斗。这是一个伟大而艰巨的历史任务。要实现这一伟大的历史任务,必须坚持从我国的客观情况出发,尊重科学,尊重客观规律;必须讲求实效,注意效益、效果,拿事实来说话;必须以人民为中心,一切从人民的利益出发,充分调动人民群众的积极性、创造性;必须深入改革,扩大开放,加快发展,鼓励创新,使改革发展成果为广大人民所共享;必须坚持眼前价值与长远价值相结合,努力坚持实干与远大理想相结合,把社会效益放在首位,坚持经济效益、社会效益、生态效益相结合,坚持全面协调可持续发展。为此,必须坚持以实事求是价值哲学思想为指导。坚持以实事求是价值哲学思想为指导,就是坚持马克思主义的基本原理与中国的实践相结合,就是坚持以辩证唯物主义和历史唯物主义的世界观和方法论为指导,就是以马克思主义的思想路线为指导,就能既尊重科学、尊重客观规律,又充分发挥人民群众的能动性、创造性,既加快发展,鼓励创新,又重视稳步、协调、可持续发展,既重视速度,又重视质量和效益,既重视经济效益,又重视社会效益、生态效益,既高扬理想,又讲求实干,既重视眼前,又着眼长远。客观、全面、辩证地处理各项建设事业,力求用最小的投入收到最大的效益,使各项工作都能在好中求快、稳中求进,扎扎实实,稳扎稳打,使我们的事业立于不败之地。坚持以实事求是价值哲学思想为指导,有利于克服主观、片面性,有利于防止各种错误倾向,是加速实现中华民族伟大复兴的中国梦的重要思想保证。

第二章 价值哲学的发展是从自发到自觉从理论价值哲学到实践价值哲学

研究价值哲学应研究价值哲学发展的规律,这是价值哲学研究的深层次的问题。经过多年的研究思考,我们发现价值哲学的发展,是从自发到自觉,从理论价值哲学到实践价值哲学。这是价值哲学发展的规律,也是使当代价值哲学克服发展过程中的种种局限,走出困境,实现价值哲学科学化的有效途径,具有重要的意义。

一、价值哲学的发展是从自发到自觉

价值哲学的发展是从自发到自觉,是在深入研究价值本质过程中发展的。20 世纪 80 年代初以来,我国兴起了价值热。价值哲学成为我国哲学研究的新的增长点。从 20 世纪 80 年代初到 90 年代中期,我国学者在研究价值哲学基本理论、价值评价、西方价值哲学、中国传统哲学价值论、邓小平的价值观等方面,相继取得了许多重要成果,出版了许多重要的专著发表了不少重要的论文,受到学术界的广泛关注。这些成果是很难得的,应当充分肯定。

价值哲学的快速发展,向人们提出了如何深入的问题。早在 20 世纪 50 年代,英国哲学家拉蒙特在其《价值判断》一书中,认为经过半个多世纪研究,关于价值本质问题或价值是什么的研究并没有取得什么成果,所以他"首先关心的是评价问题"①。20 世纪 90 年代初我国一些学者也认为价值基本理

---

① [英]拉蒙特:《价值判断》,马俊峰、王建国、王晓升译,中国人民大学出版社 1992 年版,"序言"第 3 页。

论已经研究得差不多了,要深入开展价值哲学研究,最好研究评价问题。于是一些学者转而研究评价问题,相继取得了许多重要成果,而价值基本理论则被人们忽视了。但是我国价值哲学基本理论研究并非不存在问题。大家知道,自 20 世纪 80 年代以来,在我国价值哲学学术领域居主导地位的是满足需要论,即以满足需要界定价值,认为能够满足主体需要,即为正价值,反之则是负价值。早在 1986 年,就有学者指出,以满足需要界定价值,是把使用价值等同于哲学价值,这种观点不是马克思的观点。① 从 20 世纪 80 年代中期开始,不断有学者进一步指出需要并非天然合理。满足合理的需要是有正价值的,满足不合理的需要则是负价值。② 有的学者还尖锐地指出,如果把这种观点的逻辑贯彻到底,就会作出满足吸毒贩毒、嫖娼卖淫的需要也是有正价值的荒谬结论,在实践上产生危害。有的学者还指出这种观点是 19 世纪末西方实用主义哲学家詹姆士提出来的。③ 还有学者援引舍勒的观点,指出西方主观主义价值论以需要为基础,把价值等同于快乐④,等等。这些批评深刻地指出了满足需要论在理论上是片面的,在实践上是有害的,深刻地揭露其理论渊源与实质。笔者在《哲学研究》1992 年第 7 期上发表的《客体主体化与价值的哲学本质》一文批评满足需要理论的混乱,引发热烈的讨论。《哲学研究》连续几期发表文章展开讨论,但多数文章都为满足需要论辩护。这以后,对满足需要论还不断有批评,但始终未能改变满足需要论在我国价值哲学中的主导地位。价值哲学基本理论研究处于沉闷状态,研究难以深入。满足需要论在理论上的混乱是显而易见的。为什么有这么多人都认同满足需要论? 为什么一些人无视需要并非天然合理的客观事实,似乎认为用满足需要界定价值是理所当然的? 为什么一些学者对人们的中肯的批评置之不理,甚至为之辩护? 为什么众多的哲学原理教科书都把满足需要论作为马克思主义哲学原理写进书中? 这些问题使笔者产生困惑和不解,促使笔者作进一步的深入思考。

经过反复的思考,笔者认为:平心而论,需要有合理的与不合理的之分,社

① 郝晓光:《对所谓普遍价值定义的否证》,《光明日报》1987 年 1 月 5 日。
② 袁贵仁:《价值学引论》,北京师范大学出版社 1991 年版,第 53—54 页。
③ 张岱年:《论价值的层次》,《中国社会科学》1990 年第 3 期。
④ 江畅:《现代西方价值理论研究》,陕西师范大学出版社 1992 年版,第 114 页。

会生活中有大量事实可以证明,是显而易见的客观事实。以满足需要界定价值,在逻辑上存在着混乱,并不难理解。而且一些人也知道需要有合理与不合理之分,知道满足不合理的需要是负价值,但他们仍坚持满足需要论。从这里笔者发现一些人之所以不顾事实和逻辑,坚持满足需要论,不是出于理性的深思熟虑的思考,而是受本能驱动,受自发性支配,受非理性思维支配。大家知道趋乐避苦、趋利避害,是人的本能,人们总是自发地倾向于认为能满足需要,能使人产生快感或对自己有利的东西就是好的,就有正价值;反之则是负价值。这是人的本能决定的。满足需要论正符合人们的这种自发心态,使这种观点与人们的这种自发心态一拍即合,很容易得到人们的认同。所以,许多人都从本能出发自发地认同满足需要论。这是满足需要论在我国居主导地位的根本原因。

通过进一步深入研究,笔者还发现当代西方各国主流的价值哲学也是如此。当代西方价值哲学是主观主义价值论特别是情感主义统治。西方价值哲学中有的学者持情感愉快论,认为能使人愉快的东西就有价值;有的持兴趣价值论,认为价值是人们对它发生兴趣的东西;有的持欲望对象论,认为我们欲求的东西就是有价值的;有的持满足需要论,认为价值的本质就是满足需要;有的持情感表达论,认为价值是情感态度的表达。这些都是人们趋乐避苦、趋利避害的本能所产生的自发性的表现。西方价值哲学中的评价结果论、心灵赋予论,认为价值是评价的结果,价值是人的心灵赋予的,则是人们日常生活中的一种习惯性的认识造成的错觉。习惯成自然,这也是一种自发性。通过这些分析,笔者发现当代西方甚至世界各国主流的价值哲学存在的根本问题都在于崇拜自发性。

价值哲学诞生于西方。100多年来,西方价值哲学取得了许多重要进展,但是也存在着一些严重的局限,主要表现在以下几个方面:

当代西方主流的价值哲学,由于崇拜自发性,受本能支配,从情感、兴趣、欲望、需要等出发,或从评价结果、从心灵出发来理解价值,把价值视为主观的偏好,否认价值的客观性,陷入主观主义价值论,使价值哲学的研究失去客观基础。

由于崇拜自发性,受本能支配,受非理性支配,忽视逻辑一贯性。从情感、兴趣、欲望、需要等出发来理解价值,忽视情感、兴趣、欲望、需要有健康与不健康、合理与不合理之分,忽视评价、心灵有正确与错误之分,在理论上陷入混乱。

由于崇拜自发性,受趋乐避苦、趋利避害的本能支配,热衷于追求感官快乐和眼前价值,忽视长远价值和崇高理想,崇尚工具理性而忽视价值理性,使价值哲学从根本上丧失了催人向上向善的功能,使西方价值哲学功利化、庸俗化,使西方道德理论和道德文化生活陷入混乱。

由于崇拜自发性,受非理性思维支配,西方价值哲学长期处于停滞状态。当代西方主流的价值哲学基本理论,仍然沿袭 19 世纪末 20 世纪初至 20 世纪 20 年代西方学者提出的观点。这些观点理论混乱,广受批评,却长期无所改进,从而使当代西方价值哲学陷入困境。

在 20 世纪初至 20 年代,西方价值哲学中曾兴起客观主义价值论,在当时颇有影响。这个时期西方价值哲学形成了主观主义价值论与客观主义价值论对峙并存的局面。西方客观主义价值论包括直觉主义价值论和现象学价值论两个学派,它们从直觉或先验的直观出发来理解价值,认为价值是事物固有的性质,或是事物先验的客观性质,二者都是机械的、僵化的客观价值论。直觉或直观是自发的认识形式,从直觉或直观出发来理解价值,也是受自发性支配的表现。西方客观主义价值论由于思想僵化,在逻辑实证主义的猛烈批评下,作为一个学派,逐渐消亡,退出历史舞台。所以,当代西方价值哲学的困境,主要是西方价值哲学中主观主义价值论特别是情感主义的困境。

从以上分析可以看出,当代西方价值哲学乃至世界各国居主导地位的价值哲学陷入困境,根本原因在于崇拜自发性。

什么是自发性? 自发是相对于自觉而言。这里的自发与自觉指的是价值自发与价值自觉。所谓价值自发,就是受本能支配,受非理性思维支配,被表面现象所迷惑,不认识价值的本质;忽视逻辑一贯性,理论上陷入混乱;急功近利,只重视眼前价值,缺乏远大、正确的价值追求。所谓价值自觉,则是克服受本能支配、受非理性支配的倾向,从科学的理性思维出发,正确认识价值的本质;坚持逻辑一贯性,理论严整;把追求眼前价值与远大价值目标结合起来。

当代世界各国主流的价值哲学由于崇拜自发性而陷入困境。要使当代世界各国主流价值哲学走出困境,必须从自发到自觉。所以,价值哲学的发展是从自发到自觉。

价值哲学的发展是从自发到自觉,是由认识过程的特点决定的。人的认识是一个从感性认识到理性认识,从生动的直观到抽象的思维,再到实践的过程,是从现象到本质的过程。最初是从感觉、知觉、表象出发,从自己的直接感受出发,从直觉、直观出发,首先是通过感官形成对事物价值的感觉。人的感觉受人的趋乐避苦、趋利避害的本能驱动,产生一定的倾向性,对能使自己产生快感、对自己有利的事物的价值就予以肯定,即为正价值;反之则予以否定,即为负价值。这是一种不假思索的随机的体验,是自发性的典型表现。人的知觉、表象具有表面性,只能认识事物的表面现象而不能认识事物的本质,也是自发性的认识。所以,人的感性认识是自发性认识。随着认识的发展,人们逐渐地从感性认识上升到理性认识,从生动的直观,到抽象思维,再到实践,从而获得对事物本质的正确理解,由此实现了对事物本质的理解的从自发进到自觉。人们对事物的认识,是从现象到本质,决定了人们对价值的理解是从自发到自觉。价值自发是价值哲学发展的低级阶段,价值自觉是价值哲学发展的高级阶段。人的认识是由低级到高级、由现象到本质发展的,人对价值的理解也是从自发到自觉的发展过程。人们研究价值哲学,一开始往往从本能出发,受自发性支配,受非理性思维支配,不认识价值的本质,最终陷入困境。这个问题只有克服自发性,使价值哲学从自发到自觉,才能解决。

二、价值哲学的发展是从理论价值
哲学到实践价值哲学

价值哲学的发展,是从自发到自觉。要使价值哲学从自发到自觉,关键是要正确认识价值的本质。怎样才能正确认识价值的本质呢?这个问题我们可以从马克思关于认识真理性问题的论述中得到重要启示。马克思在《关于费尔巴哈的提纲》中说:"人的思维是否具有客观的真理性,这不是一个理论的问题,而是一个实践的问题。人应该在实践中证明自己思维的真理性。""关于思维——离开实践的思维——的现实性或非现实性的争论,是一个纯粹经院哲学的问题。"①马克思的论述表明,人的思维的真理性问题,单纯从理论出发去争论,单纯用理论的方式去解决,就会陷入经院哲学,永远得不到解决。只有通过实践的方式,在实践中证明自己思维的真理性,才能真正解决这个问题。马克思的论述启示我们,对价值本质的认识是否正确,也只能通过实践,在实践中证明自己对价值的本质的认识的正确性,而不能脱离实践,仅仅从理论出发去解决。当代西方价值哲学是主观主义价值论特别是情感主义统治,单纯从情感、兴趣、欲望、需要等出发,或从评价结果,或从心灵出发来理解价值,是脱离实践单纯从理论出发去理解价值。西方一度颇有影响的客观主义价值论,即机械客观价值论,从直觉或先验的直观出发来理解价值,也是脱离实践,单纯从理论出发来理解价值。二者都是脱离实践的理论价值哲学。西方价值哲学之所以在理论上陷入混乱,长期停滞不前,陷入困境,最根本的原因是崇拜自发性,脱离实践,单纯从理论出发来理解价值,陷入理论价值哲学或经院价值哲学。而中国兴起的以毛泽东、邓小平为代表的坚持实事求是,拿事实来说话,从实践效益、效果、效应出发来理解价值的价值哲学思想,则是实践价值哲学思想。

由此可见,当今世界上存在着两种价值哲学,即理论价值哲学和实践价值哲学。

什么是理论价值哲学? 什么是实践价值哲学? 理论价值哲学是脱离实践,单纯从主体情感、兴趣、欲望、需要等出发,从主体心理出发,或从直觉或直观出发来理解价值的价值哲学;实践价值哲学则是从实践、实践结果出发来理解价值的价值哲学。理论价值哲学以唯主体论或唯客体论的单极思维为指导,实践价值哲学则以实事求是思想为指导,坚持全面、彻底、辩证的关系思维。理论价值哲学以个人为价值主体,一切从个人利益出发,从个人的情感、兴趣、爱好、欲望、需要等出发;实践价值哲学则以人民为中心,以人民为价值主体,一切从广大人民的根本利益出发,把个人利益与社会群体利益结合起来。理论价值哲学以主体情感、兴趣、欲望、需要等为价值尺度,实践价值哲学则以主体发展、社会发展、人的自由而全面的发展和人与自然和谐发展为价值

---

① 《马克思恩格斯选集》第 1 卷,人民出版社 1995 年版,第 55 页。

尺度。理论价值哲学把哲学价值等同于使用价值,混同于功利价值,忽视真、善、美的价值,急功近利,只重视眼前价值而忽视人类长远价值和崇高理想;实践价值哲学则认为哲学价值是功利价值与真、善、美的统一,把眼前价值与长远价值统一起来,既重视当前行动,讲求实效,又重视理想信念道德建设。当代西方价值哲学是主观主义价值论特别是情感主义统治,以唯主体论的单极思维为指导,单纯从主体情感、兴趣、欲望、需要等出发去理解价值,是典型的脱离实践的理论价值哲学。而以毛泽东、邓小平为代表的坚持实事求是,拿事实来说话,从实践、实践结果出发来理解价值的价值哲学思想,则是实践价值哲学。

西方理论价值哲学有两种形态:一种是主观主义价值论,另一种是客观主义价值论。西方主观主义价值论特别是情感主义,以唯主体论的单极思维为指导,从情感、兴趣、欲望、需要等出发来理解价值,或从评价结果,从心灵出发来理解价值,否认价值的客观性。西方客观主义价值论,即机械客观价值论,以唯客体论的单极思维为指导,从直觉或先验的直观出发来理解价值,认为价值是客体固有的性质,或认为价值是独立于携带者和评价主体之外的先验的性质,只讲价值的绝对性,否认价值的相对性、历史性,思想上陷于僵化,在逻辑实证主义的猛烈批评下,作为一个学派早已消亡,退出历史舞台。所以今天的西方价值哲学成为主观主义价值论特别是情感主义的一统天下。

中国兴起的实践价值哲学有三种形态。

第一种形态,也是最基本的形态,是毛泽东、邓小平的实践价值哲学思想。毛泽东、邓小平的实践价值哲学思想,内容非常丰富,主要包括五个方面:一是认为实事求是是马克思主义的精髓,坚持以实事求是思想为指导。二是把实践引入价值论,从实践、实践结果出发,从实践效益、效果、效应出发来理解价值,坚持拿事实来说话。三是坚持以人民为中心,以人民为价值主体,为人民服务,为人民造福,一切从广大人民的根本利益出发。四是坚持发展才是硬道理,认为价值从根本上说在于促进事物发展,以主体发展、社会发展为价值的基本尺度,努力促进社会全面、协调、可持续发展,促进每一个人的自由而全面的发展,促进人与自然和谐发展。五是坚持以真、善、美为灵魂,功利价值与真、善、美的统一,物质文明与精神文明建设相统一,把社会效益放在首位,经济效益、社会效益与生态效益相统一,眼前价值与长远价值相统一,既讲求实效,又高度重视理想、信念、道德建设。

第二种形态是大众实践价值哲学,即广大干部群众中广为流行的求真务实,讲求实效,从客观效益、效果、实绩出发来理解价值的客观效益论。这种形态实际上是广大干部群众对毛泽东、邓小平实践价值哲学思想的认同,反映了实践价值哲学的深厚的群众基础。

第三种形态是学术形态的实践价值哲学,即效应价值论或辩证唯物主义和历史唯物主义价值论。效应价值论认为价值是在主客体相互作用中客体对主体(或客体)的效应。积极效应是正价值,消极效应是负价值。价值本质上是善的。效应价值论是对毛泽东邓小平实践价值哲学思想和大众实践价值哲学的学术解读和理论阐释。

中国兴起的实践价值哲学思想具有巨大的理论优势:

实践价值哲学体现了世界观、方法论与价值观的统一。实践价值哲学坚持以实事求是思想为指导。"实事求是是马克思主义的精髓。"①实事求是是辩证唯物主义和历史唯物主义的科学概括,是几千年人类优秀思想的结晶,是马克思主义的世界观、方法论的集中体现,也是马克思主义的普遍原理与中国具体实践相结合的体现。坚持以实事求是思想为指导,是几十年来中国革命、建设、改革取得伟大成功的根本保证;离开了实事求是思想的指导,中国革命、建设、改革就会失败,就会受挫折。实事求是是百战百胜的思想武器,坚持以实事求是思想为指导,是中国快速崛起的秘密之所在。实践价值哲学坚持以实事求是思想为指导,就是坚持以马克思主义的科学的世界观和方法论为指导,就是坚持以辩证唯物主义和历史唯物主义为指导,就能排除各种错误思想的干扰,客观地、全面地、辩证地探讨价值哲学问题,促进价值哲学理论的科学化。

实践价值哲学体现了实践观、真理观与价值观的统一。实践价值哲学坚持把马克思主义的科学实践观与真理观运用于价值观,既坚持以实践作为检验真理的标准,又坚持以实践作为检验价值的标准,从实践、实践结果出发来

---

① 《邓小平文选》第三卷,人民出版社 1993 年版,第 382 页。

理解价值,"拿事实来说话"①。事实是不因人而异的客观存在,有力地证明了价值的客观性。用事实来证明价值,实现了事实与价值的统一,有力地克服了西方价值学在事实与价值之间画一道鸿沟的局限。

实践价值哲学体现了历史观与价值观的统一。唯物史观认为人民是历史的创造者,实践价值哲学坚持以人民为中心,以人民为价值主体,为人民服务,"为人民造福"②,一切从人民的根本利益出发,使改革与发展的成果惠及全体人民,有助于实现社会公平正义,有力地克服了西方价值哲学以个人为中心,以个人为价值主体,一切从个人利益出发的局限。

实践价值哲学体现了辩证法与价值观的统一。实践价值哲学坚持主客体相互作用的全面、彻底的关系思维,既重视主体、主体性的作用,又重视客体、客体性的作用,重视客观规律的作用。有力地克服了西方价值哲学中唯主体论和唯客体论的单极思维的弊端,有利于全面地辩证地科学地理解价值。

实践价值哲学体现了发展观与价值观的统一。实践价值哲学坚持"发展才是硬道理"③,以发展为基本的价值尺度,以对主体发展、社会发展、人的自由而全面的发展、人与自然和谐发展为价值尺度,同时重视客观规律,重视稳定协调可持续发展。有助于贯彻以人为本、全面协调可持续发展的科学发展观。

实践价值哲学坚持功利价值与真善美相统一,坚持物质文明与精神文明建设相统一,把社会效益放在首位,经济效益与社会效益、生态效益相统一,眼前价值与人类长远价值相统一,求实精神与崇高理想、信念、道德相统一,有助于坚持健康向上的价值取向,促进人类社会和谐发展。

实践价值哲学思想在我国已深入人心。实践价值哲学关于实事求是是马克思主义的精髓,拿事实来说话,少说空话,多干实事,为人民服务,为人民造福,发展才是硬道理,物质文明与精神文明相统一,把社会效益放在首位,经济效益与社会效益、生态效益相统一,真抓实干与崇高理想、实现中华民族伟大

---

① 《邓小平文选》第三卷,人民出版社 1993 年版,第 155 页。
② 《邓小平文选》第二卷,人民出版社 1994 年版,第 151 页。
③ 《邓小平文选》第三卷,人民出版社 1993 年版,第 377 页。

复兴中国梦相统一等思想,已为广大干部群众所认同和践行。90多年来,在实践价值哲学思想的指导下,我国的革命、改革开放、现代化建设取得了举世公认的伟大成就,中国迅速崛起,为世界所瞩目。90多年的实践充分证明了实践价值哲学的正确性与生命力。所以,实践价值哲学不仅具有重大的理论意义,而且具有重大的实践意义。

三、实践价值哲学是对西方理论价值哲学的超越

价值哲学的发展从自发到自觉与从理论价值哲学到实践价值哲学是紧密联系的。价值哲学的发展是从自发到自觉,是价值哲学发展是从理论价值哲学到实践价值哲学的基础,而价值哲学的发展是从理论价值哲学到实践价值哲学,是价值哲学的发展从自发到自觉的表现形式。价值哲学的发展是从自发到自觉,决定价值哲学的发展是从理论价值哲学到实践价值哲学。当价值哲学发展处于自发阶段的时候,人们受本能支配,受非理性思维支配,就会从情感、兴趣、欲望、需要等出发,从评价结果、从心灵出发,或从直觉或先验的直观出发去理解价值,就会脱离实践,单纯从理论出发去理解价值,就会陷入理论价值哲学。由于脱离实践,有的受唯主体论的单极思维支配,从主观心理出发,把价值理解为纯主观的东西,陷入主观主义价值论;有的受唯客体论的单极思维支配,从直觉或先验的直观出发,把价值理解为客体固有的性质或独立于评价主体及携带者之外的先验性质,陷入机械的或先验的机械客观价值论。二者都不能正确理解价值的本质,在理论上都陷入混乱。而谁对谁错又无令人信服的标准,使各种理论观点长期争论不休,成为文字游戏,使一些错误观点长期流传,因而使西方理论价值哲学长期停滞不前,陷入困境。

当价值哲学的发展进入自觉阶段的时候,人们就会努力克服受自发性支配、受非理性思维支配、被表面现象所迷惑的局限,力求正确理解价值的本质。而要正确理解价值的本质,必须在实践中证明自己对价值本质的理解的正确性,必须以科学的理性思维为指导,坚持从实践、实践结果出发来理解价值,拿事实来说话,走实践价值哲学的道路。对实践、实践结果,既可以作客观的理解,也可以作主观的理解。要客观地理解实践、实践结果,必须坚持以实事求

是思想为指导,从实践、实践结果出发来理解价值,这是实践价值哲学的根本特点。实践价值哲学既可以通过实践、实践结果证明人们对价值本质的理解的正确性,也可以通过实践、实践结果证明人们对价值本质的理解的错误,促使人们改正错误,提出新的理解,并继续接受实践、实践结果的检验。这样既可以保证获得对价值本质的正确理解,又有利于纠正错误的理解,从而有力地推动价值哲学理论不断发展,使价值哲学理论充满生机与活力。

自发的价值哲学必然是脱离实践的理论价值哲学,自觉的价值哲学必然是坚持实事求是,从实践、实践结果出发来理解价值的实践价值哲学。理论价值哲学是价值哲学发展的低级阶段,实践价值哲学是价值哲学发展的高级阶段。从理论价值哲学到实践价值哲学,体现了价值哲学的发展从自发到自觉的过程。实践价值哲学是对西方理论价值哲学中的主观主义价值论特别是情感主义的超越。

首先,实践价值哲学以实事求是思想为指导,拿事实来说话,从实践、实践结果出发来理解价值。事实是不因人而异的客观存在,事实胜于雄辩,有力地证明了价值的客观性,是对西方主观主义价值论特别是情感主义否认价值客观性的超越。

其次,实践价值哲学坚持以发展为基本的价值尺度。凡实践证明能促进主体特别是社会主体发展、促进每个人自由而全面发展、促进人与自然和谐发展的就有正价值;反之则是负价值。理论严整,是对西方理论价值哲学忽视逻辑一贯性的弊端的超越。

最后,实践价值哲学坚持以真、善、美为灵魂,功利价值与真、善、美相统一,物质文明与精神文明建设相统一,把社会效益放在首位,经济效益、社会效益与生态效益相统一,眼前价值与长远价值相统一,讲求实效与高度重视理想、信念、道德建设相统一。是对西方理论价值哲学只重视功利价值而忽视超功利的真善美的价值,只重视眼前价值而忽视长远价值和崇高理想,崇尚工具理性而忽视价值理性的局限的超越。

实践价值哲学也超越了西方理论价值哲学中的客观主义价值论。

实践价值哲学以实事求是思想为指导,拿事实来说话,又坚持发展才是硬道理,既坚持价值的客观性,又坚持在发展中辩证地理解价值,是对西方客观主义价值论,即机械客观价值论僵化思想的超越。

所以,实践价值哲学是对西方理论价值哲学的弊端的全面超越,为价值哲学的科学化奠定了坚实的基础,为使当代西方乃至世界各国主流价值哲学走出困境指明了方向。实践价值哲学在中国的兴起,是中国对世界哲学特别是对世界价值哲学的重大贡献。

二

西方价值哲学的困境与实事求是
价值哲学在中国的兴起

第三章　西方价值哲学的
重要进展与困境

实践价值哲学(即实事求是价值哲学)是对西方理论价值哲学的扬弃与超越。要深刻理解实践价值哲学或实事求是价值哲学的优越性,必须深入研究西方价值哲学发展的重要进展及其困境。

一、西方价值哲学的诞生

价值哲学或哲学价值论是研究一般价值的哲学学科。在古代和近代的哲学中,有善恶、美丑、利害、得失、祸福等价值概念,但没有概括一般价值的哲学范畴。价值范畴最初是经济学范畴,而不是哲学范畴。

价值哲学作为研究一般价值的哲学学科,其形成较晚。价值哲学形成为独立的哲学分支学科,是从区分"是"与"应该"、"事实"与"价值"开始的。首先提出区分"是"与"应该"、"事实"与"价值"的是英国哲学家大卫·休谟。他在 1739 年至 1740 年出版的《人性论》一书中,首先提出了要重视区分"是"与"应该"的思想。休谟说,在他遇到的每一个道德学体系中,在按照平常的方式作了一番议论后,突然发现他所遇到的不再是命题中通常的"是"与"不是"的联系词,而是没有一个命题不是由一个"应该"或一个"不应该"联系起来的。这种情况,使他大吃一惊。他认为这个问题相当重要[1],休谟在这里提出了由"是"与"不是"的关系,能否推导出"应该"与"不应该"的问题。"是"

---

[1]　[英]休谟:《人性论》下册,关文运译,商务印书馆 1997 年版,第 509—510 页。

与"不是"为联系词的命题是事实命题,而以"应该"或"不应该"为联系词的命题则是价值命题或规范命题;而规范命题"应该"或"不应该"是以有无价值的判断为前提的,所以规范判断内含价值判断,因而规范命题实质上是价值命题。这样,休谟就提出了由"是"与"不是"作联系词的事实命题如何能推导出由"应该"或"不应该"为联系词的价值命题的问题。

休谟还论述了事实与价值的区别问题。休谟把知识区分为事实的知识和价值的知识,他认为事实的知识是从经验观察得来的知识,并且由经验来检验;而价值的知识则不是由经验观察得来的,也不能由经验来证明或反证。休谟把区分事实与价值问题提了出来。事实与价值的区分,是价值哲学的起点。休谟提出区分事实与价值问题,为价值哲学的诞生开辟了道路。

休谟区分事实与价值、事实的知识和价值的知识的思想,得到德国哲学家康德的肯定。康德也把知识分为事实的知识和价值的知识。他认为事实的知识是知性的经验知识,属于经验世界;而价值的知识则是先验的理性知识,属于先验世界。康德在事实的知识和价值的知识之间划了一道鸿沟。

康德关于区分事实的知识与价值的知识和两个世界的思想,深刻地影响到德国哲学家洛采。洛采是新康德主义者,他在1864年出版的《微观世界》第三卷中,将世界划分为三大领域:第一个领域是经验的事实的领域,即现存的事实、物体和形象世界;第二个领域是普遍规律的领域,即必然的因果规律;第三个领域是价值的领域,即对善、美和神圣的思想作出确定的世界。洛采认为这三个领域不是相互独立、毫不相干的,它们之间是目的和手段的关系。他认为经验事实和必然性的规律都是手段,价值才是目的。他还认为,概念的真理性就在于它是否有意义、有价值,而价值则是意义的标准。这样,他不仅把价值范畴从经济学领域引入哲学领域,而且还确立了价值范畴在哲学体系中的中心地位。洛采的这些论述,为价值哲学的诞生奠定了理论基础。洛采的思想激起了一些人去探讨有关价值问题的哲学理论。在洛采思想的影响下,形成了把价值问题作为哲学的中心问题的新康德主义弗莱堡学派价值哲学,所以洛采被称为"价值哲学之父"。但是洛采未能建立独立的价值哲学学科,这个任务是由他的后继者完成的。

在价值哲学形成为独立的哲学学科的过程中,德国哲学家尼采也起了很大的作用。尼采是唯意志主义哲学的代表人物之一。在洛采提出把价值范畴作为哲学的中心的观点之后，尼采提出"重估一切价值"的口号，并宣称"上帝死了"，否定基督教统治下把上帝作为评价的唯一标准的价值观念，批判传统的价值观念，恢复人作为唯一的评价者的地位。

尼采认为，价值是人创造的，也是人赋予的。人首先为事物创造出意义，评价就是创造。对事物进行评价，就赋予事物以意义，从而创造一个意义世界。人的生命本身就是价值标准，凡是能增强人类力量的东西都是善。

尼采提出"重估一切价值"，对各个领域的价值，包括哲学、政治、伦理、宗教、社会、文化艺术领域的价值进行"重估"。这是对基督教的价值观、对资本主义价值观的猛烈批判。从而把价值提到前所未有的高度，有力地促进了人们去关注价值和价值观问题，有力地促进了价值哲学的形成与发展，对价值哲学的诞生起了重要的催生作用。

休谟、洛采和尼采是对价值哲学诞生影响最大的三位哲学家。休谟提出区分"是"和"应该"、"事实"和"价值"，是价值哲学的起点，标志着价值哲学开始孕育，为价值哲学的诞生作了准备。但休谟并未提出哲学价值问题。洛采把价值范畴从经济学领域引入哲学领域，并把价值作为哲学的中心范畴，置于逻辑学和形而上学之顶端，从而激发起人们去创立价值论或价值哲学，标志着价值哲学的诞生。尼采提出"重估一切价值"，猛烈地批判基督教的价值观和传统的资本主义价值观，有力地促进人们关心价值和价值观问题，进一步突出了价值问题的重要意义，扩大了价值、价值观问题的影响，因而对价值哲学的诞生起了重要的催生作用。

从哲学思想来看，休谟在伦理学上持的是快乐主义观点。他说："德的本质在于产生快乐，而恶的本质就在于给人痛苦。"①"痛苦和快乐既是恶和德的原始原因，也就必然是它们一切结果的原因。"②他把快乐与痛苦作为善恶的原因。美国伦理学家麦金太尔说："休谟把特殊的道德判断理解为感情、激情的表达，因为使我们行动的是激情而非理性。"③所以麦金太尔说休谟的思想

---

① ［英］休谟：《人性论》下册，关文运译，商务印书馆1979年版，第330—331页。
② ［英］休谟：《人性论》下册，关文运译，商务印书馆1979年版，第331页。
③ ［美］麦金太尔：《德性之后》，龚群等译，中国社会科学出版社1995年版，第63页。

是情感主义。休谟开创了西方价值哲学中情感主义之先河,而情感主义是极端的主观主义。

洛采的哲学观是目的论唯心主义。洛采的价值哲学是目的论唯心主义价值哲学,是主观主义价值论。

尼采的哲学是唯意志主义,他的价值观是唯意志主义的价值观,也是主观主义价值论。

价值哲学诞生时期的最有影响的三位哲学家的价值哲学思想,都是主观主义价值论或情感主义,由此可见,西方价值哲学从诞生之日起,就受主观主义价值论支配。所以,当代西方价值哲学受主观主义价值论特别是情感主义统治,就不奇怪了。

洛采在 19 世纪 60 年代把价值范畴从经济学引入哲学,并将它列于哲学的中心或顶端,激起一些学者去探论价值论或价值哲学,标志着价值哲学的诞生。但建立价值哲学在当时还是一种倡议,价值哲学还未成为一门独立的哲学学科。价值哲学形成为一门独立的哲学学科是 19 世纪末 20 世纪初,经过许多哲学家长期探索而实现的。

二、西方价值哲学发展的三个阶段

西方价值哲学的发展,经历了三个阶段:第一阶段,19 世纪末 20 世纪初,西方价值哲学形成阶段;第二阶段,20 世纪初到 20 世纪 20 年代,西方价值哲学中主观主义价值论与客观主义价值论对峙并存阶段;第三阶段,20 世纪 30 年代到现在,西方价值哲学中主观主义价值论特别是情感主义统治阶段。下面我们对西方价值哲学发展的三个阶段作简要的分析。

(一)西方价值哲学形成阶段

西方价值哲学于 19 世纪末 20 世纪初形成为独立的哲学学科。对西方价值哲学形成为独立的哲学学科作出重要贡献的是新康德主义的价值哲学和奥地利价值学派。

1. 新康德主义价值哲学

在价值哲学形成为独立的哲学学科的过程中,新康德主义价值哲学奠基人维尔海姆·文德尔班和他的学生李凯尔特对价值哲学作出了重要贡献。

(1)文德尔班与新康德主义价值哲学

文德尔班(1848—1915年)出生于德国的波茨坦,先后在耶拿、柏林、哥廷根大学学习。文德尔班著有《近代哲学史》(1878—1880年)、《序曲》(1884年)、《哲学史教程》(1892年)、《哲学概论》(1914年)等书,从多方面阐述了他的价值哲学思想,创立了新康德主义弗赖堡学派价值哲学,为价值哲学形成为独立的哲学学科作出了重要贡献。

文德尔班是洛采的学生,他的价值哲学思想,主要来源于洛采。他说:"价值学或有关价值的学说是最近才独立出来和日趋完善的理论。在近代哲学语言中选用'价值'一词是由洛采首先开始的。"①这说明,德国的新康德主义弗赖堡学派的价值哲学是在洛采思想的影响下发展起来的。

文德尔班和洛采一样,把价值问题作为整个哲学的中心问题或根本问题。他说:"哲学只有作为普遍有效的价值的科学才能继续存在。"②并说:"文化价值的普遍有效性便是哲学的对象。"③他的价值哲学是以价值为整个哲学体系的中心的元哲学,而不是哲学分支学科。这是新康德主义弗赖堡学派价值哲学的特点。

文德尔班认为,区分事实与价值是价值哲学的前提条件。如果不区分事实与价值,则一切价值将终止,把事实混同于价值,就不会有价值哲学。

文德尔班认为,整个世界包括两个不同的世界,即事实世界和价值世界。事实世界是表象的世界、现象世界、理论世界,属于主体的表象;价值世界是本体的世界、自在的世界、实践的世界,是主体的一种公设。这两个世界都不是实在的客观的世界,都是主观的,因而价值也是主观的。所以,他的价值哲学是主观主义价值哲学。

---

① ［德］文德尔班:《哲学概论》,转引自杜任之主编:《现代西方著名哲学家述评》(续集),三联书店1983年版,第35页。

② ［德］文德尔班:《哲学史教程》下卷,罗达仁译,商务印书馆1993年版,第927页。

③ ［德］文德尔班:《哲学史教程》下卷,罗达仁译,商务印书馆1993年版,第928页。

从两个世界的观点出发,文德尔班认为有两种知识,即事实的知识与价值的知识。事实的知识是理论知识,价值的知识是实践知识。事实知识的命题表示两种表象的内容的相互归属的关系,即表示两种事实之间的关系,这类命题都是普通的逻辑判断,不混杂主观因素。而价值知识则表示主体和评价对象的关系,这类命题不表示事实之间的关系,而表示主体对评价对象的态度,它们完全决定于主体的情感与意志及主体的态度。他认为,价值命题不服从任何逻辑的因果关系,不包含必然性,完全是任意的。它们只有伦理学上的意义,而无逻辑学上的意义。

文德尔班把价值作为哲学的中心,他认为事实命题要以价值观念为根据,认为任何知识的标准都是价值,事实命题从属于价值命题。

什么是价值? 文德尔班说:"每种价值首先意味着满足某种需要或引起某种快感的东西。"①他以能满足需要或引起某种愉快感来界定价值。能满足某种需要,就会产生某种快感;而能引起某种快感,也就是满足了某种需要。满足某种需要之所以有价值,最根本的是能引起某种快感,所以他的这种满足需要论,实质上是快乐主义观点。

文德尔班还说:"价值(不论是肯定方面还是否定方面)绝不能作为对象本身的特性,它是相对于一个估价的心灵而言的……抽开意志与情感,就不会有价值这个东西。"②他认为价值不是对象本身的特性,即认为价值是关系范畴,这种看法有合理之处。但他说价值是相对于估价的心灵而言的,这种看法实质上把价值看作评价的产物。而评价是主体心灵的活动,这种看法把价值看作主体心灵活动的产物,是主观的。他还说,抽开意志与情感,就不会有价值这个东西。他的这种看法,把价值看作由意志与情感决定的主观的东西,也说明他的价值哲学是主观主义的价值论。

文德尔班认为判断与评价不同。判断所关心的事物是什么,评价所关心的是事物应如何;判断所关心的对象是否与规律相一致,评价所关心的是对象

---

① [德]文德尔班:《哲学概论》,转引自杜任之主编:《现代西方著名哲学家述评》(续集),三联书店1983年版,第143页。

② [德]文德尔班:《哲学概论》,转引自刘放桐等编:《现代西方哲学》上册,人民出版社1990年版,第143页。

是否与标准相符合。他所说的判断指事实判断,他所说的评价指价值判断。他指出事实判断与价值判断的区别,是有意义的。但他把评价列于判断之外则是片面的,因为评价也是一种判断,即价值判断。

文德尔班把价值分为特殊价值与普遍价值两类。特殊价值是作为特殊的估价主体的特殊意识以及与之相应的价值;普遍价值,即价值规范、标准价值,是一般估价主体的普遍意识以及与之相适应的价值。特殊价值是心理学研究的对象,普遍价值则是哲学研究的对象。他认为,哲学就是关于普遍价值的学说。他把普遍价值作为标准价值或价值规范或伦理学规则,凌驾于个别人的个别情感的特殊价值之上,认为个别人的决定必须服从众所公认的标准。

文德尔班把各门科学划分为自然科学和社会历史科学两大类,认为自然科学是研究事实世界的科学,属于事实知识;社会历史科学则是研究价值世界的科学,属于价值知识。自然科学运用抽象的方法,用普遍化的方法去寻求规律、共相、本质的形式;而社会历史科学则用描述的方法、个别化的方法,在当前的观念中把过去的事件生动地呈现出来,具体地描述历史事件。他否认社会历史科学是对社会历史规律的研究,把社会历史科学变成了对社会历史的伦理学评估,也就是用他所说的由情感意志决定的价值去评估历史进程。所以,新康德主义价值哲学的历史观,是其主观主义价值观的具体运用。

文德尔班对价值问题的多方面的探讨和论述,使他成为新康德主义弗赖堡学派价值哲学的奠基人,为价值哲学形成为独立的哲学学科作出了重要贡献。

（2）李凯尔特的价值哲学思想

海因利希·李凯尔特(1863—1936年)是文德尔班的学生,是新康德主义弗赖堡学派价值哲学的又一重要代表人物。

李凯尔特和文德尔班一样,也把价值范畴作为哲学的根本范畴。他认为,世界是由现实王国和价值王国构成的。主体和客体是现实,与现实对立的是价值。哲学开始于研究价值问题开始的地方,哲学问题就是研究现实王国和价值王国的关系及其统一的问题。

价值是什么？李凯尔特说："关于价值，我们不能说它们实际上存在着或不存在，而只能说它们是有意义的还是无意义的。"①又说："价值绝不是现实，既不是物理的现实，也不是心理的现实。价值的实质在于它的有效性，而不在于它的实际的事实性。"②他认为价值不是现实，否认价值的客观存在。他认为价值指的就是有意义的还是无意义的，价值的实质是有效性。他所谓价值就是意义，指被大家公认为有效的，实际上指公众的评价。可见，他也是持主观主义价值论观点。

李凯尔特也把各门科学分为自然科学和社会历史科学，强调价值对社会历史科学的意义。他认为，没有价值，也就没有任何历史科学。认为只有借助于价值的观点，才能把文化事件和自然区别开。他所说的价值观点，就是公认的价值标准。公认的价值标准仍然是一种认识，仍然是主观的东西，可见他是用主观主义的价值观点去研究社会历史科学，他从根本上否认历史发展的规律性。李凯尔特反对历史唯物主义，他歪曲说历史唯物主义把全部历史变成经济史，然后再变成自然科学。他的这种说法表明，新康德主义弗赖堡学派的价值哲学的历史观是唯心史观。

李凯尔特对价值哲学的探讨，进一步丰富和发展了新康德主义的价值哲学，也为价值哲学形成为独立的哲学学科作出了贡献。

新康德主义弗赖堡学派价值哲学在文德尔班和李凯尔特以后，其后继者影响不大，最后这个学派从哲学史上消失。

2. 布伦坦诺与奥地利价值学派的一般价值理论

在价值哲学形成为独立的哲学学科的过程中，布伦坦诺与奥地利价值学派也作出了重要贡献。

（1）布伦坦诺的"价值公理"

弗朗茨·布伦坦诺（1838—1917 年），德国哲学家、心理学家、伦理学家，长期在奥地利执教。他在《道德知识的来源》（1889 年）一书中，探讨了价值判断的源泉和价值公理问题。他认为价值是独立存在的现象，是客观的，他不

---

① ［德］李凯尔特：《文化科学与自然科学》，涂纪亮译，商务印书馆 1996 年版，第 21 页。
② ［德］李凯尔特：《文化科学与自然科学》，涂纪亮译，商务印书馆 1996 年版，第 78 页。

同意主观主义和相对主义把价值化为乌有的观点。

布伦坦诺把心理现象分为三类:表象、判断、情绪活动。他认为,只有情绪活动才能把握价值。我们只能在爱与恨、适意与不适意中把握价值。爱就是肯定的价值,恨就是否定的价值,我们正当的价值判断的源泉就在这里。他认为只能在情感的体验中去把握价值。他在价值本质问题上持情感价值论观点。

布伦坦诺要求在爱与恨、愉快与不愉快等各种情感现象中,确认一种客观绝对的"价值公理"。他所谓的"价值公理",实际上是各种情感现象中公众的爱与恨、愉快与不愉快的共有的情感现象。他认为这种公众共有的情感现象相对于个人的主观认识和情感而言,是客观的独立存在的。在这个意义上,他反对主观主义价值论和相对主义价值论。他的这种观点,不同于以个人的情感、欲望为基础的一般主观主义价值论和相对主义价值论。但是公众的情感现象毕竟还是观念的东西,他的这种客观主义观点实质上属于客观唯心主义价值论。

布伦坦诺的思想,直接影响到胡塞尔和奥地利哲学家迈农和艾伦菲尔斯。

(2)迈农的一般价值论

迈农(1853—1920年),奥地利哲学家、心理学家。迈农是布伦坦诺的学生,深受布伦坦诺的影响。他的主要著作有《价值论的心理学——伦理学探讨》(1894年)、《论假设》(1902年)、《论情感的呈现》(1917年)、《一般价值论基础》(1923年)等。

迈农主张建立一种涵盖一切价值领域的一般价值论,并在他的论著中作了许多探讨。

迈农继承布伦坦诺的思想,力图从心理学领域去理解价值。他认为价值植根于情感生活或情绪中,存在于评价中。他说:"凡是一个东西使我们喜欢,并且只要到使我们喜欢的程度,它便是有价值的。"[1]这种观点认为价值决定于情感是否愉快,是快乐主义观点,也是典型的主观主义价值论。

---

① 转引自[阿根廷]方迪启:《价值是什么——价值学导论》,黄藿译,台湾联经出版事业公司1986年版,第31页。

迈农反对把价值与欲望等同起来,认为这种观点颠倒了价值与欲望的因果关系。他说,欲望绝不属于肯定的存在的东西,甚至也不属于不存在的东西。

迈农也不同意根据需要和从功利来理解价值,他认为不能以"有用的"来理解价值。

迈农早期持主观主义价值论,但是到后期他转向客观主义价值论。

(3)艾伦菲尔斯的欲望对象论

艾伦菲尔斯(1850—1932年),奥地利哲学家,早年曾就读于维也纳大学,也是布伦坦诺的学生。他著有《价值论与伦理学》(1893年)、《价值论体系》(两卷)(1897—1898年)等书,艾伦菲尔斯不同意迈农的情感愉快论,主张价值的基础应在欲求或企求中去寻找。他认为,我们欲求的东西都是有价值的,而且它们之所以有价值,正因为我们欲求它们。

艾伦菲尔斯在《价值论体系》第2卷中提出:价值可定义为一种对象与主体对它(对象)欲求之间的关系。在价值哲学历史上,他最早提出从主客体关系去理解价值。但他认为这种关系是对象与主体对它欲求的关系,而欲求是主观的,可见他是从主观的欲求去理解价值,他的价值论也是主观主义价值论。

艾伦菲尔斯不同意迈农的观点,他与迈农的争论是情感愉快论与欲望对象论之间的争论,是两种主观主义价值论的争论。他们的争论引起了西方哲学界的关注,由此促进了西方学者去关注价值问题,推动了西方价值哲学的发展。

3. 美国学者乌尔班与詹姆士对价值理论的研究

价值哲学在德国和奥地利的发展,使当时在德国学习的美国学者乌尔班(又译厄尔本)(W.M.urban,1873—1952年)深受影响。乌尔班将欧洲新兴的价值理论介绍到美国,引起了美国学者的重视,使一些学者开始研究价值问题。

1897年,美国著名的实用主义哲学家詹姆士在他出版的《信仰的意志》一书中说:"善的本质,简单说来就是满足需要。"①他所谓善,就是价值。这就是

---

① [美]詹姆士:《信仰的意志》,转引自张岱年:《论价值的层次》,《中国社会科学》1990年第3期。

说,他认为价值的本质,简单说来就是满足需要,在这里他提出了价值本质问题上的满足需要论。

1909 年,乌尔班出版了《评价、其本性与法则》一书,这是美国早期研究价值论的第一本著作,也是西方价值哲学中最早研究评价理论的书。他在书中将欧洲新兴的价值论思想介绍到美国,他认为迈农的情感愉快论和艾伦菲尔斯的欲望论是不矛盾的,是可以调和的,他持调和论。这表明,他同意这两种观点。

在价值哲学形成时期,既有主观主义价值论,也有客观主义价值论,主观主义价值论居主导地位,持客观主义价值论者较少,而且当时的客观主义价值论实质上是客观唯心主义。

(二)主观主义价值论与客观主义价值论对峙并存阶段

19 世界末 20 世纪初,价值哲学形成为独立的哲学学科。这个阶段主观主义价值论居于主导地位,客观主义价值论居于从属地位。主观主义价值论在西方价值哲学中的流行,引起了一些西方哲学家的不满。于是在西方价值哲学中客观主义价值论迅速发展,形成主观主义价值论与客观主义价值论对峙并存的局面。

1. 客观主义价值论的兴起

西方价值哲学中的客观主义价值论,主要有两个学派,一是直觉主义价值论;二是现象学价值论。另外,还有迈农后期的客观主义价值论。

(1)摩尔的直觉主义价值论

摩尔(1873—1958 年),英国哲学家、伦理学家,西方新实在论和英国分析哲学的开创者之一。他的《伦理学原理》(1903 年)一书,标志着 20 世纪伦理学革命的开端。

摩尔是价值哲学中直觉主义价值论的主要代表人物。摩尔认为,许多不同事物本身就是善的或恶的。这就是说,他认为价值是事物本身固有的,是事物本身的一种性质。他认为价值是存在的、客观的。这种认为价值是客体自身固有的性质的观点,就是客观主义价值论。

摩尔的伦理学的一个重要特点,是他持直觉主义观点。他认为,人能认识那些本身是善的事物,那些事物本身是善的是自明的,人能通过直觉来认识它,因为它本身是昭然若揭的,只能通过直觉去把握,而不是通过其他命题推论出来。

摩尔认为,不能给善下定义,善就是善。因为"善"是一个单纯的概念,他认为只有当客体或概念是某种复合的东西时,才能给它下定义。

摩尔认为不能用自然性的事实来定义善。他把那种以自然性事实或超自然的实在来给善定义的见解叫作"自然主义的谬误"。"自然主义的谬误"在历史上有两种表现,一种是自然主义伦理学,包括三种形态:其一是进化论伦理学,以"自然进化"定义善;其二是功利主义伦理学,以"幸福"、"物质功利"定义善;其三是快乐主义伦理学,以"快乐"定义善。另一种是形而上学的伦理学,如康德等的伦理学,以超自然的实在来定义善。以上这些伦理学的错误在于,把存在与应该、实然与应然、事实与价值相混淆。

摩尔深入分析了进化论伦理学的错误。进化论伦理学认为,比较进化的行为就是善的。摩尔认为,"比较进化的"与"高级的"、"比较善的"是完全不同的东西,"比较进化的"也可能是比较低级的。不能认为"比较进化的"就是比较善的,即不能把事实当成价值。

摩尔批评了快乐主义伦理学的观点。快乐主义以"快乐"定义"善",认为快乐是唯一善的东西。摩尔批评密尔《功利主义》一书的观点:密尔一方面承认,"善的"意味着"值得想望的";另一方面又说,只有发现什么是实际想望的,才可能发现什么是值得想望的。摩尔说:"值得想望的"一词指的是"对它的想望必定是善的",它仅仅意味着"应当"想望的东西;而"实际想望的"东西,是否也有可能有不好的东西呢?功利主义者认为,快乐是唯一善的东西,但实际上快乐并非都是善的。不能把事实当作价值。所以快乐主义伦理学的观点是不能成立的。

摩尔对快乐主义伦理学的批评具有重要意义。西方价值哲学中的迈农的情感愉快论,艾伦菲尔斯的欲望对象论,培里的兴趣价值论,詹姆士的满足需要论,逻辑实证主义的情感主义,等等,都是持快乐主义观点的,都是将事实混同于价值,因而在理论上都是不能成立的。

摩尔还将价值分为内在价值和手段价值或目的价值和手段价值。内在价值就其本身而言是善的,而手段价值是一个达到善的手段。他认为内在价值是首要的伦理学问题。他关于内在价值的观点,认为价值是事物内在固有的,坚持了价值的客观性,但他忽视了价值因时间、条件、地点不同而不同,是机械的观点。

(2)莱尔德的客观直觉价值论

约翰·莱尔德(1887—1946年),英国哲学家,阿伯丁大学哲学教授。他于1929年出版了《价值的观念》一书。莱尔德认为价值存在于事物本身之中,在这个意义上,价值是客观的。他认为心理事实也是可以通过观察、判断、推理等方法去认识的事实,在这个意义上也是客观的。

莱尔德认为价值是自明的,只能通过直觉去把握。所以,他也持直觉主义价值论的观点。莱尔德的这些观点,扩大了直觉主义价值论的影响。

(3)舍勒的现象学价值论

西方客观主义价值论,除了直觉主义价值论之外,还有现象学价值论。西方现象学价值论的代表人物是德国哲学家舍勒和哈特曼。

马克斯·舍勒(1874—1928年),德国哲学家、心理学家、伦理学家、社会学家、人类学家。在价值哲学方面,他先后出版了《伦理学中的形式主义与实质价值伦理学》(1913—1916年)、《同情与爱和恨的现象学和理论》(1913年)、《价值的颠覆》(1923年)等书,从多方面阐述了他的现象学价值论。

舍勒认为,价值是客观存在的,是独立于携带者及评价主体之外而存在的先验性质。价值是自明的,是在对对象的直觉中直接呈现给我们的,是通过情绪的直观,在爱与恨中,在偏好选择中显示给我们的,是通过对对象的洞察,即对价值经验内容的沉思而达到的,而不是通过对价值经验的归纳、抽象而实现的,是通过偏好、爱与恨的感情去把握价值的。

舍勒认为价值作为独立存在的先验性质,也是一种事实,是一种"纯粹事实",即现象学所揭示的事实。他认为有三种事实:第一种是自然事实,即日常生活中事物和事件的天真信念的事实;第二种是科学事实,即科学研究中的事物和事件的逻辑信念的事实;第三种是纯粹事实,即现象学的事实,是在直观中被充分给予的、先验的,在经验上清晰的,不依赖于归纳和因果关系,包含着单纯经验中的全部丰富材料的事实。

舍勒认为,价值是绝对的。他说:纵使谋杀从未"被判有罪",它仍然是罪恶。虽然善举从未受到人们注意,它总不失其为善。他认为,价值不依赖于人的生理和心理活动,不受任何活动决定,不随事物的变化而变化。价值的独立性决定了它的绝对性。价值本身是绝对的,我们对价值的认识才是相对的。他反对价值具有相对性、历史性的观点。

舍勒反对主观主义价值论,认为主观主义价值论以需要为基础,或者把价值等同于快乐,或者把价值看作产生愉快的原因。他认为价值不是一种匮乏的消除或需要的满足,而是在感情中被给予的。

舍勒认为,价值是客观存在的,价值的存在与人是否掌握它无关,没有为人掌握或感觉到的价值的数目是无限多的。他多方面论证了价值的客观性,但他所谓客观性是先验的客观性。

(4)哈特曼的价值论伦理学

尼古拉·哈特曼(1882—1950年),德国哲学家、伦理学家。他出生于德国拉脱维亚的里加。哈特曼深受舍勒现象学价值论的影响,1926年出版了篇幅达800多页的《伦理学》一书,力图建立一个价值论伦理学的体系。

哈特曼认为,价值是客观的,价值包括道德价值在内是一种"自身的存有",它可以为人所感知,人却不能改变它。价值不仅独立于有价值的善物之外,而且实际上还是这些善物的先决条件。他认为存在一个独立的价值王国。

哈特曼认为,伦理学唯一关注的是价值自身的先验性。他还说,价值的本质特征就在于其先验性和理想性。

哈特曼强调价值具有理想性。他说,价值的存在样式从根本上说是一种理想的存在样式,其本性是关注着未来。

哈特曼认为价值是绝对的。价值的先验性和理想性决定价值本身是绝对的。价值本身并不改变,它们的本性是超时间、超历史的,但对它们的意识却是变化的。

哈特曼还认为,价值不能为思维所直接把握,而只能靠一种内在的当下觉识来感受。

哈特曼的这些观点,与舍勒相似。哈特曼的主要特点在于他突出强调价值的理想性。他把价值论运用于伦理学,为建立价值论伦理学作了多方面的探讨,也扩大了现象学价值论的影响。

（5）迈农后期的客观主义价值论

奥地利哲学家迈农早期持主观主义价值论。20世纪初以后,客观主义价值论在一些国家的流行和影响的扩大,使迈农后期在哲学上产生了转向,由主观主义价值论转变为客观主义价值论。1917年,迈农在《论情感的呈现》中提出了客观的、绝对的、非个人的价值概念。这种非个人的客观的绝对的价值概念,高于个人的相对的价值概念。但这种非个人的价值概念仍然是观念的东西。迈农还认为这种非个人的价值概念是在情感和欲望中呈现出来的,具有一种先天的明白性,所以他的观点是先验的客观主义价值论。迈农由主观主义价值论转向客观主义价值论,反映了当时西方价值哲学中客观主义价值论影响的扩大,使一些持主观主义价值论的学者产生了分化。

2. 主观主义价值论的对峙

20世纪初到20世纪20年代,在西方价值哲学中客观主义价值论兴起的同时,西方价值哲学中原有的主观主义价值论依然存在并继续发挥影响,同时有的学者还提出一些新的主观主义观点,与客观主义价值论对峙。

（1）乌尔班的欲望对象论和兴趣价值论

美国哲学家乌尔班在其1916年发表的《价值与存在》一文中说:一个客体的价值,存在于它对愿望的满足之中,或广义地说,存在于兴趣的满足中。这表明他所持的观点是欲望对象论和兴趣价值论。

（2）培里的兴趣价值论、欲望对象论和满足需要论

美国新实在论者培里（1876—1957年）,是西方主观主义价值论的重要代表之一。培里在其1912年出版的《现代哲学倾向》一书中说,事物是由于它们被意愿着而产生价值的。他还说,欲望的因素赋予其对象以善,这种观点实际是欲望对象论。

在《现代哲学倾向》一书中,培里认为,欲望与兴趣是密切联系的。1926年,培里在《一般价值论》一书中认为,凡是兴趣所在的对象便自然具有价值。无论哪一个对象,一旦有人对它发生兴趣,无论哪一种兴趣,它就都有了价值。他在这里明确提出了兴趣价值论。

在该书中,培里还说,自然界的事物,直到人们发现了它的用途时才有价

值;而且,它们的价值,根据人对它们需要的程度,可以提到相应的高度。他认为自然界的事物,只有当它用来满足人的需要时,才具有价值。在这里,他又持满足需要论。

培里既持欲望对象论,又持兴趣价值论,同时还持满足需要论。这三种观点是相互联系不可分割的,都是主观主义价值论,都以快乐主义思想为基础。

(3)杜威的情感决定论和智慧行动后果论

约翰·杜威(1859—1952 年),美国著名哲学家、伦理学家、心理学家、教育学家,对价值哲学有重要贡献。20 世纪 20 年代,他先后出版了《经验与自然》(1925 年)、《确定性的寻求》(1929 年)等书,阐述了他的价值哲学思想。

杜威认为,任何对象被我们所欢迎或留恋的时候,只要是任何对象引起我们厌恶和反对的时候,便发生了价值。可见,在这里杜威认为,价值是随着人们的情感、态度而产生的,价值是情感态度的产物。他的这种观点属于情感决定论,是典型的主观主义价值论。

杜威肯定价值的存在,但他又认为价值是不可定义的。这是因为他认为价值是情感态度的产物,他把价值混同于评价。他是自然主义的经验主义者,他肯定价值的存在。这一点与逻辑实证主义的情感主义不同。

杜威作为经验主义者,他赞同把价值和欲望的满足联系起来。但是他反对把价值等同于享受。因为,当我们说一种东西为人们所享受时,这是陈述一种事实,而不是在判断那些事物的价值。这就是说,要区别事实和价值,所享受的东西是事实,而不是价值。他说:享受这些事物,认为是善,并不保证这些事物只会带来善的后果。只有那些能带来善的后果的事物才是价值。

怎样界说价值? 他提出必须用作为智慧行动后果的享受来界说价值。也就是说,他认为价值必须是能带来善的后果的享受。他坚持价值必须是善的,他主张从后果去理解价值,是有意义的。但他用智慧、用思想来调节价值,而智慧、思想是主观的东西,可见他的观点仍是主观主义价值论。

杜威在《经验与自然》一书的原序中,还给价值下了一个定义:"价值是从自然主义观点被解释为事情在它们所完成的结果方面所具有的内在性质。"①

---

① [美]杜威:《经验与自然》,傅统先译,商务印书馆 1960 年版,第 8 页。

所谓"内在性质"，主要是指结果是善还是恶。他从事情结果方面是善还是恶去理解价值，比从情感愉快、兴趣、欲望、需要出发来理解价值，或把价值理解为客体固有的性质，更为合理。他所说的结果，是智慧行动的后果。所以，他的这个定义与他前面对价值的界定是一致的。

（4）奥格登和里查兹的情感主义价值论

1923 年，英国学者奥格登和里查兹出版了《意义的意义》一书，他们在书中说："善"这种独特伦理用法是纯属于情感的。它只是用作一种情感记号，表达我们对于事物的态度，也许还在他人身上唤起同样的态度。他们认为善只是一种情感、态度的表达，这种观点就是情感主义价值论。他们的论述开当代情感主义之先河。

（5）詹姆士和维特根斯坦的心灵赋予论

美国哲学家詹姆士在其 1925 年发表的《宗教体验的多样性》一文中说：我们周围的世界似乎具有的那些价值、兴趣或意义，纯粹是观察者的心灵送给世界的礼物。他认为价值是心灵赋予的。这种观点是一种典型的主观主义价值论。

英国哲学家维特根斯坦在 1929 年写的一则随笔中写道：人类的凝视具有一种力量，它赋予事物以价值，但也提高它的价格。他也持心灵赋予论观点。

（三）主观主义价值论特别是情感主义统治阶段

西方价值哲学在 20 世纪初到 20 世纪 20 年代末，主观主义价值论与客观主义价值论对峙并存。到 20 世纪 30 年代以后，西方的客观主义价值论在逻辑实证主义的猛烈批评下，逐渐衰落，后继无人，退出历史舞台。西方价值哲学中原有的各种主观主义观点依然存在，并发挥着影响。随着逻辑实证主义在西方哲学中的盛行，情感主义统治了西方价值哲学。情感主义把价值视为情感、态度的表达，视为主观偏好，是一种极端的主观主义价值论，使西方价值哲学陷入更大的理论混乱，也使西方价值哲学基本理论更加陷入困境。

1. 20 世纪 30 年代到 40 年代的西方价值哲学

20 世纪 30 年代以后，西方价值哲学中的客观主义价值论在逻辑实证主义的批评下，逐渐衰落而失去影响。西方价值哲学中原有的各种主观主义价值论依然存在并产生很大影响,同时情感主义广为流行。西方价值哲学呈现出主观主义特别是情感主义的一统天下的局面。

（1）情感主义价值论

情感主义是逻辑实证主义在哲学价值问题上所持的基本观点。这种观点是在批评直觉主义价值论和现象学价值论基础上发展起来的。

逻辑实证主义运用逻辑分析和经验证实原则,首先批评直觉主义价值论所谓内在价值的观点,即认为价值（或善）是事物自身固有的性质的观点。英国哲学家罗素在他 1935 年出版的《宗教与科学》一书中说:根本不可能找到任何可以证明这个或者那个具有内在价值的论据。

舍勒认为价值是绝对的、不变的。罗素批评说:首先,不可能有任何绝对意义上的"善"这个东西。一个人称之为"罪"的东西,另一个人也许称之为"德"。这说明,同一事物对不同的人价值不同,不存在绝对不变的价值。

针对直觉主义主张,价值陈述不是受普通的经验观察所制约,而是被神秘的"理智直观"所制约的观点,英国哲学家艾耶尔批评说,这种学说使价值陈述变成不可证实的了。因为大家都知道,对于一个人在直觉上是确定的东西,可能对另一个人是值得怀疑的。

在逻辑实证主义的猛烈批评下,西方客观主义价值论的机械论、独断论的缺陷被揭露无遗,因而西方客观主义价值论作为一个学派逐渐走向衰落,走向消亡。

什么是价值? 艾耶尔在《语言、真理与逻辑》（1935 年）一书中说,价值陈述不是在实际意义上有意义的陈述,而是既不是真又不是假的情感的表达。他认为,价值是情感的表达。

罗素在《宗教与科学》一书中说:当我们断言这个或那个具有"价值"时,我们是在表达我们自己的感情,而不是在表达一个即使我们个人的感情各不相同但却仍然是可靠的事实。他认为,价值不是事实,而是感情的表达。

美国著名的情感主义伦理学家斯蒂文森在他 1944 年出版的《伦理学与语言》一书中认为,"善"是不可定义的。他强调善的"情感意义",认为"这是善的"在情感上就非常接近于"这是值得赞许的。"可见,在他看来,"善"表达了人们情感上的赞同。这种观点,与罗素、艾耶尔认为价值是情感的表达的观点基本相同,也是情感主义价值论。与早期的激进的情感主义不同,斯蒂文森的价值论被认为是一种温和的、精细的、情感主义价值论。

（2）满足需要论和激情快乐论

英国新实证主义者萨缪尔·亚历山大（1859—1938年）在一次题为“价值”的讲演中说:那些对他们来说有价值的东西是能够满足人类的需要的。他在这里认为价值就是能够满足需要的东西。他所强调的是满足“类”的需要,满足许多人的需要,而不是满足个人的需要。可见他持的是满足需要论,但他的观点又不同于一般的满足需要论。

亚历山大还说,我们所体验的价值就成为满足我们的社会激情的快乐。在这里他又持激情快乐论,实质上就是情感愉快论。

2.20世纪50年代到60年代的西方价值哲学

第二次世界大战后,特别是20世纪50年代,西方价值哲学研究曾相当活跃,出版的价值哲学著作很多,提出的新见解也多。20世纪60年代不如50年代活跃。这个时期西方价值哲学仍然是由主观主义价值论特别是情感主义统治。

（1）情感主义价值论和满足欲望论

英国哲学家理查德·麦尔文·黑尔在他1952年出版的《道德语言》一书中,提出了他在伦理学上的规定主义思想。他认为,价值判断是一个理性过程,价值判断是一个规定判断;他批评艾耶尔和斯蒂文森把价值问题置于理性之外,否认价值判断的理性证明的可能性的观点。但是黑尔仍然认为,价值术语具有一种特殊的功能,这就是赞许的功能。“善”,是表示赞扬的最一般形容词,“善”是用于赞许的词。而赞许、赞扬表达了情感上的满意。可见他仍然把价值理解为情感的表达,他对价值本质的理解,仍然属于情感主义价值论。

美国哲学家P.H.帕克于1957年在密执安大学出版了他的《价值哲学》一书,他认为价值是欲望的满足,他持满足欲望论。

帕克还认为,价值判断不是那种认知的,有真假的断定,而是表达说话者的希望、满足、态度或者在听者那里引起类似的希望、满足或态度。在这里他对价值本质的理解又持情感主义观点。

（2）情感愉快论

美国伦理学家弗兰肯纳于 1963 年出版了《善的求索》（英文原名《伦理学》）一书。他认为，每一种快乐或享乐，就其本身来讲本质上是好的。他认为，使人愉快的，就是某种事物成为好的充分条件。他所说的"好"，就是价值。所以，他认为，价值的本质就在于能使人愉快，可见他在价值本质问题上持情感愉快论。

美国实用主义哲学家刘易斯于 1969 年出版了《价值和命令》一书，论述了他对价值本质的理解。他认为价值词的意义是表称它们直接的愉快或痛苦的经验性质，表称客体的潜在性，指导我们认识愉快和喜悦或悲哀和痛苦的经验。可见，他认为价值词所表称的就是客体或事件使人愉快、喜悦或悲哀和痛苦的经验性质或潜在性。他是从情感上的愉快或痛苦去理解价值的，他在价值本质上所持的是情感愉快论。但是他认为，对于我们自己经验的价值性质所持的这种看法，是能够彻底地证实或证伪的；也就是说，他认为价值是可以认识的，能够证实或证伪的，可以通过自己的经验证实或证伪。这一点与情感主义的非认识主义不同。

（3）兴趣价值论

1954 年，美国新实在论者培里出版了《价值的领域：人类文明的批判》一书，进一步论述他的兴趣价值论。他说，是兴趣对象的任何东西都是有价值的。重申他的兴趣价值论的观点。

（4）满足需要论

美国人本主义心理学家马斯洛提出需要从低到高有五个层次，即生理需要、安全需要、爱的需要、尊重的需要、自我实现的需要。1954 年，马斯洛在《动机与个性》一文中说：高级需要比低级需要具有更大的价值。他认为只要抓住原始的、固有的需要、冲动、渴望的研究，可以说也就是对人的价值的研究。他是从需要去理解价值，可见他持的是满足需要论。

英国哲学家拉蒙特于 1955 年出版了《价值判断》一书。他在书中认为，价值判断似乎在根本上（虽非全部的）是对一种意动倾向的表达、对需要的表达。这说明，他把价值理解为需要的表达。实际上他持的也是满足需要论。

（5）满足欲望论

美国伦理学家亚历山大·塞森斯格于 1957 年出版了《价值与义务——经验主义伦理学的基础》一书。他在书中谈到什么是"好"，即价值时说：我将使用"满足"这个术语指谓那些在经验中即时实现的"好"。他所说的"好"指的就是"价值"，"即时实现的好"就是即时的或直接实现的价值。他认为价值就是满足，满足什么？他说是兴趣、想望、欲望的满足，可见他持的是满足兴趣论和满足欲望论。但他又认为，只有"值得拥有的"或想望是理性的才是价值，指出了满足欲望说的局限。这一点应当肯定。

美国伦理学家弗莱彻于 1961 年出版了《境遇伦理学：新道德论》一书。他认为，一切伦理学的首要问题是价值问题，即对"至善"的选择。什么是善？他说：善就是有用的、便利的、给人以满足的东西。在价值本质问题上，他所持的也是"满足"（需要、欲望）论。

（6）评价结果论或积极选择论

美国哲学家佩佩尔（S．C．pepper）于 1958 年出版了《价值的源泉》一书，提出了他对价值源泉或本质的理解。根据他的研究结果，他给"好"即"价值"下了一个定义："好"（即价值）就是指与人们的决定有关的选择系统作出了积极的选择，"坏"这个术语则指消极选择。价值就是在人们的事务中如何作出有充分根据的决定。他认为价值是人们作出选择的根据，而人们的选择决定于价值评价或价值判断。可见，在他看来，价值是评价的结果，他的积极选择论实际上是评价结果论。评价是观念活动，这种观点也是一种主观主义价值论。

3. 20 世纪 70 年代至 90 年代的西方价值哲学

20 世纪 70 年代到 90 年代，西方价值哲学仍然是主观主义价值论特别是情感主义居统治地位。但是这一时期西方价值哲学呈现出一些新的特点，主要是环境伦理学中的自然价值论、系统哲学价值论及现代西方伦理学的兴起，同时也出现了试图对西方价值哲学中的局限作修正与补救的倾向。这说明西方价值哲学已开始了对主观主义价值论特别是情感主义统治的反思。

（1）满足需要论与情感愉快论

美国耶鲁大学伦理学教授芬德莱于 1970 年出版了《价值论伦理学》一

书。他在书中谈到价值框架问题时说:在深层意义上,我们喜欢或需要它是合乎必然的,如果没有这样的必然使我们喜欢或需要的对象存在,就根本不会有这样的价值框架存在。在他看来,价值或价值框架是我们喜欢或需要的东西。在价值本质问题上,他持情感愉快论和满足需要论。

美国哲学家穆蒂莫·J.艾德勒(又译阿德勒)1981年出版了《十大观念》一书。他在书中认为,凡能解决我们的需求,满足我们需要的"善",都属于人类"善"这个范畴,它们对人类都有好处。他还说,我们用"好"这个词,从本质上把这些事物称为"善",以表示我们所欲求的事物。当它们满足了我们的欲求时,对象便是好的。他在价值本质问题上持的是满足需要论和满足欲求论。

艾德勒在另一本著作《哲学的误区》中还说:真正的"善"是那些我们所有人在本性上需要的东西。凡是我们需要的,对我们来说都是真正的"善"。他还说不存在不正当的需要,继续坚持满足需要论。

(2)满足兴趣论

英国学者H.A.梅内尔1986年出版了《审美价值的本质》一书,探讨了审美价值的本质问题。他认为,一件艺术品的善就在于,只要有机会它就试图给那些感兴趣的人们以某种满足。这就是说,他认为审美价值或"善"的本质就在于对审美兴趣的满足,他在价值本质问题上持满足兴趣论。

(3)满足欲望(或愿望)论

美国学者艾温·辛格在他1992年出版的《我们的迷惘》一书中说:生命是否有意义取决于生命的精神目标与价值,而我们的生命目标指向我们的愿望的满足,以及我们认为有价值的东西的获得。可见他所谓价值,就是欲望或愿望的满足。他所持的是满足欲望或愿望论。

德国哲学家J.密特斯特拉斯1994年1月16日在谈到价值时说,价值是我们的共同生活的意愿的产品,是使我们自己、使人类更出色的愿望的产物。他也是持欲望或愿望满足论。

(4)感情给予论

德国哲学家伽达默尔在1971年发表的《价值的本体论问题》一文中说,价值哲学的难题是双重的:一方面,所有的价值都不像事实那样存在于此,而是源于人的价值给予;另一方面,它们立足于个人任意相对的、我们必须承认的我们感情的给予性。可见他在价值本质问题上持的是感情给予论。

（5）评价结果论

英国哲学家彼得·罗素1996年在欧文·拉兹洛创立的布达佩斯俱乐部讨论"意识革命"时说:我们的价值从根本上说,就是我们认为重要的东西。而我们认为重要的东西,就是我们的评价所肯定的东西,即评价的结果。可见他在价值本质问题上持的是评价结果论。

美国哲学家约翰·塞尔在他1998年出版的《心灵、语言和社会——实在世界中的哲学》一书中说,所有其他事物只是由于与意识相联系才具有价值、具有重要性、具有优点,并显得可贵。如果我们认为生活、正义、美、生存等是有价值的,那只是由于它是意识的存在物我们才那样去评价它们。他把价值看作是意识对事物的评价,可见他把价值混同于评价。他持的也是评价结果论。

（6）满足合理欲望论

20世纪70年代,西方价值哲学方面的最重要的成果之一是1971年美国著名伦理学家罗尔斯的《正义论》一书的出版。《正义论》的出版对西方伦理学产生了广泛影响。罗尔斯在书中探讨了"善"的定义问题。他说:"善被定义为合理欲望的满足。"[①]他分析说,功利主义认为任何欲望的满足本身都具有价值,而不问这些欲望是什么样的欲望。根据这种观点,当人们在损害别人自由提高自己尊严的行动中得到某种快乐而实现自己的欲望时,仍然被认为是有价值的。这显然是错误的。因为他在损害别人的自由中得到的快乐本身是错误的。罗尔斯对西方价值哲学中的满足欲望论作了深入分析批判,这是对当代西方价值哲学存在的理论混乱的反思,具有重要意义。罗尔斯对西方欲望论的批评,也是对西方情感愉快论、兴趣价值论、满足需要论、心灵赋予论等快乐主义思想的批评,它启发人们去深入思考西方价值哲学存在的问题,有助于推动西方价值哲学的发展。

---

① ［美］罗尔斯:《正义论》,何怀宏、何包钢、廖申白译,中国社会科学出版社1988年版,第27页。

　　但是罗尔斯的定义还是从欲望出发去理解价值,欲望的满足意味着得到某种快乐。可见满足欲望论包括满足合理欲望论,归根到底是快乐主义。所以罗尔斯关于善的定义,其基础仍然是快乐主义。罗尔斯用"合理的"欲望去取代一般欲望,表明他力图克服欲望论的理论混乱,是有意义的。但"合理"与"不合理",人们有不同理解,是一个有争议的问题。用"合理"欲望的满足去定义"善",仍然存在着何种欲望是合理与不合理的问题,所以他的这个定义还不是一个科学的定义。

　　(7)自然价值论

　　美国伦理学家霍尔姆斯·罗尔斯顿1988年出版了《环境伦理学》一书。他在书中尖锐地批判统治西方价值哲学的主观主义价值论。他认为自然生态系统拥有内在价值,这种内在价值是客观的,不能还原为人的主观愿望。什么是价值? 罗尔斯顿认为,价值是这样一种东西。它能够创造出有利于有机体的差异,使生态系统丰富起来,变得更加美丽、多样化、和谐、复杂。在他看来,价值就在于能使有机体更加发展、更加丰富、更加美好。这种从发展、从结果出发理解价值的思想,是很可贵的。但罗尔斯顿主要研究生态系统的价值,还不是对一般价值的探讨。尽管如此,在西方主观主义价值论统治的条件下,他的论述仍不失为对西方价值哲学重要的新探索。

　　(8)德性实践论

　　美国伦理学家麦金太尔在1981年出版的《德性之后》一书中,提出了他的德性实践论。他说:德性是一种获得性的人类品质,这种德性的拥有和践行,使我们能够获得实践的内在利益。

　　什么是内在利益? 他所谓的内在利益是相对于外在利益而言的。外在利益是某种个人的财产和占有物,如权力、名誉、金钱等。外在利益本质上是竞争的对象,在竞争中有胜利者也有失败者。内在价值的特性则是它们的实现有益于参加实践的整个群体。他所谓的外在价值,就是功利价值;他所谓的内在利益,就是利群,就是"善",就是道德价值,就是德性。这种内在利益是实践的卓越成果。它既有利于个人发展完善,又有利于社会、群体、他人发展完善。麦金太尔探讨的德性问题主要是道德价值问题,而不是一般哲学价值问题。但是他对道德价值的研究,对人们深入理解哲学价值问题具有重要启示。

（9）解决问题论

英国著名哲学家卡尔·波普尔在其1974年出版的《无穷的探索——思想自传》一书中说:有人常常认为价值只是随意识进入世界,这不是我的观点。我认为也会有甚至没有意识的价值存在。他肯定价值的客观存在,坚决反对当代西方居主导地位的主观主义价值论。

什么是价值? 他说,价值随问题一起出现,价值不能没有问题而存在。一个事物、一种思想、一种理论或一个观点,有助于解决一个问题,它在客观上就是有价值的,不管它的价值是否被人有意识地作出正确的评价。他认为价值就是一个事物、一种思想、一种理论有助于解决问题,价值不依赖于人们是否作出正确的评价。他的这些见解,是从作用、功能、效果上理解价值,是很有意义的,是对西方主观主义价值论特别是对评价结果论的有力批判。

（10）系统价值论

随着现代科学的发展,产生了系统论、控制论、信息论。相应地产生了系统哲学等现代科学哲学和系统价值论。美国哲学家詹姆斯·米勒于1965年率先提出了系统价值论。其后,美国哲学家拉兹洛又进一步丰富和发展了系统价值论或系统哲学价值论。

拉兹洛首先肯定价值的客观性。他说:价值只能在控制论意义上被理解为系统行为的客观因素。

什么是价值? 拉兹洛说:我将价值正面定义为由包含在系统内的程序明确规定并通过同环境的规范相互作用而实现的系统的状态。也就是说,系统的价值,就是系统同环境相互作用而实现的系统的状态。

在拉兹洛这一定义中,系统、环境、系统状态都是客观的,从而有力地坚持了价值的客观性,是对主观主义价值论的有力批判。

拉兹洛是从系统与环境相互作用去理解系统价值的,他的观点又区别于忽视主体作用的机械僵化的西方客观主义价值论。

拉兹洛认为价值是系统与环境相互作用而实现的系统的状态,这种系统的状态是系统与环境相互作用的结果。所以他是从相互作用,从结果或后果出发去理解价值。而系统与相互作用的结果是一种客观事实。从相互作用、从结果出发理解价值,较之西方主观主义价值论和机械的客观主义价值论的观点更为合理。

所以拉兹洛的系统价值论,是西方价值哲学中重要的新见解,具有重要意义。但这一思想主要在科学技术哲学领域流传,对整个西方价值哲学影响不大。

(11)交往合理性理论

1981年德国哲学家哈贝马斯出版了《交往行为理论》一书,该书系统地阐明了他的交往合理性理论。哈贝马斯认为,在主客体关系中,主体与主体之间,即人与人之间互为主体,具有"互主体性"或主体间性。互主体性或主体间性的存在,要求人与人之间,在坚持自己是主体具有主体性的同时,也承认他人是主体,承认他人的主体性,尊重他人的主体地位。这样就避免了传统的主客体关系理论中,只把自己当成主体,而把与自己交往的他人仅仅当作客体,忽视交往中他人的主体地位和主体性的缺陷,有利于尊重人,重视人的主体地位与主体价值。所以,这一理论对价值哲学研究具有重要意义。

在互主体性理论基础上,哈贝马斯提出了交往合理性理论。哈贝马斯认为,人际关系的和谐是人与世界和谐的突破口,而人际和谐有赖于人际交往的合理性。交往合理性的根据,就是交往主体之间的相互同意、普通赞同、自觉遵守的规范。这种规范符合每个人的利益。实际上,这种规范就是要求行为主体相互承认、相互尊重对方作为主体的地位与利益。所以,规范价值就是互主体性或主体间性的价值,是人相互作为主体彼此之间的价值,即尊重自己和他人的主体价值。这就是交往合理性的理论基础。哈贝马斯的交往合理性理论,对实现人际和谐、世界和谐,促进世界和平、合作共赢、共同发展具有重要的理论和实践意义。

(12)行为功利主义

澳大利亚伦理学家斯马特提出了行为功利主义,主张从行为对全人类幸福的客观效果出发判断价值。他对传统功利主义进行了反思,指出传统功利主义是一种快乐主义,而快乐主义会导致主观地解释道德。他的这一见解表明快乐主义会导致主观主义价值论。他的这一思想对当代西方价值哲学具有重要意义。当代西方价值哲学中的主观主义价值论特别是情感主义,其基础都是快乐主义。斯马特的反思,有助于深化西方价值哲学研究。

20 世纪 70 年代到 90 年代,西方价值哲学出现了一些新的动向,提出了一些新的观点。但是这些新的见解在西方价值哲学中影响不大,这个时期西方价值哲学中居于统治地位的仍然是主观主义价值论特别是情感主义。这个时期相继产生了不少研究政治伦理学、德性伦理学、环境伦理学、生命伦理学、科技伦理学等应用伦理学的论著,反映出西方学者对现代伦理学的关注,而对一般价值哲学理论的研究则相对不足。这种情况既反映了西方学者对现实的伦理道德问题的关心,同时也是西方价值哲学陷于困境难于自拔的情况下的一种选择。

三、一百多年来西方价值哲学的重要进展

西方价值哲学经过一百多年的发展,取得了多方面的重要进展,为创立和促进价值哲学的发展作出了重要贡献。主要表现在以下几个方面:

(一)创立价值哲学及对价值哲学研究的方法论的探讨

1. 创立价值哲学

西方价值哲学的重要贡献,首先就是从无到有创立了价值哲学这门独立的哲学学科,丰富和发展了哲学的内容,使哲学从一般世界观、认识论、历史观,扩展到价值观,使哲学发展到一个新的阶段,使哲学对世界的探讨从片面走向全面。这是一个重大贡献。在哲学领域,本体论、认识论、历史观、伦理学等的研究已有几千年的历史,而价值哲学则到 19 世纪末 20 世纪初才形成为独立的哲学学科。这是因为价值问题很复杂,价值与事实容易混淆,区分事实与价值有很大难度。西方价值哲学的创立,克服了这一难点,这是哲学史上的一场革命,具有重要的意义。

2. 区分事实和价值是价值哲学的起点

西方价值哲学的孕育,是从 18 世纪英国哲学家休谟提出区分"是"和"应该"、"事实"和"价值"开始的。休谟在 1839—1840 年出版的《人性论》一书中提出了要重视区分"是"和"应该"的思想,并指出作为科学的对象的事实与道德、罪恶等的区别,而道德、罪恶问题是价值问题。所以,休谟当时已提出要

区别事实与价值的问题。这两个问题是相互联系的,"是"与"不是",是事实问题,是实然;"应该"与"不应该",是价值问题,是应然。在对事实与价值的区分的研究中,推动了价值哲学的诞生。

文德尔班说:"必须区分应当和存在、价值和实在、规范与实在的合一,则一切价值将终止。无论是价值的肯定或否定的特性均以这种区分为前提条件。"①应当和存在、价值和实在、规范和实在,指的都是价值与事实。文德尔班认为,区分事实与价值,是理解哲学价值的前提条件。把事实与价值合一,把二者混为一谈,一切价值将终止,就不会有价值哲学。

文德尔班的论述非常重要。为什么说区分事实与价值问题是理解价值的前提条件呢? 因为把事实混同于价值,就会导致理论上的混乱。事实,是实然,是客观存在;价值,是应然,是应当,是值得的。事实作为实然,不一定是善的;而价值作为应然,作为应当,则必定是善的。把事实与价值混同,就会导致混乱。例如,西方快乐主义伦理学认为快乐本身就是善的,就有价值。英国哲学家摩尔就指出这种观点是把事实混同于价值。快乐是一种事实,而不是价值,因为快乐本身并非都是善的;把快乐这种事实混同于价值,就会背离逻辑一贯性,就会导致谬误。摩尔称这种谬误为"自然主义的谬误"。同样,兴趣、欲望、需要也是事实,而不是价值,因为兴趣、欲望、需要并非都是善的;以兴趣、欲望、需要为基础去理解价值,就是把事实混同于价值,就会导致混乱。当代西方主观主义价值论特别是情感主义正是从快乐、兴趣、欲望、需要等出发来理解价值,背离了逻辑一贯性,因而导致理论混乱。所以,区分事实与价值,对价值哲学研究具有十分重大的意义。

3. 对价值哲学研究的方法论的研究

西方学者对价值哲学研究的方法论问题作了多方面研究,提出了多种方法论模式。

(1)关系论

这种观点认为,价值范畴是关系范畴,而不是实体范畴或属性范畴。奥地

---

① [德]文德尔班:《哲学概论》,转引自杜任之主编:《现代西方著名哲学家述评》(续集),三联书店1983年版,第38页。

利哲学家艾伦菲尔斯在他 1897 年出版的《价值论体系》一书中就提出,价值可定义为对象与主体对它的欲求之间的关系。他把欲求作为价值关系的基础,是不妥的。但他认为价值是对象(客体)与主体之间的关系,则是有重要意义的。

德国哲学家文德尔班也说,价值绝不能作为对象本身的特性,他认为价值是相对于估价的心灵而言的。他也认为价值是对象相对于主体的关系而言的,但是他以心灵为基础去理解价值关系则是不妥的。

日本学者牧口常三郎在《价值哲学》一书中说,价值是关系概念而不是实体概念。价值不是客体固有的,而是由主客体的关系而产生的,如果主客体的任何一方发生变化,价值也相应地发生变化。他对关系论作了深刻的论述。

阿根廷哲学家方迪启在《价值是什么——价值学导论》一书中说,价值不具实体性。价值不是事物,不是事物的元素。价值是一种关系概念,就像婚姻一样。

美国哲学家拉兹洛在《系统哲学讲演录》一书中认为,价值是主体与环境相互作用产生的系统的状态,实际上也是认为价值是主体与环境或客体相互关系的产物。

以上几位学者都认为,价值是关系范畴,而不是实体范畴,也不是属性范畴。这些见解对价值哲学研究具有重要的方法论意义。

(2)有效性论或功能论

德国哲学家李凯尔特说,价值的实质在于它的有效性,而不在于它的实际事实性。他把价值的实质理解为"有效性",即理解为功效,有助于理解价值的本质特点。但他否认价值的存在,并认为文化价值的有效性是大家公认为有效的,实际上是从公众的评价去理解价值,是不妥的。

日本学者牧口常三郎说,价值,因为它是同人类生活相关的客体的固有属性与评价它的主体相互作用时产生的功能。他认为价值是主体与客体相互作用产生的功能,他用功能来理解价值,深刻地揭示了价值的特点和实质。

(3)系统论

美国学者拉兹洛在怀特海的过程哲学和米勒的系统价值论的基础上,建构了系统哲学价值论。他把价值定义为系统和环境相互作用而实现的系统状态。他的这一思想是现代科学在价值哲学中的运用,有重要意义。

（4）完形性质论

阿根廷哲学家方迪启提出完形性质说。他说,价值是一种完形性质,是综合主观与客观的优点,并只有在具体的人类情境中才存在以及具有意义。他的这一见解克服了西方主观主义价值论与客观主义价值论的片面性,强调价值只有在具体的人类情境中才存在及具有意义。他还认为价值是一种潜能。他的这些见解是价值哲学研究的一种新思路。

（5）后果论

美国哲学家杜威说,价值是从自然主义观点被解释为事情在它们所完成的结果方面所具有的内在性质。他从事情的结果或后果出发理解价值,克服了从情感、兴趣、欲望、需要等出发来理解价值的缺陷,具有重要意义。

（6）属性论

英国伦理学家摩尔认为,许多的不同事物本身就是善的或者恶的。他认为价值是事物固有的性质,这种观点坚持了价值的客观性,但不能解释价值因人而异的现象,是一种机械论的观点,也是人们日常生活中自发的价值信念的表现。

（二）关于价值本质问题的探讨

在西方价值哲学一百多年的发展过程中,各国学者对价值的本质问题作了广泛的探讨,提出了对价值本质的多种理解。这些见解为人们理解价值的本质提供了各种不同的思路和视角,是可供人们借鉴的重要资源。主要见解有:

1. 主观主义价值论观点

（1）评价结果论

德国哲学家尼采认为,价值是评价的结果,事物经过评价才有价值。评价是观念活动,他认为价值是主观的。

（2）意义论

德国新康德主义哲学家李凯尔特认为,价值指的是有意义的还是无意义的,即认为价值就是有意义。他所说的意义,是人们公认为有效的,实际上是公众的评价,而评价是主观的,因而他的这一见解实质上是主观主义价值论。

（3）情感愉快论

奥地利哲学家迈农认为,凡是一个东西使我们喜欢,它便是有价值的。他持情感愉快论,这种观点是伦理学中的快乐主义观点,是典型的主观主义价值论。

（4）欲望论与合理欲望论

奥地利哲学家艾伦菲尔斯认为,我们欲求的东西都是有价值的,他持欲望论。欲望是主观的,这种观点也是典型的主观主义价值论。

美国伦理学家罗尔斯认为,善被定义为合理欲望的满足。他持合理欲望论。这种观点是对欲望论的批评与纠正,表明他已看到欲望论的内在矛盾。但合理的欲望仍然是欲望,仍然是从主观的欲望出发来理解价值的本质。

（5）兴趣对象论

美国新实在论者培里认为,凡是兴趣所在的对象便自然具有价值。他持兴趣对象论,这也是典型的主观主义价值论。

（6）满足需要论与满足合理需要论

美国实用主义哲学家詹姆士说,善的本质,简单说来就是满足需要。他所说的善,就是价值。他认为价值的本质就是满足需要。他持满足需要论。这种观点,之所以认为能满足需要就有(正)价值,是因为满足需要能使人产生快感,因而这种观点是西方公认的主观主义价值论。

美国伦理学家罗尔斯看到满足需要论的缺点,即能够满足需要的并非都是善的。他认为只有满足合理需要或合理要求才是"善"。他的这一见解,是对满足需要论的批评与纠正。但是否满足需要或要求,取决于是否使人产生快感,因而满足合理需要论实质上仍然是快乐主义。所以他的观点仍然属于主观主义价值论。

（7）心灵赋予论

美国实用主义哲学家詹姆士认为,我们周围的世界似乎具有的那些价值、兴趣和意义,纯粹是观察者的心灵送给世界的礼物。他持心灵赋予论。这种观点也是典型的主观主义价值论。

（8）智慧行动后果论

美国实用主义哲学家杜威主张，必须用作为智慧行动后果的享受来界说价值。他批评将享受等同于价值的观点，提出从行动后果出发理解价值的观点，是有意义的。但他从智慧出发去理解价值，仍然是主观主义价值论。

（9）情感主义论

英国哲学家罗素说，当我们断言这个或那个具有价值时，我们只是在表达我们自己的感情，而不是在表达一个即使我们个人的感情各不相同但仍然是可靠的事实。他认为价值是人们感情的表达。这种观点就是情感主义价值论，这是极端的主观主义价值论。

2. 客观主义价值论观点

（1）客体固有属性论

英国伦理学家摩尔说，许多事物本身就是善的或恶的。他认为价值是事物本身固有的，这是一种机械客观论观点。

（2）先验性质论

德国哲学家舍勒认为，价值是独立于其携带者及评价主体之外的客观的先验的性质，是绝对的，自明的，是在直觉中通过偏爱，通过爱和恨的感情而呈献给我们的。这种观点是一种先验的、机械的客观价值论。

3. 主客体相互作用论

（1）功能论

日本学者牧口常三郎认为，价值是客体和主体相互作用产生的功能，他在价值本质问题上持功能论。

（2）互主体性理论

德国哲学家哈贝马斯认为，在主客体关系中，主体与主体之间，互为主体，具有互主体性或主体间性。互主体性的存在，就要求人与人之间，在坚持自己是主体，具有主体性的同时，也承认他人是主体，承认他人的主体性，尊重他人的主体地位。这样就避免了主客体关系理论中把自己当作主体，把他人只当作客体的局限，有助于尊重人的主体价值。

（3）发展论

美国伦理学家罗尔斯顿说，价值是能够创造出有利于有机体的生存和差异,使生态系统丰富起来,变得更加美丽、多样化、和谐、复杂的东西。即认为价值是能使生态系统更加丰富、更加美丽的东西。他的这个观点,实质上就是价值本质问题上的发展论。

(三)对评价基本理论的探讨

评价理论是价值哲学理论的重要内容。一百多年来,各国学者对评价理论也作了多方面的探讨:

1. 乌尔班以意向为基础的评价论

美国哲学家乌尔班认为,价值的基础是情感。价值情感等同于快乐的发生。他认为,评价的法则是心理学法则,从价值理论上说是情感意义法则。这种法则描述了情感的意向性质及其变化。他这种以情感的意向性为基础的评价理论,是价值哲学发展史上第一个评价理论。

2. 杜威以实验法为基础的评价理论

美国哲学家杜威,在价值本质问题上,主张从后果出发来理解价值。他的这一思想运用到评价上,就是坚持以实验法为基础进行价值评价。他说,一个道德法则,也像物理学上的法则一样,它的正确性和恰当性是靠实行它以后的结果来加以证明的。这种理论就是以实验法为基础的评价论。这种评价论有利于保证评价的客观性,有利于克服以情感、意向、兴趣、欲望、需要为基础的评价论的局限。

3. 拉蒙特与布罗日克以需要为基础的评价理论

英国哲学家拉蒙特在其《价值判断》一书中认为,任何期望、需求或需要的东西,都能说成是有价值的。这就是说,价值就是主体需要的东西。价值本质决定价值评价。他认为,价值判断(虽非全部的)是对一种意动倾向的表达,是对需要的表达。他所谓价值判断,即价值评价。可见,他认为评价是需要的表达,也就是说,他认为评价以需要为基础。

捷克哲学家布罗日克在 1976 年出版了《马克思主义的评价理论》(中译本改名为《价值与评价》)一书。他认为,每一个主体总是选择符合他的需要和兴趣的那种东西作为评价的标准和等价物的,又说,评价判断表达了主体的需要,所以他主要以主体的需要作价值标准。虽然他也谈到兴趣与价值的密切联系,但他更重视需要的作用。可见,他的评价理论也是以需要为基础。

(四)对价值层次的研究

1. 以先验性质为基础的价值层次研究

德国哲学家舍勒认为价值是一种先验的性质,具有先验的层次性。以此为基础,他提出价值层次的五条标准:第一是持久性;第二是可分性;第三是基础;第四是满足的深度;第五是相对性。

根据这五条标准,舍勒列出了价值的层次表:第一层次的是感觉或感受的价值;第二层次是生命的价值;第三层次是精神价值;第四层次是宗教的价值。宗教价值是最高价值。他认为价值层次是先验的。

2. 以兴趣为基础的价值层次研究

美国新实在主义哲学家培里主张以兴趣为基础划分价值的层次。他提出划分价值层次的三项标准:一是强度;二是偏好;三是涵盖性。即兴趣的强度、偏好、涵盖性。兴趣较强的层次高于较弱的;偏好的层次高于不意愿要的;涵盖性广,喜欢的人多,层次更高。兴趣并非都是合理的。培里自己也承认,以兴趣为基础划分价值层次,存在着许多困难和矛盾。

四、当代西方价值哲学的困境

西方价值哲学发展一百多年来,取得了多方面的重要进展。但是也存在着一些缺陷和问题,严重影响着西方价值哲学的发展。

(一)西方价值哲学困境的主要表现

当代西方价值哲学的困境,主要表现在以下三个方面:

1. 价值哲学基本理论陷入混乱

(1)西方主观主义价值论的理论混乱

当代西方价值哲学的困境首先是主观主义价值论特别是情感主义否认价值的客观性,认为价值是纯主观的,在理论上陷于混乱。主要表现在以下几个方面：

一是情感愉快论的理论混乱。

西方价值哲学中的情感愉快论认为，一个东西使我们喜欢，它便是有价值的。这种观点实质上是西方伦理学中的快乐主义的观点。这种观点认为，价值的本质就在于使人快乐。但是快乐有各种不同的情况。有健康的快乐，也有不健康的、下流的快乐。按照快乐主义的观点，即使是使人产生不健康的下流的快乐，也是有价值的，这样的观点显然是错误的，有害的。这样的理论显然存在着内在的逻辑矛盾，存在着理论上的混乱。

二是欲望论的理论混乱。

西方价值哲学中的欲望论认为，我们欲求的东西都是有价值的。欲求，即欲望。这种观点以欲望为基础来理解价值的本质。人的欲望很多，很复杂，有些欲望往往互相冲突，有些欲望是健康的、合理的，满足这些欲望是有价值的；有些欲望则是不健康的、不合理的，满足这些欲望只有负价值。按照欲望论的观点，满足任何欲望都有价值，即认为满足不健康的、不合理的欲望也是有价值的，这就在理论上陷入混乱。

三是兴趣价值论的理论混乱。

西方价值哲学中的兴趣价值论认为，凡是兴趣所在的对象便自然具有价值。兴趣有健康与不健康、好与坏之分。按照兴趣价值论的观点，不仅健康的、好的、兴趣的对象是有价值的，不健康的、坏的、邪恶的兴趣的对象也是有价值的，这就必然导致理论上的混乱。

四是满足需要论的理论混乱。

西方价值哲学中的满足需要论认为，价值的本质，就在于满足需要，能满足主体需要，就有正价值，反之，则是负价值。但需要有合理与不合理之分，满足合理的需要是有正价值的；满足不合理的需要，则是负价值。按照满足需要论的观点，满足合理的与不合理的需要都有正价值。这就产生了内在的逻辑矛盾，在理论上陷入混乱。

五是评价结果论的理论混乱。

西方价值哲学中的评价结果论认为，价值是评价的结果。实际上，价值是客观存在，评价是价值的反映；评价以价值存在为前提，没有价值就不可能有评价。这种观点颠倒了价值与评价的关系，在理论上也陷入混乱。

六是心灵赋予论的理论混乱。

西方价值哲学中的心灵赋予论认为，价值是人们的心灵赋予的，即认为价值是人们的心灵通过评价作出的价值判断。这种观点，实质上是认为价值是评价的产物，同样颠倒了价值与评价的关系，在理论上陷入混乱。

七是情感主义在理论上的混乱。

西方价值哲学中的情感主义认为，价值是情感和态度的表达。情感主义把价值视为主观偏好，视为纯主观的东西，否认价值的客观性，使情感主义价值论失去任何理性标准。这就使价值理论根本没有任何逻辑可言。从而使情感主义和西方道德理论、道德文化陷入混乱和危机。

（2）西方客观主义价值论的理论混乱

一是直觉主义价值论的理论混乱。

西方直觉主义价值论认为，价值是事物本身固有的性质，是客观的、自明的，只能通过直觉来把握，不能给它下定义。这种观点认为价值是客观的，是正确的；但是它把价值看作事物自身固有的性质，无法解释价值因人而异的特点，是一种机械的、僵化的观点。这种观点认为价值只能通过直觉去把握，但对同一事物的价值，不同人的直觉不同，这就必然导致理论混乱。

二是现象学价值论的理论混乱。

西方现象学价值论认为，价值是独立于其载体和评价主体之外的先验性质，是客观的、绝对的、自明的，只能通过直觉或直观去把握。这种观点从其认为价值是客观的来说，是应当肯定的。这种观点反对主观主义价值论从主体情感、兴趣、欲望、需要为基础来理解价值，也是有意义的。但是这种观点所说的客观性是先验的客观性，实质上是客观唯心主义。这种观点强调价值的绝对性，否认价值的相对性、历史性，是片面的。这种观点认为价值只能通过直觉或直观来把握，而不同的人对同一事物的直觉是不同的。这种观点所谓通过直觉，是通过情绪的直观，而不同人对同一事物的情绪或情感各不相同。这就必然导致理论混乱。

总之，西方价值哲学中的主观主义价值论和客观主义价值论在价值基本理论上都陷入混乱。

2. 价值追求功利化、低俗化,导致西方社会文化道德生活与道德理论的混乱与危机。

当代西方价值哲学不仅在价值基本理论上陷入混乱,而且其价值追求功利化、低俗化,也导致西方社会文化道德生活与道德理论陷入混乱与危机,不利于社会的全面进步与人的健康发展。

当代西方价值哲学是主观主义价值论特别是情感主义居统治地位。在西方价值哲学中,居于支配地位的是情感愉快论、兴趣对象论、欲望对象论、满足需要论、情感主义理论等。在这些理论看来,只要能使自己产生快感,能满足自己兴趣、满足自己欲望、满足自己需要、符合自己的情感,就有正价值,而不论情感、兴趣、欲望、需要是否健康、合理。人们的情感、兴趣、欲望、需要决定着人们的价值取向。这样就使人们追求感官快乐、追求物质享乐,甚至迎合社会上低俗色情下流的东西,忽视健康向上的价值追求,使社会精神文化和道德生活陷入空虚和混乱。

西方价值哲学中的满足需要论是西方情感愉快论、兴趣对象论、欲望对象论、情感主义等观点的集中表现。因为只要能满足需要,就能使情感愉快,就能满足兴趣,就能满足欲望,就符合自己的情感。满足需要论最初是美国实用主义哲学家詹姆士提出来的,是实用主义价值观的根本观点。满足需要论所谓的价值,指客体能够满足主体需要。这种价值实际上是使用价值,而不是哲学价值。因为使用价值的特点就是指物能满足人们的某种社会需要,对人有用,使人愉快,等等,而不论需要是否合理,而有使用价值的东西不一定是善的;而哲学价值则必定是善的。哲学价值的本质在于使人发展完善,使人类社会更美好。西方满足需要论以至整个西方主流的价值哲学认为价值就是能够满足主体需要,这种观点实际上是把使用价值当作哲学价值。使用价值主要指功利价值。哲学价值则不仅包括功利价值,还包括超功利的真善美的价值,哲学价值是以真善美为灵魂的功利价值与真善美的统一。西方价值哲学把哲学价值理解为功利价值,就会只追求功利价值,而忽视真善美的价值,就会使价值追求功利化,就会急功近利,只重视眼前价值而忽视崇高理想与道德人格。这是西方实用主义哲学和西方主流的价值哲学只重视手段价值而忽视目的价值,只追求眼前价值而忽视长远价值,只重视物质功利而忽视理想、信念、道德的根本原因。在这种思想影响下,西方发达国家为了获取暴利,不惜进行掠夺性开发,导致资源浪费、环境污染、生态失衡、全球气候变暖、严重威胁人类生存和可持续发展。而西方发达国家却不肯为治理环境污染、减少温室气体排放等承担更多责任。这种只顾眼前利益,只顾掠夺财富,不顾人类长远的根本利益的行为,是当代西方价值哲学价值追求功利化、急功近利、见利忘义、只重视眼前利益、不顾人类长远利益和崇高理想的突出表现。当代西方价值哲学的这种价值追求,不仅使价值哲学庸俗化,而且严重威胁到人类的生存和可持续发展。

在社会生活中,这种价值追求使人们醉心于追求情感快乐,追求兴趣、欲望、需要的满足,追求感官快乐,追求物质享受,追求金钱、利润、眼前实惠,而忽视对真理的追求,忽视道德价值,忽视审美价值,忽视社会文化价值、生态价值,忽视人类的美好理想。这种价值追求,使西方价值哲学成为庸俗的价值哲学。在这种价值追求支配下,人受物的统治,受金钱的统治和奴役,受情感、欲望等非理性思想支配,玩物丧志,缺乏理想,拒斥崇高,忽视尊严,不顾人格。这样的价值哲学无法发挥催人向上向善的作用,使人发展完善,失去了作为为人类美好未来和崇高理想而献身的精神支柱的功能,必然导致道德理论和社会文化道德生活的混乱。这是当代西方社会文化道德生活和道德理论混乱和危机的深层根源,也是西方价值哲学陷入困境的突出表现。

3. 西方价值哲学基本理论长期停滞不前

理论的生命在于创新,在于发展。西方主流的价值哲学不仅基本理论混乱,价值追求功利化、低俗化,价值哲学庸俗化,而且长期停滞不前,长期沿袭19世纪末至20世纪20年代西方价值哲学提出的混乱观点。西方价值哲学从19世纪末至20世纪初,主观主义价值论居于主导地位。从20世纪初到20世纪20年代,主观主义价值论与客观主义价值论对峙并存,涌现不满并批评主观主义价值论的客观主义价值论。20世纪30年代以后,西方价值哲学中的客观主义价值论在逻辑实证主义的猛烈批评下,作为一个学派逐渐走向消亡,退出历史舞台。西方价值哲学呈现出主观主义价值论特别是情感主义的一统天下的局面。当代西方价值哲学中居主导地位的各种主观主义价值论特别是情感主义的观点,长期统治着西方价值哲学。这些观点基本上都是19世纪末至 20 世纪 20 年代西方学者提出来的。

例如,西方价值哲学中的情感愉快论,是 19 世纪末奥地利哲学家迈农提出来的,至今已有一百多年的历史。

西方价值哲学中的欲望对象论,是 19 世纪末奥地利哲学家艾伦菲尔斯提出来的,也有一百多年的历史。

西方价值哲学中的满足需要论,是 1897 年美国实用主义哲学家詹姆士提出来的。詹姆士认为,善的本质,简单说来就是满足需要。他所谓善,指的就是价值,即认为价值的本质,简单说来就是满足需要。这种观点提出至今,也有一百多年的历史。

西方价值哲学中的兴趣对象论,是 1912 年美国哲学家培里在《现代哲学倾向》一书中提出来的,至今已有一百多年的历史。

西方价值哲学中的评价结果论,是 19 世纪后期德国哲学家尼采提出来的,至今也已经有一百多年的历史。

西方价值哲学中的心灵赋予论,也是 19 世纪后期德国哲学家尼采提出来的,也已经有一百多年的历史。

西方价值哲学中的情感主义,最早来源于英国哲学家休谟在 1739—1740 年出版的《人性论》一书,至今已有两百多年的历史。1923 年英国学者奥格登和理查兹在《意义的意义》一书中对情感主义作了概括,认为价值是情感态度的表达。20 世纪 30 年代以后,这种观点成为统治西方价值哲学的观点。这种观点至今已有九十多年的历史。

20 世纪初至 20 世纪 20 年代一度颇有影响的西方客观主义价值论,如直觉主义价值论和现象学价值论,作为一个学派在 20 世纪 30 年代后逐渐消亡。当代西方价值哲学中居统治地位的是主观主义价值论,特别是情感主义,在理论上陷入混乱,并长期处于停滞状态。西方价值哲学中,也涌现过一些新的重要见解,但都未受到重视,在西方价值哲学中影响不大。当代西方价值哲学在理论上的混乱和长期停滞不前,不能自拔,使当代西方价值哲学陷入困境。

(二)当代西方价值哲学陷入困境的原因

当代西方价值哲学,为什么长期受主观主义价值论特别是情感主义统治,为什么在理论上陷于混乱,长期停滞不前,陷入困境?原因是多方面的。

1. 崇拜自发性

当代西方价值哲学为什么会陷入困境?最根本的原因是崇拜自发性。

什么是自发性?自发是相对于自觉而言的。价值哲学中所谓崇拜自发性,就是受本能支配,受非理性思维支配,被表面现象所迷惑,不能正确认识价值的本质;忽视逻辑一贯性;缺乏正确的远大的价值追求;脱离实践,从主观心理或从直觉、直观出发来理解价值。所谓自觉性,对价值哲学来说,就是价值自觉,就是克服受本能支配、受非理性思维支配、被表面现象所迷惑的倾向,从科学的理性思维出发,从实践、实践的结果出发,正确认识价值的本质;坚持逻辑一贯性;确立科学的远大的价值追求。西方价值哲学崇拜自发性,主要表现在以下四个方面:

(1)受本能支配、受非理性思维支配、被表面现象所迷惑

价值哲学中崇拜自发性,首先表现在受本能支配,受非理性思维支配,被表面现象所迷惑,不能正确认识价值的本质。如情感愉快论,从情感出发,从是否使自己快乐出发去理解价值;欲望对象论,从欲望出发理解价值;兴趣对象论,从兴趣出发来理解价值;满足需要论,从需要出发理解价值;情感主义,从情感、态度的表达出发来理解价值;等等。为什么这些观点从情感、兴趣、欲望、需要出发来理解价值呢?这是因为趋乐避苦、趋利避害,是人的本能。人的本能总是自发地倾向于认为使自己快乐的东西,就有正价值;使自己痛苦的东西,就是负价值。能使人情感愉快、满足欲望、满足兴趣、满足需要,就能使人产生快感,因而也就认为能使情感愉快,能满足欲望、满足兴趣、满足需要,就有正价值。这就导致产生情感愉快论、欲望对象论、兴趣对象论、满足需要论等观点。这些观点正是价值哲学中崇拜自发性在价值本质问题上的重要表现。

价值的一个特点,就是它往往与人们的利益相联系,往往牵动人们的情感,使人产生愉快或痛苦的体验。价值作为一种存在,它是一种客观事实,即价值事实;价值作为一种陈述,它又表达了人们的情感和态度。西方情感主义者看到不同的人对同一事物往往作出不同的评价,便认为价值是不存在的,价值不是事实,仅仅是人们的情感和态度的表达。这种看法是被表面现象所迷

惑,是片面的,也是人们崇拜自发性的重要表现。

在日常生活中,不同的人对同一事物往往有不同的评价,甚至同一个人在不同时间、地点、条件下对同一事物的评价也不同。这种现象往往使人产生错觉,认为价值是评价的结果。这种看法就是评价结果论。这种观点也是受表面现象所迷惑,也是崇拜自发性的表现。

评价活动是人们的意识所作的判断,是人们心灵的活动。认为价值是评价的结果,就会认为价值是人们心灵赋予的。这同样是被表面现象所迷惑,也是受自发性支配的表现。

总之,当代西方价值哲学中居统治地位的主观主义价值论特别是情感主义的各种观点,都是受本能支配,受非理性思维支配,从情感、兴趣、欲望、需要等出发来理解价值,被表面现象所迷惑,因而不能正确认识价值的本质。当代西方居统治地位的主观主义价值论特别是情感主义价值论,是崇拜自发性的产物,当代西方价值哲学陷入困境的根本原因也在于崇拜自发性。

（2）忽视逻辑一贯性

崇拜自发性,受本能支配,受非理性思维支配,被表面现象所迷惑,必然忽视逻辑一贯性。西方价值哲学中居统治地位的各种主观主义价值论特别是情感主义价值论,正是由于崇拜自发,忽视逻辑一贯性,导致理论混乱,使西方价值哲学陷入困境的。

一门学科要有生命力,要能够立足于学术之林,必须要有坚实的理论支撑,必须在理论上无懈可击,必须有严谨的逻辑体系,必须坚持逻辑一贯性。必须坚持以科学的理性思维为指导,从客观实际出发,对大量客观事实进行分析综合对比抽象概括,努力认识事物的本质,构建起严谨的逻辑体系,并使之经受严格的逻辑检验和实践检验。这样的理论才有生命力。只有坚持逻辑一贯性,才能形成严谨的逻辑体系,理论才有生命力。忽视逻辑一贯性,必然使理论陷入混乱,必然陷入困境。当代西方价值哲学就是因为崇拜自发性,忽视逻辑一贯性,而陷入混乱、陷入困境的。

例如,西方价值哲学中的情感愉快论,认为能够使人愉快的东西就是有价值的。但是使人快乐的东西并非都是善的,而哲学价值必定是善的。所以能够使人快乐的东西并非都有价值。这样,这种观点就背离了逻辑一贯性。

西方价值哲学中的欲望对象论认为,能够满足人们的欲望的东西就有价值。但是欲望有健康的与不健康的之分。按照欲望论的观点,满足健康的欲望是有价值的,满足不健康的欲望也是有价值的,这样就违背了逻辑一贯性。

西方价值哲学中的兴趣对象论认为,是兴趣对象的东西就有价值。但是兴趣并非都是合理的、有益的。按照兴趣对象论的观点,只要是兴趣的对象都有价值。满足健康有益的兴趣是有价值的,满足不健康的有害的兴趣,也是有价值的。这同样也违背了逻辑一贯性。

西方价值哲学中的满足需要论认为,能够满足需要,就有正价值。但是需要有合理与不合理之分。按照满足需要论的观点,满足合理的需要是有正价值的;满足不合理的需要也是有正价值的,这同样也违背了逻辑一贯性。

西方价值哲学中的评价结果论认为,价值是自己认为重要的东西,即价值是评价的结果,把价值混同于评价。价值是客观存在,评价是对价值的反映,是主观的。如果客观上没有价值,我们怎么能评价。这种观点颠倒了价值与评价的关系,是严重的逻辑混乱。

西方价值哲学中的心灵赋予论认为,价值是人的心灵赋予对象的,实际是认为评价产生价值,认为价值是评价的结果。这种观点把客观存在的价值说成是心灵赋予的、主观的东西,也是严重的逻辑混乱。

西方价值哲学中的情感主义认为,价值是情感、态度的表达,把价值视为主观偏好,即把价值视为随心所欲的东西,从而使价值理论成为非理性支配的东西,根本无内在逻辑可言,导致理论上极端混乱。

当代西方价值哲学忽视逻辑一贯性,在理论上陷入混乱的一个重要表现是把事实混同于价值。区分事实与价值,是价值哲学的起点,不区分事实与价值,就会导致混乱。事实是实然,价值是应然。事实本身无所谓善恶,而价值必定是善的。例如,一事物能使人快乐,这是事实,是实然,而不是价值,不是应然。因为快乐并非都是善的。认为能使人快乐就有价值,就是把事实当作价值,就是逻辑上的混乱。同样,能满足某种兴趣,能满足某种欲望,能满足某种需要,也是事实,是实然,而不是应然,不是价值。因为兴趣、欲望、需要都有合理与否之分。满足合理的兴趣、欲望、需要是有价值的,满足不合理的兴趣、欲望、需要,只有负价值。认为凡能满足兴趣、欲望、需要就有价值,这就违背了逻辑一贯性,必然导致理论混乱。

总之,当代西方价值哲学之所以陷入困境,其根本原因在于崇拜自发性,忽视逻辑一贯性,导致理论混乱。

(3)崇尚工具理性,忽视价值理性

西方价值哲学崇拜自发性,受本能支配,受非理性思维支配,被表面现象所迷惑,在趋乐避苦、趋利避害的本能驱动下,必然自发地倾向于追求情感快乐,追求满足兴趣、欲望、需要,追求眼前利益,追求功利价值,而忽视长远的根本价值,忽视思想道德审美价值,忽视真善美的价值,必然崇尚工具理性,而忽视价值理性。崇尚工具理性而忽视价值理性,是西方价值哲学崇拜自发性的重要表现。

工具理性与价值理性这两个命题,是德国社会学家马克斯·韦伯提出来的。韦伯把人们的社会行为分为合理性行为与非理性行为,合理性又分为工具合理性与价值合理性。所谓工具合理性行为是指能够计算预测后果为条件来实现目的的行动,而价值合理性行为则是由对价值的绝对性的确认所驱动的,不论后果如何、条件如何都要完成的行动。从价值哲学来说,工具理性与价值理性是两个层次的价值理念,表现了人们对价值本质的理解的两个层次和价值追求的两种境界。

当代西方价值哲学受主观主义价值论特别是情感主义价值论统治,崇拜自发性,从情感、兴趣、欲望、需要出发来理解价值。在价值追求上自发地把感官快乐,把直接的物质功利,如金钱、财富、名利、享受作为主要的价值目标,忽视长远价值,忽视终极价值,忽视崇高理想,忽视思想道德审美价值,忽视对真善美的追求。西方价值哲学在价值追求上的这个特点,就是崇尚工具理性而忽视价值理性。

急功近利,见利忘义,只重视眼前价值而忽视长远价值,只重视功利价值而忽视真善美的价值,崇尚工具理性而忽视价值理性,是美国实用主义哲学的特点。这是众所周知的。实用主义给美国人只关心实际行动而不关心崇高理想提供了一个哲学根据。这个哲学根据就是满足需要论。满足需要论是美国实用主义哲学家詹姆士于 1897 年提出来的。满足需要论就是从对他本人产生满意的实际结果出发来理解价值,特别是能否"兑现价值"。所以,从满足需要论出发,美国人就只关心实际行动而不关心崇高理想,因而实用主义在美国广为流行。

不仅满足需要论会导致实用主义,导致只关心实际行动而不关心崇高理想,西方价值哲学中的情感愉快论、兴趣对象论、欲望对象论、情感主义等主观主义价值论,也必然导致实用主义倾向。因为西方这些主观主义价值论观点都是以快乐主义为基础的,都认为能使人愉快的东西就有价值。这些观点必然导致追求感官快乐,追求物质功利,而忽视思想道德审美价值,忽视对真善美的追求,追求眼前价值而忽视长远价值,崇尚工具理性而忽视价值理性。当代西方价值哲学是主观主义特别是情感主义统治,所以,崇尚工具理性而忽视价值理性,是当代西方价值哲学的共同的倾向,也是西方价值哲学崇拜自发性的重要表现。

当代西方价值哲学崇尚工具理性而忽视价值理性,急功近利,见利忘义。在经济生活中就表现为掠夺性开发,忽视环境保护,造成严重的环境污染,威胁人类生存,不利于人类社会可持续发展。西方价值哲学崇尚工具理性而忽视价值理性,追求功利价值而忽视真善美的价值,追求物质享受而忽视思想道德和崇高理想,也导致西方社会文化道德生活及道德理论陷入混乱与危机,不利于社会的和谐稳定和人的健康发展。

(4)脱离实践,陷入理论价值哲学

西方价值哲学之所以陷入困境,其根本原因是西方价值哲学崇拜自发性,脱离实践,从主观心理出发,或从直觉或先验直观出发,单纯从理论出发去理解哲学价值问题,陷入理论价值哲学。

①西方价值哲学中的主观主义价值论是最典型的理论价值哲学

当代西方价值哲学是主观主义价值论特别是情感主义居统治地位。西方价值哲学中的主观主义价值论,包括情感愉快论、欲望对象论、兴趣对象论、满足需要论、评价结果论、心灵赋予论、情感主义等。这些理论都脱离实践,从主体心理出发去理解价值,陷入脱离实践的理论价值哲学。例如:

情感愉快论。奥地利哲学家迈农在价值本质问题上,持情感愉快论。迈农认为,凡是一个东西使我们喜欢,它便是有价值的。他把对象能否使人愉快、使人喜欢,作为理解价值的基础。情感是否愉快是心理现象,是主观的东西。他以情感愉快为基础去理解价值,是典型的主观主义价值论,脱离实践,从主观心理出发,单纯从理论出发去理解价值,是典型的脱离实践的理论价值哲学。

欲望对象论。奥地利哲学家艾伦菲尔斯认为,我们所欲求的东西都是有价值的。他的这种观点,就是价值本质问题上的欲望对象论。艾伦菲尔斯认为,应当从欲求或企求中去寻求价值的基础。而欲求、企求或欲望是主观的、心理的东西。所以,艾伦菲尔斯的欲望对象论,是典型的主观主义价值论,也是脱离实践、从主观心理出发、单纯从理论出发来理解价值的典型的理论价值哲学。

兴趣对象论。美国哲学家培里在价值本质问题上持兴趣对象论或满足兴趣论。培里认为,任何客体,只有当它满足了人们的某种兴趣(不管这种兴趣是什么)时,才获得价值。培里认为价值是由兴趣决定的,而兴趣是心理现象,是主观的东西。所以培里的兴趣对象论是典型的主观主义价值论,也是一种脱离实践、单纯从主观心理出发、从理论出发来理解价值的典型的理论价值哲学。

满足需要论。满足需要论是美国实用主义哲学家詹姆士于 1897 年提出来的。詹姆士说,善的本质,简单说来就是满足需要。他所谓善,就是指价值。也就是说,他认为价值的本质,就是满足需要,而不论需要是否合理,其根本原因是因为满足需要能使人产生快乐。可见,这种观点是西方古代伦理学中的快乐主义思想,也是主观主义价值论观点。这种观点,从是否满足需要出发来理解价值,也是脱离实践、单纯从主体需要出发、单纯从理论出发来理解价值的典型的理论价值哲学。

评价结果论。德国新康德主义哲学家文德尔班认为,价值是相对于一个估价的心灵而言的,即认为价值是人们的心灵对事物的评价。他的这种观点,就是价值本质问题上的评价结果论。他认为价值决定于人们的情感、意志,决定于人们的心灵,他的这种观点是典型的主观主义价值论,也是脱离实践、从主观心理或心灵出发、单纯从理论出发来理解价值的典型的理论价值哲学。

心灵赋予论。美国实用主义哲学家詹姆士在价值本质问题上既持满足需要论,也持心灵赋予论。詹姆士说,我们周围的世界似乎具有的那些价值、兴趣或意义,纯粹是观察者的心灵送给世界的礼物。他认为价值是人的心灵送给世界的。美国学者克里考特认为,价值是由观察者的主观情感投射在自然客体上的,人的意识是所有价值的源泉。这种观点把价值视为心灵给予的或情感的投射,认为价值完全是主观的,是一种典型的主观主义价值论,也是脱离实践、单纯从主体心灵、情感出发,单纯从理论出发来理解价值的典型的理论价值哲学。

情感主义。情感主义是当代西方价值哲学居统治地位的观点。这种观点认为,价值是情感、态度的表达,把价值视为由情感决定的主观偏好,是一种极端的主观主义价值论。这种观点,脱离实践,单纯从情感,从主观心理出发来理解价值,单纯从理论出发来理解价值,也是一种典型的理论价值哲学。情感主义把价值视为人们随心所欲的东西,进一步加剧了西方价值哲学的理论混乱。

②西方价值哲学中的客观主义价值论也是脱离实践的理论价值哲学

从 19 世纪末到 20 世纪初,西方价值哲学形成时期,主观主义价值论居主导地位。这个时期也有客观主义价值论,但影响很小。

到 20 世纪初至 20 世纪 20 年代,西方价值哲学出现了主观主义价值论与客观主义价值论对峙并存的局面。这时西方价值哲学涌现了两种客观主义价值论,即直觉主义价值论与现象学价值论,一度颇有影响。这两种客观主义价值论,也是崇拜自发性、脱离实践、单纯从理论出发来理解价值的理论价值哲学。例如:

直觉主义价值论。英国伦理学家摩尔是直觉主义价值论的主要代表。摩尔认为,许多的不同事物本身就是善的或者恶的,他认为价值是事物本身固有的性质,是客观的,自明的,它本身是昭然若揭的,它不是其他任何命题之推论,只能通过直觉来把握。所以,他的这种观点,被称为直觉主义价值论。直觉是主体认识的一种形式,是主观的,是脱离实践和逻辑的;所以这种观点虽然坚持价值的客观性,但也是脱离实践、单纯从主体直觉出发、单纯从理论出发来理解价值的理论价值哲学。

现象学价值论。现象学价值论的主要代表人物是德国哲学家舍勒。舍勒认为,价值是独立于其携带者及评价主体之外而存在的先验性质,是客观的,价值独立于思想领域,是绝对的,是自明的,是在直觉或直观中被充分给予的,是通过情绪的直观,在爱与恨中,在偏好选择中显示给我们的。现象学价值论坚持价值的客观性,力图克服主观主义价值论之局限,有其合理之处。但它把价值视为独立于载体及主体之外的先验性质,是先于载体而存在的,实际上是把价值视为一种客观的思想的产物、思辨的产物,这样的价值哲学也是脱离实践、单纯从先验的思想出发来理解价值的理论价值哲学。

现象学价值论认为,价值是自明的,只能通过直觉或直观去把握价值。直觉或直观是不经过实践和逻辑思维去认识事物的认知形式。通过直觉或直观去把握价值,也是脱离实践、单纯从观念出发、从理论出发去理解价值。而且现象学价值论还认为,他们所谓的直觉或直观,是对爱与恨的情感,是对偏爱的直觉或直观,也就是对情感的直觉或直观。这更说明,这种观点是脱离实践、单纯从情感出发、从观念出发、单纯从理论出发来理解价值的理论价值哲学。

西方价值哲学中的主观主义价值论与客观主义价值论,都是脱离实践的理论价值哲学。西方价值哲学中主观主义价值论特别是情感主义居统治地位。客观主义价值论作为一个学派早已消亡。西方价值哲学中也有一些不同于主观主义价值论和客观主义价值论的,但影响很小。所以,从总体看,当代西方价值哲学都是脱离实践、从观念出发、从理论出发来理解价值的理论价值哲学。

为什么西方价值哲学中的各种价值哲学理论,都是脱离实践、单纯从主观心理、从直觉或直观出发、单纯从理论出发来理解价值的理论价值哲学呢? 这是价值哲学发展的规律决定的。价值哲学的发展是从自发到自觉。怎样理解价值是价值哲学理论的基础? 人的本能是趋乐避苦、趋利避害。在日常生活中,人们总是首先从本能出发去理解价值,认为凡能使自己快乐,能满足自己兴趣、欲望、需要的东西就有价值。这种自发倾向就是从主观观念,或从直觉或直观出发理解价值,单纯从理论出发去理解价值,这种价值哲学就是脱离实践的理论价值哲学。所以,当代西方价值哲学都是脱离实践的理论价值哲学,这是由西方价值哲学崇拜自发性决定的。脱离实践的理论价值哲学是西方价值哲学崇拜自发性的重要表现,也是西方价值哲学崇拜自发性的必然结果。

当代西方各国居统治地位的价值哲学都是脱离实践的理论价值哲学,这对西方价值哲学的发展有何重要影响?

首先,西方居统治地位的价值哲学都是脱离实际的理论价值哲学,都是从心理出发,从情感、兴趣、欲望、需要等出发,或从直觉或先验的直观观念出发来理解价值,使非理性思维在西方价值哲学中居统治地位,导致忽视逻辑一贯性。当代西方价值哲学中居统治地位的是主观主义价值论,特别是情感主义价值论。从情感愉快,兴趣、欲望、需要等出发理解价值,而使人愉快,能满足兴趣、欲望、需要的东西,有的是健康的、合理的,有的则是不健康的、不合理的。但在西方价值哲学中的这些观点看来,只要能使人快乐,能满足主体兴趣、欲望、需要,就是有价值的,而不论其是否健康合理。这样就背离了逻辑一贯性,在理论上陷入混乱。脱离实践,单纯从主观心理出发,从理论出发来理解价值,陷入理论价值哲学,是西方主流的价值哲学在理论上陷入混乱的根本原因。

其次,当代西方价值哲学脱离实践,陷入理论价值哲学,单纯从理论出发,从主观心理出发,从情感、兴趣、欲望、需要出发去理解价值,受非理性思维支配。在价值追求上就首先追求感官快乐,追求眼前价值,忽视长远价值,追求眼前实惠,忽视崇高理想,重视功利价值,忽视真善美的价值,崇尚工具理性,忽视价值理性,使价值追求功利化、庸俗化,使人们失去了为实现人类崇高理想而献身的精神支柱,从而导致西方文化道德生活和道德理论的混乱和危机,影响西方社会的和谐稳定和人的健康发展。脱离实践、陷入理论价值哲学,是当代西方价值哲学价值追求功利化、庸俗化,崇尚工具理性而忽视价值理性的根本原因。

再次,当代西方价值哲学,脱离实践,单纯从主观心理出发,从理论观念出发去理解价值,忽视客观实际,忽视逻辑一贯性,不顾后果,这样必然存在不少内在矛盾,在理论上陷入混乱。脱离实践、实践结果的检验,各人都从自己的理论出发,千方百计为自己的理论观点辩护,导致众说纷纭;而谁对谁错又无令人信服的标准,使理论上的争论成为烦琐的经院哲学和文字游戏,得不到任何结果,只能使价值哲学理论长期停滞不前,陷入困境。由此可见,脱离实践、陷入理论价值哲学,是当代西方价值哲学陷入困境的根本原因。

2. 西方文化的影响

当代西方价值哲学为什么长期受主观主义价值论特别是情感主义价值论统治,为什么崇拜自发性,为什么理论混乱,长期停滞不前,陷于困境?另一个原因,是西方文化的影响。

当代西方社会是资本主义社会,以资本主义私有制为基础。当代西方文化以个人主义为核心,一切从个人利益出发。文艺复兴以后,西方人文主义兴起,个性解放,人们冲破了宗教思想的束缚,个人的作用大大增强。随着资本主义的兴起和市场经济的发展,以自我为中心的意识强化。人们以自我为中心去观察问题,以个人利益,个人情感、兴趣、欲望、需要为基础去理解价值。这种倾向就是受趋乐避苦、趋利避害的本能支配,就是崇拜自发性、受非理性思维支配。这种倾向在价值基本理论上,表现为情感愉快论、兴趣对象论、欲望对象论、满足需要论、评价结果论、心灵赋予论、情感主义等理论。这些理论受非理性思维支配,必然忽视逻辑一贯性,导致理论混乱;脱离实践,不顾后果,使其理论混乱长期得不到克服,从而使西方价值哲学长期停滞不前,陷入困境。

关于西方文化特别是西方自我中心思想对西方价值哲学的影响,英国哲学家彼得·罗素曾做过深刻的论述。他说:"在西方社会,许多价值都有一个自我为中心的因素,在它的后面就是自顾自。他人怎样看我?我是否将得到我所需要的东西?我怎样保证自己的安全?我是否拥有金钱?是否拥有物品?是否拥有能使我愉快的经历?我是否足以控制我自己的世界?这些就是我们认为重要的东西,是我们的价值所在,这些在很大程度上是我们行为的先决条件。"他还说:"我们的价值从根本上说就是我们认为重要的东西。"①彼得·罗素的论述清楚地表明,自我中心思想是西方社会把价值理解为自己认为重要的东西的根本原因。西方社会就是自顾自。从这种思想出发,西方社会都是从自我利益、自我思想情感出发来理解价值。这是西方价值哲学长期

---

① [美]欧文·拉兹洛等:《意识革命——跨越大西洋的对话》,宋晓苑译,社会科学文献出版社 2001 年版,第 96 页。

受各种主观主义特别是情感主义统治,长期陷于理论混乱,并长期停滞不前、陷入困境的社会思想根源。

3. 西方价值哲学先驱者思想的影响

西方价值哲学长期受主观主义价值论特别是情感主义统治,理论上混乱,陷入困境,还受到西方价值哲学先驱者思想的影响。

西方价值哲学先驱者是西方文化影响下产生的学术先驱,他们的思想又深刻地影响到西方价值哲学。

西方价值哲学的诞生,以区分是与应该、事实与价值为前提。最早提出区分是与应该,事实与价值的是 18 世纪英国哲学家休谟。休谟认为:"德的本质就在于产生快乐,而恶的本质就在于给人痛苦。"①休谟认为使人快乐就是德,使人痛苦就是恶。他的这种思想也就是说,使人快乐就是善,就是有价值的;使人痛苦就是恶,就有负价值。这种思想实质上是西方古代伦理学中的快乐主义思想。休谟从情感是否快乐去理解道德,就把道德理解为情感、激情的表达。美国伦理学家麦金太尔说,休谟的这种思想就是情感主义。所以,休谟的这种思想,开西方价值哲学中情感主义之先河。

德国哲学家洛采于 19 世纪 60 年代把价值范畴从经济学引入哲学,并列于哲学的中心或顶端,从而激起一些学者去研究价值哲学。所以洛采被称为"价值哲学之父"。洛采把世界划分为三个世界,即经验事实世界、普遍规律的世界和价值的世界。他认为经验事实和因果必然性的规律都是手段,价值才是目的。他认为价值世界属于情感的世界,把情感体验作为价值的基础,即认为价值是情感的产物,情感快乐与否成为价值的尺度。这种思想是典型的主观主义价值论。洛采的世界观,是目的论唯心主义世界观。洛采的思想,直接影响到他的学生,德国新康德主义哲学家文德尔班。文德尔班也认为价值是情感意志的产物,通过文德尔班而深刻影响到西方价值哲学。

德国哲学家,唯意志主义哲学的代表人物之一的尼采,对西方价值哲学的诞生起了重要作用。尼采提出"重估一切价值"的口号,宣称"上帝死了",批判基督教的价值观念。尼采认为价值是人创造的,也是人赋予的,而我们就是

---

① [英]休谟:《人性论》下册,关文运译,商务印书馆 1997 年版,第 330—331 页。

价值的赋予者。他在价值哲学历史上,首先提出价值是人赋予的观点。他认为,事物经过评价然后有价值,人首先为事物创造出意义,评价就是创造。他最早提出价值是评价的结果的思想。尼采的这些主观主义价值论思想深刻地影响到西方价值哲学。

休谟、洛采和尼采,是西方价值哲学的三位先驱。在价值本质问题上,休谟的快乐主义、情感主义,洛采的情感决定论,尼采的人赋予论、评价结果论,都是典型的主观主义价值论,都深刻地影响到当代西方价值哲学,成为当代西方价值哲学长期受主观主义价值论特别是情感主义统治,陷入理论混乱、陷入困境的重要原因。

第四章 马克思恩格斯列宁关于认识
真理性论述的启示

西方理论价值哲学或经院价值哲学脱离实践,从主观心理或从直觉或先验直观出发去理解价值,单纯从理论出发,在理论上陷于混乱,并长期停滞不前,使价值哲学陷入困境。价值哲学的发展迫切要求改变这种状况。各国学者经过辛勤的探索,为结束理论价值哲学或经院价值哲学的统治,创立从实践、实践结果出发去理解价值的实践价值哲学,作了多方面的探索,提出了许多重要的思路,提供了许多有益的资料。但是各国学者的这种艰苦探索并未能建立实践价值哲学。实践价值哲学的诞生,是价值哲学历史上一场深刻的革命。实践价值哲学的创立,关键在于以科学的哲学观为指导。实践价值哲学是在马克思、恩格斯、列宁关于认识真理性的论述启示下诞生的,马克思、恩格斯、列宁的一系列重要论述,为实践价值哲学的诞生指明了方向。

一、马克思关于认识真理性论述的启示

实践价值哲学的思想,首先是从马克思《1844 年经济学哲学手稿》的论述中得到启示的。马克思在《1844 年经济学哲学手稿》中说:"无神论的博爱最初还只是哲学的、抽象的博爱,而共产主义的博爱则从一开始就是现实的和直接追求实效的。"①马克思说共产主义的博爱一开始就是直接追求实效的。他特别强调要重视现实的、直接的实效,重视实践结果或实践效果。马克思还

---

① 《马克思恩格斯全集》第 1 卷,人民出版社 2009 年版,第 187 页。

说:"理论的对立本身的解决,只有通过实践方式,只有借助于人的实践力量,才是可能的;因此,这种对立的解决绝对不只是认识的任务,而是一个现实生活的任务,而哲学未能解决这个任务,正是因为哲学把这仅仅看做理论的任务。"①马克思在这里指出,理论上对立的观点,要回答哪一种观点具有真理性,即解决哪一种观点正确、哪一种观点错误,要解决孰是孰非的问题,只有通过实践的方式,才是可能的。以往的哲学仅仅把这个问题当成理论的任务、认识的任务,脱离实践,脱离现实生活,仅仅通过理论的方式去解决,所以未能解决这一问题。这就启示我们:理论上对立的观点的真理性问题,只有从实践、实践结果出发才能得到解决。

马克思的这一思想,后来在《关于费尔巴哈的提纲》中得到了进一步阐发。他说:"人的思维是否具有客观的真理性,这不是一个理论的问题,而是一个实践的问题。人应该在实践中证明自己思维的真理性,即自己思维的现实性和力量,自己思维的此岸性。关于思维———离开实践的思维———的现实性或非现实性的争论,是一个纯粹经院哲学的问题。"②马克思说:人应该在实践中证明自己的思维的真理性。离开实践,单纯从理论上去讨论思维的真理问题是一个纯粹经院哲学问题,是不可能获得正确解决的。马克思的论述启示我们:人也应当在实践中证明自己对价值本质问题的认识的正确性,离开实践是无法解决价值本质问题的认识的正确性的。人们在实践中证明自己思维的真理性主要是通过实践结果来证明,人们要证明自己对价值本质的认识的正确性,也只有通过实践、实践结果来证明。这就启示我们:只有从实践、实践结果出发,才能正确理解价值本质问题。马克思的论述,指出了解决思维真理性的两种方式或两种思路,即理论的方式或思路和实践的方式或思路。理论的方式就是脱离实践单纯从理论上去解决思维的真理性问题,实践的方式则是实事求是,理论与实践相结合,从实践、实践结果出发去解决思维的真理性问题。对价值哲学的探讨也有两种思路:一种是脱离实践、单纯从理论出发去理解价值的理论价值哲学的思路;另一种是实事求是,理论与实践结合,

① 《马克思恩格斯全集》第 1 卷,人民出版社 2009 年版,第 191 页。
② 《马克思恩格斯选集》第 1 卷,人民出版社 1995 年版,第 55 页。

从实践、实践结果出发去理解价值的实践价值哲学的思路。脱离实践、单纯从理论出发的理论价值哲学的思路,不可能正确理解价值哲学问题;只有用实践价值哲学的思路,实事求是,理论与实践相结合,从实践、实践结果出发,才能正确理解价值哲学问题。

为什么人的思维的真理性问题不是一个理论问题,而是一个实践问题?为什么人的思维的真理性问题,不能通过理论去解决,只能通过实践去解决?这是因为通过理论去解决,就是通过思辨的方式去解决。而人们的思路各不相同,各有各的理解,只能导致众说纷纭,莫衷一是,公说公有理,婆说婆有理,争论不休,无法确定到底哪一种理论具有真理性。这样,真理问题就成为一个争论不休又无法解决的经院哲学或烦琐哲学问题。

实践不同于理论的思辨。实践是主体直接作用于客体,是主客体相互作用的感性的客观物质活动,实践结果是这一过程的产物。实践既具有普遍性,又具有直接现实性。实践、实践结果是直接现实的客观存在。实践必须有理论作指导。一种思维指导实践产生预想的结果,使实践获得成功,这就证明这种思维具有真理性;反之,如果一种思维指导实践,不能产生预想的结果,使实践失败,则证明这种思维不具备真理性。用实践证明,是用实践结果来证明,是用事实来说话,事实胜于雄辩,这就有力地解决了思维的真理性问题。这样,理论上解决不了的思维的真理性问题,通过实践就能得到正确的解决。对价值哲学也是这样。脱离实践单纯通过理论去探讨和理解价值的本质问题,根本不可能正确理解价值本质的问题,只能导致理论上的混乱,西方价值哲学的历史就是最好的证明。

西方价值哲学已有一百多年的历史。在西方价值哲学中长期居主导地位的是主观主义价值论,特别是情感主义价值论。西方主观主义价值论包括情感愉快论、欲望对象论、满足需要论、兴趣对象论、评价结果论、心灵赋予论和情感主义价值论等。这些价值理论有的从情感出发,有的从兴趣、欲望或需要出发,有的把价值视为情感的表达,把价值视为纯主观的东西,而人们的情感、兴趣、欲望、需要并非都是合理的,这样就使这些价值理论陷入混乱,并长期停滞不前,陷入困境。产生这种现象的原因,从根本上说是由于西方的主观主义价值论特别是情感主义脱离实践,单纯从主观心理出发,单纯从理论出发来理解价值造成的。

西方曾产生过直觉主义价值论和现象学价值论这样两种客观主义价值论,一度曾在西方价值哲学中颇有影响。这两种价值论虽然都坚持价值的客观性,但都是从直觉或先验的直观出发去把握价值。直觉是一种通过直观而不经过实践和逻辑思维直接获得知识的思维方式;现象学的、先验的直观也是一种直觉,是一种超验的直觉。所以,这两种价值理论都是脱离实践,单纯通过理论,通过直觉或先验直观去理解价值问题,因而在理论上也陷入困境。直觉主义价值论认为价值是事物自身固有的性质,不能解释价值因人而异的现象。现象学价值论认为价值是一种独立于其载体及评价主体之外存在的先验的绝对的自明的客观性质,是在对情绪的直观中呈现出来的,否认价值的相对性、历史性,是一种先验的机械论观点,在理论上也存在许多困难。这两种价值理论都坚持价值的客观性,但是在理论上都陷入机械论,陷入僵化,被称为笨拙的客观论。最后这两种客观主义价值理论都因为理论上的困难而逐渐衰亡,退出了哲学历史舞台。

价值哲学一百多年的历史证明,脱离实践,走理论价值哲学的道路,是西方价值哲学陷入困境的根本原因。要使价值哲学走出困境,必须走实践价值哲学的道路,必须实事求是,理论与实践相结合,从实践、实践结果出发去理解价值问题。

从实践、实践结果出发去解决认识的真理性和理解价值本质问题,还有一个以什么思想为指导的问题。因为对实践、实践结果既可以作客观的理解,也可以作主观的理解。从实践、实践结果出发来理解价值,应以什么思想作指导呢?

在《德意志意识形态》一书中,马克思、恩格斯对此明确地指出:"只要这样按照事物的真实面目及其产生根源来理解事物,任何深奥的哲学问题……都可以十分简单地归结为某种经验的事实。"①马克思、恩格斯在这里强调,要按照事物的本来面目及其产生的根源来理解事物。他们指出:人们"这种活动、这种连续不断的感性劳动和创造、这种生产,正是整个现存的感性世界的

---

① 《马克思恩格斯文集》第 1 卷,人民出版社 2009 年版,第 528 页。

基础。"但是"在这种情况下外部自然界的优先地位仍然会保持着"①。也就是说,社会实践是现有的感性世界的基础,要真正正确地认识现存的感性世界,必须看到实践对社会生活的重要意义,必须从社会实践出发去认识。他们肯定实践对社会生活的重要作用,同时又强调"外部自然界的优先地位仍然会保持着。"这就是说,肯定实践对社会生活的重要作用,是以承认自然界的优先地位为前提的,即以坚持唯物主义为前提的。马克思、恩格斯要求人们"按照事物的本来面目及其产生根源来理解事物",正是唯物主义的基本要求。从这里可以看出,在马克思、恩格斯看来,唯物主义和实践的关系,是前提与从属的关系,是指导与被指导的关系。也就是说,对感性的实践活动的认识必须以唯物主义为指导,必须按照事物的本来面目及其产生根源来理解事物,即必须以实事求是思想为指导。所以,马克思、恩格斯的论述启示我们,必须在实事求是思想指导下,从实践、实践结果出发,才能科学地理解价值。

二、恩格斯关于实践标准论述的启示

恩格斯和马克思一样,也认为人的认识的真理性只能由实践来证明。他说:"我们行动的结果证明我们的知觉符合所感知的事物的客观本性。"②行动就是指实践,行动的结果就是实践结果。我们行动的结果证明我们的知觉符合所感知的事物的客观本性,就是指实践结果证明我们的认识和事物的客观本性相符合。不可知论认为,人们不可能证明我们的感知是不是我们所感知的事物的正确反映。恩格斯说:"在人类的才智虚构出这个难题以前,人类的行动早就解决了这个难题。"即在人们提出我们的感知是否能正确认识客观事物的问题之前,人类的实践早就解决了这个难题。他举例说:"布丁的滋味一尝便知。当我们按照我们所感知的事物的特性来利用这些事物的时候,我们的感性知觉是否正确便受到准确无误的检验。"③如果我们的知觉是错误

①　《马克思恩格斯文集》第1卷,人民出版社2009年版,第529页。
②　《马克思恩格斯选集》第3卷,人民出版社1995年版,第703页。
③　《马克思恩格斯选集》第3卷,人民出版社1995年版,第702页。

的,我们关于能否利用这个事物的判断必然也是错误的,要想利用这个事物决不会成功。相反,"如果我们达到了我们的目的……并产生我们所预期的效果,这就肯定地证明……我们对事物及其特性的知觉符合存在于我们之外的现实。"①也就是说,我们的思维是否具有真理性,只有通过实践来检验,通过实践来证明。他的这些论述也启示我们:对价值本质问题的认识是否正确,只能通过实践来检验,通过实践来证明;只有从实践、实践结果出发才能正确理解价值的本质。

恩格斯在谈到唯物主义的自然观时说:"唯物主义的自然观无非是对自然界本来面目的朴直的理解,不添加任何外来的东西。"②他这里说的是唯物主义的自然观,实际上对整个世界来说也是如此。也就是说,唯物主义无非就是对客观世界的朴直的理解,不附加任何外来的东西。按照这种观点,我们必须按照事物的本来面目去认识事物,必须实事求是,一切从客观实际出发,从实践、实践结果出发去理解价值。

三、列宁关于实践、实践标准论述的启示

列宁对实践和实践标准作过许多深刻的述论。他精辟地阐述了马克思和恩格斯关于把实践作为真理标准的思想。他说:"马克思在 1845 年,恩格斯在 1888 年和 1892 年,都把实践标准作为唯物主义认识论的基础。"他还说,马克思在关于费尔巴哈的提纲第二条里说,离开实践提出"人的思维是否具有对象的(即客观的)真理性的问题,是经院哲学"③。

列宁还说:"马克思和恩格斯都说过,人类的实践证明唯物主义认识论的正确性,并且把那些想离开实践来解决认识论的基本问题的尝试称为'经院哲学'和'哲学怪论'。"④因为在唯物主义者看来,人类实践的"成功"证明我们的表象和我们所感知的事物的客观本性相符合,即证明认识具有客观的真

---

① 《马克思恩格斯选集》第 3 卷,人民出版社 1995 年版,第 702 页。
② 《马克思恩格斯选集》第 4 卷,人民出版社 1995 年版,第 306 页。
③ 《列宁选集》第 2 卷,人民出版社 1995 年版,第 98 页。
④ 《列宁选集》第 2 卷,人民出版社 1995 年版,第 99 页。

理性,而离开实践、实践结果,单纯从理论上去争论认识的真理性问题,只能是经院哲学或奇谈怪论。

列宁还指出,费尔巴哈也曾尖锐地批判离开实践,单纯从理论的角度提出和解决认识的真理性问题的经院哲学或唯心主义。他说:"费尔巴哈把人类实践的总和当做认识论的基础。"费尔巴哈说:"唯心主义的根本错误就在于:它只是从理论的角度提出并解决世界的客观性或主观性、现实性或非现实性的问题。"①费尔巴哈认为唯心主义在认识论上的根本错误,就在于离开实践,只是从理论的角度提出和解决认识的客观性和主观性、世界的现实性或非现实性问题,即思维的真理性问题。这种离开实践去解决认识的真理性问题的唯心主义哲学就是经院哲学。费尔巴哈说,唯心主义者在实践中也承认自我和他人的现实性,但在唯心主义者看来,这只适合于生活,而不适合于哲学的思辨,而哲学问题如世界的现实性问题,只能靠理论的思辨来解决。所以,唯心主义者在认识论上必然会离开实践,单纯地从理论角度提出解决认识的真理性问题。马赫就是如此。马赫在《感觉的分析》一书中说:"在实践方面,我们在从事某种活动时,不能缺少自我这个观念,正如我们在伸手拿一个东西时不能缺少物体这个观念一样。在生物学方面,我们经常是一个利己主义者和唯物主义者,正如我们经常看到日出一样。但是在理论方面,我们决不应该坚持这种看法。"②马赫自己也承认,唯心主义者在实践中也是以唯物主义为指导的,但是他又说,在"理论方面"他们决不应该坚持这种看法。也就是说,为了坚持其脱离实际的荒诞理论,他们在哲学理论上只能从理论方面提出和解决问题,只能搞经院哲学。从这里我们生动地看到唯心主义者之所以陷入经院哲学,是其哲学的本质决定的。因为唯心主义哲学是一种和生活实践相矛盾的僵死的、虚伪的思辨。③

而唯物主义则是从生活、实践出发去理解哲学问题。所以列宁说:"生活、实践的观点,应该是认识论的首要的和基本的观点。这种观点必然会导致

---

① 《费尔巴哈全集》,转引自《列宁选集》第 2 卷,人民出版社 1995 年版,第 102 页。
② 转引自《列宁选集》第 2 卷,人民出版社 1995 年版,第 100 页。
③ 《列宁选集》第 2 卷,人民出版社 1995 年版,第 100 页。

唯物主义,而把教授的经院哲学的无数臆说一脚踢开。"①列宁的这段话是在《唯物主义和经验批判主义》第二章第六节最后一段讲的。他在这一节一开始就说马克思在 1845 年,恩格斯在 1888 年和 1892 年,都把实践标准作为唯物主义认识论的基础。毛泽东也说:"实践的观点是辩证唯物论的认识论之第一的和基本的观点。"②可见,列宁在这里所说的认识论,指的是唯物主义认识论,即辩证唯物主义认识论。列宁说,生活、实践的观点,应该是认识论的首要的和基本的观点,就是指实践标准是唯物主义认识论的基础。也就是说,这一句话与前面引的"马克思在 1845 年,恩格斯在 1888 年和 1892 年,都把实践标准作为唯物主义认识论的基础"含义是一样的,就是指唯物主义认识论把实践标准作为解决思维真理性问题或认识的客观性问题的根本标准。因为一种认识在实践中取得成功,证明思维具有客观的真理性,也就证明我们的思维是客观存在的反映。列宁说:"实践高于(理论的)认识,因为它不仅具有普遍性的品格,而且还具有直接现实性的品格。"③由于实践具有普遍性和直接现实性,因而实践结果能有力地证明人们认识的真理性,证明我们的思维是客观存在的反映。所以,这种观点必然会导致唯物主义,从而把离开实践、单纯从理论角度去提出和解决认识真理性问题的经院哲学一脚踢开。列宁强调说:"坚持唯物主义观点的科学的道路是走向这种真理的唯一的道路。"④这就明确指出,认识论中的实践标准是以"坚持唯物主义观点的科学的道路"为前提的,他所说的生活、实践的观点,是唯物主义的生活、实践的观点。列宁所说的生活、实践的观点是认识论的首要的和基本的观点,也就是把生活、实践的观点或实践标准作为唯物主义认识论的首要的和基本的观点。而唯物主义认识论以肯定物质是第一性的、意识是第二性的为理论前提。所以,从整个马克思主义哲学来看,唯物主义的观点无疑是整个马克思主义哲学的首要的和基本的观点。离开了唯物主义观点,就从根本上否定了马克思主义哲学。

---

① 《列宁选集》第 2 卷,人民出版社 1995 年版,第 103 页。
② 《毛泽东选集》第一卷,人民出版社 1991 年版,第 284 页。
③ 《列宁全集》第 55 卷,人民出版社 1990 年版,第 183 页。
④ 《列宁选集》第 2 卷,人民出版社 1995 年版,第 103 页。

列宁还说,实践标准"可以作主观的解释,也可以作客观的解释"①。例如,勒鲁瓦也承认这个标准适用于科学和工业,他只是否认这个标准证明客观真理。同样,对实践,既可以作主观的解释,也可以作客观的解释。要坚持对实践、实践标准作客观的解释,必须坚持以唯物主义为指导,坚持以唯物主义观点作为马克思主义哲学的首要和基本观点。

有的学者为了强调实践的作用,把列宁说的生活、实践的观点,应该是认识论的首要的和基本的观点,扩大为实践的观点是整个马克思主义哲学的首要和基本的观点。这种观点,把实践的观点作为整个马克思主义哲学的首要和基本的观点,唯物主义观点就不是马克思主义哲学的首要和基本观点了。这样的实践观,还是唯物主义的实践观吗? 这样的哲学还是马克思主义的新唯物主义吗? 很明显,这种观点从根本上背离了马克思主义哲学新唯物主义的本质。如前所述,实用主义也高度重视实践,并把自己的哲学称作实践哲学。实用主义哲学把行动,即实践作为其哲学的"核心论题",也就是把实践作为其哲学的核心,实质上就是把实践的观点作为其哲学的首要和基本的观点。实用主义者所谓的实践,是指主体采取的任何活动,包括那些纯主观的意识活动在内。实用主义者标榜自己既超越唯物主义的形而上学,又超越唯心主义的形而上学。实用主义的实践观,是经验主义的实践观,从根本上说是主观主义的实践观。认为实践观点是马克思主义哲学的首要和基本的观点,无法与实用主义划清界限,无法保证对实践作客观的解释。

对实践、实践标准问题,列宁还有一段重要论述。他说:"必须把人的全部实践——作为真理的标准——也作为事物同人所需要它的那一点的联系的实际确定者——包括到事物的完整的'定义'中去。"②列宁的这一段话讲了两层意思:一是必须把人的全部实践,作为真理的标准;二是必须把人的全部实践,也作为事物同人们需要它的那一点的联系的实际确定者。

把实践作为真理的标准,这是马克思主义的基本原理,是大家公认的。但对列宁所说的必须把人的全部实践"也作为事物同人所需要它的那一点的联

---

① 《列宁全集》第18卷,人民出版社1988年版,第305页。
② 《列宁选集》第4卷,人民出版社1995年版,第419页。

系的实际确定者"这一句话则有不同看法。必须看到,在这里,实践是"实际确定者",而"事物同人所需要它的那一点"则是被确定者。也就是说,在列宁的论述中,实践是需要的"实际确定者",而不是人的需要是人的实践的实际确定者。列宁强调要从实践出发去理解事物同人所需要它的那一点的性质,而不是以人的需要作为实际确定者,不是从需要出发去理解事物及其联系的性质。

有人根据列宁说的必须把人的全部实践"也作为事物同人所需要它的那一点的联系的实际确定者"这句话,便认为价值就是对人的需要的满足,或事物能够满足人的需要就有价值。能否这样理解这一段话呢?不能。因为如果列宁认为价值就是事物对人的需要的满足,那么,人的需要就是价值标准,也就是说,人的需要就应当是价值的"实际确定者"了。但列宁不是将人的需要或人的需要的满足作为价值的"实际确定者",而是将实践作为事物同人所需要的那一点的"实际确定者"。在这里"实际确定者"是实践而不是需要。这就有力地说明,只有人的实践才是事物和人的需要的关系的实际确定者,应当从实践、实践结果出发去理解事物与人的需要的关系,而不是从人的需要出发去理解价值。

为什么列宁强调必须把"人的全部实践"作为事物同人所需要它的那一点的联系的实际确定者,而不是把人的需要或人的需要的满足作为价值的"实际确定者"呢?要了解这个问题,必须了解列宁讲这一段话时的基本思想。列宁的这段话,是在与布哈林争论时写的。列宁强调:第一,要真正认识事物,就必须把握、研究它的一切方面。要全面地认识事物,防止僵化。第二,要从事物的发展、变化中来观察事物,因为事物"同周围世界的联系,都是常常变化的。"第三,必须把人的全部实践作为真理的标准,也作为事物同人所需要它的那一点的实际确定者。第四,"没有抽象的真理,真理总是具体的。"①对任何问题都必须作具体分析。总之,就是对任何问题都要全面地、发展地看,要从实际出发,以实践作为真理的标准,具体问题具体分析,以避免片面、僵化。事物同人所需要它的那一点是很复杂的,是常常变化的,不能一下

---

① 《列宁选集》第 4 卷,人民出版社 1995 年版,第 419 页。

子就很清楚地看出来,必须从人的全部实践出发才能实际确定它。人们往往自发地倾向于认为,凡能满足需要都有正价值。但是,人的需要非常复杂,有合理的需要,也有不合理的需要,需要并非天然合理。满足合理的需要,是有正价值的;而满足不合理的需要,则是负价值。到底事物同人所需要它的那一点的联系是否合理,满足这种需要是否真有价值,必须具体情况具体分析。只有人的全部实践才是"实际确定者",才能对事物同所需要它的那一点的联系的价值作出客观的结论。所以,只有实践才是价值的实际确定者,必须实事求是,从实践、实践结果出发才能正确理解价值。

从马克思、恩格斯、列宁的以上论述来看,要正确地理解价值,必须按照事物的真实面目,按照事物的本来面目,从实践、实践结果出发去理解。这种按照事物的真实面目,按照事物的本来面目,从实践、实践结果出发去理解价值的哲学,就是实践价值哲学。按照事物的真实面目或按照事物的本来面目去理解事物,用中国语言来说,就是实事求是。实践价值哲学坚持按照事物的真实面目或本来面目去理解价值,就是坚持以实事求是的思想为指导,坚持实事求是,从实践、实践结果出发去理解价值。所以,实践价值哲学用中国语言来说,就是实事求是价值哲学。实践价值哲学是马克思主义的价值哲学,实事求是价值哲学是以实事求是思想为指导的实践价值哲学,是在马克思恩格斯列宁的重要论述和中国古代实事求是思想的启示下诞生的,是中国化的马克思主义价值哲学。

第五章　中国古代哲学中的实事求是思想

实事求是是马克思主义的精髓,也是几千年人类哲学思想的精华。中国古代哲学中有丰富的实事求是思想。

实事求是思想,源远流长。实事求是一词最早出现在《汉书》中。《汉书·河间献王传》说:河间献王刘德"修学好古,实事求是"。唐代颜师古将实事求是解释为"务得事实,每求真是也",即求真务实之意。这种实事求是的思想,早在春秋战国时期的先秦诸子的哲学思想中,就有许多论述。

一、春秋战国时期的实事求是思想

春秋时期的孔子很重视行,重视实践。他说:"始吾于人也,听其言而信其行;今吾于人也,听其言而观其行。"(《论语·公冶长》)"行"指行为,即实践。在孔子看来,行为、行动、实践比言、说更重要,要以行、实践来检验言。孔子说:"古者言之不出,耻躬之不逮也。"(《论语·里仁》)意思是说,古时候的人言语不轻易出口,怕自己的行动赶不上。孔子还说:"君子耻其言而过其行。"(《论语·宪问》)孔子以言过其行为耻,强调言行一致。

孔子反对四种毛病:"子绝四:毋意、毋必、毋固、毋我。"(《论语·子罕》)即不凭空臆测,不绝对地肯定或否定,不褊狭固执,不唯我独是,坚持实事求是。孔子要求做事要适度,反对过,也反对不及,他说"过犹不及"(《论语·先进》)。这也是坚持实事求是。

春秋时期与孔子同时代,比孔子年长的哲学家老子提出:"人法地,地法天,天法道,道法自然。"(《老子·第二十五章》)意思是人取法于地,地取法于天,天取法于道,道取法于自然,总之一切均取法于自然,按照自然界自身的规律去活动。这就是一切从客观实际出发,实事求是。

事物都是相互联系、相互制约的。要客观地全面地认识事物,必须有辩证的思维。老子说:"有无相生,难易相成,长短相形,高下相倾,音声相和,前后相随。"(《老子·第二章》)他认为对立面是互相依赖的。老子还说:"曲则全,枉则直,洼则盈,敝则新,少则得,多则惑。"(《老子·第二十二章》)并说:"将欲歙之,必固张之;将欲弱之,必固强之;将欲废之,必固兴之;将欲取之,必固与之。"(《老子·第三十六章》)认为对立面是相互转化的。要想获取,必先给予。这些论述包含着坚持实事求是、按照客观规律办事的思想。

战国初期著名的哲学家墨子提出了认识事物的"三表"学说。"三表"即判断认识真伪的三条标准。他说:"言必有三表。何谓三表?子墨子言曰:有本之者,有原之者,有用之者。"第一表:"上本之于古者圣王之事"(《墨子·非命上》),即从历史的记载中寻找前人的经验作根据。第二表:"下原察百姓耳目之实"(《墨子·非命上》),就是以广大人民的亲身经验为根据;第三表:要"发以为刑政,观其中(符合)国家百姓人民之利"(《墨子·非命上》),就是把执行的实际效果作为标准来判断它是否对国家、对人民有利。墨子的"三表"是以古代圣王成功的经验、广大人民亲身的经验为根据,以对国家人民利益的实际效果如何为根据去认识事物。他的这些思想,包含着一切从客观实际出发,从国家和人民利益出发,实事求是,讲求实效的思想。

战国时期的哲学家荀子,在认识论上坚持了唯物主义的可知论。他说:"凡以知,人之性也;可以知,物之理也。"(《荀子·解蔽》)他认为人有认识客观事物的能力,客观事物是可以认识的。他还说:"知有所合谓之智。"(《荀子·正名》)也就是说,人的认识符合客观事物才能叫做智慧。他的这一论述,包含着应当从实际出发,按照事物的客观情况去认识事物的思想。

荀子重视行的作用。他说:"不闻不若闻之,闻之不若见之,见之不若知之,知之不若行之。"(《荀子·儒效》)他还说:"学至于行之而止矣。""知之而不行,虽敦必困。"(《荀子·儒效》)他认为行比知更重要,知之而不行,知识再多,也要受困。

荀子还认为,知识要经受事实的检验,并且能够实用。他说:"善言古者必有节(验)于今,善言天者必有征(徵)于人。凡论者,贵其有辨合、有符验。故坐而言之,起而可设,张而可施行。"(《荀子·性恶》)荀子所说的"有节"指有验证,"辨合""符验",也是指检验。起而可设,张而可施行,指其理论可行并行之有效。从这些论述来看,荀子重视现实生活实践的检验,重视理论的应用效果。荀子这些思想,包含着从客观实际出发,实事求是,重视实践效果的思想。

战国时期法家代表人物韩非,认为人的认识应"因天之道,反形之理"(《韩非子·扬权》)。即根据自然界的总规律,联系具体的事物的规律去认识事物。"夫缘道理以从事者,无不能成。"(《韩非子·解老》)即按照上述道理办事者,事无不能成。也就是说,按客观规律办事,一定会成功。

韩非还主张从实际功效去认识一个人。他说:"观容服,听辞言,仲尼不能以必士;试之官职,课其功伐,则庸人不疑于愚智。"(《韩非子·显学》)也就是说,光凭人的外表、言谈,孔子也不能确定他是不是一个贤能之士。但只要让他担任一定的官职,责成他作出一定的成绩和效果来,那么平常人也很容易判断这个人是否聪明能干。

韩非不仅重视实际效果,而且还强调认识的目的是实际功用。他说:"夫言行者,以功用为之的彀(箭靶)者也。""今听言观行,不以功用为之的彀,言虽至察,行虽至坚,则妄发之说也。"(《韩非子·问辩》)即言行要以收到实际功效为目的,言行如无实际功用,都是"妄发之说"。他强调实际功用,充分表现了他实事求是、讲求实效的思想。

二、汉唐时期的实事求是思想

到了汉代,实事求是思想得到进一步发展。如前所述,汉代河间献王刘德,"修学好古,实事求是",就是很好的例证。除此之外,汉代其他一些学者也有不少关于实事求是的论述。

例如,汉代淮南王刘安组织门客编写了一本书,叫《淮南鸿烈》,也称《淮南子》。此书内容很庞杂,但也包含着不少有益的见解。书中说:"夫镜水之与形接也,不设智故,而方圆曲直弗能逃也。"(《淮南子·原道训》)"智故"指主观固有的成见或偏见。也就是说,认识事物,应避免主观偏见,应按照客观情况去反映事物。该书主张"因其自然而推之",即根据事物自身的样子去理解它。这些论述也是一种从客观实际出发,实事求是的思想。

西汉著名思想家扬雄说:"夫作者贵其有循而体自然也。"也就是说,著作必须符合客观情况。他接着说:"其所循也大,则其体也壮;其所循也小,则其体也瘠。……故不攫所有,不强所无。"(《太玄·莹》)即客观事物是什么样的,就应写成什么样的,不应随意增加或减少。他认为著作应遵循和体现自然的思想,就是从客观实际出发,实事求是的思想。

东汉时期著名哲学家王充认为"天地,含气之自然也"(《论衡·谈天篇》),"万物自生其中间矣"(《论衡·自然篇》),自然界有其自身的规律,人必须尊重客观规律。他举例说:"宋人有闵其苗之不长者,就而揠之,明日枯死。"(《论衡·自然篇》)这种拔苗助长的做法,使禾苗枯死,这说明做事必须尊重客观规律。

王充重视实效验证。他把效验作为判断认识真理性的标准。他说:"凡论事者,违实不引效验,则虽甘之繁说,众不见信。"(《论衡·知实篇》)也就是说,对事物的认识,如果缺乏事实根据和客观效果的验证,不论说的多么动听,都不能令人相信。他这种尊重客观规律,根据实效和验证去判断认识是否可信的思想,也是一种从实际出发,讲求实效的实事求是的思想。

唐代著名文学家柳宗元在《种树郭橐驼传》中讲到郭橐驼种树成功的经验时说:"橐驼非能使木寿且孳也,能顺木之天,以致其性焉尔。……故吾不害其长而已,非有能硕茂之也;不抑耗其实而已,非有能早而蕃之也。"这就是说必须遵循事物的客观规律,才能促进事物的发展。这种尊重自然规律,按客观情况办事的思想,就是从客观实际出发、实事求是的思想。

三、宋代的实事求是思想

宋代以后,中国兴起了实学思想。所谓实学,即实体达用之学,或崇实重用之学。实体分为宇宙实体和心性实体。北宋哲学家张载的思想就是实学思想,他的基本思想是崇实。张载提出了气实体论,这是一种宇宙实体论。在认识论上,他认为:"人谓己有知,由耳目有受也。人之有受,由内外之合也。"(《正蒙·大心篇》)"受"就是对外物的接受、反映,"内外之合",就是主观与客观相符合,他主张人的认识应符合客观实际。他的这种思想,包含着从客观实际出发,实事求是的思想。他大力提倡"学贵于有用也"(《河南程氏粹言·论道篇》),主张学以致用。他提出"为天地立心,为生民立命,为往圣继绝学,为万世开太平"(《横渠语录》)的治学宗旨,充分表现了他崇实贵用的思想,也表现了他力图为生民立命、为万事开太平的思想和抱负。

南宋著名哲学家朱熹很重视"行",重视实践。他继承儒家重道德践履的求实精神,批评一些人"徒知而不行"的学风。他说:"大抵今日之弊,务讲学者多阙于践履。"他认为"因践履之实,以致讲学之功,使所知益明,则所守日固,与彼区区口耳之间者,固不可同日而语矣。"(《答王子充》)他认为,践行、力行,才能"必践于实而不为空言也。"(《中庸或问》)即认为力行、践履、实践是实的,而不践行则是虚的。

朱熹认为:"学之之博,未若知之之要;知之之要,未若行之之实。"(《朱子语类》卷十三)强调躬行践履的重要性,认为行是比学和知更为重要的。他说:"为学之实,固在践履。苟徒知而不行,诚与不学无异。"(《朱文公文集·答曹元可》)"既知得,若不真实去做,那个道理也只悬空在这里,无个安泊处。"(《朱子语类》卷六十九)知而不行,那个道理是虚的。"既致知,又须力行。若致知,而不力行,与不知相同。"(《朱子语类》卷一一五)知而不行,与不知相同,有何意义?

朱熹认为"知轻行重"。他说:对知和行,"论其轻重,则当以力行为重。"(《答程正思》)他认为:"书固不可不读,但比之行,实差缓耳。"(《答吕子约》)在他看来知和行是相互促进的。"知之愈明,则行之愈笃;行之愈笃,则知之益明。"(《朱子语类》卷十四)行之愈笃,知就更明,就加深了知。他还说:"知之非艰,行之惟艰","工夫全在行上。"(《朱文公文集》卷十三)这些论述都表现了他的行重于知的思想。

朱熹还认为,"行"是检验"知"的标准。他说:"欲知之真不真,意之诚不诚,只看做不做如何。真个如此做的,便是知至、意诚。"(《朱子语类》卷十五)

朱熹这种认为行重于知、注重实践、重视实效、以行动检验认识的真伪的思想,也是一种从实际出发、实事求是的思想。

四、明清时期的实事求是思想

明清时期是我国实学思想盛行的时期,也是我国古代实事求是思想发展的鼎盛时期。

明代哲学家王廷相大力倡导实学,重视实践的作用。在本体论上,他认为:"天内外皆气,地中亦气,物虚实皆气,通极上下造化之实体也。"(《慎言·道体篇》)他提出了元气实体论。他还认为:"元气之上无物、无道、无理。"(《雅述》)整个宇宙万物都是由元气构成。

他认为元气是一种物质实体,与道家以"无"为本体、佛家以"空"为本体相对立,表达了他的崇实的思想。

在这种实学思想指导下,他提出"知行并举"(《慎言·小宗篇》)崇尚实践的思想。他认为:"夫圣贤之所以为知者,不过思与见闻之会而已。"(《雅述》)他认为知、认识是与见闻的符合。他的这一论述包含着认识应当从客观实际出发、实事求是的思想。

王廷相的崇实思想,突出地表现在他大力倡导"笃于实践",强调"力行",重于致知。他认为"力行"是"致知"的目的,只有在"力行"中才能获得"真知"和检验"真知"。

什么是"真知"?在王廷相看来,只有在"实践处用功"才是真知。他说:"讲得一事即行一事,行得一事即知一事,所谓真知矣。徒讲而不行,则遇事终有眩惑。"(《与薛君采》)他强调"以行验证",以实践为检验认识的标准。他的这种思想,也是一切从实际出发、实事求是的思想。

明代学者杨慎对当时"道学"和"心学"只知空谈心性,抄录宋人语录的风气提出批评。他说这是学而无实,学而无用。杨慎认为,宋人之所以"少成功",就是因为"重虚谈""多议论"(《虞雍公功烈》)。

杨慎反对"学而无实""学而无用",强调力行、实践。他说:"其旨深,玩之于书,不若体之于身者;其理实,言之不若行也。"(《琐语》)他强调学与用、知与行、理与行结合,反对言行不一的作风。他的这种重视实践、反对空谈的思想,也是一种从实际出发、实事求是的思想。

明代学者吴廷翰针对当时居于统治地位的程朱理学把"理"作为最高范畴,宣扬"理"超然立于天地之先的思想,提出批评。他说:"气之混沦,为天地万物之祖,至尊而无上,至极而无以加,则谓之太极。"①在这里,他提出了气一元论的思想。他认为气就是阴阳,而阴阳是真实无妄之名,故气是有质的实体。他认为太极生阴阳,阳轻清上浮为天,阴重浊下凝为地。理即气之条理,用即气之妙用。

吴廷翰强调认识起源于闻见,他反对王守仁离物求知于心,主张"言知至于物,言知之有物,乃知之着实处","德性之知,必实以闻见,乃为真知。"②他认为"不假闻见的德性之知"是虚妄的。

吴廷翰还认为,真知有待"物验"。他认为"必验之于物而得之于心,乃为真知。"③他认为只有以客观存在的事物为标准检验所获得的知识,才是真知,即以"物验"作为检验真知的标准。他的这种见解包含着必须从客观实际出发、接受客观事物的验证、实事求是的思想。

明代思想家吕坤在本体论上,坚持元气一元论。他说:元气"是形化气化之祖也。""天地万物只是一气聚散,更无别个。""形者气所附,以为凝结;气者形所托,以为运动。"(《呻吟语·天地》)从这种思想出发,在认识论上,坚持行重于知,强调行、实践、实干、实做。他说:"能行方算得知,徒知难算得行。"(《呻吟语·谈道》)他还说:"天下好事,要做必须实做,虚者为之……不如不做。"(《呻吟语·治道》)他这种重视行,重视实践、实干、实做的思想,也是一种从实际出发、实事求是的思想。

明代学者焦竑崇尚实学。他认为"口说不济事,要须实践"。他说:"先儒才言学便有著力处,即学便有得力处,不是说了便休。如学书者必执笔临池,伸纸行墨,然后为学书;学匠者必操斧运斤,中钩应绳,然后为学匠。"(《崇正

---

①　吴廷翰:《吴廷翰集·吉斋漫录》,转引自陈鼓应、辛冠洁、葛荣晋主编:《明清实学思潮史》上卷,齐鲁书社 1989 年版,第 206 页。

②　转引自陈鼓应、辛冠洁、葛荣晋主编:《明清实学思潮史》上卷,齐鲁书社 1989 年版,第 217 页。

③　转引自陈鼓应、辛冠洁、葛荣晋主编:《明清实学思潮史》上卷,齐鲁书社 1989 年版,第 222 页。

堂答问》)不能只是口说,不付诸实践。他大力倡导实政、实心、实事。他这种反对空言,注重实践的思想,也是从客观实际出发、实事求是的思想。

明末清初学者孙奇逢认为,接触事物是获得知识、修养道德的根本途径。从这一思想出发,他提出"躬行实践,舌上莫空谈。"(《三贤集·孙征君》)他认为"学问皆从躬行出,而不从口出",人们应以"躬行为主"(《理学宗传·金铉》)。他认为学问来源于实践。他这种重视躬行实践的实学思想,也是一种从客观实际出发的实事求是思想。

明末清初的著名思想家顾炎武,自幼即接受实学教育。他的祖父曾告诫他:"士当求实学"(《亭林余集·三朝纪事阙文序》),他崇实致用,提出摒弃"明心见性之空言",代之以"修己治人之实学"(《日知录·夫子之言性与天道》)的主张。

顾炎武心系天下。他提出:"天下兴亡,匹夫有责。"他说:"君子之为学,以明道也,以救世也。徒以诗文而已,所谓'雕虫篆刻',亦何益哉!"(《亭林文集·与人书二十五》)他主张治学要探索"国家治乱之源,生民根本之计。"(《亭林佚文辑补·与黄太冲书》)治学不仅用于修身,更要经世济民,救民于水火,兴天下国家之利。他这种倡导实学、实用,努力兴天下国家之利的思想,是求真务实、实事求是、讲求实效的重要表现。

明末清初的哲学家方以智在宇宙本体论上,提出了"盈天地皆物也"(《物理小识·自序》)的物质一元论思想。他说:"一切物皆气所为也,空皆气所实也。""气凝为形"(《物理小识》卷一),宇宙万物为气之凝聚。他的物质一元论,实际上是气一元论。从这种思想出发,他崇尚实学,反对宋明理学空谈心性。他说"欲挽虚窃,必重实学。"(《东西均·道艺》)"物有其故,实考究之。"(《物理小识·自序》)他的这种实学思想,也是一种从客观实际出发、实事求是的思想。

明末清初学者傅山主张"学必实用"。他说:"文章为实用,世界忌名高。"(《霜红龛集》卷九)他认为徒有虚名,不能实用,实为糟粕。傅山医术很高。他自述其医学宗旨是:"不发空言,见诸实效。"(《行医招贴》)他这种讲求实用、实效,反对空谈的思想,是求真务实、实事求是思想的重要表现。

明末清初大思想家王夫之,在本体论上,提出"太虚,实者也"(《思问录·

内篇》)的思想。他所谓"太虚,实者也"的"实",指的就是"气"。他说:"阴阳二气充满太虚,此外更无他物"(《张子正蒙注·太和篇》)。他认为天地间万物的变化不过是气的聚散罢了。在本体论上,他持元气实有论。

从"太虚,实者也"的思想出发,王夫之在治学上提倡"言必称实"和"行之为贵"的务实作风。首先他强调"言必有征",即言必有证据,理论必须建立在事实的基础上。他说:"言天者征于人,言心者征于事,言古者征于今。"(《张子正蒙注·有德篇》)反对言而无据。

王夫之在知与行的关系上,提出重实践的知行统一观。宋明理学空谈心性,重知不重行,王夫之大力纠正这种流弊。他说:"知之尽,则实践之而已。"(《张子正蒙注·至当篇》)并说:"知而后行之,行之为贵,而非但知也。"(《周易外传》卷一)他认为不但要知,而且要行,要"实践","行为贵",实践更重要,明确提出"行"高于知、实践高于认识的思想。

在名实关系上,王夫之主张名从实起,以实定名,批评当时社会上流行的"惜名废实",重名不重实的风气。王夫之说:"名非天造,必从其实"(《思问录·外篇》),"言必拟实"(《尚书引义·召诰无逸》)。

王夫之这种重实据、实践、实际的思想,是一切从客观实际出发,实事求是的思想的重要表现。

明末清初学者毛奇龄反对宋明理学以空言说经,批评程朱理学是"空虚"之学。他"重事功",强调"实行"、"实践"。他说:"夫知贵乎行"。他批评一些"儒者空讲理学,有知无行。"(《西河合集·折客辨学文》)他主张"知是理必行是理,知此事必行是事"(《西河合集·折客辨学文》),强调"儒者用功贵在实践"(《四书改错》卷一九),"夫学重力行"(《西河合集·冯氏永思集序》)。他认为有知无行就不成其为学问。

毛奇龄在注经问题上,反对"以空言说经",主张注经"言必实据"。首先,不能凭己意杜撰,自造训诂,训诂必须言而有据。他批评朱熹在《大学》《中庸》等书的集注中的一些毫无根据的杜撰。其次,引证的史实,必须出之有据,使结论建立在可靠的事实的基础之上。

毛奇龄这种重实践、重事实、重实据,反对宋明理学空虚之学的思想,也是一种从实际出发、重视实效的实事求是思想。

清代学者陆陇其反对宋明理学的虚妄,他提出"求之虚不若求之实"的主张。在宋明理学中,太极是一个重要的哲学范畴。一些学者利用周敦颐的太极图说,对太极问题作了形而上学的玄思,而不切实用。陆陇其认为:"故善言太极者,求之远不若求之近;求之虚而难据,不若求之实而可循。"(《三鱼堂文集·太极论》)他批评宋明理学之太极,"虚而难据",倡导"实而可循"的求实作风。

陆陇其特别强调实行和实学。他说:"大抵天下无实行之人则不成世道,然实行必由乎实学。"(《松阳讲义》卷四)他主张学术须致力于实行、实用,反对宋明理学的空疏之论。他的这些思想,也是从实际出发、实事求是的思想。

清代学者唐甄的思想的一个最突出的特点是"贵实"。他反对宋明理学空谈心性,也反对佛教"我法皆空"的虚空理论,提出"贵实"的思想。强调"实事"、"实治"、"实行"、"实功",反对"空理"、"空言"、"虚言"。

首先,唐甄强调"实事",强调一切从"实事"出发。"实事"是变化的,人们的思想也应变化,"致变之实",使之与变化了的"实事"相吻合。他说:"圣人之言,因时而变,所以救其失也;不模古而行,所以致其真也。"(《辨儒》)反对一成不变的僵化思想。

其次,他强调"实治"。唐甄所谓"实治",包括"实行"和"实功"两个方面。他重"实行",反对"徒以为文"的形式主义。他批评宋明学者的"空言","吾见其空,未见其实"(《性功》),"是以圣人贵能行也"(《权实》)。他重实功,把"实功"放在首位,认为一个真正的儒者,必须"能定乱,除暴,安百姓也"(《辨儒》),必须有功于世。

唐甄这种贵实,重实事、实行、实治、实功,反对"空理"和"虚言"的思想,也是从客观实际出发,讲求实效的实事求是思想。

清初学者颜元对宋儒与释道的空疏之学深为不满。他说:"今彼以空言乱天下。""彼以其虚,我以其实。"(《辨儒》)他还说:"孔孟以前,理数醇,尚其实。凡天地所生以主此气机者,率皆实文,实行,实体,实用,卒为天下造实绩,而民以安,物以阜。"(《习斋记余·上太仓陆桴亭先生书》)他批评宋儒"全不以习行经济为事"(《朱子语类评》)。颜元认为汉儒训诂,晋人清谈,佛道虚无,宋明理学空谈心性,都是虚学,虚妄不实,他批评朱熹"半日静坐,半日读书"的主张。他说:"先生正少个实,半日静坐之半日,固空矣;半日读书之半日,亦空也。是空了岁月,'虚灵不昧',空了此心。"颜元的这些重实文、实行、实体、实用、实绩,反对宋明理学空虚之论的论述是从实际出发、实事求是、讲求实效的思想的重要表现。

清初学者王源厌恶宋明理学,认为理学虚伪不实。他说:"后世之儒,谓之道学。而近之讲道学,鲜有不伪者。"(《与方灵皋书》)针对理学、道学虚伪不实的学风,王源提出重实的主张。他说:"源生平无他长,唯一实可以自许,不敢以一字之虚欺世。"(《与程偕柳书》)他努力克服理学虚伪不实的恶习,"独从事于经济文章,期有用于世。"(《与毛河右先生书》)力求功在社稷生民。王源这种重实、重实功的思想,也是一种实事求是、重视实效的思想。

清初学者李塨曾师事颜元,他重视"习行经济",重实弃虚。他说:"古之学实,今之学虚;古之学有用,今之学无用。"(《恕谷年谱》卷二)他所说的"今之学",指程朱理学,他认为程朱理学虚空无用。他所谓"古之学实"的"实",指"实事实物",六经、六艺之学,能干实事,有用于世。他说:"古人明理之功以实事,不以空文。"(《论学》卷二)而宋明理学则"埋首故纸",崇尚虚文。李塨这种重实事、实功的崇实思想,是清初实学思想的重要表现。

清代学者戴震对程朱理学作了深刻的批判。他强烈谴责程朱理学"以理杀人"。针对程朱理学所谓"理得于天而具于心","冥心求理"的先验论思想,他提出了"就事求理""履而后知"的理论。他指出理不是先天固有的。"就事物言,非事物之外别有理义也;'有物必有则',以其则正其物,如是而已矣。"(《孟子字义疏证·理》)他认为理是事物的理,理在事物之中,而不是在人心之中。故求理只能"求诸其物","事物之理,必就事物剖析至微而后理得"(《孟子字义疏证·权》),而不是"冥心求理"而获得。

戴震重视"知",他说圣人"求其至当,即先务于知也"(《孟子字义疏证·权》),但他更重视"行"。他说:"凡事履而后知"(《与方希原书》),认为只有行才能获得真知。而且他还认为,只有那些"本诸身行之不可废"的认识,才是真理。他说,"行之而当为得理","行之而不当为失理"(《孟子私淑录》),认为知必须经过行的检验。

戴震的这些思想,包含着从客观实际出发去认识事物,既重视知,也重视行,强调实践是检验认识真理性的标准的思想,是实事求是思想的重要表现。

清代史学家章学诚反对当时流行的程朱理学"离事而言理"的空谈心性。他说:"道之大原出于天""天地之前,则吾不得而知也。"(《文史通义·原道上》)他认为:"故道者,非圣人智力所能为,皆其事势自然,渐形渐著。"(《文史通义·原道上》)他认为道是自然发展形成的,而非圣人智力所能为。他还说,"盈天地间惟万物"(《文史通义·匡谬》),"道不离器,犹影不离形"(《文史通义·原道中》),认为不应离开物去求道。

在名实关系上,他说,"名者实之宾,实至而名归,自然之理也"(《文史通义·鍼名》),认为名是由实决定的,实至而名归。他这种从物去求道,以实决定名的思想,也是一种从客观实际出发、实事求是的思想。

清乾隆时期的学者汪中,大力倡导实事求是的学风,赞赏一切实用学问。他批评宋明理学家空谈义理、性命,认为这些都是空疏无用之学。他认为治学的目的全在于"用世"。他治学的宗旨是"惟实事求是,不尚墨守"(《述学·别录·与巡抚毕侍郎书》),又说:"中尝有志于用世,而耻为无用之学。"(《述学·别录·与朱武曹书》)汪中的"用世之学",核心是关心民生。他对处于水深火热之中的黎民百姓,寄予深切的同情。他提出应"知地之利","尽海之利",以利于民。"凡物生天地之间,其功可被于万民"(《述学·别录·浙江始祀先蚕之神碑文》),要充分开发自然界以造福人民。他批评理学家,"后世群居终日,高谈性命,而谓之讲学,吾未之前闻也。"(《述学·别录·讲学释义》)他认为,理学家空谈性命毫无用处。他的这些论述,也体现了实事求是、讲求实效的思想。

清代乾嘉学派的著名学者洪亮吉,反对宋明理学空谈性命,大力倡导实学。他推崇邵晋涵"能推本述原,实事求是"(《卷施阁文甲集》卷九)的思想。他在治学上坚持"一字未定,必反复讲求,不归于至当不止。"在历史考证中他努力搜寻史实,言而有据,表现了严谨的求实的学风。他亲履其地,实地考察纠正了一些著名学者将牂柯江与乌江、延水混为一谈的错误。他这种重实证、实践的精神,是实事求是的突出表现。

焦循是清代乾嘉学派倡导实学的著名学者之一。他反对当时作为官方哲学的程朱理学,认为理学"空谈误国",强调"实测而知","证之以实","期于实用"。他说,一个学者要"究悉乎万物之性,通乎天下之志"(《雕菰集·述难》五),只能"以实测而知,……非可以虚理尽"(《雕菰集·易图略自序》)。也就是说,要认识万物的本性,只有通过"实测而知"。

在治经方面,焦循提出要"证之以实"。他说:"证之以实,而运之于虚,庶几学经之道也。"(《雕菰集·与刘端临教谕书》)证之以实,就是要有实际证据;运之于虚,就是要掌握圣贤经典的义理,寻找立身行世之法。

焦循说:"循谓古人之学,期于实用。"(《雕菰集·加减乘除释自序》)他重"实测","实证",是为了求真知,而求真知的目的在于"实用"。他认为,学得圣贤立言之旨,是为了经世济民。学而不用,非圣学也。焦循这种重实测、实证、实用的思想,是乾嘉学派实事求是思想的重要方面。

清代学者阮元是乾嘉学派集大成者。他大力倡导"实事求是"之学,反对宋明理学空谈天道与性命。《清代朴学大师列传》中说:阮元"论学之旨,在实事求是。"也就是说,阮元以实事求是作为他治学的宗旨。他说:"余之说经,推明古训,实事求是而已,非敢立异也。"(《研经室集·自序》)又说:"我朝儒者束身修行,好古敏求,不立门户,不涉二氏,似有合于实事求是之教。"(《研经室集·惜阴日记序》)他说"好古敏求",就是扎实地从事考据,反对空谈心性。他把考据训诂的方法称之为"实学",大力倡导"修学好古,实事求是"的实学,反对八股文的虚空之病。他高兴地说:"我朝经学最盛,诸儒论之甚详,是又在好学深思,实事求是之士由注疏而推求寻览之也。"(《研经室集·惜阴日记序》)他所谓实事求是,就是克服各种偏见,努力追求古籍的本来面目。

阮元强调实践、实事、实行,反对空谈,反对寂静修养的方法。他说:"圣贤之道,无非实践。孔子曰:'吾道一以贯之。''贯'者,行事也。"(《研经室集·大学格物说》)他还说:"实者,实事也。圣贤讲学,不在空言,实而已矣。故孔子曰:'吾道一以贯之。'贯者,行之于实事,非通悟也。……故此实学最重要。"(《研经室集·孟子论仁论》)他强调说:"所谓'一贯'者:贯者,行也,事也;言壹是皆身体力行,见诸实行实事也。"(《研经室集·石刻孝经论语记》)

阮元这种崇尚实践、实行、实事,反对空谈的思想,是他的"实事求是"之学的重要特点。特别是他明确提出"实事求是"之学,以"实事求是"作为治学宗旨,强调"圣贤之道,无非实践",把"实事求是""实践"提到前所未有的地位。这是中国古代哲学中的宝贵遗产,对弘扬我国古代实事求是的思想,具有重要意义。

除上述学者外,清代还有一些学者大力倡导"实事求是之学"。例如,清代学者钱大昕提出:治学惟有"实事求是,护惜古人之苦心,可与海内共白。"(《二十二史考异序》)他称赞戴震"实事求是,不偏主一家。"(《潜研堂集·戴先生震传》)清代学者凌廷堪也崇信戴震,认为"昔河间献王实事求是。夫实事在前,吾所谓是者,人不能强辞而非之;吾所谓非者,人不能强辞而是之也。"(《校礼堂文集·戴东原先生事略状》)乾嘉学派大力倡导"实事求是之学",重实证,拒斥空疏义理之宋明理学,这种崇实务实精神,是实事求是精神的突出表现。乾嘉学派把中国古代的实事求是思想推向高潮。虽然他们讲实事求是,主要讲治学上修古好学,讲求实证,但就其基本精神来说,具有重要的理论意义和历史意义,值得我们深入研究。

五、中国古代实事求是思想的特点

中国古代的实事求是思想具有重要的特点。首先,是一贯性。从春秋战国时期到秦汉唐宋元明清,中国哲学中始终贯穿着实事求是思想。这种思想到了宋代以后,发展为实学思想。特别是到了清代乾嘉学派,更把实事求是作为治学的宗旨和指导思想,把实事求是思想提到了主导的地位,对我们继承和弘扬实事求是的思想,具有重要启示。

其次,是丰富性。中国古代的实事求是思想,其表现是多方面的。它不仅突出表现在哲学方面,还表现在经济、政治、军事、法律、医学、教育、文化等方面,既表现为修古好学、求真务实;又表现为修己治人,经世致用,济世救民,治国平天下。从学理上说,它不仅体现了本体论、认识论、实践观、历史观、方法论,还蕴含着丰富的辩证法思想和实事求是的价值观。我们从中国古代的实事求是的思想中,可以吸取多方面的智慧。

再次,是朴实性。中国古代的实事求是思想,倡导道法自然,尊重客观规律,重视实践、实行、实用、实功、实绩,反对空谈心性、言行不一,包含着朴素的从客观实际出发,排除各种主观偏见的干扰,使认识与客观实际相符合,并接受实践的验证以检验认识是否正确和讲求实效的思想。这些思想包含着实事求是的基本点。但是中国古代学者讲实事求是,主要在古籍考证、修古好学、务求实据;讲实践,往往指道德践履,对实事求是尚未作出科学的概括。马克思主义哲学创立了科学的实践观。毛泽东继承了中国古代的实事求是思想,运用马克思主义基本原理,对实事求是作出了科学的概括。毛泽东的概括主要是从认识论或真理观上深刻地揭示了实事求是的本质。在此基础上,他强调只有社会实践才是检验真理的标准,将实事求是的思想,从真理观运用于价值观,从而形成了毛泽东实践价值哲学思想,即毛泽东实事求是价值哲学思想,实现了真理观与价值观的统一。邓小平则在继承中国古代实事求是思想和毛泽东关于实事求是的重要论述和毛泽东实践价值哲学,即毛泽东实事求是价值哲学的思想基础上,将实事求是提到马克思主义的精髓的高度,深刻地论述了实事求是思想在马克思主义哲学中的重要地位和实事求是价值哲学思想的重要意义。毛泽东和邓小平对实事求是和实事求是价值哲学思想的重要论述,使中国古代的实事求是思想进一步发扬光大。中国古代哲学中的实事求是思想,为当代中国的马克思主义哲学特别是实事求是价值哲学思想提供了重要思想资源,充分表现了中国古代的实事求是思想的重大意义。

第六章　实事求是价值哲学在中国兴起

　　中国古代有丰富的实事求是思想并有实事求是价值哲学思想的萌芽。实事求是价值哲学思想在清代乾嘉学派的思想中已有萌芽。乾嘉学派主张"治学之旨,在实事求是。"(《清代朴学大师列传》)即以实事求是为治学宗旨,以实事求是思想为指导。乾嘉学派学者阮元说"圣贤之道,无非实践"(《研经堂一集·大学格物论》),把实事求是思想和对实践的重视推向高潮。这是朴素的实事求是价值哲学思想的萌芽,具有重要意义。但这还不是实事求是价值哲学的科学形态。在马克思、恩格斯、列宁论述的启示和中国古代的实事求是思想,特别是在清代乾嘉学派的实事求是思想的启示的基础上,中国兴起了实事求是价值哲学,即毛泽东的实事求是价值哲学思想和邓小平的实事求是价值哲学思想。毛泽东的实事求是价值哲学,是在继承中国古代朴素的实事求是价值哲学基础上形成的科学形态的实事求是价值哲学。毛泽东创立实事求是价值哲学并为其发展奠定了基础,邓小平继承并发展了毛泽东的实事求是价值哲学思想。中国兴起的实事求是价值哲学,指导中国革命、建设、改革开放取得了举世公认的伟大成就,充分表现了实事求是价值哲学的科学性和生命力,具有重大的理论意义和实践意义。

一、毛泽东的实事求是价值哲学思想

(一)毛泽东实事求是价值哲学与中国古代朴素的实事求是价值哲学的萌芽

　　科学形态的实事求是价值哲学,即科学形态的实践价值哲学是毛泽东创立的。

在马克思、恩格斯、列宁的一系列论述和中国古代实事求是思想的启示下,毛泽东在中国革命的艰难实践中,把马克思主义哲学基本原理与中国革命的具体实践相结合,创立了实事求是价值哲学。毛泽东的实事求是价值哲学,坚持以实事求是为指导,并高度重视实践,从实践、实践结果出发理解价值。他所说的实践是以实事求是思想为指导的实践。所以,毛泽东的价值哲学就是实践价值哲学,是以实事求是思想为指导的实践价值哲学,是中国化的马克思主义价值哲学。

毛泽东的实事求是价值哲学或实践价值哲学思想是中国古代朴素的实事求是思想和朴素的实事求是价值哲学萌芽的继承和发展。但是,毛泽东的实事求是价值哲学思想与中国古代朴素的实践价值哲学的萌芽不同。

第一,毛泽东实事求是价值哲学,以马克思主义为指导,即以辩证唯物主义和历史唯物主义为指导;中国古代朴素的实事求是价值哲学的萌芽,则是以中国古代朴素的实事求是思想为指导,即以中国古代朴素的唯物主义、辩证法、实践观为指导。

第二,毛泽东对实事求是作了科学的概括;中国古代朴素的实事求是价值哲学萌芽则仅仅朴素地表达了求真务实之意,未作进一步概括。

第三,毛泽东把马克思主义的本体论、实践观、认识论(真理观)、历史观运用于价值论,形成了科学的实事求是价值哲学,内容丰富,理论严整;而中国古代朴素的实事求是价值哲学思想则是朴素的萌芽形态,并未形成科学的理论体系。

尽管如此,中国古代朴素的实事求是价值哲学萌芽,为中国当代实事求是价值哲学的兴起,提供了宝贵的思想资源,是我国古代哲学的重要成果,值得我们高度重视和认真学习借鉴。

(二)毛泽东实事求是价值哲学的发展过程

毛泽东的实事求是思想和实事求是价值哲学或实践价值哲学思想有一个发展过程。毛泽东一贯坚持以实事求是思想指导中国革命和建设。早在大革命时期,《中国社会各阶级的分析》《湖南农民运动考察报告》等文章,就已表现出重视调查研究,一切从实际出发,实事求是的思想。井冈山时期,在《反对本本主义》一文中,毛泽东坚持理论必须和实际情况相结合,反对脱离实际的本本主义,坚持没有调查就没有发言权。这也就是坚持实事求是,一切从实际出发。这是对实事求是思想的深化。大革命时期和井冈山时期是毛泽东实事求是价值哲学的理论准备时期。

延安整风时期,在《改造我们的学习》一文中,毛泽东对实事求是思想作了科学的概括,这是对实事求是思想的进一步深化。实事求是必然重视实践的作用,重视效果。毛泽东在延安写的《实践论》和《新民主主义论》中,强调人们要在实践中取得成功,必须使自己的思想符合客观外界的规律性,即必须坚持实事求是。要坚持实事求是,就必须以社会实践作为认识真理性的标准。坚持实事求是,以实践作为检验真理的唯一标准,这是对实事求是思想更为全面的理解。把这一理解运用到价值理论上,就是以实事求是思想为指导,从实践、实践结果出发来理解价值,就是实践价值哲学思想,这样就诞生了实践价值哲学。而毛泽东的实践价值哲学,以实事求是思想为指导,是实事求是的实践价值哲学,也就是实事求是价值哲学。可见,毛泽东实事求是价值哲学,理论准备开始于大革命时期和井冈山时期;作为一个完整的哲学理论,形成于延安时期。毛泽东在延安时期创立了实事求是价值哲学理论,形成了实事求是价值哲学科学的理论体系。

毛泽东一贯坚持实事求是的思想。如果从实事求是的思想来说,大革命时期甚至参加革命的早期,这种思想就已经有了,但那时候还只是基本思想,还不是理论。从实事求是思想到对实事求是思想的深化,是实事求是价值哲学的理论准备时期;从实事求是价值哲学的理论准备时期再到实事求是价值哲学科学的理论体系的形成,这是毛泽东实事求是价值哲学理论的形成时期。所以,作为一个完整的科学的理论体系,毛泽东实事求是价值哲学的理论准备开始于大革命时期和井冈山时期,形成于延安时期。

(三)毛泽东实事求是价值哲学的基本思想

毛泽东实事求是价值哲学思想,内容非常丰富,主要有以下几个方面:

1. 坚持实事求是,一切从客观实际出发

毛泽东在领导中国革命和建设的实践中,一贯坚持实事求是,一切从实际出发,理论联系实际,以实践作为检验认识真理性的标准,反对教条主义和经验主义。

早在 1930 年 5 月,毛泽东在《反对本本主义》一文中就提出要反对脱离实际的本本主义。所谓本本主义,就是"以为上了书的就是对的"①,实际就是教条主义。当时一些人脱离中国实际情况,把马克思主义理论、共产国际的指示、苏联经验当作神圣不可侵犯的原则,照搬照抄,对中国革命造成严重损失。毛泽东坚决反对这种"本本主义"。毛泽东说:"马克思主义的'本本'是要学习的,但是必须同我国的实际情况相结合。我们需要'本本',但是一定要纠正脱离实际情况的本本主义。"②他坚持实事求是,一切从实际出发,理论与实际情况相结合,反对脱离实际的本本主义或教条主义。

坚持实事求是,一切从实际出发,必须了解客观实际情况,必须向社会作调查。毛泽东坚持"没有调查,就没有发言权",并亲自向社会作调查以指导各项工作。

在《中国革命战争的战略问题》一文中,毛泽东在总结第二次革命战争的经验时说:"为什么主观上会犯错误呢? 就是因为战争或战斗的部署和指挥不适合当时当地的情况,主观的指导和客观的实在情况不相符合,不对头,或者叫作没有解决主观和客观之间的矛盾。""这里的关键,就在于把主观和客观二者之间好好地符合起来。"③也就是说,要在战争中取得胜利,关键在于要坚持实事求是,从客观实际出发,使主观的指导符合客观实在的情况。

在延安时期,毛泽东为中央党校题词"实事求是"四个大字,以此作为党校的指导思想。在延安整风中,毛泽东强调要取得中国革命的胜利,必须树立马克思列宁主义的态度,反对主观主义的态度。马克思列宁主义的态度,就是实事求是的态度。毛泽东对实事求是作了科学的概括。他说:"'实事'就是客观存在着的一切事物,'是'就是客观事物的内部联系,即规律性,'求'就是

---

① 《毛泽东选集》第一卷,人民出版社 1991 年版,第 111 页。
② 《毛泽东选集》第一卷,人民出版社 1991 年版,第 111—112 页。
③ 《毛泽东选集》第一卷,人民出版社 1991 年版,第 179 页。

我们去研究。我们要从国内外、省内外、县内外、区内外的实际情况出发,从其中引出其固有的而不是臆造的规律性,即找出周围事变的内在联系,作为我们行动的向导。"①这就是说,我们要坚持实事求是,就必须从客观存在的事物出发,详细占有材料,在马克思列宁主义的基本原理指导下,找出其固有的规律性,作我们行动的向导。这种态度,就是马克思列宁主义的态度,就是实事求是,一切从客观实际出发,理论联系实际,使认识符合客观事物的本质和规律,按客观规律办事。他要求一切工作都必须坚持以实事求是思想为指导,他的价值哲学思想也坚持以实事求是思想为指导。毛泽东说坚持实事求是的态度,就是坚持马克思列宁主义的态度。所以,坚持以实事求是思想为指导,就是坚持以马克思列宁主义为指导;从哲学上说,就是坚持以辩证唯物主义和历史唯物主义为指导,反对主观主义的态度。

2. 从实践、实践结果出发去理解价值

坚持实事求是,一切从实际出发,必然重视实践的作用,必然重视效果,必然讲求实效。毛泽东在《实践论》中说:"人们要想得到工作的胜利即得到预想的结果,一定要使自己的思想合于客观外界的规律性,如果不合,就会在实践中失败。"②即只有用符合客观外界规律性的、真理性的认识做指导,实践才会成功。怎样判断认识是否是真理呢? 毛泽东说:"判定认识或理论之是否真理,不是依主观上觉得如何而定,而是依客观上社会实践的结果如何而定。真理的标准只能是社会的实践。实践的观点是辩证唯物论的认识论之第一的和基本的观点。"③也就是说,真理标准只能是社会实践,应当从实践、实践结果出发去判定认识之是否正确;同样,也应当从实践、实践结果出发去理解价值。

在《新民主主义论》中,在谈到中国向何处去的问题时,毛泽东说:"科学的态度是'实事求是','自以为是'和'好为人师'那样狂妄的态度是决不能解决问题的。""真理只有一个,而究竟谁发现了真理,不依靠主观的夸张,而

---

① 《毛泽东选集》第三卷,人民出版社 1991 年版,第 801 页。
② 《毛泽东选集》第一卷,人民出版社 1991 年版,第 284 页。
③ 《毛泽东选集》第一卷,人民出版社 1991 年版,第 284 页。

依靠客观的实践。只有千百万人民的革命实践,才是检验真理的尺度。"①再一次强调真理标准只能是客观的实践,并且强调只有千百万人民的革命实践,才是检验真理的尺度,强调实践主体是广大人民。

　　1956年,毛泽东在《增强党的团结,继承党的传统》的讲话中说:"理论与实践统一,是马克思主义的一个最基本的原则。按照辩证唯物论,思想必须反映客观实际,并且在客观实践中得到检验,证明是真理,这才算是真理,不然就不算。"②马克思主义的普遍真理同中国革命的具体实践的统一、理论与实践统一,思想必须反映客观实际,并且在客观实践中得到检验,证明是真理,才算是真理,这就是实事求是。这是马克思主义的一个最基本的原则,是辩证唯物论的一个最基本的原则。毛泽东在这里又一次强调应当坚持实事求是,一切从实际出发,理论与实践统一,以实践作为检验真理的标准。1963年,毛泽东在《人的正确思想是从哪里来的?》一文中说:"人的正确思想,只能从社会实践中来。"③从社会实践中得到的认识,还必须放到社会实践中去,看这些认识是否能得到预期的成功。只有这样,才能证明认识究竟是正确的还是错误的。"社会实践是检验真理的唯一标准。"④他再一次强调,人的正确思想,只能从社会实践中来。人们的认识是否正确,只能由实践来检验。根据这些论述,人们对价值的正确认识也只能从实践、实践结果出发去理解,对价值的认识是否正确,只能由实践来检验。所以必须坚持实事求是,从实践、实践结果出发来理解价值。

3. 人民是世界历史的创造者,坚持以人民为价值主体和评价主体

　　毛泽东说:"人民,只有人民,才是创造世界历史的动力。"⑤这是马克思主义的一条基本的原理。从这一原理出发,毛泽东坚持以人民为价值主体和评价主体。

　　以人民为价值主体,我们就必须坚持为人民服务。毛泽东说:"我们的共

---

　　①　《毛泽东选集》第二卷,人民出版社1991年版,第662—663页。
　　②　《毛泽东文集》第七卷,人民出版社1999年版,第90页。
　　③　《毛泽东著作选读》下册,人民出版社1986年版,第839页。
　　④　《毛泽东著作选读》下册,人民出版社1986年版,第840页,注48。
　　⑤　《毛泽东选集》第三卷,人民出版社1991年版,第1031页。

产党和共产党所领导的八路军、新四军是革命的队伍。我们这个队伍完全是为着解放人民的,是彻底地为人民的利益工作的。"①

要坚持为人民服务,就必须坚持真理。毛泽东说:"共产党人必须随时准备坚持真理,因为任何真理都是符合于人民利益的;共产党人必须随时准备修正错误,因为任何错误都是不符合于人民利益的。"②这里,毛泽东阐述了真理与价值的统一的原理。因为,人民是历史的创造者。人民创造历史必须遵循客观规律。真理是客观事物的本质和规律的正确反映,真理有利于人民创造历史,而错误则不利于人民创造历史。所以毛泽东说,只要我们为人民的利益坚持好的,为人民的利益改正错的,我们这个队伍就一定会兴旺起来。

要坚持真理,修正错误,就必须虚心接受批评。毛泽东说:"因为我们是为人民服务的,所以,我们如果有缺点,就不怕别人批评指出。"③不管是什么人,谁向我们指出都行。只要你说得对,我们就改正。

要为人民服务,就必须虚心听取群众意见,必须密切联系群众,这是共产党人区别于其他任何政党的又一个显著标志。毛泽东说:"全心全意地为人民服务,一刻也不脱离群众;一切从人民的利益出发,而不是从个人或小集团的利益出发;向人民负责和向党的领导机关负责的一致性;这些就是我们的出发点。"④只要我们依靠人民,坚决地相信人民群众的创造力是无穷无尽的,因而信任人民,和人民打成一片,那就任何困难都能克服,任何敌人也不能压倒我们,而只会被我们所压倒。

以人民为价值主体,就必须以人民为评价主体。毛泽东说:"人民是最好的鉴定人。"⑤最好的鉴定人就是最好的评价者。人民是历史的主体,是历史的创造者,是社会历史实践的主体。人民亲身感受到实践的结果,所以,人民能作出最公正的评价。

以人民为价值主体和评价主体,是马克思主义价值哲学的特点,也是中国

---

① 《毛泽东选集》第三卷,人民出版社 1991 年版,第 1004 页。
② 《毛泽东选集》第三卷,人民出版社 1991 年版,第 1095 页。
③ 《毛泽东选集》第三卷,人民出版社 1991 年版,第 1004 页。
④ 《毛泽东选集》第三卷,人民出版社 1991 年版,第 1094—1095 页。
⑤ 《毛泽东选集》第三卷,人民出版社 1991 年版,第 1038 页。

化的马克思主义价值哲学的重要特点。

4. 以人民利益,以生产力发展为基本的价值标准

以人民作价值主体,必然以人民利益作价值标准。毛泽东说:"共产党人的一切言论行动,必须以合乎最广大人民群众的最大利益,为最广大人民群众所拥护为最高标准。"①人民利益是多方面的,有眼前利益和长远利益,有局部利益和全局利益,有少数人的利益和多数人的利益,等等。以合乎最广大人民群众的最大利益为最高标准,这是共产党人的最高价值标准;只有坚持以最广大人民群众的最大利益为最高标准才会得到最广大人民群众的拥护。最广大人民群众的最大利益,就是促进生产力发展,促进社会发展,而社会发展归根到底决定于生产力发展。所以,毛泽东说:"中国一切政党的政策及其实践在中国人民中所表现的作用的好坏、大小,归根到底,看它对于中国人民的生产力的发展是否有帮助及其帮助之大小,看它是束缚生产力的,还是解放生产力的。"②在这里,毛泽东又提出以生产力发展作为最根本的价值标准。

生产力标准与人民利益标准是一致的。有利于生产力发展的,就能促进社会发展,增加人民福利,就符合人民利益;符合最广大人民群众的最大利益的东西,就会得到最广大人民群众的拥护,能调动最广大人民群众的积极性,就能最大限度地解放生产力,促进生产力发展。

坚持以实事求是为指导,坚持以人民利益、以生产力发展为基本的价值标准,就必须使人民群众得到真实的利益。毛泽东说:"任何一种东西,必须能使人民群众得到真实的利益,才是好的东西。"③只有使人民群众得到真实的利益,才是好的东西,才是真正有价值的东西。在这里毛泽东强调人民群众得到的利益应当是真实的而不是虚假的利益。这就是坚持实事求是,讲求实效,反对说大话、假话、空话,就是从实践、实践结果出发来理解价值。

对此,毛泽东在《经济问题和财政问题》一文中进一步强调指出:"一切空话都是无用的,必须给人民以看得见的物质福利。"④人民是看实践,只有看得

---

① 《毛泽东选集》第三卷,人民出版社 1991 年版,第 1096 页。
② 《毛泽东选集》第三卷,人民出版社 1991 年版,第 1079 页。
③ 《毛泽东选集》第三卷,人民出版社 1991 年版,第 864—865 页。
④ 《毛泽东著作选读》下册,人民出版社 1986 年版,第 563 页。

见的物质福利,才能使人民相信,才能获得人民拥护。毛泽东说,在艰苦的抗日战争时期,我们第一位的工作是领导人民,帮助他们发展生产,增加他们的物质福利,并在这个基础上逐步提高他们的政治觉悟和进行文化建设。为此,我们应该不惜风霜劳苦、勤勤恳恳、切切实实地去研究人民中间的生活问题、生产问题,帮助人民具体地而不是讲空话地去解决这些问题。只有做了这一方面的工作,并"确实产生了成效之后",我们才能取得人民的拥护,才能去做第二方面的工作,向人民要东西的工作。毛泽东强调,必须切实为人民谋福利,并"确实产生了成效",即保证实效,人民取得了看得见的物质福利,人民才会拥护我们党。

解放战争时期,在《建立巩固的东北根据地》一文中,毛泽东又说:"我党必须给东北人民以看得见的物质利益,群众才会拥护我们,反对国民党的进攻。"①否则,群众分不清国民党和共产党的优劣,可能一时接受国民党的欺骗宣传,甚至反对我们党,造成我们在东北非常不利的形势。所以,我们必须给东北人民以看得见的物质利益,才能立于不败之地。

"看得见的物质利益",就是人民能直接享受到的物质利益,就是人民获得的实际利益。给人民以看得见的物质利益,就是以人民为价值主体,以人民是否获得真实利益为价值标准,从是否能使人民获得实际利益去理解价值;也就是实事求是,从实践、实践结果出发去理解价值。毛泽东的这一思想,是实事求是价值哲学,即实践价值哲学思想的重要表现。

5. 以真、善、美为灵魂,功利与真善美的统一来理解哲学价值

怎样理解价值的本质?这是价值哲学中争论的焦点。这个问题集中表现在对哲学价值的理解上。国内外有一些学者从使用价值理解哲学价值,把哲学价值混同于功利价值;毛泽东则坚持从功利与真善美的统一去理解哲学价值。

怎样看待功利和功利主义?毛泽东说:"唯物主义者并不一般地反对功利主义。"他说:"世界上没有什么超功利主义,在阶级社会里,不是这一阶级的功利主义,就是那一阶级的功利主义。"他还说:"我们是无产阶级的革命的

---

① 《毛泽东选集》第四卷,人民出版社 1991 年版,第 1180 页。

功利主义者,我们是以占全人口百分之九十以上的最广大群众的目前利益和将来利益的统一为出发点的。"①而不是只看到局部和目前的利益的狭隘的功利主义者。总之,毛泽东认为,对功利主义要进行具体分析,我们是无产阶级的革命功利主义者,坚持为最广大人民的目前利益和将来利益的统一为出发点的革命的功利主义,反对只为少数人的利益而损害多数人利益的狭隘功利主义。所以,毛泽东重视功利价值。他认为,任何一种东西,必须能使人民群众得到真实的利益,才是好的东西。只要对人民有利,就应当坚持。他坚持以符合最广大人民利益为出发点的革命功利主义。

毛泽东既重视功利,又重视超功利的真善美。他说:"正确的东西总是在同错误的东西作斗争的过程中发展起来的。真的、善的、美的东西总是在同假的、恶的、丑的东西相比较而存在,相斗争而发展的。"②他坚持真善美,反对假恶丑。

如前所述,毛泽东强调,共产党必须随时准备坚持真理,因为任何真理都是符合于人民利益的;共产党人必须随时准备修正错误,因为任何错误都是不符合于人民利益的。只要我们坚持真理,修正错误,我们这个队伍就一定会兴旺起来。坚持真理是长期的任务。当某一种真理被人类普遍接受,某一种错误的东西被人类普遍抛弃的时候,更加新的真理又在同新的错误的东西作斗争,这种斗争永远不会完结。这是真理发展的规律。

毛泽东特别重视善,善恶是道德问题,他特别重视道德建设。他说,我们的教育方针,应当使受教育者在德育、智育、体育几方面都得到发展,成为有社会主义觉悟的有文化的劳动者。在教育青少年一代的工作中,他既重视德育,又重视智育和体育,把德育放在首位。他强调没有正确的政治观点,就等于没有灵魂。他批评在一些人眼中,好像什么祖国的前途,人类的理想都没有关心的必要的错误倾向,要广大青少年,团结奋斗,为改变祖国贫穷落后的状态,为达到理想境界而辛勤劳动。他既重视道德,也重视理想。

中国古代儒家在道德上追求"止于至善",毛泽东在道德上也追求至善。

---

① 《毛泽东选集》第三卷,人民出版社 1991 年版,第 864 页。
② 《毛泽东著作选读》下册,人民出版社 1986 年版,第 785 页。

他提出要全心全意为人民服务,完全、彻底为人民服务,毫不利己,专门利人,毫无利己的动机,对工作极端负责任,对同志、对人民极端热情。他在《纪念白求恩》一文中说:"我们大家要学习他毫无自私自利之心的精神。从这点出发,就可以变为大有利于人民的人。一个人能力有大小,但只要有这点精神,就是一个高尚的人,一个纯粹的人,一个有道德的人,一个脱离了低级趣味的人,一个有益于人民的人。"①毛泽东还说:"我们要保持过去革命战争时期的那么一股劲,那么一股革命热情,那么一种拼命精神,把革命工作做到底。"②他所说的要保持革命战争时期那种拼命精神,就是为革命无私奉献、勇于献身、奋勇拼搏的精神,就是对工作极端负责任,对同志对人民极端热忱,就是毫无自私自利之心的精神。

毛泽东很重视美。他在延安文艺座谈会上的讲话中,在讲到政治和艺术的关系时说:"我们的要求则是政治和艺术的统一,内容和形式的统一,革命的政治内容和尽可能完美的艺术形式的统一。"③他不仅要求文艺作品要有革命的政治内容,要坚持正确的政治方向,而且要有尽可能完美的艺术形式。完美的艺术形式就是高度的美,就是尽可能完美,就是至美,就是攀登美的顶峰。可见,他对美提出了很高的要求。这是因为缺乏艺术性的艺术品,无论政治上怎样进步也是没有力量的。革命的政治内容与完美的艺术形式的统一,就成为一种正能量,就会受到群众的欢迎,就能更好地为革命事业服务。所以,他既反对政治观点错误的艺术作品,也反对只有正确的政治观点而没有艺术力量的所谓"标语口号式"的倾向的艺术作品,反对只讲政治观点正确,忽视尽可能完美的艺术形式的倾向,高度重视美的问题。

毛泽东还对西方艺术与中国传统艺术的关系发表过重要意见。他主张,既不要全盘西化,也不要搞保守主义,不要忽视学习西方有益的东西。他说:"应该学习外国的长处,来整理中国的,创造出中国自己的,有独特的民族风格的东西。"④外国的东西要学,但是中国的东西总要有民族特色,要有自己的

---

① 《毛泽东选集》第二卷,人民出版社 1991 年版,第 660 页。
② 《毛泽东著作选读》下册,人民出版社 1986 年版,第 800—801 页。
③ 《毛泽东选集》第三卷,人民出版社 1991 年版,第 869—870 页。
④ 《毛泽东著作选读》下册,人民出版社 1986 年版,第 753 页。

特殊风格,要独树一帜。

毛泽东从功利与真善美的统一来理解哲学价值,这种统一是以真善美为基础和灵魂的。毛泽东重视功利,他坚持的是无产阶级的革命功利主义,是以最广大人民的目前利益和将来利益为出发点的功利主义,而不是只看到局部和目前利益的狭隘的功利主义;不是只为少数人的利益而损害多数人利益的最自私最短视的伪善者的功利主义。他把只为少数人的利益而损害多数人的利益的人称为"伪善者",也就是说,这种功利主义是不道德的、伪善的,实际是"恶"。他坚持革命功利主义,坚持以最广大人民群众的目前利益和将来利益为出发点,符合最广大人民群众目前和将来利益的事就是善。所以,毛泽东的功利观,在处理功利与善的关系上,坚持以善为基础,区分善恶,善的就支持,恶的就反对;对符合最广大人民利益的事就支持,对损害最广大人民利益的事就坚决反对。符合广大人民利益的事就是善,违背广大人民利益的事就是恶。

毛泽东说真理是符合人民利益的,共产党人必须随时准备坚持真理。符合人民利益的,就是善的。坚持真理就是坚持捍卫人民利益,就是善,所以,真理与善是统一的。在处理功利与真理的关系时,必须把坚持真理、坚持以有利于人民利益,即坚持以善为前提和基础,不能背离真理,损害人民利益去谋取某种功利。

毛泽东号召我们大家要学习白求恩同志毫无自私自利之心的精神,他说,从这点出发就可变为大有利于人民的人。一个人能力有大小,但只要有这点精神,就是一个高尚的人,一个纯粹的人,一个有道德的人,一个脱离了低级趣味的人,一个有益于人民的人。这种高尚的人,有道德的人就是灵魂美。在这里,善(道德)与美是统一的,内容与形式是统一的。而损害人民利益的东西,则是恶,恶的东西,本质上是丑的,所以人们把丑与恶联系在一起,谓之丑恶。人们追求美,从根本上说是追求美好的东西,美好的"好"就是善。也就是说,真正美的东西,既是美的,又是善的,是有利于人民,有利于人的全面而自由的发展的。在社会生活中,也存在着美与善不相统一的情况,存在着不利于人民的恶的东西,但形式上很美。这往往迷惑一些人,使一些人醉心于追求美而忽视其本质上的恶,以致害人害己。越是不利于人民的东西越是恶的东西,其形式越美,对人民危害越大。毛泽东重视美,是要求把有利于人民的内容与尽可能完美的形式相统一的美,是以善为基础的善与美的统一。

由此可见,毛泽东既重视功利价值,又重视真善美。他所理解的哲学价值,是以真善美为灵魂的功利与真善美的统一,是以人民利益为核心的功利与真善美的统一。他对哲学价值的理解,根本不同于国内外一些学者把哲学价值理解为使用价值、混同于功利价值、把哲学价值庸俗化的观点。他既看到功利价值的重要作用,也看到功利价值的局限性。在功利与真善美的关系上他坚持以真善美为灵魂、功利与真善美的统一的思想,从而全面地、辩证地、科学地理解哲学价值。这是毛泽东对价值哲学的重要贡献。

毛泽东的价值哲学思想,是实事求是价值哲学,是以实事求是思想为指导的实践价值哲学。毛泽东的实事求是思想,就是坚持实事求是,一切从实际出发,理论联系实际,以实践作为检验认识真理性的标准。如前所述,毛泽东说:"理论与实践的统一,是马克思主义的一个最基本的原则。按照辩证唯物论,思想必须反映客观实际,并且在客观实践中得到检验,证明是真理,这才算是真理,不然就不算。"①理论与实践的统一,马克思主义的普遍真理与中国革命的具体实践的结合,就是实事求是。以实践作为检验认识真理性的标准,是实事求是的基本要求。由此可见,坚持实事求是,一切从实际出发,理论联系实际,以实践为检验认识真理性的标准,是坚持辩证唯物论(辩证唯物主义)的基本原理的体现。毛泽东实事求是价值哲学,是辩证唯物论(辩证唯物主义或辩证唯物主义和历史唯物主义)价值哲学,是马克思主义的价值哲学,是中国化的马克思主义价值哲学。

在毛泽东实事求是价值哲学思想指导下,中国人民取得了民主革命的伟大胜利,推翻了国民党反动派的反动统治,建立了新中国,中国人民从此站立起来了。新中国成立以后,我们党又取得了社会主义革命和社会主义建设的伟大胜利,使社会主义的中国巍然屹立于世界的东方。但是毛泽东在大跃进和"文化大革命"等问题上,未能贯彻实事求是价值哲学的思想,给我国社会主义事业造成严重损害。历史的经验证明,只要坚持以实事求是价值哲学思

---

① 《毛泽东文集》第七卷,人民出版社 1999 年版,第 90 页。

想为指导,中国的革命和建设就战无不胜,攻无不克,高歌猛进。反之,如果不坚持以实事求是价值哲学思想为指导,中国的革命和建设就会受挫折,就会产生严重失误,就会造成不良后果。几十年中国革命和建设的历史经验证明,只要我们坚持以实事求是价值哲学思想为指导,就无往而不胜。

毛泽东实事求是价值哲学思想,为邓小平继承和进一步发展,从而形成邓小平实事求是价值哲学思想。毛泽东实事求是价值哲学思想和邓小平实事求是价值哲学思想的形成,标志着实事求是价值哲学在中国的兴起和蓬勃发展。

二、邓小平的实事求是价值哲学思想

邓小平的实事求是价值哲学思想,是以实事求是思想为指导的实践价值哲学,是毛泽东实事求是思想的继承和发展。实事求是是马克思主义的精髓,是毛泽东哲学思想的精髓,也是邓小平实事求是价值哲学思想的精髓,是我们党的思想路线。邓小平说:"马克思、恩格斯创立了辩证唯物主义和历史唯物主义的思想路线,毛泽东同志用中国语言概括为'实事求是'四个大字。实事求是,一切从实际出发,理论联系实际,坚持实践是检验真理的标准,这就是我们党的思想路线。"①可见,实事求是是毛泽东运用中国语言对辩证唯物主义和历史唯物主义所作的科学概括。邓小平在谈到"一国两制"构想时说:"如果'一国两制'的构想是一个对国际上有意义的想法的话,那要归功于马克思主义的辩证唯物主义和历史唯物主义,用毛泽东主席的话来讲就是实事求是。"②邓小平的论述又一次说明,实事求是就是马克思主义的辩证唯物主义和历史唯物主义的科学概括。以上论述说明,邓小平实事求是价值哲学,是辩证唯物主义和历史唯物主义的价值哲学,是马克思主义的价值哲学,是中国化的马克思主义价值哲学。

邓小平实事求是价值哲学,是对毛泽东实事求是价值哲学的继承和发展。毛泽东实事求是价值哲学是辩证唯物论(辩证唯物主义或辩证唯物主义和历

---

① 《邓小平文选》第二卷,人民出版社 1994 年版,第 278 页。
② 《邓小平文选》第三卷,人民出版社 1993 年版,第 101 页。

史唯物主义)价值哲学。辩证唯物主义是彻底的唯物主义,它克服了旧唯物主义在社会历史观上是唯心主义的不彻底性,在历史观上坚持历史唯物主义,从而克服了旧唯物主义的不彻底性,在哲学领域实现了伟大的革命变革。所以,辩证唯物主义内在地包含着历史唯物主义。邓小平说实事求是是毛泽东主席用中国语言对辩证唯物主义和历史唯物主义的科学概括,正是继承了毛泽东的实事求是价值哲学,即辩证唯物论(即辩证唯物主义)价值哲学思想。

(一)邓小平实事求是价值哲学的基本思想

邓小平的实事求是价值哲学思想,即实践价值哲学思想,是毛泽东实事求是价值哲学思想的继承和发展,内容很丰富,主要有以下几个方面。

1. 以实事求是思想为指导

邓小平一贯坚持实事求是。他反复地论述了实事求是思想的重大意义,坚持用实事求是思想指导各项工作,对哲学价值问题也以实事求是思想为指导。

1977 年邓小平在《教育战线的拨乱反正》一文中就指出:"毛泽东同志在延安为中央党校题词,就是'实事求是'四个大字,这是毛泽东哲学思想的精髓。"①他指出"四人帮"搞的对十七年教育工作的"两个估计"②不符合实际,应当推倒。

1978 年,他在《高举毛泽东思想旗帜,坚持实事求是的原则》的谈话中说:"毛泽东思想的基本点就是实事求是,就是把马列主义的普遍原理同中国革命的具体实践相结合。毛泽东同志在延安为中央党校题了'实事求是'四个大字,毛泽东思想的精髓就是这四个字。毛泽东同志所以伟大,能把中国革命引导到胜利,归根到底,就是靠这个。"③他举例说,马克思、列宁从来没有说过农村包围城市,这个原理在当时世界上还是没有的。但是毛泽东同志根据中国的具体条件指明了革命的具体道路,在军阀割据的条件下,在敌人控制薄弱

---

① 《邓小平文选》第二卷,人民出版社 1994 年版,第 67 页。

② 这里的"两个估计",即"文化大革命"前十七年教育战线是资产阶级专了无产阶级的政,是"黑线专政";大多数知识分子的世界观基本上是资产阶级的,是资产阶级知识分子的。

③ 《邓小平文选》第二卷,人民出版社 1994 年版,第 126 页。

的地区,领导人民建立革命根据地,用农村包围城市,最后夺取了政权,取得了中国革命的伟大胜利。中国革命与列宁领导的十月革命不同,我们不是先搞大城市,而是先搞农村,用农村包围城市。如果没有实事求是的思想,能提出和解决这样的问题吗? 能把中国革命搞成功吗?

《在全军政治工作会议上的讲话》中,邓小平讲的第一个问题就是实事求是。他说:"马列主义、毛泽东思想的基本原则,我们任何时候都不能违背,这是毫无疑义的。但是,一定要和实际相结合,要分析研究实际情况,解决实际问题。按照实际情况决定工作方针,这是一切共产党员所必须牢牢记住的最基本的思想方法、工作方法。实事求是,是毛泽东思想的出发点、根本点。这是唯物主义。不然,我们开会就只能讲空话,不能解决任何问题。"①在这里,他指出实事求是是毛泽东思想的出发点、根本点。实事求是就是按照实际情况决定工作方针,所以,实事求是就是唯物主义,坚持实事求是,就是坚持唯物主义。

在《解放思想,实事求是,团结一致向前看》的重要报告中,邓小平又进一步指出:"实事求是,是无产阶级世界观的基础,是马克思主义的思想基础。过去我们搞革命所取得的一切胜利,是靠实事求是;现在我们要实现四个现代化,同样要靠实事求是。"②他说,不但中央、省委、地委、县委、公社党委,就是一个工厂、一个机关、一个学校、一个商店、一个生产队,也都要实事求是,都要解放思想,开动脑筋想问题,办事情。"只有解放思想,坚持实事求是,一切从实际出发,理论联系实际,我们的社会主义现代化建设才能顺利进行,我们党的马列主义、毛泽东思想的理论也才能顺利发展。"③在这里他把解放思想与坚持实事求是联系起来。解放思想,就是在马克思主义指导下打破习惯势力和主观偏见的束缚,研究新情况,解决新问题;就是使思想和实际相结合,使主观和客观相结合,就是实事求是。要真正坚持实事求是,必须解放思想。只有思想解放了,才能正确地以马克思列宁主义、毛泽东思想为指导,解决现代化建设中的各种具体问题。把解放思想与实事求是结合起来,这是邓小平对马

---

① 《邓小平文选》第二卷,人民出版社 1994 年版,第 114 页。
② 《邓小平文选》第二卷,人民出版社 1994 年版,第 143 页。
③ 《邓小平文选》第二卷,人民出版社 1994 年版,第 143 页。

— 147 —

克思主义的实事求是思想的重要发展。

邓小平认为马克思主义之所以有生命力,之所以打不倒,就在于马克思主义是真理,在于它坚持实事求是。1992年年初,在南巡谈话中,他说:"最近,有的外国人议论,马克思主义是打不倒的。打不倒,并不是因为大本子多,而是因为马克思主义的真理颠扑不破。"①马克思主义的真理性表现在什么地方,主要表现在坚持实事求是。所以,他说:"实事求是是马克思主义的精髓。"②他精辟地概括了事实求是在马克思主义中的重要地位,他的这一论断是对马克思主义哲学的重要发展。同时他再一次讲了实事求是的重要意义:"我们改革开放的成功,不是靠本本,而是靠实践,靠实事求是。""实践是检验真理的唯一标准。"③他又一次指出实践是检验真理的唯一标准。可见,他既重视实践、实践标准,又重视实事求是,但他说实事求是是马克思主义的精髓,而不是讲实践是马克思主义的精髓,这是值得深思的。这里表达了一个深刻的思想,即实事求是比实践更为根本,更为深刻地体现了马克思主义哲学的本质。实践需要以实事求是为指导,离开实事求是思想指导的实践观,就不是科学的实践观,就不是马克思主义的实践观;实事求是包含着重视实践,坚持实践是检验真理的唯一标准;而重视实践,并不一定能坚持实事求是思想的指导,实用主义就是证明。所以,绝不能把实践的观点作为全部马克思主义哲学的首要的和基本的观点。邓小平谦逊地说:"我读的书并不多,就是一条,相信毛主席讲的实事求是。过去我们打仗靠这个,现在搞建设、搞改革也靠这个。"④再一次强调要坚持实事求是。邓小平一生始终坚持实事求是。实事求是是马克思主义的精髓,是毛泽东思想的精髓,也是邓小平理论的精髓。没有实事求是,就没有中国革命的伟大胜利,也没有我国改革开放、现代化建设的伟大胜利。实事求是是马克思主义的生命力所在。邓小平还说:"我们讲了一辈子马克思主义,其实马克思主义并不玄奥。马克思主义是很朴实的东西,

---

① 《邓小平文选》第三卷,人民出版社1993年版,第382页。
② 《邓小平文选》第三卷,人民出版社1993年版,第382页。
③ 《邓小平文选》第三卷,人民出版社1993年版,第382页。
④ 《邓小平文选》第三卷,人民出版社1993年版,第382页。

很朴实的道理。"①马克思主义包括很丰富的内容,其精髓就是实事求是。实事求是是很朴实的东西,是很朴实的道理。马克思主义的其他内容也是朴实的东西,并不玄奥,并不难懂。关键不在于读的书多,关键在于能否在实践中坚持实事求是。

邓小平坚持以实事求是思想为指导,处理国内外各种重大问题,包括香港、台湾问题,解决实现祖国统一的问题。他说:"近几年来,中国一直在克服'左'的错误,坚持从实际出发,实事求是,来制定各方面工作的政策。""正是在这种情况下,我们才提出用'一个国家,两种制度'的办法来解决香港和台湾问题。"②为什么这样说呢? 因为,中国有香港、台湾问题,解决的出路何在呢? 是社会主义的大陆吞掉台湾,还是台湾所宣扬的三民主义吞掉大陆? 谁也不好吞掉谁。解决的办法,一个是和平解决,一个是武力解决。用武力解决,这对各方面都是不利的。实现国家统一是民族的希望。在这种情况下,只有实行"一国两制",才是最好的解决办法。所以"一国两制"是我们党坚持从实际出发,实事求是,解决重大而复杂的问题的光辉范例。

"一国两制"的构想在国际上受到好评。邓小平说:"如果'一国两制'的构想是一个对国际上有意义的想法的话,那要归功于马克思主义的辩证唯物主义和历史唯物主义,用毛泽东主席的话来讲就是实事求是。这个构想是在中国的实际情况下提出来的。"③邓小平的这一段论述明确指出,"一国两制"的构想要归功于实事求是的思想。而实事求是就是辩证唯物主义和历史唯物主义的集中体现和具体运用。这一构想刚提出时,有人怀疑这个构想能否行得通,邓小平说:"这就要拿事实来回答。"④香港、澳门回归后十多年的事实证明,"一国两制"是完全正确的。"一国两制"构想的成功,充分证明从实际出发、实事求是思想的正确性和生命力。

邓小平说,实事求是是党的马克思主义的思想路线。他说:"三中全会确立了,准确地说是重申了党的马克思主义的思想路线。马克思、恩格斯创立了

①　《邓小平文选》第三卷,人民出版社 1993 年版,第 382 页。
②　《邓小平文选》第三卷,人民出版社 1993 年版,第 58 页。
③　《邓小平文选》第三卷,人民出版社 1993 年版,第 101 页。
④　《邓小平文选》第三卷,人民出版社 1993 年版,第 102 页。

辩证唯物主义和历史唯物主义的思想路线,毛泽东同志用中国语言概括为'实事求是'四个大字。实事求是,一切从实际出发,理论联系实际,坚持实践是检验真理的标准,这就是我们党的思想路线。""党的这条思想路线是毛泽东同志确立的。"①邓小平在这里概括了实事求是思想路线的内涵,并指出实事求是是党的马克思主义的思想路线,是马克思、恩格斯创立的辩证唯物主义和历史唯物主义的思想路线。实事求是是辩证唯物主义和历史唯物主义的集中体现。所以,邓小平说,实事求是是无产阶级世界观的基础,是马克思主义的思想基础。他坚持以实事求是思想指导各项工作,要求各级党委、各个单位、各个部门都要坚持实事求是的思想路线,对待价值问题也坚持实事求是,从实际出发去进行研究。邓小平之所以在价值哲学上取得重大突破,关键就在于他把实事求是思想运用于价值哲学中。邓小平说:"我是实事求是派"②,还说:"所谓理论要通过实践来检验,也是这样一个问题。现在对这样的问题还要引起争论,可见思想僵化。根本问题还是我前边讲的那个问题,违反毛泽东同志实事求是的思想,违背辩证唯物主义、历史唯物主义的原理,实际上是唯心主义和形而上学的反映。"③这里,邓小平同志又一次指出,违背实事求是,就是违背辩证唯物主义、历史唯物主义,就是唯心主义和形而上学。坚持实事求是就是坚持辩证唯物主义和历史唯物主义。邓小平的价值哲学,是实践价值哲学,是实事求是的价值哲学。离开了实事求是思想的指导,就没有实事求是价值哲学,就没有实践的价值哲学。实事求是是邓小平实事求是价值哲学,即实践价值哲学思想的灵魂。

2. 以人民为中心,以人民为价值主体和评价主体

价值是主客体相互作用产生的效应。同一客体,对不同主体,其价值不同。所以,要深入了解一种事物的价值,首先要了解它是对谁的价值,即价值主体是谁。主体有社会主体、群体主体和个体主体。以什么样的主体作价值主体,决定了价值观的性质,也关系到价值理论的科学性问题。

剥削阶级及小私有者的价值观,是以个人为价值主体的个人主义的价值

---

①　《邓小平文选》第二卷,人民出版社 1994 年版,第 278 页。

②　《邓小平文选》第三卷,人民出版社 1993 年版,第 209 页。

③　《邓小平文选》第二卷,人民出版社 1994 年版,第 128 页。

观。这种价值观是建立在个人利益的基础之上的,因而以个人利益为价值标准,表现在以个人快乐与否、个人兴趣、爱好、欲望、需要等为价值标准。客体的价值如何,就是看客体对个人是否有利,是否能够使主体快乐,是否能满足个人兴趣、欲望和需要。

马克思主义的价值观,是辩证唯物主义和历史唯物主义的价值观,是以唯物史观为指导的价值观。唯物史观认为生产发展是社会生存和发展的基础。历史首先是物质资料生产的历史,也是精神文化生产的历史,是物质资料生产者和精神文化生产者的历史,是广大人民群众,首先是广大劳动人民的历史。邓小平说:"马克思主义向来认为,归根结底地说来,历史是人民创造的。工人阶级必须依靠本阶级的群众力量和全体劳动人民的群众力量,才能实现自己的历史使命——解放自己,同时解放全体劳动人民。"①所以,我们必须相信人民群众,依靠人民群众,全心全意为人民服务,时时处处从广大人民的利益出发,而不是从个人或小集团的利益出发,以最广大人民的最大利益为一切言论行动的最高标准,尊重人民群众的主体地位,充分调动广大人民群众的积极性,这是马克思主义价值观的基础。马克思主义的价值观是无产阶级或工人阶级的价值观。无产阶级是最先进的阶级,它代表最先进的生产力,代表了全人类的利益,以解放全人类为己任,所以无产阶级的价值观是集体主义的价值观。

从历史是人民群众创造的这个基本观点出发,邓小平在价值理论上坚持以人民为中心,以人民为价值主体。他一贯坚持从人民的利益出发,"对人民负责"②,"为人民造福"③,"取信于民"④。他语重心长地说:"我们要想一想,我们给人民究竟做了多少事情呢? 我们一定要根据现在的有利条件加速发展生产力,使人民的物质生活好一些,使人民的文化生活、精神面貌好一些。"⑤

以人民为中心,以人民为价值主体,就是一切从人民的根本利益出发。我

---

① 《邓小平文选》第一卷,人民出版社 1994 年版,第 217 页。
② 《邓小平文选》第二卷,人民出版社 1994 年版,第 211 页。
③ 《邓小平文选》第二卷,人民出版社 1994 年版,第 151 页。
④ 《邓小平文选》第三卷,人民出版社 1993 年版,第 298 页。
⑤ 《邓小平文选》第二卷,人民出版社 1994 年版,第 128 页。

们搞四个现代化,就是从人民的根本利益出发。邓小平说:"同心同德地实现四个现代化,是今后一个相当长的时期内全国人民压倒一切的中心任务,是决定祖国命运的千秋大业。"①"社会主义现代化建设是我们当前最大的政治,因为它代表着人民的最大的利益、最根本的利益。"②因为只有搞好了四个现代化建设,使生产力快速发展,才能逐步提高人民的物质和文化生活水平。

20世纪90年代初,在谈到经济发展的速度时,邓小平说:"什么叫适度?适度的要求就是确实保证这十年能够再翻一番……这个要老老实实地计算,要最终体现到人民生活水平上。生活水平究竟怎么样,人民对这个问题感觉敏锐得很。我们上面怎么算账也算不过他们,他们那里的账最真实。"③他强调说:"最根本的因素,还是经济增长速度,而且要体现在人民的生活逐步地好起来。人民看到稳定带来的实在的好处,看到现行制度、政策的好处,这样才能真正稳定下来。"④他强调经济发展最终要体现到人民生活水平上,要体现到人民的真实的生活水平的提高上。要让人民享受到党的各项政策带来的实在的好处。经济发展快,人民生活水平有很大提高,人民就会拥护我们。可见,邓小平强调要加速经济增长,是从逐步提高人民的生活水平出发的,而且以广大人民享受到发展的实在价值为归宿,这就是以人民为中心,以人民为价值主体,以广大人民的根本利益为出发点和归宿。

政治上,我们党要求维护安定团结,保持社会稳定,反对动乱。邓小平说:"文化大革命的经验已经证明,动乱不能前进,只能后退,要有秩序才能前进。在我国目前的情况下,可以说,没有安定团结,就没有一切……过去我们已经吃了十来年的苦头,再乱,人民吃不消,人民也不答应。"⑤可见,保持社会稳定也是从人民根本利益出发的。

对文化艺术工作,邓小平说:"我们的文艺属于人民。"⑥"人民是文艺工作者的母亲。一切进步文艺工作者的艺术生命,就在于他们同人民之间的血

---

① 《邓小平文选》第二卷,人民出版社1994年版,第208—209页。
② 《邓小平文选》第二卷,人民出版社1994年版,第163页。
③ 《邓小平文选》第三卷,人民出版社1993年版,第354—355页。
④ 《邓小平文选》第三卷,人民出版社1993年版,第355页。
⑤ 《邓小平文选》第二卷,人民出版社1994年版,第252页。
⑥ 《邓小平文选》第二卷,人民出版社1994年版,第209页。

肉联系。忘记、忽略或是割断这种联系,艺术生命就会枯竭。"①他要求文艺创作必须充分表现我们人民的优秀品质,赞美人民在革命和建设中,在同各种敌人和各种困难作斗争中所取得的伟大胜利。广大的文艺工作者,应当"在艺术上精益求精","力求把最好的精神食粮贡献给人民"②,而且,"作品的思想成就和艺术成就,应当由人民来评定"③。也就是说,人民是价值主体,也是评价主体,文艺作品的评价主体是人民。不仅对文艺工作是如此,对各项工作都是如此。

邓小平还说:"任何进步的、革命的文艺工作者都不能不考虑作品的社会影响,不能不考虑人民的利益、国家的利益、党的利益。"④也就是说,革命的文艺工作者一定要从人民的利益、国家的利益、党的利益出发,努力维护人民的利益、国家的利益、党的利益,为实现人民的利益,捍卫社会主义国家的荣誉,为祖国美好前途而英勇献身。

对少数民族问题,也是如此。在谈到西藏问题时,邓小平说:"关键是看怎样对西藏人民有利,怎样才能使西藏很快发展起来,在中国四个现代化建设中走进前列。"⑤这也是以人民为中心,以人民为价值主体,以人民的根本利益为价值标准去看问题。

总之,邓小平处理各方面的问题都是以人民为中心,从人民的根本利益出发的。

以人民为中心,以人民为价值主体和评价主体,是马克思主义价值观的特点。以人民为价值主体,以最广大人民的最大利益为最高的价值标准,全心全意为人民服务的价值观,就是集体主义的价值观,这种集体主义的价值观与剥削阶级唯我主义、利己主义、个人主义的价值观,是根本对立的。

马克思主义以人民为中心,以人民为价值主体的集体主义价值观,并不否认个人利益。邓小平说:"在社会主义社会中,国家、集体和个人利益在根本

①　《邓小平文选》第二卷,人民出版社 1994 年版,第 211 页。
②　《邓小平文选》第二卷,人民出版社 1994 年版,第 211 页。
③　《邓小平文选》第二卷,人民出版社 1994 年版,第 212 页。
④　《邓小平文选》第二卷,人民出版社 1994 年版,第 256 页。
⑤　《邓小平文选》第三卷,人民出版社 1993 年版,第 247 页。

上是一致的。"①要把国家利益、集体利益、劳动者个人利益比较好地结合起来,才能调动各方面的积极性。而且,"要切实保障集体劳动者和个体劳动者的合理利益。"②在个人利益与国家、集体利益发生矛盾时,个人利益应服从国家和集体利益。决不允许为了个人利益而损害国家和集体利益,也不允许损害个人的合理利益。邓小平说:"为了国家和集体的利益,为了广大人民的利益,一切有革命觉悟的先进分子必要时都应当牺牲自己的利益。我们要向全体人民、全体青少年努力宣传这种高尚的道德品质。"③同时,要关心群众生活,努力提高广大人民的生活水平,保障人民的权益,促进广大人民自由而全面地发展,使广大人民切实享受到改革开放、社会主义现代化建设的成果。以人民为中心,以人民为价值主体和评价主体,国家利益、集体利益、个人利益相统一,是邓小平实事求是价值哲学,即实践价值哲学思想的重要特点。以人民为中心,以人民为价值主体,国家、集体、个人利益相结合,能比较全面、客观地理解价值,避免以个人为价值主体的局限,有利于克服脱离实际的主观、片面性,实现公平正义。这是邓小平实事求是价值哲学,即实践价值哲学思想的优越性的重要表现。

3. 价值从根本上说在于促进事物发展

社会是发展的,社会实践也是发展的。所以,实事求是是价值哲学,即实践价值哲学,坚持发展才是硬道理,坚持价值从根本上说在于促进事物发展,以发展为价值尺度,特别强调加快经济发展的意义。

邓小平说:"社会主义制度优越性的根本表现,就是能够允许社会生产力以旧社会所没有的速度发展,使人民不断增长的物质文化生活需要能够逐步得到满足。""如果在一个很长的历史时期内,社会主义国家生产力发展的速度比资本主义国家慢,还谈什么优越性?"④社会主义制度能使生产力发展的速度比资本主义更快,这是社会主义优越性的重要表现,也是社会主义制度的价值的重要表现。如果社会主义国家社会生产力发展速度比资本主义国家

---

① 《邓小平文选》第二卷,人民出版社 1994 年版,第 337 页。
② 《邓小平文选》第二卷,人民出版社 1994 年版,第 362—363 页。
③ 《邓小平文选》第二卷,人民出版社 1994 年版,第 337 页。
④ 《邓小平文选》第二卷,人民出版社 1994 年版,第 128 页。

慢,社会主义就会失去优越性,就会失去吸引力,社会主义就有失败的危险。

经济发展速度慢,会引发一些严重的政治问题。邓小平说:"世界上一些国家发生问题,从根本上说,都是因为经济上不去,没有饭吃,没有衣穿,工资增长被通货膨胀抵消,生活水平下降,长期过紧日子。如果经济发展老是停留在低速度,生活水平就很难提高。"他还说:"人民现在为什么拥护我们? 就是这十年有发展,发展很明显。"①"假如我们有五年不发展,或者是低速度发展,例如百分之四、百分之五,甚至百分之二、百分之三,会产生什么影响? 这不只是经济问题,实际上是个政治问题。所以,我们要力争在治理整顿中早一点取得适度的发展。"②经济发展快,人民生活水平得到逐步提高,人民就会拥护我们。反之,经济发展长期停留在低速度,人民长期过紧日子,就会引发严重的政治问题。我国在世界上属于发展中国家。现在我国周边一些国家和地区经济发展也很快。如果我们不发展或发展太慢,老百姓一比较就有问题了。所以,邓小平特别强调要抓住机遇,加快发展。他说:"犹如逆水行舟,不进则退。"③不发展,就会落后。世界是发展的,各个国家民族都是发展的。历史的经验告诉我们:落后就要挨打,就会受人欺凌,就会被淘汰,就有亡国的危险。近代以来的历史,使我们对此体会尤深。所以,要生存,特别是要更好地生存,就必须加快发展。只有发展,才能在竞争中取胜,才能自立于世界民族之林。不发展,就不能生存。价值从根本上说在于促进事物发展。

经济建设需要稳定、协调的发展。但稳定和协调是相对的,而不是绝对的。要稳定协调就必须发展,发展是稳定协调的基础。"从根本上说,手头东西多了,我们在处理各种矛盾和问题时就立于主动地位。"④只有全面协调持续快速发展,才能有稳定的局面。所以,"发展才是硬道理。"⑤发展是关系社会主义事业命运和前途的根本问题,是执政兴国的第一要务。

邓小平讲"发展才是硬道理",是针对经济建设的速度问题说的。但他这

①　《邓小平文选》第三卷,人民出版社 1993 年版,第 354 页。
②　《邓小平文选》第三卷,人民出版社 1993 年版,第 354 页。
③　《邓小平文选》第三卷,人民出版社 1993 年版,第 377 页。
④　《邓小平文选》第三卷,人民出版社 1993 年版,第 377 页。
⑤　《邓小平文选》第三卷,人民出版社 1993 年版,第 377 页。

句话的深刻意义,决不限于经济建设。实际上,对整个人类社会,对社会生活的各个方面,对每一个人都适用。历史上许多国家、民族灭亡,就是因为长期停滞、不发展、落后而被淘汰。一个人也是这样,如果不思进取,不奋发图强,不发展创新,就会停滞落后,就不能为社会作出贡献,就会被时代所淘汰,就会失去其价值。同样,一种产品,如果不发展、创新、更新换代,而停滞不前,就会被具有更先进的功能、物美价廉的产品所取代而失去市场,失去其价值,从而被淘汰。所以,价值内在地包含着发展、创新。真正有价值的东西是最能体现发展创新的东西。世界上万事万物都是相比较而存在,相互竞争而发展,都是优胜劣汰。越是发展、创新的东西,越是优越,越具有生命力;越是停滞、落后的东西,越低劣,越失去其生命力。所以,价值从本质上说在于发展、创新,在科学技术、文学艺术上,尤其如此。

在社会生活中,要发展,就要改革。邓小平说:"没有改革就没有今后的持续发展。"①改革一切不适应生产力发展的生产关系和上层建筑,努力促进经济社会持续发展。他特别强调要努力实现经济的持续发展。而要持续发展,要改革,必须对外开放。要发展,要改革开放,就会有竞争,竞争就会有风险。邓小平主张为了加快社会主义现代化建设的发展,要大胆地试,大胆地闯,敢冒风险,敢于攀登前人未攀登的高峰,敢于创造前人未创造的业绩。这样的价值观,可以鼓舞人们努力进取,奋勇拼搏,勇攀高峰,促进人类社会向前发展。

邓小平强调发展才是硬道理,他所说的发展是全面协调的发展。他说:"现代化建设的任务是多方面的,各个方面需要综合平衡,不能单打一。但是说到最后,还是要把经济建设当作中心。"②他还强调经济要稳步协调发展。他说:"我国的经济发展,总要力争隔几年上一个台阶。当然,不是鼓励不切实际的高速度,还是要扎扎实实,讲求效益,稳步协调地发展。"③他说的发展是全面、协调、稳步、健康的发展,是扎扎实实,讲求效益,是以效益为基础去求速度,是速度与效益的统一,而不是搞不切实际的高速度。

---

① 《邓小平文选》第三卷,人民出版社 1993 年版,第 131 页。
② 《邓小平文选》第二卷,人民出版社 1994 年版,第 250 页。
③ 《邓小平文选》第三卷,人民出版社 1993 年版,第 375 页。

邓小平特别重视保持经济的长期持续发展。他说:"改革的意义,是为下一个十年和下世纪的前五十年奠定良好的持续发展的基础。"①他在谈到物价改革时说:"物价改革是个很大的难关,但这个关非过不可,不过这个关,就得不到持续发展的基础。"②所以,邓小平讲发展,是讲"持续发展",即不仅要加快当前发展,还要"为今后五十年以至七十年的持续、稳定、协调发展打下基础。"③在这里,他明确提出要使经济长期"持续、稳定、协调发展"的思想。

邓小平特别重视人与自然和谐发展。他大力倡导植树造林,号召全国人民:"植树造林,绿化祖国,造福后代。"并且要求全民义务植树运动要"保证实效"④。他还身体力行,每年春天植树节都带头参加义务植树活动。所以,邓小平的发展观,是人与自然和谐发展的发展观,是功在当代、造福后代的可持续发展观。

邓小平的发展观,坚持以人民为中心,以人民利益为出发点和归宿。他说:"什么叫适度? 适度的要求就是确实保证这十年能够再翻一番。这个要老老实实地计算,要最终体现到人民生活水平上。"⑤他强调说:"最根本的因素,还是经济增长速度,而且要体现在人民的生活逐步地好起来。人民看到稳定带来的实在的好处,看到现行制度、政策的好处,这样才能真正稳定下来。"⑥他还说:"不坚持社会主义,不改革开放,不发展经济,不改善人民生活,只能是死路一条。"⑦坚持社会主义,改革开放,发展经济,最终是为了改善人民生活,促进人的发展。邓小平特别强调人的全面发展。他说:"在社会主义国家,一个真正的马克思主义政党在执政以后,一定要致力于发展生产力,并在这个基础上逐步提高人民的生活水平。这就是建设物质文明。""与此同时,还要建设社会主义的精神文明,最根本的是要使广大人民有共产主义的理

---

①　《邓小平文选》第三卷,人民出版社1993年版,第131页。
②　《邓小平文选》第三卷,人民出版社1993年版,第131页。
③　《邓小平文选》第三卷,人民出版社1993年版,第130页。
④　《邓小平文选》第三卷,人民出版社1993年版,第21页。
⑤　《邓小平文选》第三卷,人民出版社1993年版,第354—355页。
⑥　《邓小平文选》第三卷,人民出版社1993年版,第355页。
⑦　《邓小平文选》第三卷,人民出版社1993年版,第370页。

想,有道德、有文化、守纪律。"①国际主义、爱国主义都属于精神文明范畴。他不仅强调要加速发展生产力,提高人民的物质生活水平,还强调要加强精神文明建设,使广大人民有共产主义理想,有道德、有文化、有纪律,使广大人民全面地、健康地发展。

总之,邓小平的发展观,是以人民为中心,全面、协调、可持续发展的发展观,是科学发展观。

邓小平讲发展,是按客观规律办事,是科学发展。科学发展必须依靠科学。邓小平说:"中国要发展,离开科学不行。"②他说:"马克思说过,科学技术是生产力,事实证明这话讲得很对。依我看,科学技术是第一生产力。"③"将来农业问题的出路,最终要由生物工程来解决,要靠尖端技术。科学技术的重要性要充分认识。"④所以,要加快经济发展,必须依靠科学技术。

科学技术的基础在教育。邓小平说:"我们要实现现代化,关键是科学技术要能上去。发展科学教育,不抓教育不行。"⑤百年大计,教育为本。"我们要千方百计,在别的方面忍耐一些,甚至牺牲一点速度把教育问题解决好。"⑥他还说:"靠空讲不能实现现代化,必须有知识,有人才。没有知识,没有人才,怎么上得去?"⑦"一定要在党内造成一种空气:尊重知识,尊重人才。"⑧邓小平尊重科学,重视教育,尊重知识,尊重人才。在他的这些思想的指引下,我国经济建设、科学教育快速发展。

邓小平说,发展才是硬道理。这一重要论断启示我们:价值,从根本上说在于促进事物发展,促进社会全面、协调、可持续发展,促进人与自然和谐发展,促进每一个人自由而全面发展,使人类社会更美好,促进山川秀美,生态优化。只有从对主体和客体,特别是对社会发展和生态发展的客观效应出发,才

---

① 《邓小平文选》第三卷,人民出版社1993年版,第28页。
② 《邓小平文选》第三卷,人民出版社1993年版,第183页。
③ 《邓小平文选》第三卷,人民出版社1993年版,第274页。
④ 《邓小平文选》第三卷,人民出版社1993年版,第275页。
⑤ 《邓小平文选》第二卷,人民出版社1994年版,第40页。
⑥ 《邓小平文选》第三卷,人民出版社1993年版,第275页。
⑦ 《邓小平文选》第二卷,人民出版社1994年版,第40页。
⑧ 《邓小平文选》第二卷,人民出版社1994年版,第41页。

能真正理解价值。

邓小平提出发展才是硬道理的论断,启示我们,最根本的主体尺度是主体发展。价值是主体与客体相互作用的产物,是主客体相互作用中对主体和客体的效应,积极效应是正价值,消极效应是负价值。主体是一个系统,包括许多方面。以主体的哪一方面作主体尺度去衡量价值,这是一个事关科学理解价值本质的重要问题。主体尺度很多,例如,奥地利学者迈农以对主体是否感到愉快,即以主体情感快乐为尺度。但使主体快乐的东西,并非都是健康的。所以,使人快乐的东西,有些是对主体有益的,有些则是有害的。可见,主体情感快乐不是一种科学的主体尺度。美国学者培里提出兴趣价值论,主张以主体兴趣为主体尺度去衡量是否有价值。一种客体,只要它是主体的兴趣的对象,符合主体兴趣,就有价值;反之,则无价值。主体兴趣无疑是一种主体尺度,也是人们常使用的主体尺度。但兴趣是多种多样的,兴趣并非都是健康的、合理的。人们的许多兴趣是健康的、合理的,但也有一些兴趣是不健康的、有害的。所以,主体兴趣也不是一种科学的主体尺度。奥地利学者艾伦菲尔斯提出欲望论,主张以主体欲望作为主体尺度去衡量是否有价值。认为凡是能满足主体欲望的东西都是有价值的;反之,则无价值。人的欲望很多,有些欲望是健康的、正当的、合理的,有的是不健康的、不正当的、不合理的。满足主体不健康、不正当、不合理欲望的只有负价值。所以主体欲望不是一种科学的主体尺度。美国学者詹姆士、德国学者文德尔班提出满足需要论,主张以主体需要做主体尺度。认为满足主体需要就是善,就有正价值;反之,则是负价值。这种观点,为我国许多学者所认同,成为我国价值哲学理论中的主流观点。但主体需要并非天然合理。满足合理的需要,是有正价值的;满足不合理的需要,则是有害的,只会有负价值。所以,主体需要同样不是一种科学的主体尺度。由此可见,主体情感愉快、主体兴趣、主体欲望、主体需要等,都不是科学的主体尺度。用这些主体尺度作价值标准来衡量价值,其结果导致价值哲学理论的混乱,使西方价值哲学长期停滞不前,陷入困境。而用主体,特别是社会主体发展作主体尺度,避免了用主体情感、兴趣、欲望、需要做主体尺度的片面性;用客体发展和客观规律作客体尺度,有力地克服了当代世界各国居主导地位的价值哲学理论上的混乱,为价值哲学理论的科学化奠定了基础。

这是邓小平对价值哲学的又一重大贡献。

4. 从实践的客观结果、效益、实绩出发来理解价值

实践是一个系统,也是一个过程,实践结果是实践系统和过程的集中体现。所以,实事求是价值哲学,即实践价值哲学特别重视实践结果,强调坚持实事求是,求真务实,讲求实效,坚持以实践作为检验真理的唯一标准,也坚持以实践作为检验价值的唯一标准,从实践的客观结果、效益、实绩出发来理解价值。邓小平说:"实事求是是马克思主义的精髓。"①他坚持实践是检验真理的唯一标准。反对讲大话、空话、假话,主张鼓实劲,干实事,强调要"讲求效益"②,"保证实效"③。坚持从实践的客观结果、效益、实绩出发去确定价值。

例如,1978 年 12 月 13 日,邓小平在《解放思想,实事求是,团结一致向前看》的重要讲话中说:"今后,政治路线已经解决了,看一个经济部门的党委善不善于领导,领导得好不好,应该主要看这个经济部门实行了先进的管理方法没有,技术革新进行得怎么样,劳动生产率提高了多少,利润增长了多少,劳动者的个人收入和集体福利增加了多少。"④"好"与"不好",就是有价值与无价值。领导得好不好,就是领导工作的价值如何,邓小平主要从管理方法、技术革新、劳动生产率、利润、劳动者个人收入和集体福利几方面进行评价。管理方法是否先进,技术革新进行得怎样,属于采取的措施是否恰当;劳动生产率、利润、劳动者个人收入与集体福利,属于实际效益、效果。这些都是从实际工作和客观效益、效果出发去确定价值。即实事求是,从实践、实践结果去确定价值。

邓小平在讲到经济体制改革时说:"经济体制改革成不成功,成功大小,要看三年到五年。见效了才能说服人,证明第二个三中全会决议是正确的。"⑤经济体制改革是否正确,是否成功,是否有价值,要"见效"了才能说服人,也就是说,有无价值要用实践结果或实践效果来证明。

---

① 《邓小平文选》第三卷,人民出版社 1993 年版,第 382 页。
② 《邓小平文选》第三卷,人民出版社 1993 年版,第 375 页。
③ 《邓小平文选》第三卷,人民出版社 1993 年版,第 21 页。
④ 《邓小平文选》第二卷,人民出版社 1994 年版,第 150 页。
⑤ 《邓小平文选》第三卷,人民出版社 1993 年版,第 131 页。

农村改革开始的一两年里有些地区根本不理睬,他们不相信这条路,就是不搞。邓小平说:"我们的做法是允许不同观点存在,拿事实来说话。"①有的观望了一年,有的观望了两年,看到"凡是执行改革政策的地方都好起来了",他们就跟着走了。"好起来了",就是取得了实效,生产发展快,人民生活更好了,证明农村改革是有价值的,人们才服了,才跟着走了。"所以,改革的政策,人们一开始并不是都能理解的,要通过事实的证明才能被普遍接受。"②"拿事实来说话","通过事实的证明",这里的"事实"就是农村改革的实践结果的客观事实,也就是"让改革的实际进展去说服他们"③,用实践、实践结果来证明农村改革的价值。

怎样评价一个国家的政治体制? 邓小平说:"我们评价一个国家的政治体制、政治结构和政策是否正确,关键看三条:第一是看国家的政局是否稳定;第二是看能否增进人民的团结,改善人民的生活;第三是看生产力能否得到持续发展。"④政局的稳定、人民的团结、生产力的持续发展、人民生活的改善,都是政治体制和政策的实践效益、效果。这里同样是用实践的效益效果来证明价值。

怎样评价领导干部的价值? 邓小平说主要看政绩、实绩。他说:"我们这个第二代,我算是个领班人,但我们还是一个集体。我们这个集体,人民基本上是满意的,主要是因为我们搞了改革开放,提出了四个现代化的路线,而且真正干出了实绩。"⑤选择领导干部,"要选人民公认是坚持改革开放路线并有政绩的人。"⑥可见,评价领导干部一是看执行的路线是否正确;二是看实绩、政绩,最主要的是看实绩、政绩。没有实绩、政绩,这样的干部有什么实际价值? 看实绩、政绩,就是主要看干部工作的实践结果、绩效。就是从实践、实践结果去考察干部的价值。

怎样评价思想文化教育卫生工作的价值。邓小平说:"思想文化教育卫

---

① 《邓小平文选》第三卷,人民出版社 1993 年版,第 155 页。
② 《邓小平文选》第三卷,人民出版社 1993 年版,第 155 页。
③ 《邓小平文选》第三卷,人民出版社 1993 年版,第 156 页。
④ 《邓小平文选》第三卷,人民出版社 1993 年版,第 213 页。
⑤ 《邓小平文选》第三卷,人民出版社 1993 年版,第 299 页。
⑥ 《邓小平文选》第三卷,人民出版社 1993 年版,第 300 页。

生部门,都要以社会效益为一切活动的唯一准则,它们所属的企业也要以社会效益为最高准则。"①这就是说,这些部门的价值如何,要以"社会效益"为"唯一准则"。它们所属的企业也要讲经济效益,但要以社会效益为最高准则;也就是说,它们所属企业既要讲社会效益,又要讲经济效益,而以社会效益为最高效益。这也是从实践、实践结果出发确定价值。

总之,从邓小平的一系列论述来看,一项工作做得好不好,价值如何,主要看效益、效果、实绩。效益好,效果好,有实绩,是正价值;反之,则是负价值。效益高,效果显著,实绩突出,价值就大;反之,则价值小。根据邓小平的论述,从主客体关系来看,一般说来,价值就是主客体相互作用对主体或客体的效益、效果、实绩或效应。这一思想,是实事求是,一切从实际出发,以实践作为检验真理的唯一标准的思想在价值哲学理论上的运用必然得出的结论。实事求是,求真务实,讲求实效,是邓小平实事求是价值哲学,即实践价值哲学思想的根本特点。

价值范畴是关系范畴,也是功能范畴或功效范畴,价值的实质在于实效性。邓小平从客观效益、效果、实绩去确定价值,深刻地揭示了价值的实质,有助于科学地理解哲学价值范畴。

邓小平从实践的客观效益、效果、实绩去确定价值,就是从实践结果出发去确定价值。实践结果是客观的现实成果,具有直接现实性。从实践结果出发去确定价值,确保了价值的客观性。而从主体情感、兴趣、欲望、需要出发去确定价值,则往往难以避免受主体情感等主观因素的影响,难以保证价值的客观性。当代西方居于主导地位的价值哲学理论,都是从主体情感、兴趣、欲望、需要出发去确定价值,西方的这些价值哲学被公认为是主观主义价值论。西方的这些价值哲学理论,使西方价值哲学脱离客观实际,在理论上陷入混乱,使西方价值哲学长期停滞,陷入困境。我国学者大都反对从主体情感、兴趣、欲望出发去理解价值,坚持价值的客观性。但我国价值哲学理论中居主导地位的却是满足需要论,即认为价值是客体对主体需要的满足。如前所述,满足需要论实质上是快乐主义思想,是一种主观主义价值论。主体需要并非天然

---

① 《邓小平文选》第三卷,人民出版社 1993 年版,第 145 页。

合理,满足主体需要并非都有正价值,以满足主体需要界定价值是片面的,而片面性也是一种主观性。所以满足需要论本质上是一种主观主义价值论。邓小平从实践、实践的结果出发理解价值,拿事实来说话,有力地克服了满足需要论的主观性、片面性,确保了价值的客观性。

邓小平坚持实事求是,从实践的客观效益、效果、实绩出发去确定价值,还解决了价值哲学理论的一个重要问题,即坚持逻辑一贯性问题。西方学者从主体情感、兴趣、欲望、需要出发来理解价值,一个致命的缺陷是不能坚持逻辑一贯性。因为使主体情感快乐,满足主体兴趣、欲望、需要,并非都是健康的合理的。这些观点认为使人情感快乐,满足兴趣、欲望、需要的东西,都有正价值,但实际上并非都有正价值。所以,从主体情感、兴趣、欲望、需要出发来理解价值,就会产生内在逻辑矛盾,在理论上就会陷入混乱。这是当代世界各国居于主导地位的价值哲学陷入困境的根本原因。邓小平从实践的客观效益、效果、实效或实绩出发来确定价值:效益好、效果好、实效好、实绩好是正价值;反之则是负价值。这样就坚持了严谨的逻辑一贯性,从而有力地克服了当代世界各国居主导地位的价值哲学存在的理论混乱,为价值哲学的科学化奠定了基础。同时,邓小平坚持实事求是,具体情况具体分析,从实践、实践结果出发,从效益、效果、实效、实绩出发来理解价值,有力地克服了西方客观主义价值论机械僵化的缺陷,保证了价值理论的科学性。

5. 从功利与真善美统一全面理解哲学价值

在邓小平实事求是价值哲学,即实践价值哲学思想中,他提出既要重视物质文明建设,又要重视精神文明建设,坚持把社会效益放在首位。既要重视经济效益,又要重视社会效益的论述,对于克服把哲学价值局限于功利价值、使用价值的观点,全面地理解哲学价值的本质,有重要意义。这是邓小平实事求是价值哲学,即实践价值哲学的重要思想,也是他对价值哲学的重要贡献。

邓小平有一个重要的思想,即两手抓,两手都要硬。既要重视社会主义的物质文明建设,又要重视社会主义的精神文明建设。他说,一个社会主义国家一定要致力于发展生产力,逐步提高人民的生活水平。"过去很长一段时间,我们忽视了发展生产力,所以现在我们要特别注意建设物质文明。与此同时,还要建设社会主义的精神文明,最根本的是要使广大人民有共产主义的理想,有道德,有文化、守纪律。"①物质文明建设,主要是经济建设,主要是发展生产力,增加物质财富,创造更多的功利价值。精神文明建设则指科学、教育、文化、艺术、体育、卫生等建设事业。精神文明建设的成果,既包含功利性的价值,也包含非功利的科学、道德、审美价值在内。所以,邓小平提出既要重视建设物质文明又要重视建设精神文明的思想,包含着既要重视功利价值,又要重视真、善、美等超功利的科学、道德、审美价值的思想。可见,在邓小平看来,价值既包括功利价值,也包括超功利的真、善、美的价值,哲学价值是功利与真、善、美的统一。

在我国价值哲学理论中,流行的观点是认为价值是客体能够满足主体的需要,以满足主体需要来理解哲学价值;实际上,物能满足社会的某种需要,这样的价值是使用价值。有的学者正是这样理解哲学价值的。他们认为马克思所说的使用价值就是哲学价值。他们把使用价值混同于哲学价值。他们未看到,使用价值,主要指功利价值;哲学价值不仅包括功利价值,还包括超功利的真、善、美的价值,是功利与真、善、美的统一。所以,哲学价值高于使用价值。把哲学价值混同于使用价值,就会把哲学价值庸俗化。邓小平关于两个文明建设一起抓的论述,有助于我们全面理解哲学价值的科学内涵,克服把哲学价值混同于使用价值的庸俗化的倾向。

邓小平还说:"思想文化教育卫生部门,都要以社会效益为一切活动的唯一准则,它们所属的企业也要以社会效益为最高准则。"②他在这里提出,思想文化教育卫生部门所属企业也应以社会效益为最高准则,就是说这些企业也要讲经济效益,但经济效益应服从社会效益。这就提出了一个经济效益与社会效益的关系问题。经济效益是功利价值。社会效益,广义地说,包括一切效益、一切价值,包括经济、政治、文化、科学、教育、卫生等方面的效益;狭义地说,指经济效益以外的其他各种效益。从价值哲学上说,广义的社会效益,即社会价值,包括经济、政治价值与科学、道德、文化艺术等价值,包括功利价值与真、善、美的价值在内;狭义的社会效益,即狭义的社会价值,主要指经济价

---

① 《邓小平文选》第三卷,人民出版社 1993 年版,第 28 页。
② 《邓小平文选》第三卷,人民出版社 1993 年版,第 145 页。

值以外的其他价值,指政治、文化、科学、道德、艺术、审美等价值,特别是真、善、美等超功利的价值。邓小平这里所说的社会效益,主要是狭义的社会效益。邓小平既重视经济效益,又重视社会效益,包含着既重视功利价值,又重视真、善、美等超功利价值的思想,包含着功利价值与真、善、美统一的思想。而且对思想文化教育卫生部门所属的企业来说,经济效益应服从于社会效益,功利价值应服从于社会价值特别是真、善、美的价值,以社会价值特别是真、善、美为最高价值,坚持把社会效益放在首位。也就是说,真、善、美的价值高于功利价值,哲学价值是以真善美为灵魂的功利与真、善、美的统一。

邓小平在讲精神文明建设时说:"最根本的是要使广大人民有共产主义理想,有道德,有文化、守纪律。"①并说:"现在中国提出'四有',有理想、有道德、有文化、有纪律。其中我们最强调的,是有理想。"他还说:"根据我长期从事政治和军事活动的经验,我认为,最重要的是人民的团结,要团结就要有共同的理想和坚定的信念。"②"为什么我们过去能在非常困难的情况下奋斗出来,战胜千难万险使革命胜利呢? 就是因为我们有理想,有马克思主义信念,有共产主义信念。"③他强调说:"没有这样的信念,就没有凝聚力。没有这样的信念,就没有一切。"④革命的理想、信念是强大的动力和精神支柱。有了坚定的革命理想和信念,就能使广大人民团结起来战胜千难万险,取得革命的胜利。现在我们搞改革开放,搞现代化建设,"都是为了发展社会主义,为了将来实现共产主义。"⑤我们决不能忽视理想信念教育。

共产主义的理想,是建立在对马克思主义的真理的信念的基础上的,体现了对真理的执着追求;理想是最远大的价值目标,体现了广大人民最远大的根本利益和人类未来最美好的远景。所以,理想是真、善、美的统一的远大价值目标。我们现在搞改革开放、现代化建设的各项工作,都是为了发展社会主义,为了将来实现共产主义,都是为了实现真、善、美统一的美好理想和崇高的

---

① 《邓小平文选》第三卷,人民出版社 1993 年版,第 28 页。
② 《邓小平文选》第三卷,人民出版社 1993 年版,第 110 页。
③ 《邓小平文选》第三卷,人民出版社 1993 年版,第 110 页。
④ 《邓小平文选》第三卷,人民出版社 1993 年版,第 190 页。
⑤ 《邓小平文选》第三卷,人民出版社 1993 年版,第 112 页。

价值目标。

邓小平一贯强调实事求是、求真务实、讲求实效。要"少讲空话，多干实事"①。他说："要鼓实劲，要切实解决问题，要踏踏实实地工作。一句话，就是要落在实处。"②不做表面文章，杜绝说空话、说六话、说假话的恶习。同时他又把"有理想"列于"四有"之首。他把求实精神与远大理想统一起来，以远大理想为动力和精神支柱，为了实现远大理想而踏踏实实工作，讲求实效。这种求实精神与崇高理想相结合，是邓小平的实事求是价值哲学，即实践价值哲学的重要特点，也是实事求是价值哲学，即实践价值哲学功利与真、善、美统一的哲学价值本质观的重要体现。

美国学者宾克莱曾说："实用主义的方法，如威廉·詹姆士和约翰·杜威所发展的那样，给美国人只关心实际行动而不关心崇高理想提供一个哲学根据。"③美国学者麦金太尔说，情感主义自我的一个重要特征是"缺乏任何终极标准"④。不论情感主义的自我声言忠于什么标准、原则或价值，这些东西都须解释为态度、偏好和选择的表达，这些态度、偏好与选择本身是支配标准、原则或价值的基础，是先于对标准、原则或价值的信奉的。而支配情感主义的态度、偏好与选择，是欲望与激情。麦金太尔所说的情感主义包括西方欲望论等主观主义价值论在内，实际上泛指西方各种主观主义价值论特别是情感主义，受欲望与激情支配，"缺乏任何终极标准"，缺乏任何终极价值和崇高理想。邓小平的实事求是价值哲学，即实践价值哲学把求实精神与崇高理想相结合，不仅从根本上区别于西方实用主义的价值理论，而且从根本上区别于当代西方各国主流的各种主观主义价值论，特别是情感主义价值论。邓小平的实事求是价值哲学即实践价值哲学是对当代西方主流价值哲学的超越，充分显示了它的优越性与生命力。

---

① 《邓小平文选》第三卷，人民出版社 1993 年版，第 121 页。
② 《邓小平文选》第二卷，人民出版社 1994 年版，第 99—100 页。
③ 《邓小平文选》第二卷，人民出版社 1994 年版，第 99—100 页。
④ ［美］宾克莱：《理想的冲突——西方社会中变化着的价值观念》，马元德译，商务印书馆 1994 年版，第 20 页。

（二）邓小平实事求是、讲求实效的评价论

价值评价是价值哲学的重要内容，是价值基本理论的具体运用，在价值哲学中占有重要地位，对社会生活有重要意义。邓小平坚持实事求是，以人民为价值主体和评价主体，以发展为尺度，从实践结果出发，以真善美为灵魂，以功利与真善美统一理解价值的思想为基础，对评价问题作了许多重要论述。

1. 拿事实来说话

评价的一个重要问题是价值标准或评价标准问题。价值是客观存在，评价是对价值的反映。价值决定评价，价值标准决定评价标准。评价标准是价值标准的反映；价值标准也可以用于评价，价值标准本身也是一种评价标准。所以二者是密切联系的。邓小平坚持实事求是、讲求实效，以实践结果的客观效益作为评价各项工作价值的价值标准或评价标准，拿事实来说话。

邓小平对各项工作都提出了具体的评价标准。例如，对经济工作，他提出要以经济效益作为主要价值标准或评价标准。他说：要"重视提高经济效益，不要片面追求产值、产量的增长。"①即以经济效益作为评价经济工作的主要价值标准或评价标准。

怎样评价一个国家的政治体制、政治结构和政策是否正确？邓小平说："关键看三条：第一是看国家的政局是否稳定；第二是看能否增进人民的团结，改善人民的生活；第三是看生产力能否得到持续发展。"②这里所说的三个方面：政局稳定，人民团结，生产力持续发展、人民生活改善，都是看政治实践的客观结果、成效或效果。

评价一个科研机构好坏的主要标准是什么？邓小平说："科学研究机构的基本任务是出成果、出人才，要出又多又好的科学技术成果，出又红又专的科学技术人才。衡量一个科学研究机构党委的工作好坏的主要标准，也应当是看它能不能很好地完成这个基本任务。"③"工作好坏"，就是工作的价值如何。这里，他明确提出了评价科研机构工作价值的主要标准：出成果、出人才。

① 《邓小平文选》第三卷，人民出版社 1993 年版，第 22 页。
② 《邓小平文选》第三卷，人民出版社 1993 年版，第 213 页。
③ 《邓小平文选》第二卷，人民出版社 1994 年版，第 97 页。

这也是从客观的实际成效去评定价值。

在谈到怎样抓教育工作时,邓小平说:"教育方面有好多问题,归根到底是要出人才、出成果。"①出人才、出成果,指的也是教育工作实践的客观的成效。

在文艺工作方面,邓小平要求文艺工作者要"在艺术上精益求精,力戒粗制滥造,认真严肃地考虑自己作品的社会效果,力求把最好的精神食粮贡献给人民。"②他说:"任何进步的、革命的文艺工作者都不能不考虑作品的社会影响,不能不考虑人民的利益、国家的利益、党的利益。"③要考虑作品的社会效果、社会影响,就是要考虑对人民的利益、国家的利益、党的利益的客观效果、客观影响。要出精品,要把最好的精神食粮献给人民。

对思想文化教育卫生部门的工作,邓小平要求"都要以社会效益为一切活动的唯一准则,它们所属的企业也要以社会效益为最高准则。"④思想文化界要多出好的精神产品,要坚决抵制坏产品的生产、进口和流传。其所属企业也要讲经济效益,但要以社会效益为最高准则。社会效益指对社会、对人民、对国家的客观影响。

"用人的政治标准是什么? 为人民造福,为发展生产力、为社会主义事业作出积极的贡献,这就是主要的政治标准。"⑤邓小平在讲到党的第二代领导集体时说:"对我们这个集体,人民基本上是满意的,主要是因为我们搞了改革开放,提出了四个现代化的路线,而且真正干出了实绩。"他说:"第三代的领导也一样要取信于民,要干出实绩。"⑥用人的政治标准也是干部优劣的价值标准。为人民造福,为人民干出实绩,为发展生产力、为社会主义事业作出积极的贡献,这些都是以客观的实践政绩为标准。

邓小平提出了各个方面的价值标准或评价标准,又提出了"三个有利于"的价值标准。他说:"判断的标准,应该主要看是否有利于发展社会主义社会

---

① 《邓小平文选》第二卷,人民出版社 1994 年版,第 70 页。
② 《邓小平文选》第二卷,人民出版社 1994 年版,第 211 页。
③ 《邓小平文选》第二卷,人民出版社 1994 年版,第 256 页。
④ 《邓小平文选》第三卷,人民出版社 1993 年版,第 145 页。
⑤ 《邓小平文选》第二卷,人民出版社 1994 年版,第 151 页。
⑥ 《邓小平文选》第三卷,人民出版社 1993 年版,第 299 页。

的生产力,是否有利于增强社会主义国家的综合国力,是否有利于提高人民的生活水平。"①"三个有利于"标准是指导我国改革开放、社会主义现代化建设各项工作的根本价值标准。"三个有利于"的价值标准,包含生产力标准、综合国力标准、人民利益标准。邓小平说:"发展生产力要讲究经济效果。"②他还说:"最根本的因素,还是经济增长速度,而且要体现在人民的生活逐步地好起来。"要给人民带来"实在的好处"③。总之,"三个有利于"是从客观的、实在的效益、效果出发去衡量生产力是否发展、综合国力是否增强,人民生活水平是否提高。邓小平说的效益、效果、实效、实绩、影响,都是主客体相互作用的客观结果或实践的客观效果,都是一种客观存在,以此作价值标准,就解决了价值标准的客观性问题。符合"三个有利于"的就有价值,违背"三个有利于"的就无价值,这就解决了逻辑一贯性问题。效益、效果、实效、实绩、影响是主客体相互作用的客观结果,既体现了主体对客体的作用,又体现了客体对主体的作用,既肯定了主体的作用,又肯定了客体的作用。这就克服了西方主观主义价值论只重视主观因素的作用,忽视客体作用的偏颇,也克服了西方客观主义价值论只重视客体的作用,只重视价值的客观性,忽视主体作用的机械客观论的缺陷,为建立科学的评价理论奠定了基础。

2. 以人民为评价主体

评价主体问题是评价的重要问题。同一客体对不同主体,其价值不同,不同主体对同一客体往往会有不同评价。所以,评价首先要确定评价主体。邓小平在价值本质问题上,是以人民为价值主体,他在评价上也是以人民为评价主体。他在谈到文艺作品的评价时说:"作品的思想成就和艺术成就,应当由人民来评定。"④在这里,文艺作品的评价的内容,包括思想成就和艺术成就两个方面。文艺作品的价值如何,要由人民来评价,人民是评价主体。

科学研究中学术论文和科学技术人员业务水平如何考核?邓小平的意见

---

① 《邓小平文选》第三卷,人民出版社 1993 年版,第 372 页。
② 《邓小平文选》第二卷,人民出版社 1994 年版,第 312 页。
③ 《邓小平文选》第三卷,人民出版社 1993 年版,第 355 页。
④ 《邓小平文选》第二卷,人民出版社 1994 年版,第 212 页。

是:"对学术论文的评价,科学技术人员业务水平的考核,研究计划的制定,研究成果的鉴定,等等,都应该充分发扬民主,走群众路线,广泛倾听有关科学技术人员的意见。"他还说:"对于学术上的不同意见,必须坚持百家争鸣的方针,展开自由的讨论。在科学技术工作中,认真听取专家的意见,充分发挥专家的作用,是使我们少犯错误,做好工作所必需的。"①对科研人员的论文、成果、业务水平的评定,应广泛听取有关科技人员的意见,倾听专家的意见,由广大科技人员来评定,由专家来评定,这也是以人民为评价主体。

他还说,选拔干部要选人民公认为有实绩的人,也就是说,干部的优劣,要由人民来评价。

邓小平在讲到年增百分之六的速度能不能真正实现第二个翻番时说:"这个要老老实实地计算,要最终体现到人民生活水平上。"他强调说:"生活水平究竟怎么样,人民对这个问题感觉敏锐得很。我们上面怎么算也算不过他们,他们那里的账最真实。"②也就是说,对人民生活水平的评价,要由人民来评定,人民的评价最真实。也就是说,历史是人民群众创造的,根本的评价主体是人民,人民是最可靠的评价主体。以人民为评价主体并不否定个体主体的评价,它包括每一个个体主体评价的合理因素,是综合了各个个体主体的评价而作出的总体评价。

以人民为评价主体,就是以人民利益为根本价值标准,从广大人民的利益出发进行评价。这样就能出于公心,广泛听取各种意见,比较容易克服以个人为评价主体,从个人利益出发,由于个人视角的局限而产生的各种偏见和片面性。"人民群众提出的意见,当然有对的,也有不对的,要进行分析。"③要充分听取人民群众的各种意见,进行全面的分析;在此基础上,集中人民群众的正确意见,有助于作出科学的评价。所以,以人民为评价主体是保证评价的科学性、公正性的重要条件。

3. 坚持评价的全面性

评价理论是很复杂的,包括多方面的问题。邓小平在评价一些复杂事物

---

① 《邓小平文选》第二卷,人民出版社 1994 年版,第 98 页。
② 《邓小平文选》第三卷,人民出版社 1993 年版,第 354—355 页。
③ 《邓小平文选》第二卷,人民出版社 1994 年版,第 145 页。

时,是从多方面去评价,力求作出全面的评价。例如,怎样评价一个国家的政治体制,他说,关键看三条:一是看政局是否稳定,能否增进人民团结;二是看生产力能否持续发展;三是看能否改善人民生活。这三个方面是相互联系的。稳定、团结是经济增长,改善民生的前提;而经济增长是促进稳定、团结、改善民生的基础;改善民生则是促进稳定、团结和经济增长的重要保证。从这里可以看出,对一些复杂的事物,必须从多方面进行评价,才能作出全面、正确的评价。

又如,邓小平提出的"三个有利于"标准,即生产力标准、综合国力标准和人民利益标准。其中,生产力标准主要是评价经济发展情况,综合国力标准主要是评价国家的各个方面的总体实力,这两方面总的是指国家实际力量的发展,人民利益标准则指人民实际生活水平的提高、人民福利的增进。可以说,"三个有利于"总的来看是两个方面,即国家的发展和人民生活水平的提高。而国家的发展最根本的是生产力的发展,是经济的增长。所以,邓小平说,最根本的因素,还是经济增长速度,而且要体现在人民生活逐步地好起来。在这里,他进一步把判断的标准概括为两个方面:即经济增长速度和人民生活逐步好起来。广义地说,民生问题也是经济问题,民生问题包括劳动者消费(衣食住行)问题等。邓小平在这里把经济增长速度与人民生活水平提高作为相联系的两个重要方面一并提出,有重要意义。这就启示我们,在当时困难而复杂的局面下,我们党应主要抓什么,即当时关系国家全局的根本因素是什么,这也是我们衡量工作的两个基本价值标准。经济增长速度关系物质财富的增长,人民生活水平提高表现为人民享受到实际的物质文化成果,关系能否得到群众拥护。在一定意义上可以说,经济增长是社会生活的客体方面,即消费对象;人民生活水平的提高可以说是指社会生活的主体方面,即消费主体的实际享受。从这个意义上,可以说,邓小平说的这两个根本因素,包括客体的因素和主体的因素,或者说包括客体尺度和主体尺度。经济增长和人民生活水平提高,是两个紧密联系的根本因素。没有经济的快速增长,就不可能有人民生活水平的提高,所以最根本的因素是经济增长速度;但如果只抓经济增长速度,忽视提高人民生活水平,又会影响经济发展,还会影响政治上的稳定。所以,这是相互联系的两个根本方面。

邓小平说:"要全心全意为人民服务。"①这就必须从人民的根本利益出发,以人民根本利益为价值标准,是价值评价中的主体尺度。

邓小平在指导经济工作时又强调要按经济规律办事,要"按照经济规律管理经济"②,这是做好经济工作的根本保证,也是取得好的经济效益的根本条件。按客观经济规律办事,是我们评价经济工作价值的客体尺度。他还说"产品不能只讲数量,首先要讲质量。要打开出口销路,关键是提高质量。"③这也是强调要重视客体尺度。

从邓小平关于评价的论述中可以看出,评价有三个尺度:一是主体尺度;二是客体尺度;三是主客体统一的尺度,实践的客观结果或实际效益,就是主客体统一的尺度。

邓小平关于评价的这些论述,为客观地、全面地、辩证地、科学地进行评价奠定了基础,这也是邓小平对价值哲学的重要贡献。

(三)邓小平关于事实与价值辩证统一的思想

区分事实与价值是价值哲学的起点。只讲事实而不讲价值,就不可能有价值哲学。不区分事实与价值,把事实混同于价值,就会产生理论混乱,这是西方主观主义价值论失误的理论根源。把事实与价值的区分绝对化,否认二者的联系,在价值与事实之间画一道鸿沟,否认价值的客观存在,也会阻碍价值哲学的发展。所以,正确处理价值与事实之间的辩证统一关系问题,是价值哲学理论的一个重要问题。邓小平的实事求是价值哲学,即实践价值哲学思想正确地处理了事实与价值的辩证关系问题,因而富有强大的生命力。

邓小平说:三中全会确立了,准确地说是重申了党的马克思主义的思想路线。马克思、恩格斯创立了辩证唯物主义和历史唯物主义的思想路线,毛泽东同志用中国语言概括为"实事求是"四个大字。实事求是,一切从实际出发,理论联系实际,坚持实践是检验真理的标准,这就是我们的思想路线。从实事

---

① 《邓小平文选》第三卷,人民出版社 1993 年版,第 146 页。
② 《邓小平文选》第二卷,人民出版社 1994 年版,第 130 页。
③ 《邓小平文选》第三卷,人民出版社 1993 年版,第 160 页。

求是、一切从实际出发的思想出发,邓小平提出了他关于事实与价值的辩证统一的思想。

1. 尊重事实,用事实来证明价值

在事实与价值的关系上,西方一些学者在事实与价值之间画一道鸿沟,把事实与价值绝对地对立起来。邓小平则在事实与价值的对立中看到二者的统一。他在谈到农村改革时说,我们的改革从农村开始。一开始有一些人对改革政策感到不那么顺眼,也就是说,他们不了解改革的价值。我们的做法是"允许不同观点存在,拿事实来说话"①。这些同志观望了一两年,看到凡是执行改革政策的地方都"好"起来了,他们就跟着走了。也就是说,就认同改革的价值了。这就是"拿事实来说话"。这里的"事实",就是改革的"成效",即实践的结果。事实胜于雄辩,事实最有说服力,改革的成效这一客观事实,有力地证明了农村改革的价值。邓小平的论述,生动地体现了事实与价值的统一。

2. 不能只讲事实,而忽视价值

邓小平要求人们,要实事求是、全面地看问题。既重视事实,又重视价值,不能只看到事实而忽视价值,否则就不能全面地认识事物。客观事物都有两个维度:一种客观事物作为一种客观存在,它是一种事实,这是事实的维度;同时,这种客观事物又会与人或其他事物相互作用,对人和其他事物产生一定的作用和影响,产生一定的效应,这就是价值,即广义的价值,这是价值的维度。客观事物对人或其他事物的这种效应有正效应,也有负效应。通常说有价值,指的是正效应,即正价值。只看到事实,忽视事物的价值,是不全面的。

例如,邓小平曾批评这样一种观点:"有的人认为,多一分外资,就多一分资本主义。'三资'企业多了,就是资本主义的东西多了,就是发展了资本主义。"②这种看法,单从事实来看,可以说无可非议。这种观点的根本错误,在于只看到"三资"企业是资本主义企业,就认为引进"三资"企业只有负价值。这是把事实混同于价值,实质上是只讲事实,而忽视价值。邓小平尖锐地批评

---

① 《邓小平文选》第三卷,人民出版社 1993 年版,第 373 页。
② 《邓小平文选》第三卷,人民出版社 1993 年版,第 373 页。

这种观点。他说："这些人连基本常识都没有。"他分析说："我国现阶段的'三资'企业按照现行的法规政策,外商总是要赚一些钱。但是,国家还要拿回税收,工人还要拿回工资,我们还可以学习技术和管理,还可以得到信息,打开市场。因此,'三资'企业受到我国整个政治、经济条件的制约,是社会主义经济的有益补充,归根到底是有利于社会主义的。"可见,我国现阶段的"三资"企业,归根到底是有利于社会主义的,是有价值的。而一些人只看事实,不看价值。仅仅看到"三资"企业是资本主义企业的事实,就认为引进"三资"企业对社会主义事业有害,从而否定了引进"三资"企业的价值。他们把事实当成价值,被事实掩盖了价值,因而迈不开改革开放的步子。邓小平的分析启示我们,不仅应当看到"三资"企业是资本主义企业的事实,还要看到引进"三资"企业对我国社会主义经济发展的价值,因而有力地解放了人们的思想,加快了改革开放的步伐,大大加快了我国经济的发展。

3. 不能只讲价值,不讲事实,不问事物的性质

不能只讲事实而不问价值,也不能只讲价值,不顾事实。只讲价值分析,不讲事物性质,也会产生混乱。

邓小平说："改革开放迈不开步子,不敢闯,说来说去就是怕资本主义的东西多了,走了资本主义道路。要害是姓'资'还是姓'社'的问题。"在此基础上,邓小平提出了"三个有利于"的价值标准,作为改革开放中判断各项工作的根本价值标准。有的人根据邓小平说："改革开放迈不开步子……要害是姓'资'还是姓'社'的问题。"就认为"三个有利于"就是不问姓"社"姓"资",就是放弃了坚持社会主义道路,就是不再坚持四项基本原则了,否则就不能解放思想。有人认为,这是只讲价值、价值标准,而不讲事实、不讲事物的性质。这是对邓小平论述的严重误解。邓小平在提出"三个有利于"标准后,紧接着说:对办特区,从一开始就有不同意见,担心是不是搞资本主义。深圳的建设成就,明确回答了有这种担心的人:特区姓"社"不姓"资"。在深圳,公有制是主体。他的这些论述,怎么能说讲改革开放,讲"三个有利于"是不问姓"社"姓"资"呢?

邓小平对坚持社会主义制度与坚持改革开放的关系问题曾作过深刻的论述。他说："三中全会以来,我们一直强调坚持四项基本原则,其中最重要的一条是坚持社会主义制度。而要坚持社会主义制度,最根本的是要发展社会生产力,这个问题长期以来我们并没有解决好。社会主义优越性最终要体现在生产力能够更好地发展上。多年的经验表明,要发展生产力,靠过去的经济体制不能解决问题。所以,我们吸收资本主义中一些有用的方法来发展生产力。"①这就是我们采用市场经济的根本原因。邓小平还说:"社会主义和市场经济之间不存在根本矛盾。"②作为一种经济手段,社会主义也可以搞市场经济,"这样做是否违背社会主义的原则呢? 没有。因为我们在改革中坚持了两条,一条是公有制经济始终占主体地位,一条是发展经济要走共同富裕的道路,始终避免两极分化。"③我们吸收外资,采用市场经济,允许个体民营经济发展,归根到底,是更有利于发展生产力,增强公有制经济。所以。邓小平提出"三个有利于"的价值标准,绝不是不问姓"社"姓"资",不是只讲价值,不讲事实,不问事物的性质,而是为了更有利于加快发展社会主义经济,更有利于提高人民生活水平,更有利于巩固社会主义制度。

(四)把事实分析、性质分析与价值分析、价值评价结合起来

如何认识计划经济与市场经济的问题,是我国改革开放中面临的一个重大理论问题。多年来,我国经济学界流行一种观点,认为计划经济是社会主义,市场经济是资本主义。从这种观点出发,认为社会主义只能搞计划经济,不能搞市场经济。这种理论,严重影响了社会主义经济的发展。邓小平说:"我们必须从理论上搞懂,资本主义与社会主义的区分不在于是计划还是市场这样的问题。"④"计划经济不等于社会主义,资本主义也有计划;市场经济不等于资本主义,社会主义也有市场。计划和市场都是经济手段。"⑤这是对计划经济与市场经济性质的分析与认识,属于事实认识;也就是说,计划与市场既可以为资本主义服务,也可以为社会主义服务。他又说:"我们过去一直

---

① 《邓小平文选》第三卷,人民出版社 1993 年版,第 373 页。
② 《邓小平文选》第三卷,人民出版社 1993 年版,第 143 页。
③ 《邓小平文选》第三卷,人民出版社 1993 年版,第 149 页。
④ 《邓小平文选》第三卷,人民出版社 1993 年版,第 364 页。
⑤ 《邓小平文选》第三卷,人民出版社 1993 年版,第 373 页。

搞计划经济,但多年来的实践证明,在某种意义上说,只搞计划经济会束缚生产力的发展。把计划经济与市场经济结合起来,就更能解放生产力,加速经济发展。"①这是对计划经济和市场经济的价值分析与价值评价。邓小平明确肯定了计划与市场都是经济手段,二者既可以为资本主义服务,也可以为社会主义服务,又指出把二者结合起来更能加快经济发展。邓小平的论述突破了局限于事实分析、性质分析的单一思维模式,把事实分析、性质分析同价值分析、价值评价结合起来,形成全面的事实与价值统一的系统思维、网络思维。这就有力地克服了一些人把市场经济作为资本主义经济的特点的传统观点,明确肯定了市场经济对加速社会主义经济发展的重要价值,极大地解放了人们的思想,为我国建立社会主义市场经济体制奠定了基础,有力地推动了我国经济的快速发展。邓小平的这些论述,具有重要的理论意义与实践意义。

邓小平的这些思想,就是他关于事实与价值辩证统一的思想。

邓小平所说的事实与价值的统一,是在客观实践基础上的统一。邓小平关于事实与价值统一的思想,是他实事求是、讲求实效的思想的表现,是他的实事求是价值哲学,即实践价值哲学思想的重要方面,是邓小平对价值哲学的重要贡献。

三、实事求是价值哲学的三种形态

实事求是价值哲学或实践价值哲学有三种形态:

第一种形态的实事求是价值哲学是毛泽东实事求是价值哲学思想和邓小平实事求是价值哲学思想。这是实事求是价值哲学的基本形态。毛泽东实事求是价值哲学思想和邓小平实事求是价值哲学思想,上面已作了详细介绍,这里不再论述。

第二种形态的实事求是价值哲学是大众实事求是价值哲学或大众实践价值哲学。这是在我国社会生活中广为流行的大众化的实事求是价值哲学,是广大群众在生活实践中广泛应用的实事求是价值哲学。这种价值哲学的基本

---

① 《邓小平文选》第三卷,人民出版社 1993 年版,第 148—149 页。

特点是求真务实,拿事实来说话,从客观效益、实绩、实效出发来理解价值。

大众实事求是价值哲学坚持实事求是,从实际出发,反对空话、假话、大话,坚持按客观规律办事。

大众实事求是价值哲学坚持拿事实来说话,从客观效益、效果出发来理解价值。中央电视台每天播放的《焦点访谈》节目,开篇论题就是"用事实说话"。广大人民群众在评价各方面的工作时,都是从效益、效果、实效、实绩去考察。例如经济价值要看经济效益,社会思想文化价值主要看社会效益,医疗价值主要看疗效,即医疗效益,生态价值主要看生态效益,评价一个干部的价值,主要看实绩,看是否真抓实干,取得实实在在的工作业绩,广大人民群众是否获得实实在在的利益,这些就是坚持实事求是,从实践、实践结果出发理解价值,是实事求是价值哲学或实践价值哲学在社会生活中的具体运用。

大众实事求是价值哲学坚持在发展经济基础上,不断提高人民生活水平,使改革成果惠及广大人民群众,高度关注改善民生,体现了实事求是价值哲学以人民为价值主体,为人民服务,为人民造福的思想。

大众实事求是价值哲学重视发展创新,重视时间和效率,体现了实事求是价值哲学关于发展才是硬道理的思想。

大众实事求是价值哲学坚持把社会效益放在首位,既重视经济效益,又重视社会效益、生态效益,体现了实事求是价值哲学以真善美为灵魂的从功利与真善美相统一理解哲学价值和眼前发展与可持续发展相统一,眼前价值与崇高理想相统一的思想。

大众实事求是价值哲学存在于我国当代的社会生活中,存在于我国广大群众每日每时的生活实践中,是真正生活实践的价值哲学。大众实事求是价值哲学体现了我国广大人民群众对毛泽东、邓小平实事求是价值哲学思想的认同和运用,体现了毛泽东、邓小平实事求是价值哲学在我国已深入人心,为群众所掌握。理论一经掌握了群众,就会变成物质力量。毛泽东实事求是价值哲学思想、邓小平实事求是价值哲学思想和大众实事求是价值哲学在我国社会生活中居主导地位。正是在毛泽东实事求是价值哲学思想、邓小平实事求是价值哲学思想的指导和大众实事求是价值哲学思想的推动下,我国广大人民群众才创造了我国革命、建设、改革开放的气壮山河的伟大奇迹。大众实事求是价值哲学是我国广大人民群众广泛应用的价值哲学。大众实事求是价值哲学的流行及它所创造的奇迹,生动地说明实事求是价值哲学已植根于广大人民群众之中,有着深厚的群众基础,富有强大的生命力,值得我们深入研究。

第三种形态的实事求是价值哲学是效应价值论或实践效应论,即辩证唯物主义价值论或辩证唯物主义和历史唯物主义价值论。

效应价值论或实践效应论学习毛泽东实事求是价值哲学思想和邓小平实事求是价值哲学思想,吸收我国古代实事求是思想、我国广为流行的大众实践价值哲学和西方价值哲学的优秀成果,对西方理论价值哲学中的主观主义价值论和客观主义价值论及我国流行的满足需要论存在的问题的反思的基础上提出来的,是对毛泽东实事求是价值哲学思想和邓小平实事求是价值哲学思想及我国广为流行的大众实事求是价值哲学的学术解读和理论阐释,是实事求是价值哲学的学术形态。

效应价值论或实践效应论坚持以马克思关于应该按照事物的本来面目及其产生的根源理解事物的论述,毛泽东、邓小平关于实事求是的思想的论述为指导,坚持从价值的客观存在出发,从主客体相互作用的客观效应出发来理解价值。既重视主体对客体的作用,又重视客体对主体的作用;既反对唯主体论的单极思维,又反对唯客体论的单极思维;既反对西方的主观主义价值论,也反对西方的机械僵化的客观主义价值论。坚持客观地、全面地、辩证地理解价值,坚持以辩证唯物主义或辩证唯物主义和历史唯物主义为指导,充分体现了实事求是价值哲学坚持以实事求是思想为指导的基本思想。

效应价值论或实践效应论根据马克思关于人应该在实践中证明自己思维的真理性的论述,毛泽东关于真理的标准只能是社会实践的论述和邓小平关于拿事实来说话的论述,坚持从价值的客观存在出发,从主客体相互作用产生的效应出发来理解价值。主客体相互作用产生的效应,实际就是实践结果或效果。坚持实事求是,从主客体相互作用产生的效应出发来理解价值,充分体现了实事求是价值哲学或实践价值哲学坚持实事求是,从实践、实践结果出发来理解价值的基本特点。

效应价值论或实践效应论从人民群众是历史的创造者这一基本原理出

发,坚持以人民为价值主体和评价主体,贯彻了实事求是价值哲学以人民为价值主体和评价主体的思想。

毛泽东关于必须以最广大人民的最大利益为最高标准和邓小平关于发展才是硬道理的论述,坚持以人民利益、以社会发展、人的发展、人的自由而全面的发展为主体尺度,以客观规律为客体尺度,贯彻了实事求是价值哲学坚持以人民利益、社会发展为主体尺度,以客观规律为客体尺度,尊重客观规律的思想。

效应价值论或实践效应论根据毛泽东关于既要重视功利价值,又要重视超功利的真善美的价值,坚持以真善美为灵魂,功利与真善美统一的思想,邓小平关于以社会效益为最高准则,经济效益与社会效益相统一的论述,既看到功利价值的作用,又看到功利价值的局限,克服了把哲学价值混同于使用价值、混同于功利价值的庸俗价值哲学倾向,全面地、辩证地、科学地理解哲学价值。这是实事求是价值哲学坚持以真善美为灵魂,从功利与真善美相统一出发来理解哲学价值的思想的体现。

以上几个方面说明,效应价值论或实践效应论就是实事求是价值哲学的学术阐释,是中国化的辩证唯物主义价值论或辩证唯物主义和历史唯物主义价值论,是中国特色的马克思主义价值哲学。

效应价值论或实践效应论的具体内容,我们将在以下几章里作详细论述。

四、实事求是价值哲学是对西方理论价值哲学的超越

实事求是价值哲学是对西方理论价值哲学的超越。

西方价值哲学有主观主义价值论和客观主义价值论两大流派。西方价值哲学中的主观主义价值论,受人的本能支配,从情感愉快,从兴趣、欲望、需要等出发来理解价值,是自发性的重要表现;西方价值哲学中的客观主义价值论,从直觉或先验的直观出发来理解价值,直觉或直观是自发的认识形式,也是自发性的重要表现。二者都受自发性支配,都是自发的价值哲学。

实事求是价值哲学以实事求是思想为指导,从实践、实践结果、效益、效应出发来理解价值。从是否符合客观实际,是否有良好的实践效果出发来理解

价值,是自觉的价值哲学。自觉的价值哲学是对西方自发的价值哲学的超越。

西方价值哲学受自发性支配,脱离实践,是单纯从理论出发来理解价值的理论价值哲学,由于受自发性支配,在理论上陷入混乱。而脱离实践,不接受实践检验,缺乏正确的真理标准,使西方价值哲学中的理论混乱长期得不到克服,使西方价值哲学长期停滞不前,陷入困境。

实事求是价值哲学坚持以实事求是思想为指导,从实践、实践结果出发来理解价值,则是实践价值哲学。实事求是价值哲学,坚持理论联系实际,以实践作为真理标准,由于理论要经受实践的检验,有利于保证认识的真理性,有利于克服各种错误思想理论,正确认识价值的本质。实事求是价值哲学,是对西方理论价值哲学的超越。

西方价值哲学由于崇拜自发性,不能正确认识价值的本质。西方价值哲学中的主观主义价值论,把价值视为纯主观的东西,否认价值的客观性。西方价值哲学中的客观主义价值论,把价值视为客体固有的属性或客体固定不变的先验性质,不能解释价值因人而异的现象,思想陷于僵化。

实事求是价值哲学思想,坚持实事求是,从实践、实践效益、效果、效应出发来理解价值,拿事实来说话。事实是不因人而异的客观存在,有力地克服了西方主观主义价值论否认价值客观性的偏颇。实事求是价值哲学,坚持一切从客观实际出发,坚持发展才是硬道理,在发展中辩证地理解价值,是对西方客观主义价值论的僵化思想的超越。

西方价值哲学崇拜自发性,从本能出发,受非理性思维支配,忽视逻辑一贯性,在理论上陷于混乱。例如,西方价值哲学中的情感愉快论认为,能使人快乐的东西,就有价值。但快乐并非都是善的,而价值的本质是善的,这就在理论上陷入混乱。西方价值哲学中的兴趣价值论认为,人们有兴趣的东西,就有价值。但兴趣有健康与不健康、合理与不合理之分,不健康不合理的兴趣的对象,只能产生负价值,在理论上也陷入混乱。西方价值哲学中的欲望对象论、满足需要论也是如此,因为欲望、需要都有合理与不合理之分,这两种观点在理论上也陷入混乱。

实事求是价值哲学思想,从实践效益、效果、效应出发来理解价值,对人民、对社会发展的实践效益、效果、效应好,就是正价值;反之则是负价值。实事求是价值哲学理论严整,能坚持逻辑一贯性,有力地克服了西方价值哲学忽视逻辑一贯性,理论混乱的弊端。

西方价值哲学崇拜自发性,受趋乐避苦、趋利避害的本能驱动,从情感、兴趣、欲望、需要出发来理解价值,或从直觉、直观出发来理解价值,追求感官快乐而忽视道德,追求现实的物质功利价值而忽视超功利的真、善、美的价值,追求眼前价值而忽视长远价值和崇高理想,崇尚工具理性而忽视价值理性,把哲学价值功利化、庸俗化,不能坚持正确的价值导向,不利于人的自由而全面的发展和社会可持续发展。

实事求是价值哲学思想,坚持以实事求是思想为指导,从对人民、对社会发展的客观效益、效果、效应出发来理解价值,坚持以真善美为灵魂,功利与真、善、美相统一来理解哲学价值,把社会效益放在首位,坚持经济效益、社会效益、生态效益相统一,坚持眼前价值与长远价值、与崇高理想相统一。坚持正确的价值导向,有利于人的自由而全面的发展和社会可持续发展,是对西方价值哲学把哲学价值功利化、庸俗化的弊端的超越。

总之,实事求是价值哲学思想是对西方理论价值哲学的全面超越,有力地克服了西方价值哲学理论上的混乱,为价值哲学理论的科学化奠定了坚实的基础,为西方价值哲学走出困境指明了方向。实事求是价值哲学在中国的兴起,是中国对世界价值哲学的重大贡献,也是中国对马克思主义哲学的重大发展。

实事求是价值哲学对我国价值哲学研究也有重要意义。我国学术领域流行的价值哲学理论是满足需要论。满足需要论从能否满足需要出发来理解价值,实际上就是以能否使自己产生快感来理解价值,是一种受本能支配的自发的价值哲学思想。这种观点从主体需要出发,而不是从实践、实践结果出发来理解价值,是一种理论价值哲学的观点。如前所述,实事求是价值哲学是自觉的价值哲学、实践价值哲学。自觉的价值哲学是对自发的价值哲学的超越,实践价值哲学是对理论价值哲学的超越。所以,实事求是价值哲学是对满足需要论自发的价值哲学、理论价值哲学的超越。

满足需要论认为价值的本质就是满足需要,但需要有合理与不合理之分。所以,这种观点在理论上陷入混乱。同时,这种观点从使用价值来理解哲学价值,把哲学价值混同于功利价值,把哲学价值功利化、庸俗化。不能坚持正确的价值导向,不利于汇聚正能量,不利于培育和践行社会主义核心价值观,不利于实现中华民族伟大复兴的中国梦。

实事求是价值哲学以实事求是思想为指导,拿事实来说话,从实践效益、效果、效应出发来理解价值,对人民、对社会产生良好效益的就有正价值,反之则是负价值。理论严整,有力地克服了满足需要论的理论混乱。同时,坚持从功利与真、善、美的统一来理解哲学价值,有力地克服了满足需要论把哲学价值混同于使用价值,混同于功利价值,把哲学价值功利化、庸俗化的弊端。有利于坚持正确的价值导向,有利于汇聚正能量,有利于培育和践行社会主义核心价值观,有利于实现中华民族伟大复兴的中国梦。所以,实事求是价值哲学思想有助于克服我国价值哲学领域中流行的满足需要论的局限,有助于促进我国价值哲学理论的科学化。

总之,实事求是价值哲学思想,对中国和世界各国价值哲学都有重大的理论意义和实践意义。

三

效应价值论:实事求是
价值哲学的学术形态

第七章　价值与存在

价值范畴是价值哲学最基本的范畴和逻辑起点。要研究价值哲学,首先必须研究价值的本质问题。而要研究价值的本质问题,必须以实事求是的思想为指导,从客观实际出发,从价值的客观存在出发,按照价值的本来面目去理解价值。为此,我们首先必须深入研究价值与存在问题。而要研究价值与存在问题,必须先研究事实与价值问题。

一、事实与价值

价值哲学的诞生,是从区分事实与价值开始的。不区分事实与价值,就不会有价值哲学。区分事实与价值,是理解价值的本质的关键,把事实混同于价值,就不可能理解价值的本质。所以,研究价值哲学必须首先研究事实与价值的关系问题。

区分事实与价值,是价值哲学的起点。在哲学史上,英国哲学家休谟在1739—1740年出版的《人性论》中,首先提出要区分"是"与"应该",区分事实和价值。他还提出区分事实的知识和价值的知识。认为事实的知识是从经验中得来的,可以用经验来证明,有真假之分;价值的知识不是从经验中得来的,而是人们的喜爱或社会风尚,不能用经验证明,无所谓真假。

康德进而将世界分为事实世界和价值世界,认为事实世界是人们可以经验到的现象世界;价值世界则是现象世界之外的本体世界,是真正自觉自由的世界。人类理性的能力是有限的,只能把握现象世界,不能认识本体世界。他也将知识分为事实知识与价值知识。认为事实知识是现象世界的知识、经验知识,价值知识则是先验知识,不能从经验中获得证明。

康德关于区分事实世界与价值世界的思想,直接影响到德国哲学家洛采。洛采进一步把世界划分为事实、普遍规律和价值三大领域,认为事实和规律是手段,价值则是目的。概念的真理性就在于它是否有意义、价值,而价值则是意义的标准。他把价值提到哲学中心的地位。在他的影响下,形成了以价值为中心的哲学流派,即新康德主义的弗赖堡学派。弗赖堡学派的奠基人文德尔班认为,存在着两个不同的世界,即事实世界和价值世界。事实世界是表象的世界、现象的世界、理论的世界,属于主体的表象;价值世界是本体(自在之物)的世界、实践的世界,是主体的一种公设。这两个世界都不是实在的、客观的世界,都是主观的东西。与事实世界、价值世界相适应,有两种知识,即事实的知识与价值的知识。事实的知识的命题是普通逻辑判断,价值的知识的命题则完全取决于主体的情感和意志,取决于主体的态度,不包含必然性。他认为价值是主体情感意志的产物,是纯主观的。所以,他的价值哲学是主观唯心主义的价值哲学。这样就形成了价值哲学这一门新的哲学学科。

事实与价值的关系是怎样的呢?新康德主义弗赖堡学派的李凯尔特说:"价值决不是现实,既不是物理的现实,也不是心理的现实。价值的实质在于它的有效性,而不在于它的实际的事实性。"①他认为价值不是事实,否认价值的存在。

逻辑实证主义者罗素也在价值与事实之间划一道鸿沟。他说:"当我们断言这个或那个具有'价值'时,我们是在表达我们自己的感情,而不是在表达一个即使我们个人的感情各不相同但却仍然是可靠的事实。"②他也认为价值不是事实,同样也否认价值的存在。

西方一些学者以价值不是事实为理由,否认价值的存在,并以此作为他们的主观主义价值论的根据,在理论上造成混乱。要正确理解价值的本质,必须深入研究事实与价值的关系问题。

什么是事实?事实这个范畴主要有两种含义:一是本体论意义上的事实,

---

① [德]李凯尔特:《文化科学与自然科学》,涂纪亮译,商务印书馆 1996 年版,第 78 页。
② [英]罗素:《宗教与科学》,徐奕春、林国夫译,商务印书馆 1982 年版,第 123 页。

二是认识论意义上的事实。从本体论意义上说，事实就是客观存在。英国哲学家罗素说："事实的意义就是某件存在的事物，不管有没有人认为它存在还是不存在。"①他所说的事实，就是本体论意义上的事实。从认识论意义上说，事实是客观存在在人脑中的反映。如"摆事实讲道理"中所说的事实，即事实概念或事实陈述，就是认识论意义上的事实。有的学者说："所谓事实乃是呈现于感官之前的事物的实际情况的一种陈述。"②这里所说的事实就是认识论意义上的事实。他又认为："事实之所以是事实，即事实陈述或事实概念，首先必须是存在的。"③即事实是客观存在的。而作为客观存在的事实，就是本体论意义上的事实。价值论所研究的事实，首先是本体论意义上的事实。事实具有以下特点：一是客观性，其内容是不依赖于人的意识的，是可靠的；二是既成性，事实是已经发生的客观情况；三是相对稳定性，原有的事物发展变化了，但原有的事实却不变，客观事实始终保持原来的样子。

什么是价值？价值有广义与狭义之分。广义的价值包含正价值与负价值，狭义的价值则指正价值。广义的价值是主客体相互作用产生的客体（人或物）对主体（人）或客体（物或生态自然）的效应；狭义的价值是主客体相互作用产生的客体对主体（或客体）的积极效应，即主客体相互作用产生的客体对主体或客体的积极作用和影响。主客体相互作用产生的客体对主体或客体的效应，即作用和影响是客观存在的，所以，价值也是一种客观存在，也是一种事实，即价值事实。事实也有广义与狭义之分。广义的事实，是作为客观存在的事实。广义的事实中包含作为价值存在的事实，即价值事实和非价值事实，后者（非价值事实）即狭义的事实。

事实与价值的关系，从广义的事实与价值来看，是整体与部分的关系：广义的事实中包含价值事实，价值事实是广义的事实中的一部分。

价值哲学或价值论中所说的事实与价值的关系，主要指狭义的事实与价值的关系。狭义的事实与价值的关系既有联系，又有区别。二者的联系是：二者都是客观存在，都是广义的事实，事实与价值的关系，是非价值事实与价值

---

① ［英］罗素：《人类的知识》，商务印书馆1983年版，第177页。
② 彭漪涟：《事实论》，上海社会科学院出版社1996年版，第71页。
③ 彭漪涟：《论事实》，《学术月刊》1991年第11期。

事实的关系。

二者的区别：第一，事实可以是实体、属性、过程、非价值关系；价值则不是实体，也不是客体固有的属性。价值范畴是关系范畴、功能范畴。

第二，事实指客观存在；价值则是事物之间相互作用产生的功能、作用、效应。

第三，事实不因人而异；价值则因人而异。

第四，事实是中性的，它本身无所谓善恶；而价值则有方向性。价值从广义说，包括正价值与负价值，正价值是善，负价值是恶。但人们通常所说某物有价值是指正价值，人们追求价值也是追求正价值。从这个意义上说，价值本质是善的。

把事实混同于价值，必然导致混乱。例如，情感愉快、符合兴趣、满足欲望、满足需要与否，都是事实，而不是价值。这些现象对主体并非都是善的。只有当这些现象作用于主体并对主体产生积极效应才是价值。把产生情感愉悦、符合兴趣、满足欲望、满足需要当作价值，就是把事实当作价值，就会导致混乱。当代价值哲学中的许多混乱，都是由于把事实混同于价值而产生的。区分事实与价值，是正确理解价值本质的关键。

二、"是"与"应当"

在价值哲学中，与事实和价值相联系，还有一个"是"与"应当"或"应该"的关系问题，即能不能从"是"推导出"应当"，从事实判断推导出价值判断的问题。如果不能从"是"推导出"应当"，不能从事实推导出价值，那就说明价值是不存在的。所以研究价值与存在的关系问题必须同时研究"是"与"应当"的关系问题。

"是"指事实的陈述，即"实然"；"应当"或"应该"是一种价值取向，是规范判断，指"应然"。价值是主体与客体相互作用产生的客体对主体或客体的积极效应。说某事物是有价值的，这也是事实（价值事实）的陈述。所以价值不等于规范，不等于价值取向，但它内含规范，内含价值取向。因为既然某客体是有价值的，主体就"应当"珍惜它。价值判断是规范判断，即"应当"的前提,规范判断是以价值判断为基础的,是价值判断逻辑推导的结论。由于规范判断"应当"如何以价值判断为前提,所表达的是一种价值取向,这与事实判断是不同的。在这个意义上可以说,规范判断"应当"如何,也属于广义的价值判断。

"是"能否推导出"应当"或"应该"的问题,是由休谟在《人性论》一书中首先提出来的。他说:"在我所遇到的每一个道德学体系中,我一向注意到,作者在一个时期中是照平常的推理方式进行的,确定了上帝的存在,或是对人事作了一番议论;可是突然之间,我却大吃一惊地发现,我所遇到的不再是命题中通常的'是'与'不是'等联系词,而是没有一个命题不是由一个'应该'或一个'不应该'联系起来的。这个变化虽是不知不觉的,却是有极其重大的关系的。因为这个应该或不应该既然表示一种新的关系或肯定,所以就必须加以论述和说明;同时对于这种似乎完全不可思议的事情,即这个新关系如何能由完全不同的另外一些关系推出来的,也应当举出理由加以说明。"①休谟指出,用"是"或"不是"作联系词与用"应该"或"不应该"作联系词,表示两种不同的关系,由前者变为后者具有极其重大的关系,并说,对前一种关系如何推导出一种新的关系,应当加以论述和说明。他并未明确肯定能否由"是"推导出"应该"的问题。但从他认为道德上的善恶是由心灵上感觉的愉快和不快决定的,而不是决定于对象的性质,否认理性对道德的作用来看,他实际上认为不能从"是"推导出"应该"。

西方一些学者认为不能从"是"推导出"应当"或"应该"来。例如,波普尔说:"事实,不管是关于自然界的或是关于历史的事实,都不能为我们作出决定,都不能决定我们所要选择的目的。""自然和历史都不能告诉我们应该做什么。"②"事实本身没有意义,只有通过我们的决断,才获得意义。"③他认为价值、意义是由主体决定的,从"是"不可能推导出"应该"。

西方也有一些学者肯定能由"是"推导出"应该",马斯洛就是如此。他认为"是"命令"应该",事实创造应该。"一个人要弄清他应该做什么,最好的

① [英]休谟:《人性论》(下册),关文运译,商务印书馆1997年版,第509—510页。
② 洪谦主编:《西方现代资产阶级哲学论著选辑》,商务印书馆1982年版,第339页。
③ 洪谦主编:《西方现代资产阶级哲学论著选辑》,商务印书馆1982年版,第340页。

办法是先找出他是谁,他是什么样的人,因为达到伦理的和价值的决定、达到聪明的选择、达到'应该'的途径是通过'是',是通过事实、真理、现实而发现的,是经过特定的人的本性而发现的。"①麦克因特也说:"从前提'他是一位船长',就能有效地推出结论:'他应该做一位船长应该做的一切'。"②马斯洛和麦克因特等人的上述看法,是有道理的。也就是说,只要确定了主体是谁,就可以推导出"应当"或"应该",不能在"是"与"应该"之间划一道不可逾越的鸿沟。但是马斯洛认为,"'是'命令'应该'",关于世界是如何也是一个价值论述,把"是"和"应该"、事实与价值等同起来,否认二者的区别,则是欠妥的。应当承认"是"与"应该",是两种不同的关系,二者是有区别的,不能等同。由"是"推导出"应该"是有条件的,缺乏一定的条件,就不可能由"是"推导出"应该"。

J.塞尔把事实陈述("是")分为自然事实和惯例事实。认为自然事实不能推导出价值判断或规范判断,惯例事实是社会生活中形成的惯例,从表述惯例事实的"是"可以推导出"应当"或"应该"。例如,琼斯已经允诺史密斯,答应要付给他 5 元钱。根据这一事实,我们就应得出结论:琼斯应付给史密斯 5 元钱。因为"允诺"这一事实,决定了他承担着要使这一允诺兑现的责任,这就是惯例。③ 塞尔的看法,说明从一些事实,如惯例事实("是")中可以推导出价值判断或规范判断("应当")。这种社会惯例和习俗实际上是一种规范,内含着"应当"如何。由这种惯例事实的"是"推出"应当",表面上看是从"是"推导出"应当",实际上是从内含的"应当"推导出"应当",即从价值事实推导出"应当"。

塞尔认为从自然事实的"是"不能推导出价值判断或规范判断"应当",这正是"是"能否推导出"应当"的难点和关键。西方学者认为从"是"不能推导出"应当",他们所依据的是这样一条逻辑规则,即"在一个有效推论中,凡是

---

① [美]马斯洛:《人性能达的境界》,云南人民出版社 1987 年版,第 112—123 页。

② 转引自《价值和评价——现代英美价值论集粹》,中国人民大学出版社 1989 年版,第 205 页。

③ 转引自《价值和评价——现代英美价值论集粹》,中国人民大学出版社 1989 年版,第 179 页。

在前提中没有的东西就绝对不会出现在结论中"①。这条逻辑规则泛指一切事实陈述,特别是指自然事实的陈述的"是"不能推导出"应当"。对此我们作一些分析:

从"是"能否推导出"应当",主要有三种类型:第一种"是"表述的主词是人,是主体;第二种"是"表述的是价值事实;第三种"是"表述的是自然事实或非价值事实。

第一种类型:"是"的主词是主体,是人。如前所述,在这种类型里,只要知道主体是谁,就不难推导出他"应当"如何。例如:

"他是人民警察";

"人民警察的职责是维护社会治安";

"所以,他应该维护社会治安。"

第二种类型:从表述价值事实的"是",也很容易推导出"应当"。例如:

"环境污染是严重危害人类生存的行为";

"某造纸厂排放大量污水污染河水";

"我们应当制止这种污染环境的行为。"

在这里,大前提是一个价值判断,反映的是一种价值事实。在这种价值事实中,内含着"应当"制止污染环境的行为的这个结论。不难看出,从这一类型的"是"推导出"应当"不会有什么困难。

第三种类型:从表述自然事实或非价值事实的"是"能否推导出"应当"的问题,则比上述两种类型复杂。从表述自然事实或非价值事实的"是"推导出"应当",要以主体利益为中介。即要从一定的自然事实与主体利益的关系出发,根据自然事实与主体利益的价值联系,就可推出"应当"如何。例如:

氟利昂是破坏臭氧层的物质;

破坏臭氧层对人类有害;

我们应当禁止使用氟利昂。

这是从表述自然的事实的"是",经过主体利益(对人类有害)的价值判断

---

① 转引自[美]R.B.培里等:《价值和评价——现代英美价值论集粹》,中国人民大学出版社 1989 年版,第 205 页。

为中介,推导出"应当"。

又如:

这容器里装的是硝酸铵;

硝酸铵受热受震易发生爆炸;

我们应当防止容器受热受震。

这是从表述自然事实的"是",经过事实陈述(内含价值判断:硝酸铵受热受震易发生爆炸危及人们安全)作中介,推导出"应当"。

所以,由表述自然事实或非价值事实的"是",在一定条件下,也可以推导出"应当"。这个条件就是以主体利益为中介。有了这个中介,就使作为大前提的自然事实与主体利益联系起来,形成一个价值判断;根据这个价值判断,就可以作出规范判断"应当"如何。由此可见,在一定条件下,从表述自然事实的"是",也可以推导出"应当"。由"是"推导出"应当",需要一定条件;没有一定条件,没有一定中介(主体利益),就不能从"是"推导出"应当"。

在一定条件下,"是"可以推导出"应当",其理论根据何在? 这是因为人们认识的目的,是掌握真理,进而改造世界,创造和实现价值。为此,人的认识不但要认识客观事实,而且要认识事物的价值,并根据事物的价值对人的行为作出价值选择,以决定价值取向,决定"应当"如何。从事实认识到价值认识、价值判断,到作出规范判断,作出价值选择指导行动,正是人们从认识到行动的规律。这一规律决定了从事实陈述("是"),经过主体利益为基础的价值判断(中介),可以过渡到规范判断("应当")。由此可见,不仅"是"可以推导出"应当",而且"应当"必须以"是"为根据,规范判断("应当")必须以事实陈述("是")为基础。"应当"如何规范判断是客观存在的事实与主体利益之间的价值关系决定的,是这一价值关系的反映。

从社会生活实践来说,"是"揭示客观事实,"应当"揭示或规定主体的价值取向或价值导向。主体的价值取向或价值导向不仅要从主体的根本利益出发,而且还必须以客观事物的性质和规律为根据,即以事实为根据。缺乏事实根据的价值取向或价值导向是主观盲动,必然导致失误。所以主体在决定自己的价值取向或价值导向、作出价值选择时,既要了解客观事实,从客观实际出发,又要了解客观事实与自身的根本利益的关系,才能作出科学的决策。

"是"是实现科学决策"应当"如何的必要条件。从这里又一次说明,不仅"是"可以推导出"应当",而且"应当"必须以"是"为根据。

三、价值与存在

(一)价值是否存在?

价值是否存在? 要搞清楚这个问题,首先要了解什么是存在。存在这个范畴有两种含义:一是相对于思维而言,指物质;二是相对于无而言,指有,即实存、实有或客观存在,包括物质和精神性的东西。这里主要指第二种意义的存在。

"价值是否存在"这个问题,不同的哲学家有不同的回答。新康德主义者李凯尔特说:"关于价值,我们不能说它们实际上存在着或不存在,而只能说它们是有意义的,还是无意义的。"①他否定了价值的存在。如前所述,罗素认为,说某物有价值,仅仅是主体感情的表达,而不是表达一种可靠的事实,他也认为价值不是客观存在。新康德主义者和逻辑实证主义者只承认事实存在,而否认价值存在。他们只看到事实与价值的区别,而未看到二者的联系。

西方一些学者否认价值的存在,一个重要理由是价值陈述"是不可证实的"。例如,艾耶尔就认为:价值陈述"不是科学的陈述","价值陈述就不是在实际意义上有意义的陈述,而只是既不真又不假的情感的表达","是不可证实的"。② 由此而否定了价值的客观存在。

要讨论能否证实价值存在,首先要解决价值是什么的问题。西方一些学者认为价值是不可证实的,其前提是认为价值不过是主体情感意志的产物或情感的表达,是纯粹主观的、随意的。按他们这样理解,价值当然无法证实。

这种观点的错误首先是其前提的错误。要讨论价值是否可证实,首先要明确什么是价值。通俗地说,价值就是意义,即事物或客体的意义。实质上,广义的价值就是主客体相互作用中客体对主体或客体生存、发展、完善的作用

---

① ［德］李凯尔特:《文化科学与自然科学》,涂纪亮译,商务印书馆1996年版,第21页。
② ［英］艾耶尔:《语言、真理与逻辑》,尹大贻译,上海译文出版社1981年版,第116、123页。

和影响;狭义的价值则是主客体相互作用中客体对主体或客体生存、发展、完善的积极作用和影响,即对主体或客体生存、发展、完善的积极效应。这种作用和影响或效应有许多是显而易见的,如食可饱腹,衣可暖身,水可解渴,房可居住,车可助行,体育锻炼可强身,良药苦口可治病,读书可以益智,音乐可以愉情,等等,客体的这些价值是人所共知的,生活实践使人们对这些价值深信不疑。

在经济领域,经济价值即经济效益的好与坏、高与低,不仅可以验证,而且可以计算,从量上作出精确的测定,从而有力地证明价值的客观存在。

政治价值比较复杂。但是许多重要事件的政治价值,如辛亥革命、五四运动、遵义会议、抗日战争、解放战争、中华人民共和国的成立、党的十一届三中全会及改革开放对中国社会政治发展的重大价值,即重大作用和影响,是客观存在、有目共睹的,谁也无法否认。

自然科学、技术、教育、医疗、体育等的效益、效应即价值,是可以用实证证实并可以科学计量的。

哲学、社会科学、人文科学及文化领域的文学、艺术等的价值特别复杂,它们对社会生活的作用和影响往往是间接的,往往需要较长时间才能显现其价值,但它们的价值也是客观存在的。例如,古希腊的哲学著作和其他学术文化,近代莎士比亚的戏剧、贝多芬的乐曲、托尔斯泰的小说,我国古代的哲学著作《老子》《论语》,屈原的《离骚》,司马迁的《史记》,李白、杜甫的诗,曹雪芹的《红楼梦》,等等,都影响了一代又一代人,其价值是谁也无法否认的,是客观存在的。现实生活中大量的事实证明,优秀的文化艺术作品,催人奋进,使人朝气蓬勃;而黄色淫秽的作品则使人消沉、颓废、萎靡不振,甚至走向堕落。这难道不是对文化价值的客观存在的有力验证吗?

西方一些学者否认价值存在,还有一个原因,这就是不了解价值存在的特点。价值存在与事实存在各有特点:首先,事实存在表现为实体、属性、过程与非价值的关系,可直接呈现在人们面前;而价值范畴则是关系范畴,狭义的价值是主客体相互作用产生的客体对主体或客体生存、发展、完善的积极效应,表现为客体对主体或客体的作用、影响、功效。马克思曾说,在商品中没有一个价值原子,其他价值也是如此。这就是说,价值不是实体,价值是看不见摸不着的,难以把握。

其次,事实不因人而异,而价值则因人而异。

再次,对事实的把握通过认知来实现,认知的目的在于获得真理,而真理只有一个。对价值的把握也可以通过认知,但主要通过评价去把握。评价受主体利益及情感意志的影响较大,同一客体,不同的人评价不同。

价值存在不同于事实存在的这些特点,特别是价值多元性和评价多元化现象,使西方一些学者认为,事实包含因果必然性,可以通过实证验证;而价值则是情感意志的产物,不包含必然性。这种看法只看到现象,不了解本质,实质上是一种误解。同一客体不同的人评价不同,这是评价的多元化现象,价值评价的多元化决定于价值多元性。价值多元性,即同一客体对不同主体价值不同的性质。价值不仅具有多元性,而且具有一元性,即同一客体对一定历史条件下的社会主体,对一定时空条件下的每一具体主体,其价值是一元的、确定的,而不是多元的,因而价值是客观存在的。

(二)价值存在于何处?

肯定了价值是客观存在的,还有一个价值存在于何处的问题。这个问题存在着以下几种观点:

一是客体论。即价值存在于客体或其属性中。英国伦理学家摩尔认为:"许多的不同事物本身就是善的或者恶的。"①美学中也有类似的观点。蔡仪说:"客观现实事物的美,就在于客观现实事物本身,决不是外加的。"②善与恶、美与丑,都是价值范畴。摩尔与蔡仪实际认为价值存在于客体之中。这种观点看到客体对形成价值的作用,强调价值的客观性,有其合理之处。但他们把价值或善、美看成客体所固有的,忽视了主体的作用,则是片面的,不能解释价值因人而异的现象。

二是主体论。有的学者认为:"价值是人"③或人"既是价值的设定者又

---

① [英]摩尔:《伦理学原理》,长河译,商务印书馆1983年版,第3页。
② 蔡仪:《新美学》改写本第一卷,中国社会科学出版社1985年版,第238页。
③ 韩东屏:《"价值是人"及其意蕴》,《哲学研究》1993年第1期。

是价值本身"①,认为"价值是人"或人就是"价值本身"。按照这种观点,显然价值就存在于人本身。在主客体关系中,人相对于物来说是主体,所以这种观点实际上认为价值存在于主体中。这种观点看到了主体对价值形成的作用,有其合理的一面;但忽视客体的作用则是片面的。价值有人的价值,也有物的价值。就是讲人的价值,也不能说价值是人。因为人是事实,事实不同于价值。人是实体,价值范畴是关系范畴、功能范畴,而不是实体范畴。如果价值就是人本身,还用人们去追求价值吗? 至于物的价值,更不能说价值是人,因为没有物及其与人或物的作用,当然就不会有物的价值。所以这种看法显然失之片面。

三是主观论。西方许多学者都持此观点。如文德尔班认为,价值是"相对于一个估价的心灵而言……抽开意志与情感,就不会有价值这个东西。"②罗素则认为,当我们断言这个或那个具有价值时,我们是在表达我们的感情。他们认为价值是情感意志的产物或情感的表达。实际上认为价值是纯主观的,只存在于心灵中。这种观点看到主观因素在价值形成中的作用,有其合理之处。但就其忽视客体的作用,否认价值的客观性而言则是片面的。

那么价值存在于何处呢? 要搞清楚这个问题,首先要区分价值与价值客体,区分可能的价值与现实价值。马克思说:"产品在消费中才得到最后完成。一条铁路,如果没有通车,不被磨损、不被消费,它只是可能性的铁路,不是现实的铁路。""一件衣服由于穿的行为才现实地成为衣服;一间房屋无人居住,事实上就不成其为现实的房屋。"③马克思这里说的产品就是主体劳动创造的价值客体。从马克思的论述来看,价值客体不等于价值,价值客体只是可能的价值,即内在价值,而不是现实价值。只有价值客体作用于主体,被主体消费,才由内在价值或可能的价值转化为现实价值。

所以,价值不存在于孤立的客体之中,因为离开了主体对客体的作用和客体对主体的作用,就不会有价值;价值是因人而异的,单纯从客体出发,无法解

---

① 赖金良:《哲学价值论研究的人学基础》,《哲学研究》2004 年第 5 期。

② [德]文德尔班:《哲学概论》,转引自刘放桐等编:《现代西方哲学》(修订本)上册,人民出版社 1990 年版,第 143 页。

③ 《马克思恩格斯选集》第 2 卷,人民出版社 2012 年版,第 691 页。

释复杂的价值现象。同样,价值也不存在于孤立的主体之中,因为离开了客体和客体对主体的作用,当然也就不存在客体的价值。即使是主体或人的价值,即主体对主体的价值,也不存在于孤立的主体(人)中,因为主体是实体,而价值范畴是关系范畴,不是实体范畴,也不是实体固有的属性。价值也不存在于单纯的价值中介之中,因为价值中介的作用是使价值主体与价值客体(或价值主体)发生直接作用以产生价值,离开主体和客体(或主体),单纯的价值中介不会产生价值。

价值到底存在于何处? 价值存在于主体与客体的相互作用中,存在于主体与客体相互作用产生的作用和影响之中。只要存在着主客体相互作用,存在着主客体相互作用产生的客体对主体(或客体)的作用和影响,就存在着价值(广义的价值)。主客体的相互作用产生的作用和影响,即主客体相互作用中客体对主体(或客体)的效应,就是广义的价值。主客体相互作用产生的客体对主体(或客体)的积极的作用和影响或积极的效应,就是正价值。这种作用和影响越大,正价值越大。主客体相互作用产生的客体对主体(或客体)的消极的作用和影响或消极的效应,就是负价值。这种作用和影响越大,负价值越大。不产生作用和影响,就无价值或是零价值。主客体相互作用产生的客体对主体(或客体)的作用和影响或效应就是价值的存在形态。客体是客观存在的,主体是客观存在的,主体与客体的相互作用也是客观存在的,主客体相互作用产生的客体对主体(或客体)的作用和影响或效应,必然是客观存在的,因而价值是客观存在的。

价值存在的内在根据是事物的普遍联系。事物都是普遍联系的,相互联系必然相互作用。事物之间相互作用必然产生一定的影响或效应,事物之间相互作用产生的作用和影响或效应,就是价值。从主客体关系来说,主客体(或主体与主体、客体与客体)之间相互联系也必然相互作用,必然相互产生一定的作用和影响,包括客体对主体、主体对客体、主体对主体、客体对客体的作用和影响。这种作用和影响或效应是普遍存在的,也是客观存在的,因而价值是普遍存在和客观存在的。从价值的存在来看,所谓价值,就是主客体相互作用中客体对主体(或客体)的效应,积极效应是正价值,消极效应是负价值。人们通常讲"有价值",指的是正价值,即主客体相互作用中客体对主体(或客体)的积极效应。简略地说,价值是客体(物或人)对主体(或客体)的积极效应。从价值的存在出发理解价值,有力地确证了价值的客观性。

(三)价值与存在的关系

价值与存在既有联系,又有区别。价值与存在有着内在联系:广义地说,价值也是一种事实,即价值事实,也是一种客观存在。所以,价值与存在都是客观存在。价值与存在也有重要区别:首先,价值与存在的关系是特殊与一般的关系。价值也是一种存在,是一种区别于狭义的事实存在的特殊存在,即价值存在;而存在则是指一般存在。价值与存在的关系也是部分与整体的关系。存在包括事实存在与价值存在,价值存在是整个存在的一部分。

第八章　价值的本质

价值范畴是价值哲学的逻辑起点和基石。要深入研究价值哲学,不仅要了解价值与存在的关系问题,还必须深入研究价值的本质。

一、价值范畴是关系范畴

要认识价值的本质,首先要有正确的方法论,即价值论研究的思维模式。目前研究价值论的思维模式很多,影响最大的有三种。

一是实体说。实体说把价值理解为实体。实体说又分为唯客体论的实体说与唯主体论的实体说。

唯客体论的实体说把价值等同于客体。如前所述,英国哲学家摩尔认为:"许多的不同的东西本身就是善的或者恶的"①,就是一种唯客体论的实体说。这种观点只看到客体对价值的作用,忽视主体的作用,不能解释价值因人而异的现象,是片面的,实质上是一种机械论的观点。

唯主体论的实体说把价值等同于人或认为人就是价值本身。如前所述,有的学者认为人既是价值的设定者又是价值本身②,或价值是人③;而人相对于物来说是主体,又是实体。所以,这种观点在方法论上持唯主体论的实体说。价值不是实体,也不是事物固有的属性。用实体说解释人的价值存在着不少困难。首先,价值哲学的起点是区分事实与价值。人是事实而不是价值,

---

① [英]摩尔:《伦理学原理》,长河译,商务印书馆 1983 年版,第 3 页。
② 赖金良:《哲学价值论研究的人学基础》,《哲学研究》2004 年第 5 期。
③ 韩东屏:《"价值是人"及其意蕴》,《哲学研究》1993 年第 1 期。

事实不同于价值。说人就是价值本身,就是把事实等同于价值,就会导致混乱。其次,我们的研究应从现实的、有生命的人本身出发,而不应从抽象的人出发。而现实的人则是很复杂的,既有真善美,又有假恶丑。把现实的人一概视为价值,这样就会认为人都是善的,不符合社会生活的现实。再次,如果说人就是价值本身,就无法解释人的价值追求。因为人本身就是价值,还有什么必要去追求价值呢? 这不仅是逻辑上的混乱,而且也无助于人自身的超越。最后,这种观点在价值本质上,认为"价值是人类所赞赏、所希望、所追求、所期待的东西"①,或认为"价值应定义为:人依据自身需求或某种标准对对象所作的评价"②。前一种理解把价值视作人类所赞赏的东西,就是人们评价所肯定的东西,即把价值混同于评价;后一种理解更是明确地把价值混同于评价。而把价值混同于评价,正是西方主观主义价值论失误的认识论根源。这种观点实际上是重蹈西方学者的覆辙。

二是客体属性说。这种观点把价值视为客体本身固有的属性。例如,美国学者罗尔斯顿说:"进入人们视野的那些自然属性,是在人类出现之前就已客观地存在于大自然中的。""自然物的这些属性被观赏者的知觉记录了下来,并被翻译成了实实在在的价值。"③他认为价值是自然物的性质,人们知觉的价值是自然物的属性的反映。自然物的这种属性是客观的,价值也是客观的。属性说看到客体及其属性的作用,坚持价值的客观性,有其合理之处。但它未看到主体的作用,不能解释价值因人而异的特点,是一种片面的机械论的观点,同样难以成立。

三是关系说。关系说认为价值范畴是关系范畴,不是实体范畴,也不是事物固有的属性。广义的关系说认为价值是事物(或人)相对于人或物而言的。狭义的关系说认为价值是对象或客体相对于人而言的。狭义的关系说被称为主客体价值关系说。通常所谓关系说指的是主客体关系说。关系说认为,价

---

① 赖金良:《人道价值的概念及其意义》,《天津社会科学》1997 年第 3 期。

② 韩东屏:《质疑非人类中心主义环境伦理学的内在价值论》,《道德与文明》2003 年第 3 期。

③ [美]罗尔斯顿:《环境伦理学》,杨通进译,中国社会科学出版社 2002 年版,第 156—157 页。

值是主客体相互作用的产物,价值既离不开客体,也离不开主体,离不开主体与客体的相互作用。价值是主体与客体相互作用的产物,是主客体相互作用产生的客体对主体的影响或效应,狭义的价值是主客体相互作用中客体对主体或客体生存发展完善的积极效应。这种观点从价值的存在出发,既肯定主体的作用,又肯定客体的作用,既坚持价值的客观性,又肯定价值的主体性,能较好地解释价值因人而异和因物而异的现象,比之实体说和客体属性说更为合理。

关系说是借鉴价值哲学发展史上主观主义价值论与客观主义价值论的合理之处及其不足而发展起来的。西方价值哲学历史上的主观主义价值论者,如文德尔班,他们已看到价值不是事物本身的性质,但他们夸大了主观的心灵的作用,忽视客体的作用,因而失之片面;西方客观主义价值论者则肯定客体的作用,肯定价值的客观性,而忽视主体的作用,陷入机械的客观论,同样失之片面。关系说是在吸取了价值哲学发展史上主观主义价值论与客观主义价值论失误的教训,扬弃了二者而发展起来的,是对西方主观主义价值论与客观主义价值论的超越,是价值哲学发展史上的重要突破。

关系说比较切合价值的特点。我们讲价值,总是指"什么"对"什么"的价值。前一个"什么"指价值客体或价值载体,后一个"什么"指价值主体或价值受体。孤立的一件事物,无所谓价值,也无法确定其价值。所以,价值范畴是关系范畴,这就决定了我们必须用关系思维去研究价值。主客体价值关系论是关系说采用的一种思维模式,这种模式中的主体与客体与认识论中的主体与客体并不等同。坚持关系思维就必须从主客体关系出发,从主客体相互作用出发去研究价值问题。必须坚持全面的彻底的关系思维,反对单极思维,既要反对唯客体论的单极思维,也要反对唯主体论的单极思维。唯客体论是西方客观主义价值论的基本观点。如前所述,这种观点看到客体对形成价值的重要作用,肯定价值的客观性,有其合理之处;但它忽视主体的作用,则是片面的、机械的观点,不能科学地揭示价值的本质。

唯主体论的一种表现是西方的主观主义价值论。它认为价值是主体情感、兴趣、欲望、需要的产物,是纯主观的,忽视客体的作用,显然是片面的。

唯主体论的另一种表现,认为价值是人或人既是价值的设定者又是价值本身。对这种观点前面已作过分析,这里不赘述。

唯主体论的再一种表现是坚持关系说,却又认为"主体是价值原、客体是价值载体"①。或认为价值问题,本质上是一个关于主体、人的问题,价值是一种主体性,"价值是一种主体性的内容。"②价值这个概念概括的是普遍的主客体关系的一个方面,即主体对客体作用的过程,亦即"主体性的内容和尺度。""价值事实不是客体性的事实,而是主体性的事实"。总之,价值是一种主体性的内容,只有主体性而没有客体性。这种看法对不对呢?首先,这种看法认为客体是价值载体是对的,但价值是主客体相互作用的产物,主体和客体都是价值原,只讲"主体是价值原"则显然失之片面了。其次,价值既然是主客体相互作用的产物,必然既有主体性,也有客体性,也要受客体制约。认为价值是一种主体性的内容,价值事实是主体性事实,而不是客体性事实,忽视价值的客体性,同样失之片面。再次,主体性是一种事实,而事实不同于价值;主体性并非都是善的,而价值则必定是善的。把价值视为一种主体性,那就是说,主体性都是善的,在理论上是说不通的。这种观点虽然也强调应当坚持关系思维,但实质上是一种唯主体论的单极思维。唯主体论看到主体、主体性对价值的重要作用,有其合理之处,但它夸大了主体、主体性的作用,贬低了客体、客体性的作用,显然是片面的,同样不能科学地揭示价值的本质。

持价值是一种主体性的观点的学者,在价值本质的界定上持满足需要论,即认为应从对象(物)的存在和属性与主体(人)需要的关系中去理解价值。能够按照主体的尺度满足主体需要,即为正价值,反之则是负价值。他们认为价值是客体对主体需要的满足。

在我国价值哲学领域,满足需要论居主导地位。我国价值哲学中的这种观点,既有其不同于西方满足需要论的特点,又包含与西方满足需要论相同的共性。

我国价值哲学中的满足需要论包含某些合理因素:一是坚持价值的客观性。这一点,不同于西方的主观主义价值论。二是满足合理的需要、满足社会

① 高清海主编:《马克思主义哲学基础》下册,人民出版社 1987 年版,第 56 页。
② 李德顺:《价值论—— 一种主体性研究》,中国人民大学出版社 1987 年版,第 378 页。

发展的客观需要是有价值的。

满足需要论是西方学者首先提出来的,在西方是公认的主观主义价值论。如前所述,满足需要论是由詹姆士和文德尔班提出来的。著名的美国实用主义哲学家詹姆士在 1897 年出版的《信仰的意志》一书中说:"善的本质,简单说来就是满足需要。"[①]他所说的善就是指价值,即认为价值的本质就是满足需要。

德国新康德主义弗赖堡学派价值哲学奠基人文德尔班,在其 1914 年出版的《哲学概论》一书中说:"每种价值首先意味着满足某种需要或引起某种快感的东西。"[②]他也认为价值就是满足某种需要的东西,即认为价值就是满足某种需要;同时他还认为价值是引起某种快感的东西。

詹姆士主张以满足需要界定价值。同时,他又认为价值是人的心灵赋予的。他说:"我们周围的世界似乎具有的那些价值、兴趣或意义,纯粹是观察者的心灵送给世界的礼物。"[③]所以,他的价值论是主观主义价值论,满足需要论是他的主观主义价值论的具体表现。

德国文德尔班也主张用满足需要界定价值。同时他又认为,抽开了意志和情感,就不会有价值这个东西,即认为价值是人的意志和情感的产物。他的价值论是典型的主观主义价值论。在这种观点指导下,他的满足需要论,也是一种主观主义价值论。

美国新实在论者培里提出兴趣价值论,他认为价值是兴趣的对象。这也是一种典型的主观主义价值论。他认为兴趣与欲望有密切关系,认为价值对欲望有依赖性。他的兴趣价值论,实质上是欲望价值论。在培里那里,欲望、欲求与兴趣、需要是密切联系的。可见,培里的兴趣价值论或欲望价值论与满足需要论是相通的。所以,张岱年先生说"兴趣价值论"与"满足需要论"也有类似之处。正像兴趣价值论被公认为是主观主义价值论一样,"满足需要论"

① ［英］詹姆士:《信仰的意志》(1897),转引自张岱年:《论价值的层次》,《中国社会科学》1990 年第 3 期。
② ［德］文德尔班:《哲学概论》,转引自杜任之主编:《现代西方著名哲学家述评》(续集),生活·读书·新知三联书店 1983 年版,第 35 页。
③ 转引自［美］罗尔斯顿:《环境伦理学》,杨通进译,中国社会科学出版社 2000 年版,第 151 页。

在西方也被公认为是主观主义价值论。

这种观点,在西方也受到杜威、罗尔斯等学者的批评,认为满足需要论在理论上陷入混乱,杜威说:"享受这些事物(即满足需要——引者注),认为是善,并不保证只会带来善的后果。"①即满足需要并不能保证后果都是善的。罗尔斯认为:"善被定义为合理欲望的满足。"②欲望与需要是密切联系的,欲望是需要的表现。也就是说,善是合理欲望或合理需要的满足,并不是满足任何欲望或需要都是善的。可见,满足需要论在理论上是多么混乱。但在我国,以满足主体需要界定价值的观点却被认为是马克思主义哲学原理,并被写进了马克思主义哲学原理教科书。这岂非怪事。

我国持满足需要论观点的学者,主观上是坚持价值客观性的,但他们对价值的界定却与西方学者的界定完全相同,实质上是主观主义价值论。

在理论根据上,这种观点是对马克思、恩格斯论述的主观误解。例如,有的学者根据马克思著作中曾说"'价值'这个普遍的概念是从人们对待满足他们需要的外界物的关系中产生的"③这句话,就认为价值是客体对主体需要的满足。这完全是主观误解。这句话是马克思在评瓦格纳的政治经济学教科书时说的。在马克思看来,商品价值是商品中凝结的一般人类劳动,能满足人们的需要则是商品的使用价值。能满足人们的需要既不是商品价值,更不是哲学价值。把外界物能够满足人们的需要当作价值的普遍概念,实际上是把使用价值当成了哲学价值。这不是马克思的观点,实际上是瓦格纳的观点。

有的学者以《德意志意识形态》中的一句话,即"他们的需要即他们的本性"④为根据,试图证明满足需要论是正确的,这也难以成立。因为,第一,这句话并未讲价值与需要的关系;第二,恩格斯在《卡尔·马克思》一文中提出,未来社会应"保证每个人的一切合理的需要在越来越大的程序上得到满足的

① [美]杜威:《确定性的寻求》,转引自周辅成编:《两方伦理学名著选辑》(下卷),商务印书馆 1987 年版,第 711 页。
② [美]罗尔斯:《正义论》,何怀宏等译,中国社会科学出版社 1988 年版,第 27 页。
③ 《马克思恩格斯全集》第 19 卷,人民出版社 1963 年版,第 406 页。
④ 《马克思恩格斯全集》第 3 卷,人民出版社 1960 年版,第 514 页。

程度"①。恩格斯的论述明确地说明,不能认为满足一切需要都有价值;只有满足合理的需要,才是有价值的。而恩格斯是《德意志意识形态》的作者之一。这就充分说明,用"他们的需要即他们的本性"作满足需要论的根据,纯粹是主观误解。

主体需要并非天然合理,这是毋庸置疑的客观事实。这种观点却认为,只要满足需要,不论需要是否合理,都是有价值的。这是以偏赅全,因而是片面的,而片面性也是一种主观性。我国有许多学者都承认主体需要并非天然合理,这是实事求是的科学的态度;但也有一些学者不承认主体需要并非天然合理这一客观事实,这不是一种实事求是的客观的科学的态度,因为这种观点在理论上陷入混乱。如果把这种观点的逻辑贯彻到底,就会作出满足吸毒贩毒、嫖娼卖淫等腐朽丑恶的需要也是"有价值"的有害结论,不利于贯彻以人为本、全面协调可持续发展的科学发展观,不利于培育和践行社会主义核心价值观,不利于每一个人的自由全面的发展,在实践上就会对社会生活产生严重危害。

如前所述,这种观点也讲要坚持关系思维,实质上是唯主体论的单极思维,是片面的。

这种观点把事实混同于价值,也是一种主观误解。因为满足某种需要,享受某物,都是事实而非价值;事实不一定是善的,而价值本质上是善的。

这种观点认为主体需要全部都是客观的,未看到需要既有客观的也有主观的,即存在着由主体思想认识、情感、兴趣、爱好等产生的需要,因而也是片面的。这种观点难以确保价值的客观性。

如前所述,满足需要论实际上是把使用价值当作哲学价值,把哲学价值混同于功利价值,这也是对哲学价值的主观误解。

从思想根源来说,这种观点是崇拜自发性的产物。人们从本能出发总是自发地认为能满足主体需要、能使主体愉快就有价值,不论其后果如何,所以,这种观点实质上是一种快乐主义思想,是社会生活中的自发性的表现。

这种观点认为满足需要就有价值,不顾客观后果,实际上只有满足主体合

---

① 《马克思恩格斯选集》第 3 卷,人民出版社 2012 年版,第 724 页。

理的需要,才有价值,满足不合理的需要则是负价值;认为能满足需要就有价值,是一种片面的主观的价值判断。所以,这种观点实质上是主观主义价值论。

由此可见,在价值哲学研究中,不仅要坚持关系思维,而且要正确地全面彻底地坚持关系思维,反对单极思维。既要反对唯客体论的单极思维的片面性,又要反对唯主体论的单极思维的片面性,才能科学地把握价值的本质。

主客体关系,全面地说,应包括主体与客体的关系,主体与主体的关系,客体与客体的关系,主客体与其中介及时间、地点或环境因素的关系等。只有全面地研究主客体这些方面的关系,才能全面理解价值的本质。

有的学者认为,主客体关系论,只讲客体对主体的价值,能很好地解释人和物的效用价值、手段价值。但不能解释人的主体价值、目的价值、内在价值,忽视了人的人道价值或主体价值,即人的生命的存在,人的尊严、自由和权利的价值。这种批评对狭义的主客体关系论,即单纯地从主体与客体的价值关系去理解价值的理论来说,是中肯的。但主客体关系还包括主体与主体的关系。在主体与主体的关系中,相互联系、相互作用的双方都是人,都是主体,或者说互为主客体。这里的价值是主体对主体的价值,也就是人的主体价值。

还应看到,人的主体价值包括两方面:一是人的生命存在以及人的自由、尊严、权利、人格和发展的价值,这是一切人都具有的,是人的人道价值。人道价值特别是人的生命、自由、尊严、权利和人格的价值是人人平等的。二是人的劳动、创造及贡献等的价值。人的能力有大小,人的劳动创造也有多少之别,人的贡献是不相同的,从这一方面说,人的价值又是不平等的。人对社会的贡献,表面上看是人作为客体的价值,即人的客体价值,实际上是人作为主体劳动创造的价值,即人的主体价值,是人的尊严的体现,是人的目的价值。由此可见,人的主体价值既是平等的,又是不平等的。人的人道价值是人的目的价值、主体价值,人的奉献价值则既是手段价值或工具价值、客体价值,又是目的价值、主体价值。所以人的主体价值是人的目的价值和手段价值的统一、主体价值与客体价值的统一、人道价值与奉献价值的统一。以上分析充分说明,主客体价值关系论不仅能很好地揭示人的客体价值、手段价值,而且能更全面地揭示人的主体价值、目的价值。

二、价值的本质与发展

用关系思维去研究价值,是正确理解价值本质的基本思路,这是一百多年价值哲学的历史证明了的一条经验。但是仅仅坚持关系思维还不够,还不能保证正确理解价值的本质。例如,在价值哲学发展史上,奥地利学者艾伦菲尔斯在其《价值论体系》一书中,就提出价值是主体与客体之间的关系,他认为:"价值可定义为一种对象与主体对它欲求之间的关系。"①他虽然认为价值是关系范畴,却陷入了主观主义价值论的欲望说,未能正确理解价值的本质。又如,德国新康德主义者文德尔班认为:"价值(不论是肯定方面或否定方面)决不能作为对象本身的特性,它是相对于一个估价的心灵而言……"②他的这一看法说明他也认为价值不是对象本身的特性,而是关系范畴。但他却认为价值是相对于一个估价的心灵而言的,因而他也陷入主观主义价值论。日本学者牧口常三郎也认为:"价值是关系概念而不是实体概念。"③"价值不是客体自身"④,"是由主客体的关系而产生的"⑤。但他又认为:"价值只能存在于一个人在一定时刻与客体发生联系时所体验的价值感受中。""在这个意义上,每一种价值都是主观的"⑥,最终也陷入主观主义价值论的泥坑之中。

以上事实说明,仅仅坚持关系思维还不能保证正确理解价值的本质。因为坚持关系说,认为价值是主体与客体的关系的产物,还有一个价值是客体相

①　转引自[阿根廷]方迪启:《价值是什么——价值学引论》,黄藿译,台湾联经出版事业公司1986年版,第34页。
②　[德]文德尔班:《哲学概论》,转引自刘放桐等编:《现代西方哲学》(修订本)上册,人民出版社1990年版,第43页。
③　[日]牧口常三郎:《价值哲学》,马俊峰、江畅译,中国人民大学出版社1989年版,第13页。
④　[日]牧口常三郎:《价值哲学》,马俊峰、江畅译,中国人民大学出版社1989年版,第20页。
⑤　[日]牧口常三郎:《价值哲学》,马俊峰、江畅译,中国人民大学出版社1989年版,第71页。
⑥　[日]牧口常三郎:《价值哲学》,马俊峰、江畅译,中国人民大学出版社1989年版,第71页。

对于主体的什么而言的问题,即主体尺度问题。西方一些学者,有的认为价值是相对于主体估价的心灵或情感意志而言;有的认为是相对于主体的兴趣而言;有的认为是相对于欲望而言;有的认为是相对于主体的需要而言,最终都陷入主观主义价值论。

马克思在《1844 年经济学哲学手稿》中说:"动物只是按照它所属的那个种的尺度和需要来构造,而人却懂得按照任何一个种的尺度来进行生产,并且懂得处处都把固有的尺度运用于对象;因此,人也按照美的规律来构造。"①马克思在这里指出,人的生产有两种尺度,即任何一个种的尺度和内在尺度。学术界一般认为任何一个种的尺度,即客体尺度;内在尺度即主体尺度。客体尺度,即客观规律;主体尺度,即主体需要。把主体尺度理解为主体需要,是我国学术界目前流行的观点。这种看法对不对呢? 现在看来,值得进一步反思。首先,马克思在关于两个尺度的论述中明确指出:"动物只是在直接的肉体需要的影响下生产,而人甚至不受肉体需要的支配也进行生产,并且只有不受这种需要的影响时才进行真正的生产。"②可见,"不受肉体需要的支配"是人的生产不同于动物生产的重要特点,而人的肉体需要是人的重要的强烈的需要。显然,马克思所说的"内在尺度"不是指主体需要。其次,应当承认主体需要与主体情感、兴趣、爱好、偏好、欲望等一样,的确是一种重要的主体尺度,人们往往自发地从主体需要出发去判断价值。但主体需要并非天然合理,恩格斯说,未来社会应"使社会生产力及其所制成的产品增长到能够保证每个人的一切合理的需要日益得到满足的程度。"③可见,主体需要并非都是合理的。只有满足主体合理的需要才是有价值的,满足不合理的需要则是负价值。所以,主体需要的确是一种主体尺度,但不是一种科学的主体尺度,不能作为普遍的主体尺度。

价值是相对于主体的什么而言,主体的尺度究竟应当是什么呢? 这个问题我们首先看一看马克思的论述。马克思说未来社会是"以每个人的全面而

---

① 《马克思恩格斯选集》第 1 卷,人民出版社 2012 年版,第 57 页。
② 《马克思恩格斯选集》第 1 卷,人民出版社 2012 年版,第 57 页。
③ 《马克思恩格斯全集》第 19 卷,人民出版社 1963 年版,第 124 页。

自由的发展为基本原则的社会形式"①。可见,人的发展,特别是人的全面而自由的发展,是马克思所追求的最根本的价值目标。价值目标决定价值尺度或价值标准。所以,主体尺度或人的内在尺度,从根本上说,就是人的发展,即人的全面而自由的发展。

再从价值的本性来看。区分"事实"与"价值"、"是"与"应当",是价值哲学的起点,也是理解价值本质的关键。广义的事实,指客观存在,包括价值存在与非价值存在;狭义的事实,指非价值存在。价值哲学上所说的事实,指狭义的事实,即非价值存在。"是"是实然,指事实;"应当"是应然,指价值。"事实"不同于"价值","是"不同于"应当"。事实作为实然,是中性的,它本身无所谓善恶;而价值指应当如何,则必定是善的,因而价值的本质是善的。价值的本质在于使事物发展完善,更加美好。广义的价值,包括正价值和负价值。正价值是善,负价值是恶;狭义的价值指正价值(善)。人们通常说的"有价值"指正价值,即狭义的价值。

价值的本质是善的,从主客体关系来说,就是价值是主客体相互作用中的客体主体化,客体对主体(或客体)的积极效应,使主体(或客体)发展完善,更加美好。主客体相互作用,包括主体对客体的作用和客体对主体的作用。主体对客体的作用,即主体客体化,主体本质力量对象化,产生的是新价值客体。价值客体的价值如何,只有当价值客体作用于主体,使客体主体化,客体对主体(或客体)产生积极效应,才能确定。所以,价值的本质是主客体相互作用中的客体主体化,客体对主体(或客体)的积极效应,使主体(或客体)发展完善,更加美好。

事实是实然,价值是应然。实然是现实的存在,应然是理想的存在。理想是对现实的超越,应然是对实然的超越,所以,价值是对事实的超越,价值的超越性决定了价值的本质在于促进主体发展,在于使事物发展完善、更加美好,使主体特别是人类社会发展、完善,更加美好,使人与自然和谐发展。

价值是对事实的超越,这就要求区分事实与价值,不能将事实混同于价值。是否感到快乐,对某物是否有兴趣,某物是否满足欲望、是否满足需要,都

---

① 　马克思:《资本论》第 1 卷(下),人民出版社 1975 年版,第 649 页。

是事实而不是价值。事实本身无所谓善恶，无所谓价值；只有当事实（作为客体）作用于主体对主体（或客体）产生积极的效应，才是价值。把事实混同于价值，必然产生混乱。把事实混同于价值，是当代世界各国居于主导地位的价值哲学理论陷于混乱的一个重要的理论根源。

价值的超越性要求我们从事实出发去追求价值，从实然出发去追求应然，从现实出发去追求远大理想，追求真善美，贬斥假恶丑。价值必定是善的。善是以不损害社会和他人利益为前提的，善就是利群、利人民，越是有益于他人、公众、国家、民族、人类社会，其价值越大。价值是对一切腐朽丑恶现象的超越。它内在地要求自我全面发展，要求关心他人、关爱大众、舍己为群、奉献社会。追求真理使人聪明、睿智，追求价值使人高尚、正直，使人奋发向上，使人类社会更美好。

价值的超越性，要求超越停滞与平庸，追求卓越，促进发展创新。价值是对主体或客体生存、发展、完善的积极效应。生存是发展完善的基础，发展完善以生存为前提，而要生存特别是要更好地生存，必须发展创新。无论是自然界还是人类社会，都是不断发展的。发展充满着竞争和挑战，竞争导致优胜劣汰。要在竞争中取胜，必须发展创新：不发展创新就会落后，落后就会挨打，就有被淘汰的危险，就难以生存。邓小平说："发展才是硬道理。"[1]"最根本的因素，还是经济增长速度，而且要体现在人民的生活逐步地好起来。"[2]这种以人为本的发展观是总结几千年人类历史经验得出的精辟结论。中国近代一百多年落后、挨打、失败、屈辱的历史使我们对此体会尤深。"发展才是硬道理"这一思想，不仅适用于经济发展，实际上对整个人类社会，对社会生活各方面，对每一个人都有重要意义。历史上许多国家、民族灭亡，就是因为长期停滞落后、不发展而被淘汰。一种产品如果不发展创新，提高质量，更新换代，就会被具有更先进功能、物美价廉的产品所取代而失去市场，从而被淘汰。一个人如果不能奋发向上，不断进取，开拓创新，就会停滞落后，就很难为社会作出大的贡献，就很难实现人生的美好价值。所以，价值从根本上说在于促进事物发展

完善,更加美好;在于促进主体特别是社会主体发展完善,使人类社会更美好,使每个人自由而全面地发展,使人与自然和谐发展。只有以人的发展、人类社会发展和人与自然和谐发展作为价值尺度,从客体对主体特别是对人类社会发展完善,对每个人自由而全面发展和人与自然和谐发展的积极效应去理解价值,才能真正理解价值。

对价值的本质与发展的关系问题,必须正确理解。价值的本质是善的,而发展则是复杂的,有善也有恶。所以,发展不等于价值,只有当发展使人民、使人类社会、使自然生态环境更加美好时,才体现了价值的本质。从发展出发理解价值。首先,必须以人民、以人类社会、以生态自然作为价值主体,而不能以危害人民、危害人类社会、危害生态自然环境的人或事物作为价值主体。其次,发展的结果必须是更加完善、更加美好,而不是带来灾难。再次,发展不等于只是经济增长,发展是包括经济、政治、文化、科学、教育、体育、医疗、道德风尚、生态等的全面发展,包括物质文明、精神文明、生态文明的全面发展,使人民生活更美好。最后,发展最根本的是使每个人自由而全面的发展。只有全面地理解发展,才能真正理解价值的本质。

三、价值与功能

价值的实质是什么？这个问题在价值哲学的历史上早有人探讨过。德国学者李凯尔特在他 1921 年出版的《文化科学和自然科学》中就曾说:"价值的实质在于它的有效性,而不在于它的实际的事实性。"[1]他说价值的实质不在于它的事实性,从价值不同于事实来说是对的;从他以此否认价值的存在来说,则是错误的。但他认为价值的实质在于它的有效性,认为价值是一种功效,则比较切近价值的实质。日本学者牧口常三郎也有类似的观点。他说:"价值,因为它是同人类生活相关的客体的固有属性与评价它的主体相互作用时产生的功能。"[2]他是从功能去理解价值,他所说的功能,指的就是主客体

---

[1]　[德]李凯尔特:《文化科学和自然科学》,涂纪亮译,商务印书馆 1996 年版,第 78 页。
[2]　[日]牧口常三郎:《价值哲学》,马俊峰、江畅译,中国人民大学出版社 1989 年版,第 20 页。

之间相互作用产生的影响或功效。他的这个看法与李凯尔特的看法有相似之处。

马克思说："共产主义的博爱则从一开始就是现实的和直接追求实效的。"①他很重视实效。邓小平也很重视实效。他在讲植树造林时,要求"保证实效"②。在经济工作中,他要求"一定要首先抓好管理和质量,讲求经济效益和总的社会效益,这样的速度才过得硬。"③还说："思想文化教育卫生部门,都要以社会效益为一切活动的唯一准则,它们所属的企业也要以社会效益为最高准则。"④邓小平讲的实效、效益指的都是功效,实际上就是价值。例如,经济效益指经济价值,社会效益或社会效果指社会价值。他从实效、效益去理解价值,就是从主客体相互作用产生的客观效果或功效去理解价值。所谓功效,就是功能。

认为价值是一种功效或功能,这就是价值理论中的功能说。功能说认为,价值范畴是关系范畴,也是功能范畴或功效范畴。主客体之间的关系有实践关系、认识关系、价值关系:主客体实践关系是主体改造客体和自身的感性物质活动和对象性关系;主客体认识关系是主体与客体之间的信息的反映与被反映的关系;主客体价值关系则是主客体之间的功能关系或功效关系,这是价值关系不同于实践关系和认识关系的本质特点。广义地说:价值是主客体相互作用中产生的客体对主体或客体的效应或功效,积极效应或功效是正价值,消极效应或功效则是负价值,就是从功能关系或功效关系上去理解价值。这种理解切合价值的本质特点,使我们对价值本质的认识更具体,也使我们对价值的存在的认识更深入一步,有利于确证价值的客观存在,也有利于回答价值到底是什么的问题。

但是我们必须看到,仅仅从功能或实效出发,还不能科学把握价值的本质,还不能与实用主义者和新康德主义者划清界限。实用主义很重视实效、效果,也是从实效出发来理解价值。但实用主义把实际效果当作人的感性知觉,

---

① 《马克思恩格斯全集》第 42 卷,人民出版社 1979 年版,第 121 页。
② 《邓小平文选》第三卷,人民出版社 1993 年版,第 21 页。
③ 《邓小平文选》第三卷,人民出版社 1993 年版,第 143 页。
④ 《邓小平文选》第三卷,人民出版社 1993 年版,第 145 页。

认为凡能引起人的某种感性知觉的就是有实效的,而人的感性知觉是主观的东西,是人的一种认识或感受。所以,实用主义的实效观,是一种主观主义的实效观。要科学地理解价值的本质,必须坚持以实事求是的思想为指导,把科学的实践观引入价值论,从客观的实践效果出发,才能科学把握价值的本质。

四、价值与实践

要了解价值的本质,还必须了解价值与实践的关系。价值与实践的关系主要有两方面:一是实践与价值源泉问题,二是实践与价值本质的认识问题。

(一)实践与价值源泉问题

什么是实践?实践是人们改造客体并相应地改造主体的双向的感性物质活动,是主体本质力量对象化的感性物质活动;而价值则是主客体相互作用中产生的客体对主体生存、发展、完善的积极效应,是主客体相互作用的产物、结果。离开客体不可能有主体的价值,离开主体及主体对客体的作用也不会有价值。价值不仅来源于主体,也来源于客体,来源于主体与客体的相互作用。主客体的相互作用是价值的源泉。主客体的相互作用包括实践、认识、价值三种形式,而实践是认识和价值的基础和源泉。

有的学者说价值是主体的本质力量现实化的表现,或是主体本质力量对象化。因为"'价值'在根本上表现的是主体的创造性本质;事物的属性只是价值表现的客观依据,这一属性的意义即'有用性'是主体所从事的改造活动的结果;体现在价值中的主观性与客观性的统一乃是人作为主体的本质力量现实化的表现。由此就可以得出人是价值的主体,人的实践是价值形成的基础,即主体是价值原、客体是价值载体的结论。"①

这种观点认为,实践是价值形成的基础,客体是价值的载体是对的;但却又认为价值在根本上表现的是主体的创造性本质,是主体本质力量现实化的表现。主体本质力量对象化或现实化,其产物是对象化产品,即人化自然。而

---

① 高清海主编:《马克思主义哲学基础》(下册),人民出版社 1987 年版,第 55—56 页。

人化自然是价值客体,价值客体不等于价值。这种看法实际上把价值混同于人化自然,即价值客体。这种观点肯定主体、主体对象性活动及主体本质力量对形成人化自然的价值的重要作用,有其合理之处。但价值是主客体相互作用的产物,而这种观点却认为"主体是价值原",只强调主体及主体本质力量对象化或现实化的作用,忽视客体的作用,显然是片面的。

马克思说:"劳动不是一切财富的源泉。自然界同劳动一样也是使用价值(而物质财富就是由使用价值构成的!)的源泉。"还说:"资产者有很充分的理由硬给劳动加上一种超自然的创造力"①。因为"没有自然界,没有感性的外部世界,工人什么也不能创造。"②马克思进一步分析说:"人在生产中只能像自然本身那样发挥作用,就是说,只能改变物质的形态。不仅如此,他在这种改变形态的劳动中还要经常依靠自然力的帮助。因此,劳动并不是它所生产的使用价值即物质财富的唯一源泉。就像威廉·配第所说,劳动是财富之父,土地是财富之母。"③马克思在这里所说的是使用价值。使用价值是特殊价值,特殊中包含普遍。不难看出,劳动也不是价值的唯一源泉,自然界也是价值的源泉。认为主体是价值原,价值是主体本质力量对象化或现实化,实质上就是认为主体的劳动创造是价值的唯一源泉,忽视了自然界的作用,忽视了客体的作用,是不全面的。

如果说用这种观点来概括人化自然的价值的本质和源泉是片面的,那么以之来概括自然价值或天然物的价值的本质和源泉就更难以说通。天然物如日月星辰、阳光雨露、南极冰峰、高空臭氧层及未经人工改造的山川河流、湖泊海洋等,它们不是人化自然,不是劳动加工产品。但未经改造的天然物或大自然不仅自身有生态价值,而且对人类广施恩泽,有重要价值。这种价值当然要经过人的机体的内在机制的作用而造福于人类,而不是离开主体存在的。但这种价值主要来源于大自然与主体相互作用,而不是仅仅来源于主体或主体本质力量对象化、现实化。如果硬要说天然物或大自然的价值也是主体本质力量对象化或现实化,主体是价值原,那就更加夸大了主体的作用,贬低了作

---

① 《马克思恩格斯选集》第 3 卷,人民出版社 1995 年版,第 298 页。
② 《马克思恩格斯选集》第 1 卷,人民出版社 1995 年版,第 42 页。
③ 马克思:《资本论》第 1 卷(上),人民出版社 1975 年版,第 56—57 页。

为客体的天然物或大自然的作用。

（二）实践与价值本质的认识问题

价值的本质是什么？不同学派、不同观点的人有不同的回答。一百多年来，众说纷纭，莫衷一是。纵观各学派对价值本质的观点，主要有以下思路：

第一种思路是主观主义或心理主义的思路，这是西方主观主义价值论的思路。这种思路从主观心理出发，如从是否使主体愉快、是否符合主体兴趣、是否满足主体欲望、是否满足主体需要等出发，以主体心理的适意、满足来界定价值，或把价值视为情感的表达。愉快、兴趣、欲望、情感是纯主观的东西；需要则比较复杂，既有客观的需要，也有主观的需要。我国一些学者强调需要都是客观的，实际上需要既有客观的，也有主观的；把需要都说成客观的，不是一种实事求是的科学的态度，难以确证价值的客观性，在理论上导致混乱，是难以成立的。而西方学者则把需要与兴趣等联系起来，把它作为一个心理学范畴来理解。所以，在西方，上述观点都被公认为是主观价值论。这种思路把价值视为主观偏好，从根本上否认价值的客观性，使价值理论失去了科学性，使西方价值哲学理论陷入混乱，并长期停滞不前。

第二种思路是唯客体论的思路。这种思路是由于不满意主观主义价值论而发展起来的。这种思路认为价值是客体固有的，或价值是客体固有的属性或先验的性质。这种思路是西方客观主义价值论的思路。如前所述，这种思路肯定客体对价值的作用，能有力地说明价值的客观性，但忽视主体的作用，忽视主体性，不能说明价值因人而异的现象，是一种机械的观点，作为一个学派已经从哲坛消失。

第三种思路是唯主体论的思路，即从主体出发理解价值，把主体理解为价值源泉，或认为价值概括的是主体性的内容和尺度，认为价值是一种主体性，价值事实是主体性的事实，而不是客体性的事实。这种理解突出地强调价值的主体性，能解释价值因人而异的现象；但忽视客体、客体性对价值的作用，显然是片面的。此种观点虽然坚持价值的客观性，却又认为价值就是客体对主体需要的满足，对价值的这种界定与西方流行的主观主义价值论的满足需要论的观点相同。有的学者甚至认为价值是人，或认为人既是价值的设定者又是价值本身。这是更为典型的唯主体论观点。如前所述,这种观点还认为价值是人所作的评价;而把价值混同于评价,正是西方主观主义价值论的失足之处。可见,唯主体论思路在价值界定上最后的结局都与当代西方主导的主观主义价值论观点相同,这就充分暴露了这种思路的局限性。

第四种思路是实践、实践结果说。这种思路在西方学者中也曾有人提出过。如美国学者杜威就认为:"一个道德的法则,也像一个物理学上的法则一样,并不是无论如何都必须贸然加以信誓和固守的……它的正确性和恰当性,是靠实行它以后的结果来加以验证的。"他说:"以后果为验证较之以固定的一般规则为验证,更要严正些。"①他主张把实验法运用于道德领域,即主张从实践的后果去把握价值。他的这一看法是有重要意义的。但是他在价值本质的理解上却认为:"必须用作为智慧行动后果的享受来界定价值。"②即认为价值是智慧行为的后果的享受。这就是说,享受不一定有价值,只有用思想调节行为产生的后果的享受才是价值。他说:"如果没有思想夹入其间,享受就不是价值而只是有问题的善。"③他把价值看作是思想、智慧调节行为产生后果的享受,而思想、智慧是主观的东西。可见,他最后还是陷入主观主义价值论的窠臼之中。杜威陷入主观主义价值论最根本的是他实用主义的哲学观,即他的经验自然主义的哲学观决定的。所谓经验自然主义,就是强调经验与自然合一,把经验当作包括人的情感、意志等主观心理的东西和事物事件等客观的东西的统一整体,认为经验是融主体和客体于一身的兼收并蓄的整体。他们认为这样就可以消除主体与客体、物质和精神问题上的二元论。实质上是把客观世界完全纳入到人的主观世界中,客观世界失去了它本身应有的独立性,而沦为人的意识的附庸。所以,他的经验自然主义,实际上是主观唯心主义的哲学。在这种哲学观的指导下,杜威的价值理论最终陷入主观主义价值论是不足为奇的。

---

① [美]杜威:《确定性的寻求》,载周辅成编:《西方伦理学名著选辑》(下卷),商务印书馆1987年版,第720页。

② [美]杜威:《确定性的寻求》,载周辅成编:《西方伦理学名著选辑》(下卷),商务印书馆1987年版,第701页。

③ [美]杜威:《确定性的寻求》,载周辅成编:《西方伦理学名著选辑》(下卷),商务印书馆1987年版,第701页。

　　从实践、实践结果出发来理解价值的思路方面,最有启发的是马克思关于人的思维的真理性问题的论述。马克思说:"人的思维是否具有客观的真理性,这不是一个理论的问题,而是一个实践的问题。人应该在实践中证明自己思维的真理性,即自己思维的现实性和力量,自己思维的此岸性。关于思维——离开实践的思维——的现实性或非现实性的争论,是一个纯粹经院哲学的问题。"①马克思的这段话,给我们以深刻的启示。他说离开实践去讨论思维的真理性和非真理性的问题,是一个纯粹经院哲学问题。在价值问题上也是如此,离开实践单纯从理论出发去讨论价值问题,是永远也讨论不清楚的。马克思说:"人应该在实践中证明自己思维的真理性。"价值问题比真理问题复杂,同样,人也应该在实践中证明自己对价值本质问题的认识的正确性。实践对认识真理性的证明主要是通过实践结果来证明,对价值本质认识的正确性的证明也只能通过实践结果来证明。所以,只有从实践、实践结果出发,才能正确理解价值的本质。

　　列宁进一步指出:"必须把人的全部实践——作为真理的标准,也作为事物同人所需要它的那一点的联系的实际确定者——包括到事物的完整的'定义'中去。"②列宁在这里也强调以实践作为真理的标准,同时他还说,实践"也作为事物同人所需要它的那一点的联系的实际确定者"。即实践是事物与人需要与不需要,需要是合理的还是不合理的实际确定者,亦即实践是事物是否真正有价值的实际确定者;也就是说,实践不仅是真理的标准,也是价值的标准,应当从实践出发去确定价值。

　　毛泽东说:"马克思主义者认为,只有人们的社会实践,才是人们对于外界认识的真理性的标准。""真理的标准只能是社会的实践。"③"只有千百万人民的革命实践,才是检验真理的尺度。"④"社会实践是检验真理的唯一标准。"他反复强调,只有社会实践,才是认识真理性的标准。这就启示我们,对价值本质问题,也只有从实践、实践结果出发去理解。

---

①　《马克思恩格斯选集》第 1 卷,人民出版社 1995 年版,第 55 页。
②　《列宁选集》第 4 卷,人民出版社 1995 年版,第 419 页。
③　《毛泽东选集》第一卷,人民出版社 1991 年版,第 284 页。
④　《毛泽东著作选读》下册,人民出版社 1986 年版,第 840 页注 487。

邓小平也是从实践、实践结果出发来理解价值。在 1962 年 7 月 7 日的一次讲话中，邓小平说："生产关系究竟以什么形式为最好，恐怕要采取这样一种态度，就是哪种形式在哪个地方能够比较容易比较快地恢复和发展农业生产，就采取哪种形式；群众愿意采取哪种形式，就应该采取哪种形式，不合法的使它合法起来。"①生产关系好与不好，以什么形式为最好，是一个价值问题。所以，他在这里提出的是一个价值问题，即生产关系以什么形式为最有价值的问题。他的回答是，要看哪种形式在哪个地方能够更快地恢复和发展农业生产，即有利于生产力发展，群众愿意采取哪种形式，即哪种形式符合群众利益，就应该采取哪种形式。怎样判断生产关系是否有利于生产力发展和是否符合人民利益呢？他说："刘伯承同志经常讲一句四川话：'黄猫、黑猫，只要捉住老鼠就是好猫。'这是说的打仗。我们之所以能够打败蒋介石，就是不讲老规矩，不按老路子打，一切看情况，打赢算数。"②这就是说，一种事物有没有价值，要看实践、看实践结果如何；正如一个猫是不是好猫，要看它能不能捉住老鼠，在战争中一种打法好不好，就看用这种打法能不能取胜一样，实践、实践结果是判断价值的最终标准。

1986 年 3 月 28 日，邓小平在会见新西兰总理朗伊谈到农村改革时说："农村改革，开始的一两年里有些地区根本不理睬，他们不相信这条路，就是不搞。"这说明，一些人开始还不认识改革的价值。怎样对待这种情况呢？邓小平说："我们的做法是允许不同观点存在，拿事实来说话。"③他说，有的"观望了一年，有的观望了两年，看到凡是执行改革政策的都好起来了，他们就跟着走了。"所以，改革的政策，人们一开始并不是都能理解的，"要通过事实的证明才能被普遍接受。"④这里的"事实"，就是改革的"成效"，即"凡是执行改革的都好起来了"，也就是改革的实践结果或实践效果。"用事实来说话"，就是用作为实践结果的事实来证明改革的价值，就是把实践、实践标准用于价值论或价值评价。实践既有普遍性，又具有直接现实性，作为实践结果的"事

---

① 《邓小平文选》第一卷，人民出版社 1994 年版，第 323 页。
② 《邓小平文选》第一卷，人民出版社 1994 年版，第 323 页。
③ 《邓小平文选》第三卷，人民出版社 1993 年版，第 155 页。
④ 《邓小平文选》第三卷，人民出版社 1993 年版，第 155 页。

实"是不因人而异的客观存在。事实胜于雄辩,事实最有说服力,它最有力地回答了价值的有无与大小的问题。对具体事物的价值问题,只能通过实践、实践结果来回答;对价值本质即一般价值问题,也只能通过实践、实践结果来解决。把实践引入价值论,是科学地解决价值本质问题的关键。

邓小平从实践、实践结果出发来理解价值的思想,为我们科学地理解价值本质问题指明了方向。在邓小平看来,农村改革有无价值,要看是否有"成效"①。植树造林,要"保证实效"②,经济建设,要"讲求效益"③;要"讲求经济效益和总的社会效益"④;"思想文化教育卫生工作部门,都要以社会效益为一切活动的唯一准则,它们所属的企业也要以社会效益为最高准则。"⑤领导干部"要取信于民,要干出实绩"⑥。成效、实效、实绩、效益、经济效益、社会效益,都是实践结果或实践效果。总之,邓小平是从实效、实践结果、实践效果出发去理解价值。根据邓小平上述思想,价值就是客体对主体的效益、效果、实效、实绩、成效。这是邓小平把实践引入价值论,从实践结果出发来理解价值得出的重要结论,也是邓小平哲学价值思想对我们的重要启示。

邓小平从实践、实践结果,从实效出发来理解价值,西方实用主义也重视实践、实践结果、重视实效。邓小平的价值理论,与实用主义的价值理论有何不同? 第一,邓小平的价值理论是以实事求是的哲学观,即辩证唯物主义和历史唯物主义的哲学观为指导,实用主义的价值理论则是以经验主义的哲学观为指导,而经验主义的哲学观是唯心主义的哲学观。第二,邓小平从实践、实践结果,从实效出发来理解价值,用事实来证明有无价值,是从客观的实践结果、实际效果出发理解价值;而实用主义则把实际效果当作人的感性知觉,即认为能引起人的某种感性知觉的就是有实效的,而人的感性知觉是主观的东西,是人的主观感受。所以,实用主义的实效观是主观唯心主义的经验主义的实效观。第三,邓小平的价值理论,以人民为价值主体,以广大人民的根本

① 《邓小平文选》第三卷,人民出版社 1993 年版,第 155 页。
② 《邓小平文选》第三卷,人民出版社 1993 年版,第 21 页。
③ 《邓小平文选》第三卷,人民出版社 1993 年版,第 375 页。
④ 《邓小平文选》第三卷,人民出版社 1993 年版,第 143 页。
⑤ 《邓小平文选》第三卷,人民出版社 1993 年版,第 145 页。
⑥ 《邓小平文选》第三卷,人民出版社 1993 年版,第 299 页。

利益为价值标准;而实用主义的价值理论,则是以个人为价值主体,以个人利益为价值标准。

从实践、实践结果出发来理解价值的本质,较之西方的主观主义价值论与客观主义价值论及我国的人学价值论或人道价值论,具有明显的优越性。西方的主观主义价值论与我国的人学价值论或人道价值论,只重视主观或主体的作用,而忽视客体的作用,是一种唯主体论的单极思维,在理论上陷于片面性。西方的客观主义价值论只重视价值客体的作用,忽视主体的作用,是一种唯客体论的单极思维,是一种机械论的观点,不能解释价值因人而异的现象,因而失去其生命力,最后作为一个学派走向消亡。

从实践、实践结果出发有助于科学地理解价值。实践是主客体相互作用的感性物质活动,实践结果是这一过程的结晶。从实践、实践结果出发来理解价值,就是从主客体相互作用及其结果出发去理解价值。这样就克服了西方主观主义价值论和客观主义价值论及我国人学价值论或人道价值论的单极思维的偏颇,科学地全面地辩证地理解价值。实践既具有普遍性,又具有直接现实性,实践结果是感性的客观事实,从实践、实践结果来理解价值,有力地确证了价值的客观性和普遍性。这样理解价值,既肯定了价值的主体性,能解释价值因人而异的现象,又克服了西方客观主义价值论的机械论的局限。所以,从实践、实践结果来理解价值,是揭示价值本质的一条科学的思路。

从实践、实践结果出发来理解价值,重视实践的作用,并不忽视理论的作用,而是把理论和实践结合起来,把理论奠基于实践基础之上,坚持以实事求是思想为指导,从实践、实践结果来理解价值,尊重事实,用事实来说话。仅仅重视实践,而不坚持以实事求是思想为指导,仍不能正确认识价值的本质。西方价值哲学中的实用主义也重视实践,甚至以"行为"作为其哲学"关注的核心论题"①,即以实践为核心;但是由于其指导思想是经验主义。唯我主义,实质上是以唯主体论的单极思维为指导,因而作出了"善的本质,简单说来就是

① [美]莫利斯:《美国哲学中的实用主义运动》,转引自刘放桐等编著:《现代西方哲学》修订本(上册),人民出版社 1990 年版,第 274 页。

满足需要"①的价值界定,最终陷于主观主义价值论。我国学者大都高度重视实践,有的还主张用实践思维去研究价值问题,但有的学者不是从实践、实践结果出发来理解价值,而是从主体、从主体性出发来理解价值,认为主体是价值原。价值问题,本质上是一个关于主体、人的问题,价值是一种主体性的内容,价值概括的是主体性的内容和尺度,价值事实是主体性的事实而不是客体性的事实,并认为以需要的满足为基本标志,能够深刻地反映主体性的内容和尺度,由此而作出了以客体是否满足主体需要界定价值的结论。这些学者虽然主张用实践思维去研究价值哲学,并坚持价值的客观性,但在价值界定上却重蹈一百多年前西方学者的覆辙。

为什么一些学者主张用实践思维去研究价值问题,但却从主体、主体性去理解价值呢?这是一些学者对马克思《关于费尔巴哈的提纲》第一条的理解决定的。马克思说:"从前的一切唯物主义(包括费尔巴哈的唯物主义)的主要缺点是对对象、现实、感性,只是从客体的或直观的形式去理解,而不是把它们当作感性的人的活动、当作实践去理解,不是从主体方面去理解。"②有的学者看到马克思批评旧唯物主义对对象、现实、感性只是从客体的或直观的形式去理解,而不是把它们当作感性的人的活动、当作实践去理解,不是从主体方面去理解,便认为,对对象、现实、感性应当作实践去理解,就是应从主体方面去理解。从这一理解出发,他们便把用实践思维研究价值问题,变成从主体、主体性出发去理解价值。他们这种理解,实际上是认为应"当作实践去理解",就是"从主体方面去理解"③,即把"当作实践去理解"等同于"从主体方面去理解"。对马克思《关于费尔巴哈的提纲》的这种理解,是欠全面的。因为,首先,马克思在《关于费尔巴哈的提纲》第一条中批评旧唯物主义的主要缺点是:对对象、现实、感性"只是"从客体的或直观的形式去理解,是片面的,并不是说不应当从客体的方面去理解。也就是说,马克思是肯定了对对象、现

---

① [美]詹姆士:《信仰的意志》,转引自张岱年:《论价值的层次》,《中国社会科学》1990年第3期。

② 《马克思恩格斯选集》第1卷,人民出版社1995年版,第54页。

③ 肖前、李淮春、杨耕主编:《实践唯物主义研究》,中国人民大学出版社1996年版,第37页。

实、感性应当从客体方面去理解的,但"只是"从客体方面去理解,而不从实践、不从主体方面去理解,就片面了。其次,"当作实践去理解"不能等同于"从主体方面去理解"。实践是主客体相互作用或双向作用的感性物质活动,既包括主体对客体的作用,也包括客体对主体的作用;而"从主体方面去理解",只是从实践活动的一个方面,即从主体对客体作用方面去理解,所以二者不能等同。只有在坚持从客体方面去理解的前提下,坚持从主体方面去理解,才是正确的。把"当作实践去理解"等同于"从主体方面去理解",这样去理解实践是片面的,不是实事求是的理解,而是一种误解。一些学者正是从这种误解出发,把从实践出发变成从主体、主体性出发,把实践思维变成唯主体论的单极思维。所以,他们在对价值本质的界定上,作出了与西方一些学者的唯主体论的单极思维相同的结论,是不奇怪的。这一事实表明,离开以实事求是思想为指导,离开从实践、实践结果去理解价值,不可能科学地理解价值,只能导致混乱。只有坚持以实事求是思想为指导,从实践、实践结果出发,从主客体双向作用出发去理解价值,尊重客观事实,拿事实来说话,才能科学地理解价值的本质。

第九章　价值的特性

价值的本质通过其特性表现出来,价值的特性是价值本质的体现。价值具有客观性、客体性与主体性,社会性与历史性,相对性与绝对性,多元性与一元性。要深刻理解价值的本质,必须深入研究价值的特性。

一、价值的客观性、客体性与主体性

(一)价值的客观性

价值(狭义的价值)作为主客体相互作用产生的客体对主体或客体生存发展完善的积极效应,是不依赖于评价主体而独立存在的,具有客观性。主要表现是:

第一,实存性。价值的根据,即价值主体、价值客体、价值中介、价值活动都是实际存在的,主客体相互作用产生的客体对主体或客体的作用和影响即效应,也是实存的,因而价值是客观的。

第二,自在性。价值是不依赖于评价主体而存在的,不论人们对它是否认识和作出何种评价。在评价活动中,作为评价对象的价值、价值关系是不依赖于评价主体而独立存在的,是自在存在的,即使评价主体与其评价对象(价值、价值关系)中的价值主体相重合,也是如此,而不论人们对它如何评价。所以,价值具有自在性。

第三,可感受性。价值范畴是关系范畴,不是实体范畴,也不是事物固有的属性,是看不见摸不着的。但价值存在于主客体价值关系中,存在于主体与客体相互作用中,存在于主客体相互作用产生的客体对主体或客体的作用和影响中,它是一种感性存在,具有可感受性。例如,从物质价值来说,食可饱腹、水可解渴、衣可御寒、房可居住、舟车可助行,等等,这些价值都是可以亲身感受到的。

社会政治历史价值比较复杂,其作用和影响往往要在较长时间里才表现出来;而且不同的人对同一社会政治历史事件的感受和评价往往不同。但社会历史事件对社会政治历史发展有一定作用和影响则是客观存在的。这种作用和影响也可以感受到。例如,鸦片战争、甲午战争、五四运动、抗日战争等历史事件对我国近代历史的作用和影响,1949 年新中国成立、1978 年党的十一届三中全会及 40 多年来我国改革开放对我国社会政治历史及人民生活水平提高的作用和影响,都是可以感受到的。

科学、技术、教育、医疗、体育对社会生活的作用和影响即价值,人们是容易感受到的。在文化领域,读书可以益智、可增长知识,音乐可以愉情、可使人直接获得美的享受,也是可以感受到的。

第四,可验证性。西方逻辑实证主义者认为价值判断是情感的表达,而不是可靠的事实,认为价值是"不可证实的"①,因而否认价值的客观性。实际上,价值是主客体相互作用中客体对主体或客体的积极效应,是客体对主体的积极作用和影响,这种作用和影响是可以证实的。用什么来证实? 最根本的是社会实践。物质价值可以通过生产、生活实践来证实,社会政治价值可以通过社会政治历史实践来证实,精神价值可以通过对物质生产、精神文化和人的发展的影响来证实。总之,价值是可以证实的,这就充分说明价值是客观存在的。

(二)价值的客体性

价值的客体性是价值客观性的重要表现。所谓客体性就是在对象性关系中客体的客观性、自在性、外在性、对象性对主体的制约性。其表现是:首先,客观性、自在性。价值客体无论物质客体还是精神客体,都是不依赖于评价主

---

① [英]艾耶尔:《语言、真理与逻辑》,尹大贻译,上海译文出版社 1981 年版,第 116、123 页。

体的意识而自在存在的,具有客观性、自在性。其次,外在性。客体在主体之外存在,没有客体,也无所谓主体。再次,对象性。马克思说:"对象如何对他来说成为他的对象,这取决于对象的性质以及与之相适应的本质力量的性质。"①主体以某种事物为对象,首先取决于客体的性质;客体没有相应的性质,就不能与主体构成对象性关系。最后,客体的规律对主体的制约性。客体的客观规律是不可抗拒的,它有力地制约着主体。主体必须尊重客观规律,按客观规律办事;否则,就会失败。这是价值客体性的最主要的表现。

（三）价值的主体性

价值是主客体相互作用的产物,必然既具有客体性,也具有主体性。价值的主体性是价值的重要特性。所谓主体性,就是人作为主体在对象性活动中表现出来的本质特性,是主体在与客体相互作用中形成的自觉性、自主性、能动性(含创造性)、为我性等特性。价值的主体性主要表现在:

第一,自觉性,主体作为能动地作用于客体的人,都有一定的目的,有一定的价值目标,都为实现一定的价值目标而努力。所以,主体具有一定的倾向性,都竭力维护自身的利益和价值目标,因而具有为我性。

第二,自主性。价值是主客体相互作用产生的客体对主体或客体的积极效应。在主客体价值关系中,客体的属性和功能是产生价值的前提,主体必须尊重客体的规律并受客体制约。但一定的客体对主体的价值的有无与大小却取决于主体尺度,即对主体利益、主体发展的作用如何;因而同一客体对不同主体价值不同,对不同时间、不同条件下的同一主体价值不同。这种情况表明在价值关系中,主体居于主动、主导、支配的地位,即价值主体具有自主性,自主性是价值主体性的重要表现。

第三,超越性。价值主体性的重要表现是主体具有能动性。主体能动性使主体能超越现存事物,因而主体具有超越性。主体的这种超越性在对象性的价值关系中表现出来,就是价值的超越性。超越性是价值主体性的重要表现,主要表现在以下几个方面:

---

① 《马克思恩格斯文集》第 1 卷,人民出版社 2009 年版,第 191 页。

首先是优越性。我们说一种东西有价值,就是说这种东西能使主体发展,使主体更美好,即比原有的事物优越。价值的优越性是价值的本质决定的。价值的本质在于促进事物的发展完善,更加美好,使主体特别是使人类社会更美好,使人与自然和谐发展。能促进事物发展,使主体特别是使人类社会更美好、使人与自然和谐发展的东西就是优越的东西,所以优越性是价值本质的表现,是真、善、美、利的集中表现。一种新产品之所以占领市场,一种旧型号的产品之所以丧失顾客,就是因为新产品具有更先进的性能,比旧产品优越,优越意味着更有利于主体生存、发展、完善,使主体、使人类社会更美好,使人与自然和谐发展,即更有价值。优越标志着价值更高,优越吸引着主体,决定着主体的价值取向,价值的优越性体现了主体的进取性。优越性是具体的、历史的,是相对于一定历史条件而言的。条件变了,原来优越的东西就失去其优越性,就会被更优越的东西所取代。人类总是追求更高的价值,总是不断追求更优越、更有价值的东西。人类的这种价值追求,激励着人们不断地开拓进取,不断创新。

其次是创造性。价值从根本上说在于促进事物发展,促进主体、促进人类社会发展完善,更加美好,促进人与自然和谐发展。而发展从根本上说来源于主体的创造、创新。价值的超越性的根本表现就是创造、创新,实现对原有事物的超越。创造性是价值主体性的集中表现,也是主体本质力量的集中表现。

主体的创造既创造正价值,也创造负价值。在物质生产方面,既生产大量能促进主体生存、发展、完善的产品,也生产毒品和假冒伪劣产品。在精神生产方面,人们创作了大量有助于增长智慧、净化灵魂、催人奋发向上、使人获得美的享受的有价值的精品;也创作出一些黄色下流、腐蚀人们灵魂、诱人堕落的毒品。可见,并非任何创造都有价值。所以,主体的创造有一个价值导向问题。没有正确的价值导向,主体性的发挥也不会创造价值,还可能产生负价值。所以,主体性、创造性不等于价值,主体性、创造性的发挥有一个方向问题。

再次是理想性。价值主体性的重要表现是价值主体都有一定的价值目标,有一定的价值追求,都力图追求新的更多更先进的价值客体,使主体,使人类社会更美好,使人与自然和谐发展。人们实现了一定的价值目标,又会追求新的价值目标,追求更大价值。价值主体总是趋向于超越现实,指向未来,所以,价值具有超前性、理想性。理想性是价值主体性的重要表现。理想、梦想是激励人们前进的强大动力,所以价值总是催人向上,使人不断进取,不断创新,不断超越。

第四,主观性或主观能动性。人作为主体是物质与意识的统一。主体是物质实体,具有客观性;主体又具有意识,因而又具有主观性。主体性是主体在对象性活动中表现出来的本质特性。主体性不等于主观性,也不等于客观性,主体性是客观性与主观性的统一,它不仅表现为实践能动性,还表现为意识能动性,即主观性或主观能动性。主体的主观性或主观能动性对价值的形成具有重要作用。

首先是主体认识图式、知识结构对价值形成的影响。一种先进的设备,如果缺乏先进的知识结构,就无法启动,这种先进的设备就等于废物。同一客体,主体的知识结构不同,对它的利用及其效率大不相同,其实际效应也不同,因而实际价值也不同,而知识结构存在于主体意识中,是主观的东西。这是主体的主观性或主观能动性的重要表现。

其次是主体能力对价值形成的作用。知识结构与能力密切联系,知识是能力的基础,能力是知识的运用;但知识不等于能力。有的人知识不少,但能力不高,不善于运用所学知识分析和解决实际问题,成为书呆子。从知识到能力的转化,要有一定条件,这就是在一定的生理素质、心理素质基础上反复实践、思维、练习或训练和运用。马克思说:"对于没有音乐感的耳朵来说,最美的音乐也毫无意义,不是对象,因为我的对象只能是我的一种本质力量的确证。"①可见,主体能力对产生价值具有重要影响。能力或主体本质力量是使主体与客体结合,使之相互作用产生现实价值的中介,没有这个中介,就不会产生价值。而能力的产生不仅以一定的生理素质和实践活动为基础,也包含主体心理素质、思维活力的作用。所以,主体能力对价值形成特别是对价值实现的作用,是价值形成和实现过程中主体的主观性或主观能动性的重要表现。

再次是主体情感、意志对价值形成的影响。情感有选择性,它直接影响价

---

① 《马克思恩格斯全集》第42卷,人民出版社1979年版,第126页。

值对象的选择。马克思说:"忧心忡忡的、贫穷的人甚至对最美丽的景色都没有什么感觉。"①主体忧愁时,往往无心欣赏美景,这时秀丽的风光对他来说没有价值。对欢欣鼓舞的人来说,忧伤的乐曲使他讨厌,这时忧伤的乐曲对他没有价值。主体情感影响主体意志,意志对价值形成也有重要作用。主体情感意志是主观的东西,主体情感意志对价值形成的作用,是主体的主观性或主观能动性的重要表现,也是价值主体性的重要表现。

以上分析说明,主体主观因素对价值的形成有重要作用,说明价值主体性不仅包括实践能动性,还包括意识能动性,不仅包括客观性,还包括主观性或主观能动性。正因为如此,价值主体性表现得特别复杂。

价值主体性是客观性与主观性的统一,一般说来,主导方面是客观性。其一,主体是物质与意识的统一,客观物质性居于主导方面;其二,主体性突出表现为实践能动性,而实践是客观物质活动;其三,主体的主观因素的形成以社会实践和一定的客观条件为基础,主体的主观因素是社会物质生活的反映;其四,价值主观性的发挥是建立在一定物质条件包括生理条件基础上,建立在实践基础之上,并借助一定工具而实现的。当主体性离开客观规律和一定的物质条件时,主观性就居于主导方面,就成为主观盲动。

承认主体主观因素对产生价值的作用,并不能因此而否定价值的客观性。因为主体的主观因素与客体相互作用产生的效应,不论是正效应还是负效应,都是一种客观存在,而主客体相互作用中客体对主体或客体产生的积极效应,就是价值,因而价值是一种客观存在。所以,虽然价值主体性包含着主观性,即价值形成过程中主体主观因素起了重要作用,但作为主客体相互作用产生的价值却是客观存在的。我们不能因为价值主体性包含主观性,就否认价值的客观性;也不能因为价值的客观性而否认价值主体性中包含主观性。西方主观主义价值论就是只看到价值主体性包含主观性而否认价值的客观性;西方客观主义价值论则是只看到价值的客观性而否认价值主体性中包含主观性。二者各执一端,其不足都在于片面性。

这里的关键在于要区分价值活动的过程和结果。价值活动是主客体相互

---

① 《马克思恩格斯全集》第3卷,人民出版社2002年版,第305页。

作用的过程,在这一过程中,主体的主观因素对价值的形成产生了重要作用,这是不能否认的;但主客体相互作用,主体包括主体主观因素与客体之间的相互作用及其产生的结果,即主客体相互作用中客体对主体或客体的效应,或主客体相互作用产生的客体对主体或客体的作用和影响是客观存在的。这种效应可能是物质效应,也可能是精神效应,可能是正效应,也可能是负效应;但这种效应是不以认识主体或评价主体为转移的,是客观存在的。

二、价值的社会性与历史性

价值是主体与客体相互作用的产物。这里的主体主要指的是人(也兼指与人或社会发展有关的自然生态环境),人是社会的存在物,因而价值具有社会性。而社会是发展的,价值也是发展的,因而价值又具有历史性。社会性与历史性是价值的基本性质。

(一)价值的社会性

要了解什么是价值的社会性,首先要了解什么是社会。马克思说:"社会,即联合起来的单个人。"①社会是人们相互作用的产物,是以共同的物质生产活动为基础而相互联系的人们的共同体。所谓社会性,就是事物受社会影响和制约的性质。价值的社会性,就是指价值受社会影响和制约,打下社会烙印的性质,也就是指价值受一定的社会生产方式、社会经济、政治制度和社会文化的深刻影响和制约的性质。

价值的社会性主要表现在以下几个方面:

第一,价值关系的社会性。价值关系是主体与客体的效应关系。从主体来看,价值主体主要指的是人,人是社会的存在物,不能离开社会而存在。离开社会就无所谓人,无所谓主体。主体可分为个体主体、群体主体、社会主体。个人是社会的细胞,群体是社会的一部分,社会主体是最根本的价值主体。所以价值主体具有社会性。

---

① 《马克思恩格斯全集》第30卷,人民出版社1995年版,第526页。

从客体来看,价值客体包括物质客体、精神客体、人以及社会政治经济文化关系等。物质客体包括人化自然与天然物。人化自然是主体本质力量对象化的产物,是社会生产的产品,具有社会性。天然物本身不是主体劳动的产品,但天然物的价值在许多方面要受到生产力水平、科学技术、人的能力及社会制度的制约。精神客体与作为客体的人及社会政治经济文化教育制度都是社会的产物,它们更要受到社会的制约。所以,价值客体具有社会性。价值主体与价值客体都具有社会性,主体与客体之间的价值关系也必然具有突出的社会性。

第二,价值活动的社会性。价值活动是价值主体认识或评价、选择、创造、实现价值的活动。要进行价值活动首先要获得一定的衣食住行等物质生活资料,这些生活资料绝大多数都是社会提供的。主体从事价值活动所运用的知识和工具,都是社会实践的产物。主体的价值活动是在一定的社会环境中进行的,必然要受到社会历史条件的制约。所以主体的价值活动必然具有社会性。

第三,实际效应的社会性。价值是主客体相互作用中客体对主体或客体的积极效应,主体是社会的人,主客体相互作用是在一定社会历史条件下进行的,因此这种效应也是一种社会效应。作为客体的人化自然本身就是社会产品,作用于主体,必然会对社会产生一定作用和影响,具有社会性;社会离不开自然,天然物作用于主体也会影响到社会。历史上往往风调雨顺、农业丰收,就国泰民安;大灾之年则哀鸿遍野、民不聊生,往往导致社会矛盾激化,影响政局稳定,对社会产生重大影响。至于人和精神现象以及社会经济政治制度等作为客体对主体的效应,其社会性更不用说了。

第四,价值意识、价值观念的社会性。不同国家、民族,不同阶级、阶层、集团的人们由于经济地位、政治利益、生活条件和文化背景不同,有着不同的价值意识、价值观念。不同的价值意识、价值观念是人们社会经济政治地位和文化生活的反映,也表现了价值的社会性。

（二）价值的历史性

价值具有社会性,而社会是发展的,价值也随着社会历史的发展而发展,因而价值具有历史性。价值的历史性主要表现在以下几方面：

第一，价值主体的历史性。人类社会是从低级到高级逐步发展的。随着社会的发展，随着生产力，特别是科学技术的发展，社会经济政治文化生活也不断发展，人们的利益关系、主体素质、主体本质力量也随着发展。随着主体的发展，价值也不断发展。

第二，价值客体的历史性。随着社会实践的发展，随着生产力的发展和科学技术的进步，经济文化的交流，人的能力不断发展，对自然客体开发利用的深度和广度不断扩展，人们生产的人化自然的价值客体越来越多，性能越来越先进。新的价值客体不断涌现，原有价值客体不断被淘汰。一些在历史上有重要价值的客体随着时间的流逝而黯然失色，而原来被视为废物或不屑一顾的东西，却被视为珍宝而身价百倍。同一客体在不同时代有不同的价值，这是价值历史性的重要表现。

第三，价值活动、价值中介的历史性。主体和客体是发展的，作为主体与客体相互作用的价值活动也是发展的。价值活动是借助于一定的中介而进行的。价值活动的基本中介是实践，而实践是随着社会发展而发展的。价值活动必须借助于工具作中介，而工具是随着实践、随着生产力、科学技术的发展而发展的。随着生产工具的发展，人们的价值活动也不断发展，创造的新的价值客体越来越多，性能越来越先进，价值也随之而发展。

第四，价值意识、价值观念的历史性。人们的价值意识、价值观念是一定的社会经济、政治、文化生活的反映，是一定的价值活动的产物或积淀。随着社会经济、政治、文化生活和价值活动的发展，人们的价值意识、价值观念也相应地发展。

价值是发展的，而发展以继承为前提，不继承原来的合理因素就不能发展。价值的历史性并不否认价值的继承性。价值的历史性表现了价值的变动性，而价值的继承性则表现了价值的延续性、稳定性。科学中的基本原理，文学艺术中的珍品，一个历史时期有代表性的东西，具有长久的历史保留价值，有些甚至历史越久而价值越高，这些都表现了价值的继承性、稳定性。所以，价值是历史性与继承性、变化性与稳定性的统一。

三、价值的相对性与绝对性

价值的历史性表现了价值的变动性、相对性,而价值的继承性、稳定性则表现了价值的恒常性、绝对性。所以,价值既具有相对性,又具有绝对性,是相对性与绝对性的统一。价值的相对性与绝对性是价值的重要特性。

(一)价值的相对性

价值是一定的客体相对于一定的主体而言的,是具体的、有条件的、发展的,因而是相对的,具有相对性。价值的相对性主要表现在为体性、条件性、特殊性、历史性。

第一,主体性。价值是主客体相互作用产生的效应,具有主体性。同一客体对不同主体,对不同时空条件下的同一主体,对同一主体的不同方面,其价值不同。价值是因人而异的,这是价值主体性的重要表现,也是价值相对性的重要表现。

第二,条件性。价值是有条件的,是随着时间、地点、条件的改变而发生变化的。皮衣、皮帽在北方特别是东北和西北高寒地区很有价值,在热带则价值不大。轮船在江、湖、海洋上是重要的交通工具,有重要价值,但在内陆高原地区和沙漠地带却无价值。在农业生产上,天旱缺雨、骄阳似火时,下雨有重要价值;而在洪水泛滥、抗洪抢险时,下雨就是负价值。所以,价值都是有条件的,都以一定时间、环境、条件为转移,具有相对性。

第三,特殊性。世界上的事物千差万别,各有特点,各种事物的价值各有其特殊性。例如,同属精神产品,自然科学的价值不同于社会科学的价值;音乐的价值不同于绘画、雕塑的价值。客体价值的这种差别性或特殊性,是相对于不同客体而言的,是价值相对性的重要表现。所以,价值不仅因人而异,也因物而异。

第四,历史性或变易性。价值是随历史发展而发展变化的,具有历史性或变易性。一些在历史上曾很有价值的东西,如弓箭,随着历史的发展,随着科学技术的发展,变得价值不大了;相反,一些在历史上价值不大的东西,如石油,随着历史的发展,随着生产力的发展、科学技术的进步,变得很有价值了。这些都表现了价值的历史性或变易性,价值的历史性或变易性是价值相对性的重要表现。

(二)价值的绝对性

价值是相对的,又是绝对的,相对中有绝对。价值的绝对性,即无条件性,主要表现为客观性、确定性、普遍性、恒常性。

第一,客观性。价值(狭义的价值)是主客体相互作用中客体对主体或客体的积极效应。主体、客体和价值中介都是客观的,主客体的相互作用也是客观的,主客体相互作用产生的效应,即客体对主体或客体的作用和影响也必然是客观的,因而价值是客观的。价值的客观性表明价值的存在不以主体认识或评价主体的意志为转移,是无条件的,具有绝对性。

第二,确定性。价值是有条件的、发展的,具有相对性。价值的相对性是价值的不确定性。价值又是具体的,同一客体对一定时空条件下的每一具体主体的价值是确定不移的。例如,久旱无雨、禾苗枯焦时,下雨有重要价值,这是确定不移的。一个人,青少年时期刻苦学习,锻炼身体,培养良好品德,对他一生都有重要价值,这是确定不移的。一个人生了病,找一个好医生进行正确的诊断把病治好,是很有价值的,这样的价值也是确定不移的,具有确定性。价值的确定性是价值绝对性的重要表现。

第三,普遍性。现实的价值都是具体的,各具特点的,具有特殊性。但特殊性中存在着普遍性,个性中有共性。例如,不论各种价值有多大差别,它们都是价值,都是主客体相互作用中客体对主体或客体的积极效应,这是相同的、普遍的。整个人类社会存在着共同的、普遍的价值。例如,当今世界,和平、发展、合作,对整个人类社会都有价值;发展科学教育、医疗保健、体育,保护人类文明的优秀成果,特别是优秀的文化古迹,优秀的文学艺术,秀丽的自然风光,保护生态环境,实现人与自然和谐发展,等等,对整个人类也都具有价值。这些价值对人类社会具有共同性、普遍性、无条件性,因而具有绝对性。

普遍性与特殊性是相对的。人类共同价值是最普遍的价值。相对于一个国家、一个民族而言,人们共同的价值就更多。共同的价值使这个国家、这个民族团结起来共同奋斗。这种共同价值对相应的国家、民族来说也是普遍的、绝对的,具有绝对性;而对于人类共同价值来说则是特殊的、相对的,具有特殊性。

第四,恒常性。价值是随着历史的发展而发展的,具有历史性、变易性;价值又具有继承性、稳定性、恒常性。所谓价值的恒常性,就是指人类历史发展过程中存在着某种稳定的持续的价值。价值的恒常性表现在许多方面:如社会实践的价值,特别是生产劳动的价值、科学技术的价值、教育的价值、医药卫生的价值、体育的价值、人类优秀文化的价值、自然的价值,等等,都是人类社会发展不可或缺的,对于人类社会来说都是永恒的价值。其中有的价值,如人类的文化古迹、文化遗产等的价值,时间越久其价值越高。价值的恒常性也是价值绝对性的重要表现。

四、价值的多元性与一元性

价值的相对性与绝对性的重要表现是价值既有多元性,又有一元性。价值多元性与一元性的统一是价值的本质特性。要深刻认识价值多元性与一元性及其重要意义,首先必须深入了解价值多元性与价值多样性的关系。

(一)价值多样性与价值多元性

价值既有多样性,又有多元性。价值多元性是价值多样性的重要内容和突出表现。价值多样性包括价值多类性与价值多元性两种形式。价值多类性,指不同客体有不同价值的性质,或不同客体对同一主体价值不同,即指价值因客体而异;价值多元性,则是指同一客体对不同主体价值不同的性质,即指价值因主体而异。前者决定于不同客体,后者则决定于不同主体。多样性是世界上万事万物的共性,而价值既有多元性,又有一元性,则是价值独有的本质特性。价值多类性,即不同客体对同一主体价值不同,是不言而喻的,很容易理解,也无争议;而价值多元性,特别是价值多元性与一元性的统一,则往往使人困惑难解,甚至使人感到难以捉摸,以致产生错觉,感到价值是不确定的、主观的,从而否认价值的存在。价值问题的复杂性不在于价值多样性、多类性,而在于价值多元性,在于价值是多元性与一元性的统一。人们对价值多样性往往主要从多类性意义上理解,即从不同客体对同一主体的价值不同上去理解。如果只讲价值多样性,不讲价值多元性,就容易忽视价值多元性,忽视价值多元性与一元性的统一,就会掩盖价值的复杂性,就会把复杂的价值问题简单化,就不可能科学地认识价值的本质特性。所以,不能只讲价值多样性,不讲价值多元性,不讲价值多元性与一元性的统一。要深入了解价值的本质特性,不仅要深入理解价值多样性,还必须深入研究价值多元性与一元性及其相互关系。

（二）价值多元性

要正确理解价值多元性,必须首先了解真理的一元性。真理是客观事物的本质和规律的正确反映。对同一事物的本质和规律的正确反映只有一个,不因主体不同而不同。所以,真理是一元的,而不是多元的。而价值与真理不同,价值则既有多元性,又有一元性,是多元性与一元性的统一。

为什么价值会具有多元性呢？这是价值的本质决定的。价值(狭义的价值)是主客体相互作用中客体对主体或客体的积极效应。同一客体对不同主体的效应不同,所以价值具有多元性。价值多元性,是指同一客体对不同主体或不同时空条件下的同一主体或同一主体的不同方面,其价值不同的性质。主要表现是:

第一,同一客体对不同主体,其价值不同;

第二,同一客体对不同时间、不同地点、不同条件下的同一主体,其价值不同;

第三,同一客体对同一主体的不同方面,其价值不同。

价值多元性首先是由主体的多元性和不同主体的利益多元性决定的。主体分为个体主体、群体主体、社会主体,而各个个体主体与群体主体又各有特点。不同主体有不同利益。主体的多元性、主体利益的多元性,决定了价值多元性。

其次,价值多元性,是由同一主体在不同时期、环境、条件下其利益和特点不同决定的。同一客体对儿童有价值,对成年人、老年人不一定有价值,如儿童玩具。同一客体对儿童、青年、中年人无价值，对老年人却有价值，如老年保健品。同一客体对不同时空条件下的同一个人，其价值不同。

再次，价值多元性是由同一主体不同方面有不同特点决定的。主体是一个系统，由多种要素、许多层次、许多方面组成。主体的不同要素、不同层次、不同方面各有特点。同一客体对同一主体的不同要素、不同层次、不同方面，其价值不同，呈现出价值多元性。

价值多元性是价值的普遍性质，在社会生活中表现为价值多元化。价值多元性决定价值多元化，价值多元化是价值多元性的表现形式。

价值多元性是价值复杂性的重要表现，在价值评价中，价值多元性往往会导致价值评价多元化，出现"公说公有理，婆说婆有理"现象，给价值评价造成困难。价值评价的多元化是由价值主体多元化、主体利益多元化决定的，是价值多元性的表现。从价值多元性来看，"公说公有理，婆说婆有理"，就客体对各个主体的利益而言，可能都是有理由的。对这类价值评价多元化现象，要分辨孰是孰非，就必须了解价值一元性，借助于同一客体对同一历史时期社会主体的价值一元性来加以解决。

（三）价值一元性

价值既具有多元性，又具有一元性。价值一元性是指价值的确定性，即同一客体对同一时期的社会主体，或对一定时间、环境、条件下的每一具体主体，或对每一具体主体的某一方面的价值是确定的、一元的，而不是多元的性质。价值一元性主要表现在：

第一，同一客体对同一历史时期的社会主体的价值是一元的而不是多元的；

第二，同一客体对一定时间、环境、条件下的每一具体主体，其价值是一元的而不是多元的；

第三，同一客体，对一定时间、环境、条件下的每一具体主体的某一方面，其价值是一元的而不是多元的。

价值的一元性，首先是由同一历史时期的社会主体利益的一元性决定的。同一历史时期社会主体只有一个，同一历史时期社会主体的利益只能是一元的,而不是多元的;同一客体对同一历史时期社会主体的价值必然是一元的,而不是多元的。

其次,价值的一元性是价值的具体性决定的。在一定时间、环境、条件下每一具体主体的利益是确定的、一元的,同一客体对一定时间、环境、条件下的每一具体主体,其价值必然是确定的、一元的,而不是多元的。

再次,价值一元性,也是事物特点的相对稳定性决定的。在一定时期、环境、条件下主体的某一具体方面的特点具有相对稳定性,同一客体对一定时间、环境、条件下的主体的某一具体方面,其价值必然是确定的、一元的,而不是多元的。

(四)价值多元性与一元性的关系

价值既有多元性,又有一元性。价值多元性与一元性是对立的统一,不可分割的。只有了解价值多元性与一元性的辩证统一关系,才能真正理解价值的本质特性。

价值多元性与一元性的关系,包含着价值的个别性、特殊性与一般性的关系。价值多元性是同一客体对不同主体,特别是对不同的个体主体、群体主体的价值的不同,表现了价值的个别性、特殊性;价值一元性的重要方面,是指同一客体对同一历史时期的社会主体的价值是确定的一元的,而这一方面则表现了价值的一般性。个别的、特殊的东西中包含着一般的东西,价值多元性中包含价值一元性。社会主体的利益代表了各个个体主体、群体主体共同的根本利益。客体对社会主体的价值是最根本的价值。客体对各个个体主体、群体主体的价值都要服从于对社会主体的价值,价值多元性服从于价值一元性。在社会生活中,当出现了"公说公有理,婆说婆有理"的价值评价多元化现象,难于分辨孰是孰非时,只要我们从客体对社会主体的价值出发,以社会主体的利益或人民的根本利益为价值标准,就可以准确地判断客体的价值。社会主体的利益或人民的根本利益,是判断一切价值的最高标准。

价值多元性与价值一元性的关系,反映了主体的多样性、变动性、多维性与主体的具体性、相对稳定性、确定性的关系。主体的多样性、变动性、多维性,决定了价值多元性;主体的具体性、相对稳定性、确定性,则决定了价值一元性。主体多样性、变动性、多维性与具体性、相对稳定性、确定性的统一,决定了价值多元性与一元性的统一。同一客体,对不同主体,对不同时空条件下的同一主体,对同一主体的不同方面,其价值不同,具有多元性;而同一客体,对一定时空条件下的每一具体主体,对每一具体主体的某一方面,其价值是确定的、一元的,所以价值多元性内在地包含价值一元性。价值一元性,决定价值多元性:价值多元性是价值一元性在复杂的社会现实生活中的表现形式,表现了价值的复杂性、丰富性。价值从根本上说是一元的,而其表现则是多元的。价值多元性与一元性的关系,是以一元性为基础的一元性与多元性辩证统一的关系。

价值多元性与一元性的关系,是相对与绝对的关系。价值多元性,表现了价值的特殊性、变动性、相对性;价值一元性则表现了价值的普遍性、恒常性、绝对性。价值多元性与一元性的统一,表现了价值相对性与绝对性的统一。

只讲价值多元性而否定价值一元性,就会导致相对主义、主观主义;只讲价值一元性而否认价值多元性,就会导致思想僵化、导致机械论、教条主义。西方价值哲学中的主观主义价值论,其失误就在于只看到价值的多元性、相对性,而忽视价值一元性、绝对性;而西方价值哲学中的客观主义价值论的失误则在于只看到价值的一元性、绝对性,而否认价值的多元性、相对性。二者都失之片面。只有既承认价值具有多元性,又承认价值具有一元性,才能科学地认识价值的本质特性。

有的学者只讲价值多样性,不讲价值多元性。担心讲价值多元性就会否定真理的一元性,否定价值导向的一元性,会导致混乱。其实这种担心是不必要的。如前所述,真理是一元的,而价值则是多元性与一元性的统一,这是真理与价值的本质决定的。坚持价值是多元性与一元性的统一,并不否认真理的一元性,而是要坚持客观真理的一元性。价值既有多元性,又有一元性,价值多元性中内在地包含着价值一元性;同一客体对不同主体价值不同,但同一客体对一定历史条件下的社会主体的价值是一元的,同一客体对同一时间、环境、条件下的具体主体及主体的某一具体方面的价值是一元的,所以,价值多元性是由价值一元性决定的。讲价值多元性,内在地要求坚持价值一元性和价值导向的一元性。我们与西方后现代主义者不同,我们讲价值多元性,不是在否定价值一元性的意义上讲价值多元性，而是在价值一元性与多元性内在统一基础上讲价值多元性。这样理解价值多元性，决不会导致否认价值导向的一元性。

有些学者只讲价值多元性或价值多元化，而否认价值一元性，认为承认价值一元性就会导致专制主义、霸权主义，这也是一种误解。价值既有多元性，又有一元性，是一元性与多元性的统一。我们讲价值多元性，是价值一元性与价值多元性内在统一的价值多元性；我们讲价值一元性，是价值多元性内含的价值一元性，是与价值多元性内在统一的价值一元性。这样理解价值一元性，只会使社会生活既生动活泼又安定有序，而不会导致专制主义、霸权主义。

价值既有多元性，又有一元性，这是价值的一种客观性质。我们应当如实地认识和承认价值的这一重要特性，决不能因为其复杂和难于理解而回避它。历史和现实的经验告诉我们，价值多元性与价值一元性并非都是坏事。我国经济生活中既有市场竞争，又有宏观调控；政治生活中既有民主，又有集中，既有自由，又有纪律，既发扬民主，又加强法治；文化生活中既坚持百花齐放、百家争鸣，又坚持马克思主义指导，坚持为人民服务、为社会主义服务的方向；社会生活中既讲效率，又重视公平，既生动活泼，充满活力，又安定有序，和谐稳定；等等，都有力地促进了我国经济社会全面、协调、快速、可持续发展与和谐社会构建，而这些都是价值多元性与一元性统一在社会生活中的重要体现。所以，深入研究价值多元性与一元性及其相互关系，具有重要的理论意义和实践意义。

第十章　价值的分类

要深入研究价值哲学,不仅要了解价值的本质和特性,还要了解价值的类型。价值的类型可以按各种不同的参考系来划分,如按价值活动领域来划分,可分为经济价值、政治价值、文化价值、生态价值等;按主体类型来划分,可分为个人价值、群体价值、社会价值等;按性质来划分,可分为正价值、负价值、零价值等。划分的方法很多,各有特点和不足。我们采用按价值客体划分的方法,将价值分为物质价值、精神价值和人的价值三类进行研究。

一、物质价值

物质价值就是物质客体对主体或客体的积极效应。物质价值又可分为自然价值、人化自然价值、人体自然价值和社会存在价值四类。

(一)自然价值

自然价值即作为客体的自然物或天然物对主体或客体的积极效应。天然物是大自然的产物,是未经人类实践活动改造的天然的物质客体。自然客体如阳光、空气、雨露、土地、山川、海洋、潮汐、气候、矿藏等,作为主体作用的对象也与人发生作用,对人与自然产生一定影响、效应,包括正效应和负效应,所以它们对人类和自然生态也有价值。我们这里主要讲自然对人类的价值。

自然价值首先是本原价值或根源价值。人类是大自然的产物,自然界是人类的摇篮,人类生存发展离不开自然。大自然的价值,特别是生态价值,对人类生存、发展、延续、可持续发展具有重要意义,越来越受到人类的关注。人们往往认为自然物的价值只是资源价值,或只是人的工具。美国环境伦理学家罗尔斯顿说:"我们探寻的不是资源,而是我们的根源。"他说:"自然环境是生养我们、我们须臾不可离的生命母体。自然一词的最初含义是生命母体,它来源于拉丁文 natans,其意为分娩、母亲地球。"他说:"在自然的这出历史剧中,人只是一个后来者。"①他深刻地论证了自然的本原价值或根源价值。自然是人类生命存在与发展的基础与源泉。没有自然界人们就无法生存,更不可能发展。

其次,自然界是人类创造价值的基础和资源。马克思说:"种种商品体,是自然物质和劳动这两种要素的结合。"②还说:"没有自然界,没有感性的外部世界,工人什么也不能创造。"③人们要生产物质财富,需要自然资源。自然资源的有无与数量、质量直接影响到人们的生产成效,影响到一个国家和地区的发展和人们生活水平的提高。中东一些国家和地区,因为有大量石油资源很快富裕起来。这种石油资源是大自然的恩赐,是一种自然价值。而一些国家资源贫乏,经济发展就受到许多限制。

再次,自然还有一定的社会政治价值。在历史上,风调雨顺、五谷丰登,因而国泰民安、社会稳定;而大灾之年哀鸿遍野、民不聊生、灾民流离失所,往往加剧社会矛盾,引发社会政治动乱。

最后,大自然有审美价值。自然景观给人以美的享受。长河落日,秋水蓝天,令人神往,具有重要的审美价值。

(二)人化自然价值

人化自然是主体本质力量对象化的产物,是主体劳动创造的产品,是主体对自然物进行加工改造以后改变了形态的劳动产品。能改造自然,生产出众多人化自然是人类区别于动物的根本特点。随着人类社会实践的发展,随着生产力和科学技术的发展,人类对自然物的加工改造范围越来越宽广,生产的人化自然越来越多。人化自然对人类社会具有重要价值。

---

① [美]罗尔斯顿:《环境伦理学》,杨通进译,中国社会科学出版社 2000 年版,第 269 页。
② 《马克思恩格斯选集》等 2 卷,人民出版社 2012 年版,第 102 页。
③ 《马克思恩格斯选集》第 2 卷,人民出版社 2012 年版,第 52 页。

其一,人化自然是人类生存发展的物质基础。物质资料的生产是社会生存和发展的基础。人们为了能够创造历史,必须能够生活,必须吃、喝、住、穿,必须生产人们所必需的物质生活资料。自然界为我们提供了大量原料和物质,其中有少数可以被人直接摄取享用,但绝大多数不能直接为人类享用,需要经过人的劳动加工改造才能变为人的物质生活资料。人化自然即人们劳动加工改造过的自然,是主体本质力量对象化的产物。这些产物一部分供人消费,变为人的机体的内在要素,变为人体自然,维持主体的生存,为主体进行再生产提供劳动力。其余产物作为生产资料,供人类进行再生产创造出新产品,促进人类发展。离开了人们劳动的产物——人化自然,人类就难以生存,也不能发展。

其二,人化自然是人的本质力量的确证,是社会发展的表征。人化自然是主体本质力量对象化的产物。人的本质力量越强,人化自然的品种、花色越多,性能越高级。人化自然的品种千姿百态,质量、特征、功能巧夺天工,这些都是人的智慧的结晶,是主体本质力量的确证。一代又一代的新产品出现,表现了生产力的发展,科学技术的发展;人的本质力量的增强,表现了历史的发展进步。特别是作为人化自然的生产工具的重大变革,是社会发展进程的重要标志,具有划时代的重要意义。

其三,人化自然的生产过程,是提高主体本质力量和人的价值的过程。人化自然的生产过程是主体改造客体使之获得新的形态和功能的过程,同时也是客体作用于主体,改造主体,提高主体品德和能力,增强主体本质力量的过程。主体要成功地改造客体,生产出具有更好的特性功能的产品,必须认识客体的本质和规律,熟悉客体的属性与功能,必须克服主体思维中的一些缺点和不足,提高主体的知识和能力,培养良好品德,从而使主体本质力量增强。随着主体本质力量的增强,主体自由也相应扩大,主体创造的对象化产品质量更高,功能更先进。人的价值与其所创造的价值成正比。人们创造的价值越多,人的价值也越大。

其四,人化自然具有重要的认识价值。我们从古代的石器、玉器、陶瓷、青铜器、铁器等文物中可以了解古代的生产力水平、工艺特点、文化特征等。从一个国家产品的质量、功能、造型、外貌、包装设计等,可以了解一个国家的生产力水平、科学技术水平、民族的素质、文化特点等。通过人化自然我们可以了解它的生产者的素质、工艺水平及文化意蕴。

其五,人化自然还具有审美价值。许多人化自然不仅具有使用价值,还具有审美价值。一些有独特造型的建筑物,不仅可以居住,还有很高的审美价值。人们日常用的许多家具也是既有使用价值,也可作装饰品,具有审美价值。作为工艺品的人化自然,不仅有经济价值,更有其突出的审美价值。

(三)人体自然价值

人体自然就是人自身的自然,即人的身体,包括大脑及五官、四肢、肌肉、骨骼、内脏、血管、血液等。人的身体是大自然进化的产物,是一种自然物,是一种物质存在,它要受自然规律特别是生物规律支配。在这一点上与其他动物机体没有什么不同。但人是社会动物,是社会存在物,能劳动,能创造人化自然。人的生育成长营养保健与疾病治疗,受社会制约,与一般动物不同。所以人体自然又不同于其他动物机体。

人体自然,即人的身体是生命存在的物质基础。对个人来说,人的价值首先是生命的价值。生命只有一次,生命存在本身就有重要价值。生命存在是人的尊严、自由、权利、人格的基础,是使自身全面而自由发展,实现人生自我价值的前提;也是为社会创造财富,关爱他人,促进社会发展进步和增进人类幸福,充分发挥个人作用的前提。所以人体自然对个人具有重要的自我价值和社会价值。

对社会来说,个人是组成社会的细胞。马克思、恩格斯说:"全部人类历史的第一个前提无疑是有生命的个人的存在。"[①]而人体自然是个人生命的物质基础。所以,人体自然是人类社会存在和发展的物质前提。人体自然的情况如何,人们的健康状况如何,对社会、国家、民族及种族的繁衍、兴旺都至关重要。旧中国备受列强的侵略和欺凌,国家贫弱,中国人也被称为"东亚病夫",受人鄙视。所以,一个国家、一个民族的人民的体质不好,就不能自立于世界民族之林。广大人民的体质,对一个国家、民族以至整个人类社会的生存

---

① 《马克思恩格斯选集》第 1 卷,人民出版社 1995 年版,第 67 页。

发展都具有重要价值。以人为本,首先要关爱人的生命,关爱人的健康,坚持"健康第一"。要实现每个人自由而全面的发展,首先要努力增强每一个人的体质。要在大力发展经济的基础上,努力提高人民物质文化生活水平,提高生活质量,增强营养,加强体育锻炼,改善医疗保健条件,促进广大人民体质的提高。

(四)社会存在价值

人类在社会中生活,人类社会生活有两个基本方面,即物质方面和精神方面。社会存在指不以人们的社会意识为转移的社会物质生活过程,即社会生活的物质方面,其本质内容是社会物质生活资料的生产方式。它包括社会物质生产活动赖以进行的自然条件;社会物质生产活动即生产实践活动及生产力;人自身的生产,即人的繁衍;社会生产关系,即社会物质生产活动借以实现的社会关系等。

社会物质生活过程或社会物质资料的生产方式中的"物",不是作为原始自然的自然物,而是指生产实践的劳动产物。"人"也不是自然人,而是一定社会关系中的人;生产力包括劳动者、劳动资料、劳动对象,是一定社会关系中的人和物;生产关系是不以人们意志为转移的物质资料生产过程中结成的社会关系。所以,社会存在是不以人们的社会意识为转移的客观存在,是物质存在的一种形式。

社会存在的价值:社会存在作为物质生活的生产方式制约着整个社会生活、政治生活、精神生活。社会存在是社会生存和发展的物质基础。随着社会物质生活生产方式的发展,社会也随之发展。社会存在决定社会意识,决定社会精神生活过程,社会意识是社会存在的反映,社会意识依赖于社会存在;社会意识有相对独立性,它可能落后或超前于社会存在,落后或超前于社会物质生活;社会意识的发展具有继承性,并对社会存在有反作用。

二、精神价值

精神价值是精神客体的价值,即精神客体对主体或客体的积极效应。精神客体很多,这里主要研究知识价值、道德价值、审美价值、宗教价值。

(一)知识价值

知识是人类认识的结晶,是人类在实践基础上对客观事物的反映,包括正确的反映与错误的反映。知识包括经验和系统的科学理论。按内容来划分,知识可分为自然科学知识和社会科学知识。正确反映客观事物本质和规律的知识是真理,错误反映客观事物的本质和规律的知识则是谬误。知识的价值主要指正确的知识即真理的价值。知识的价值或真理的价值主要表现在以下几方面:

首先,真理是认识世界的阶梯,是认识世界的工具。实践是认识的基础,知识来源于实践。但一个人的实践领域是很有限的,对以往历史上的一些事情,对他人、其他领域实践的结果,只能通过间接知识来获得。真理性的知识的传播和学习,大大丰富了人们的头脑,增加了人们对世界的认识,这是认识世界的一种捷径。

其次,真理能增强主体本质力量,增长主体能力。知识不等于智慧和能力,但真知是智慧和能力的基础,而无知则是与愚蠢无能相联系的。主体能力以对必然性的认识为基础,即以对真理的认识为前提。一个人知识多,见多识广,思路开阔,办法就多,能力相应也更高。知识的积累是创造发明的基础,在充分占有大量知识的基础上,就可以通过分析对比,获得新的发现发明和创造。

再次,真理是实践成功的保证。人们要想在实践中取得成功,必须使自己的思想符合客观外在的规律性,而真理正是对客观事物本质和规律的正确反映。知识就是力量,科学技术是第一生产力。当今世界被称为知识经济时代、信息时代、网络时代。知识特别是高科技知识,已成为经济增长的决定性因素。高科技知识的这种重要作用,是知识价值的重要表现。同样,正确的哲学社会科学理论,也有重要价值。我国40多年经济社会快速发展,是在中国特色社会主义理论指导下取得的。我国改革开放和社会主义建设的伟大成就,充分证明了哲学社会科学对指导实践的巨大价值。

最后,真理具有信仰价值。对真理的认识与坚定的信仰,能激发人们高涨的热情与坚强的意志,去战胜前进道路上的艰难险阻,为实现远大理想而英勇奋斗。"砍头不要紧,只要主义真"这是革命烈士夏明翰慷慨就义时的豪言壮语,它表现了对共产主义的坚定信仰和为实现这一信仰不惜流血牺牲的大无畏英雄气概。对真理的坚定信仰,是共产党人坚强不屈的精神支柱和强大动力。

(二)道德价值

道德是依靠社会舆论、传统习惯和内心信念调节人与人、人与社会关系的思想原则和行为规范的总和。它是由一定的社会关系决定的,并为一定的社会关系服务。道德内容,从个人方面说,指个人的道德意识和道德实践,包括道德信念、道德理想、道德情感、道德意志、道德判断、道德行为和道德品质等;从社会方面说,指一定社会的伦理关系、伦理原则、道德标准、道德规范及社会公德、职业道德、家庭美德等。道德实践以道德意识为指导,而道德规范则以道德意识为基础。所以,道德价值是精神价值的一个重要方面。道德的基本范畴是善与恶,道德价值就是善的价值。

道德的基础是人民利益、社会利益或公共利益。道德意义上的善,就是利群、利社会、利人民,个人是群体的细胞,因而也是利他与利己的统一。善是以不损害社会和他人利益为前提或底线的。不损害社会和他人而利己的行为,也是善,因为这也是有利于社会的。损害社会和他人利益的行为则是恶。道德的价值主要表现在以下几个方面:

首先,道德有教化作用。道德有重要的认识价值。它能帮助人们识别善恶,促进人们行善去恶,约束自己,使自己言行合乎道德规范,克服行为失范现象,关心社会群体,关爱他人,促进人们德智体美全面发展。

其次,道德是精神支柱。道德是人格的基础。一个人具有坚定的道德信念、道德理想、道德情感和道德意志,就能严于律己,自觉地坚持道德原则,就能保持高尚的人格,自觉地抵制不良行为。做到"富贵不能淫,贫贱不能移,威武不能屈",永葆高尚情操和人格,做一个有益于人民的人。

再次,道德是强大动力。一个有良好道德品质的人,不仅自己能克己奉公,还能将自己的道德理想、道德情感化作强大的动力,推动自己奋发向上,自强不息,刻苦学习,奋力拼搏,创造性地劳动,为人民造福,把整个生命与精力都献给社会,献给祖国和人民。

最后,道德有重要的调节作用。良好的道德有助于正确处理个人与他人、个人利益与社会利益、眼前利益与长远利益的关系,有利于发扬顾全大局,奉献社会的精神,使社会既生动活泼,又安定有序地发展;也有利于克服急功近利倾向,正确处理人与自然的关系,实现人与自然和谐发展。从而有利于坚持以人为本,促进经济社会全面、协调、可持续发展和人类社会发展进步。

(三)审美价值

什么是美?几千年来众说纷纭,至今仍然是一个争议很大的问题。在美学界,对美的本质问题主要有三种观点:第一种观点是客体属性论。认为美是客体的某种固有属性,强调美的客观性,而忽视主体的作用;第二种观点是主观论。认为美只存在于观赏者的心灵中,忽视客体的作用,否认美的客观性。这两种观点各执一端,各有其合理之处,又各有其片面性。第三种观点是主客体关系论。这种观点是在扬弃前二者的基础上发展起来的,相对来说比前二者更合理。这种理论认为,美离不开客体,也离不开主体,是主客体相互作用的产物,是主客体相互作用产生的客体对主体超功利的愉悦效应。客体对主体的超功利的愉悦效应,就是审美价值。这种超功利的愉悦效应,是一种精神效应,所以审美的价值属于精神价值。

美作为一种精神价值,具有以下特点:第一,客观性。首先,审美客体、审美主体、主客体相互作用都是客观存在的,审美效应即审美价值必然也是客观存在的;其次,美具有直接现实性,它可以直接呈现出来。这也证明美是客观存在的;再次,美的产生必须以一定的物质条件为基础,以解决了温饱问题、安全问题和其他令人担忧的问题为前提。第二,主体性。美的产生要受主体情感、兴趣、能力等的影响和制约。第三,社会性。美要受到传统文化、风俗习惯、宗教信仰等社会文化生活的影响。第四,愉悦性。休谟说:"各种各样的美都给予我们以特殊的高兴和愉快。"①第五,超功利性。真正的美使人陶醉,

---

① ［英］休谟:《人性论》下册,关文运译,商务印书馆1997年版,第333页。

令人物我两忘,超越功名利禄,能使人净化灵魂,是超功利的。

审美价值的主要表现:

首先,能美化生活,使生活多姿多彩。真善美是人们追求的目标,人们总是力求使自己的一切尽善尽美。造型奇特的建筑,雅致的室内陈设与装饰等,给人以美的享受。绿色的草坪,五彩缤纷的花坛,使人忘掉疲劳,心情舒畅。生活中多一点美,就多一分愉悦,多一分朝气。

其次,能陶冶情操。美是超功利的,美能净化人的灵魂,陶冶人的情操。我国近代著名思想家严复曾说,美术能"移情动魄","移风易俗",使人民"有高尚之精神"①。近代学者蔡元培也认为,"不信宗教之国民,何以有道德心,全恃美术之作用"②。他还说:"纯粹之美育,所以陶养吾人之感情,使有高尚纯洁之习惯,而使人我之见、利己损人之思念,以渐消沮者也。"③他认为美育能化解损人利己的思想,培养良好品德。因为美有普遍性,能破人我之见,去利害得失之计较。美有超越性,能破生死利害的顾忌,使人从功名利禄等追求中解脱出来,淡泊名利,化解私欲,纯真待人,使人忠厚淳朴。

再次,有经济价值。我们生产的产品,不仅要有好的性能和使用价值,还要有审美价值。一块普通的石头,经过工匠的雕刻,成为一头壮伟的雄狮,不仅有观赏价值,而且可增加经济效益。人们都喜欢买物美价廉的商品,商品的审美特性,使商品能吸引顾客,占领市场,打开销路,实现价值,具有重要的经济价值。

(四)宗教价值

宗教是支配人们日常生活的外部力量在人们头脑中的虚幻的反映,是笃信和崇拜超自然的神灵的社会意识形态。宗教产生于原始社会的后期。宗教的起源在于生产力水平低下,人们无法控制自然而产生的对自然的敬畏和神秘感。在阶级社会中劳动者蒙受深重苦难无法解脱,只能把希望寄托于神灵,使宗教得以广泛传播。在社会主义社会里,某些严重的自然灾害和社会上一

---

① 严复:《孟德斯鸠法意》十九卷五章按语。
② 蔡元培:《致〈新青年〉记者函》。
③ 蔡元培:《以美育代宗教说》。

些不测事件仍困扰着人们,一些人还会崇拜某种超自然的神灵,宗教不可避免地还将长期存在。宗教的内容是宗教信仰、宗教情感等宗教意识。宗教形式有宗教仪式、宗教教规、宗教组织等。宗教的核心是宗教信仰。宗教的价值是一种精神价值,即信仰价值。

宗教是一种复杂敏感的社会现象。宗教价值也很复杂,既有重要的积极作用,又有一定的消极作用,必须全面地进行分析。

宗教对社会生活有重要价值。其一,宗教有慰藉价值。能给信徒以心灵上的寄托与安慰,消除心灵上的困惑,使人们从恐惧不安中解脱出来。

其二,宗教有道德感化价值。宗教的教义要求信徒自律自戒,趋善祛恶,对教徒有教化作用。

其三,宗教具有重要的文化价值。宗教本身是一种文化现象,传播着一定的文化观念。宗教活动是人们的重要文化活动,宗教保存了古代的许多优秀文化。宗教的许多经典、教义、教规、传说、宗教仪式、寺庙等,有重要的文化价值。

其四,宗教具有重要的社会政治价值。历史上,宗教曾经是农民起义的一种形式。在今天,宗教对巩固爱国统一战线,加强全国各民族大团结,巩固边防,化解社会矛盾,构建社会主义和谐社会有重要作用。广大信徒同胞都爱国爱教,通过宗教联系,对实现祖国统一大业有重要促进作用。在国际上,利用宗教联系和宗教情感的认同作用,可多交朋友,发展国际统一战线,为我国社会主义现代化建设营造良好的国际环境,促进世界和平、合作、繁荣、发展。

宗教也有消极作用:首先,宗教有虚幻性。宗教是外部力量在人们头脑中的歪曲、虚幻的反映,是不科学的。从这个意义上说,宗教是麻痹人的鸦片烟,对人们的思想有一定束缚作用。

其次,宗教有稳定性、保守性。宗教有一种相对稳定的思想观念、风俗习惯、教规戒律,不易接受新的思想观念,有一定的保守性,容易束缚人的思想,不利于人们自由而全面的发展。

再次,宗教具有敏感性和群体性。信仰宗教的群众都有自己的宗教感情,对自己信仰的宗教怀有特殊的感情,不容伤害。这种宗教感情如受到伤害,往往会在信徒中产生广泛影响,容易产生骚乱。世界上一些地方,一些宗教纠纷,导致严重的社会冲突,影响深远,很难解决。所以对宗教问题,特别是对信教群众的宗教感情问题,应极为慎重。应尊重人们宗教信仰自由和信教群众的风俗习惯,不能伤害教徒的宗教感情。

三、人的价值

人的价值是价值的又一基本类型。世间一切事物中,人是最宝贵的。所以,在一切价值中,人的价值是最重要的价值。价值哲学探讨的各类价值都是对人的价值,都是为了增大和提高人的价值,使人类生活得更美好。可以说,人的价值问题是价值哲学的核心,也是争论最多、最复杂、最困难的问题之一。人的价值问题内容很多,这里只简要地探讨几个较重要的问题。

(一)人的自我价值与社会价值

人的价值问题中最重要的是人的自我价值和社会价值问题,在这个问题上歧见最多,争议也最大。有的人只承认人的社会价值,而把自我价值等同于自我中心,等同于个人主义而加以申斥;也有人只关心自我价值,而忽视社会价值。这两种看法都失之片面。所以,这是一个重要的需要深入探讨的问题。

人的价值,是人对社会、集体、他人和自我的价值,概括地说,是人对社会(包括集体和他人)和自我的价值。人对社会、集体、他人的价值,就是人的社会价值;人对自我的价值就是人的自我价值。这是人的价值的两个方面。这里的人,可以是主体,也可以是客体;这里的社会(包括集体和他人)、自我既是主体,又是客体。自我包括大我(社会)、中我(集体)和小我(个人),社会、集体和个人都有一个自我价值问题,可见,自我价值不等于个人价值,也不等于个人的自我价值。社会、集体的自我价值,即对社会、集体的价值,实际上是对社会的价值,即对社会自身的价值。所以人的价值是人作为主体或作为客体对主体(社会、集体、他人)和自我的价值。人们研究人对社会的价值,实际上就是研究人类社会、集体的自我价值,因此,人的自我价值主要指个人对自身的价值。而个人价值则包括个人对社会、集体、他人和自我的价值,所以个人价值包括(个人的)社会价值和自我价值。

　　我们通常说的人的价值,指的是人的社会价值,即人对社会的价值。所谓人的社会价值,就是人对社会的积极效应,即人对社会的贡献。人对社会的贡献越大其社会价值越大。人是社会的存在物,人的社会价值是人的根本价值。爱因斯坦说:"一个人的价值,应该看他贡献什么,而不应该看他取得什么。""一个人对社会的价值首先取决于他的感情、思想和行动对增进人类利益有多大作用。"①爱因斯坦认为,人的价值在于对社会的贡献,他正确地揭示了人的价值的实质。他所说的人的价值,是整个人的价值,即包括人的社会价值和人的自我价值在内。而人对社会的贡献,实际是人的社会价值。可见,人的社会价值是人的根本价值,从这个意义上说,人的社会价值,就是人的价值。

　　什么是人的自我价值呢? 人的自我价值就是人对自身的价值。人(作为主体或客体)的思想言行对自身生存、发展完善也会产生一定的效应。这种效应也有积极与消极、正与负、大与小之分。一般地讲,人的自我价值,指积极效应,即正价值。真正的自我价值,在于人的思想、言行对自身的积极效应,使自我自由而全面地发展,使自我健康发展,使自我更加完美;反之则是负价值。个人不能离开社会而存在。社会的生存与发展,是个人生存发展的基础。要使自我健康地发展,使自我更加完美,必须以有利于促进社会发展、完善,促进人类进步为基础,以不损害社会和他人发展、完善为前提;否则,就只能走向反面,甚至会受到社会惩罚。所以,人的自我价值必须以社会价值为基础。人的自我价值就在于人的思想、言行在推动社会、他人发展完善的基础上促进自我健康发展,使自我更加完美。德国诗人歌德说:"你若喜爱自己的价值,你就得给世界创造价值。"②他所说的"自己的价值",包括自己的社会价值和自我价值在内。他的诗句也启示我们:人的价值包括社会价值和自我价值都在于为社会创造价值,都在于对社会作出贡献。马克思说:"在选择职业时,我们应该遵循的主要指针是人类的幸福和我们自身的完美。"③"人类的幸福",是人的社会价值;"我们自身的完美",是人的自我价值。人应该既有社会价值,又有自我价值。马克思还说:"人们只有为同时代人的完美,为他们的幸福而

---

① 《纪念爱因斯坦译文集》,上海科学技术出版社 1979 年版,第 68—69 页。
② ［德］歌德:《格言诗》,载《德国诗选》,上海译文出版社 1982 年版,第 111 页。
③ 《马克思恩格斯全集》第 1 卷,人民出版社 1995 年版,第 495 页。

工作,才能使自己也达到完美。"①这是说,只有促进同时代人的完美,才能使自己达到完美,只有具有较大的社会价值,才有完美的自我价值;只有为社会作出贡献,才会有人生的美好价值。所以,人的社会价值,是人的根本价值。

但我们不能只重视人的社会价值而忽视自我价值。这是因为:首先,实现人的自我价值是实现人的社会价值的必要条件,马克思、恩格斯说:"每个人的自由发展是一切人的自由发展的条件。"②自我价值的实质是促进自我自由而全面的发展。自我价值是实现社会价值,促进社会发展的重要条件。一个人要为社会作出贡献,他必须享受一定的物质生活资料,受到良好的教育、训练,使自己德智体美等素质得到良好发展,即他必须首先享有一定的自我价值,否则就不可能为社会创造价值。其次,自我价值是人们从事各种活动的出发点和内在动力。马克思、恩格斯说:"个人总是并且也不可能不是从自己本身出发的。"③只有关心群众的自我价值,群众才会投身社会为社会创造价值;失去自我价值就失去内在动力。所以,人的价值是社会价值与自我价值的统一,二者是互为前提不可分割的。

人的社会价值是人对社会的贡献,实质是使社会、集体和他人更美好;人的自我价值在于使自身健康发展,实质是使自身自由而全面地发展:要使自身健康发展,为社会作出贡献,必须享有必要的物质文化生活资料。从这个意义上说,人的社会价值与自我价值的关系,是人的贡献与享有的关系。享有是贡献的必要条件,但从整个人类历史的长河来看,对社会的贡献是享有的前提,享有是贡献的结果,享有来源于贡献。归根到底,是生产决定消费,贡献决定享有。一个人对社会作出了贡献,必然相应地享有一定的社会财富,他既有社会价值,又有自我价值。为社会贡献越大,自我享有越多,其社会价值和自我价值越大。一个对社会毫无贡献而享有社会财富的人,他就是社会的蛀虫,其社会价值是负价值;这样的人为社会所鄙弃,其自我价值也是负价值。其享有越多,负价值越大。所以,从根本上说,人的价值在于对社会的贡献。

---

① 《马克思恩格斯全集》第 40 卷,人民出版社 1982 年版,第 7 页。
② 《马克思恩格斯选集》第 1 卷,人民出版社 1995 年版,第 422 页。
③ 《马克思恩格斯全集》第 3 卷,人民出版社 1960 年版,第 274 页。

（二）人的客体价值与主体价值

主体与客体的关系包括主体与客体、主体与主体、客体与客体等关系。在复杂的社会生活中，人既是主体，也是客体。人既有主体价值，也有客体价值。人的主体价值就是人作为主体对主体（社会、集体、他人与自我）的价值，人的客体价值就是人作为客体对主体的价值。人的价值是人的主体价值与客体价值的统一。

人的客体价值即人作为客体对主体（社会、集体、他人与自我）的积极效应。人的客体价值包括社会价值和自我价值。在这里，人的社会价值是人作为客体对社会（含集体、他人）的积极效应，即对社会的贡献。人的能力有大小，人对社会的贡献有大小之分。人的自我价值则是人作为客体对自我发展的积极效应，即使自身健康发展，使自我更加美好。人的客体价值是人的工具价值、手段价值、效用价值。

人的主体价值是人作为主体对主体（社会、集体、他人与自我）的积极效应。人的主体价值包括两个方面：一是人道价值；二是社会价值。人的人道价值是人作为主体对自身的积极效应，即人作为主体的自我价值。人道价值包括三方面的内容：第一是人的生命的价值，这是人的全部价值的基础；第二是人格价值，即人的自由、尊严、人格、权利等的价值，这是人作为主体的基本条件；第三是人的发展的价值，即人的自由而全面发展的价值，这是人的价值的归宿。人道价值是作为主体的人的目的价值，是人的主体价值的重要方面。从人道价值来看，特别是从人的生命、自由、尊严、人格、权利来看，一切人都是平等的，无高低贵贱之分。

人的主体价值还有一个方面，即人的社会价值，亦即人的劳动创造和对社会的贡献。为什么说这也是人的主体价值呢？这是因为：第一，人能够劳动创造，生产人化自然，这是人的主体性的集中表现和主体本质力量的确证。所以人的劳动创造和对社会作出贡献是人的主体价值的重要方面。第二，人是社会的细胞，而人的社会价值的本质在于使社会（大我）更美好，这是人类自身的目的价值或终极价值，因而也是人的主体价值。人的主体价值中的人道价值与社会价值都是目的价值，但二者也有差别：人道价值是人作为主体的自我价值;而社会价值则是人作为主体对社会、集体、他人的价值,是人的劳动成果贡献给社会,使社会更美好。在这里人的劳动成果直接表现为工具和手段,而使社会更美好则是目的。所以,人的社会价值的直接表现是手段价值、工具价值、客体价值,但实质上是为使人类社会更美好,而这正是人(个体、群体或人类)的目的价值。可见,人的社会价值在形式上表现为客体价值、手段价值、工具价值,实质上是主体价值、目的价值。

如前所述,在社会生活中,人既是主体,也是客体,既要享受社会或别人对自己提供的服务,也要为社会、集体、他人服务。这就是人人为我,我为人人。所以,人既有主体价值,也有客体价值。讲人有客体价值并不否认人有主体价值;同样,讲人有主体价值,也并不否认人有客体价值。我们常讲"为人民服务",就是讲人的客体价值、手段价值。我们既要为人民服务,同时也是别人服务的对象。正如说一个人全心全意为人民服务是他的高尚品德一样,讲人有客体价值并不是对人的价值的贬低。人的价值是主体价值与客体价值的统一,这是人的价值不同于物的价值的根本特点。只讲人的客体价值,忽视人的主体价值是片面的;同样,只重视人的主体价值,忽视人的客体价值,也是片面的。坚持以人为本,关爱人的生命,尊重人的自由、尊严、人格与权利,促进每个人的自由而全面的发展,这就是尊重人的主体价值;而全心全意为人民服务,则是实现人的客体价值。只有全面地辩证地认识人的主体价值与客体价值,才能科学地认识人的价值。

(三)人的潜在价值、内在价值、外在价值或现实价值

人的价值是从潜在价值到内在价值,再到外在价值即现实价值的发展过程。

人的潜在价值是人自身潜在的或可开发而尚未开发的生理和心理素质的价值。人的内在价值是一个人自身已具备的或已经形成的良好的体质、品德、知识、能力、情感、意志等,即内在的本质力量的价值,主要是人自身的德、智、体、美等良好素质的价值。而人的外在价值则是人的内在价值,即人的本质力量的对象化,对社会产生的现实的积极效应,人的外在价值就是人的现实价值。

由人的潜在价值到内在价值的转化,是主体内在素质与潜能经过学习、培训、社会实践、自我修养等一系列中介活动,开发、提炼、培养形成主体德、智、体、美等优良品质的过程。这种优良品质的价值是主体内在具有的尚未对象化、尚未产生现实效应,因而是人的内在价值。这种内在价值运用到现实生活中,发挥主体的聪明才智,为社会创造物质和精神财富,为社会作出贡献,使主体本质力量(内在价值)对象化,从而使人的内在价值转化为外在价值,即转化为现实价值。人的潜在价值无限多,所以由潜在价值转化为内在价值的过程是一个无限的转化发展过程。由内在价值向外在价值转化也需要一定条件,缺少一定条件,就不能使内在价值转化为外在价值或现实价值。实践是内在价值转化为外在价值的基础和最根本的条件。除此之外,还需要一定的机遇,一定的社会环境条件,需要伯乐的慧眼推荐和优秀人才个人的主观努力及毛遂自荐,等等。"沧海横流,方显出英雄本色","艰难困苦,玉汝于成",艰苦的环境正是杰出人才施展才智的大好时机和重要条件。没有这些条件,人的内在价值就不可能转化为外在价值。千里马就会"食不饱,力不足,才美不外见。""只辱于奴隶人之手,骈死于槽枥之间,不以千里称也。"(《韩愈·杂说四》)

人的内在价值决定其外在价值或现实价值,人的外在价值或现实价值是人的内在价值在现实生活中的对象化。人的内在价值在转化为外在价值或现实价值的过程中,又进一步丰富和发展人的内在价值。一般地说,人的内在价值与外在价值是统一的,但也存在着差异与矛盾。外在价值或现实价值是由内在价值与一定外部环境相互作用下产生的价值。同一个人在不同环境下往往会受到不同影响而发生变化,其内在价值在不同的环境作用下产生的外在价值或现实价值不尽相同。动机与效果的统一,言与行的统一,表里如一,是内在价值与外在价值统一的表现。在现实生活中还存在着内在价值与外在价值相背离的现象。所以,人的内在价值与外在价值的关系是十分复杂的。在现实生活中,需要透过现象对具体问题进行具体分析。人的内在价值与外在价值的关系问题,对于人的价值的评价和伦理学研究具有重要意义。

第十一章　价值意识与价值观念

价值是一种客观存在。存在决定意识,价值存在必然要反映到人的意识中来,形成价值意识。价值意识包括价值心理、价值知识或价值认识、价值观念、价值观等。价值意识中的价值心理、价值知识或价值认识,特别是价值观念、价值观对社会生活有重要影响。人们即使不了解价值哲学,也经常说到价值观、价值观念。所以,研究价值哲学不仅要深入研究价值的存在、本质、特性与分类,还要深入研究价值意识,特别要深入研究价值观、价值观念及其对社会生活的重要影响。

一、价值意识

(一)价值意识及其特点

1. 事实意识与价值意识

存在决定意识,意识是存在的反映,这种反映是以实践为中介的。客观世界存在着两个维度:一个维度是事实的维度,即客观事物是什么,有何性质、规律等;另一个维度是价值的维度,即客观事物有何价值、有何意义、应当如何等。因而存在包括事实存在与价值存在,相应地意识也包括事实意识与价值意识。客观存在的事物的结构、层次、属性、功能、本质、规律等,是事实存在或非价值存在,反映事实存在的意识是事实意识。客观存在的价值、价值关系是价值存在,反映价值存在的意识是价值意识。例如,"这朵花是红的"这是一种事实陈述,反映一种客观事实,是一种事实意识;而"这朵花很美",则是一个价值判断、价值意识,反映事物的价值、意义,内含着应如何,这种意识是一种价值意识。人们的意识既包括事实意识，又包括价值意识。

2. 价值意识的特点

价值意识有着不同于事实意识或非价值意识的显著特点：

第一，价值意识是关于事物对主体（人）或客体（自然生态）的价值、意义、作用、影响的意识，是对主体或客体的好坏、利害、得失、善恶、美丑、祸福等的意识；而事实意识或非价值意识则是对客观事物自身的性质、结构、层次、功能、本质、规律等的意识。

第二，价值意识有正与负、肯定与否定之分，有方向性；而事实意识或非价值意识则是中性的，无正负、肯定与否定之分，无方向性。

第三，对同一客体的价值意识往往因人而异，因主体不同而不同；而对同一客体的事实意识并不因人而异，不因主体不同而不同。

第四，价值意识内含着价值取向，即内含着"应当"如何，内含着主体态度如何。例如，说"这朵花很美"，就内含着"应当"爱护它、珍惜它。而事实意识则不包含"应当"如何。例如，说"这朵花是红的"，只陈述一种事实，并不表明主体的态度。

（二）价值意识的内容与层次

1. 价值意识的内容

意识包括知、情、意三个方面，价值意识也包括这样三个方面。价值意识中的知（知识），指价值知识或价值认识，是理性的价值意识；价值意识中的情（情感）、意（意志），属于价值心理，主要是非理性的价值意识。所以，价值意识包括价值心理和价值知识或价值认识，包括非理性价值意识和理性价值意识。

价值心理包括情感、意志等很多内容，主要有兴趣、爱好、需要、动机、意向、愿望或欲望、情绪、情感、意志等，其特点是具有鲜明的价值倾向性。兴趣是力求探究某种事物或从事某种活动的心理倾向。它使人对某种事物优先注意并产生向往的心情，使人专注于某一事物。所以，兴趣表现了主体对客体的一种肯定的价值评价或价值取向。爱好是兴趣的表现，当兴趣进一步发展成为从事实际活动的心理倾向时，就变成了爱好，即对某一种事物特别喜好，这也表现了主体的价值取向。需要既是哲学、经济学、政治学、社会学范畴,也是心理学范畴。有客观需要、物质需要,也有主观需要、精神需要或心理需要。作为一个心理学范畴,"需要是个体在生活中感到某种欠缺而力求获得满足的一种内心状态,它是机体自身或外部生活条件的要求在脑中的反映。"①它是主体对某种生活条件的依赖关系的反映,以意向、动机、愿望、欲望等形式表现出来。意向是需要的模糊的表现,是主体的一种模糊的内心倾向或取向。动机是推动一个人进行活动的内部心理动因或念头,是需要的具体表现。愿望是人有意识地指向一定目的的心理倾向或内心取向。欲望是强烈地倾向于要实现某一目标和获得某一客体的心理倾向。情包括情绪与情感,是由于客观事物是否符合主体需要与愿望而产生的态度的心理体验。情绪通常指有机体的生物需要是否获得满足而产生的暂时性的不稳定的剧烈的态度的心理体验,有喜、怒、哀、乐等表现形式。情绪为人与动物所共有,是情的初级阶段。而情感则是由于人的社会需要是否得到满足而产生的深刻的稳定的态度的心理体验。情感是人类所特有的,是情的高级阶段。情绪和情感都表现出对客体的肯定或否定的态度与评价,表现了主体鲜明的价值取向。

意志是主体自觉地支配其行动去克服困难,坚持不懈地努力实现预定目标的心理过程。意志有目的性、专注性、坚韧性。意志指向一定的目标,有明确的价值取向。从有一定目的来说,意志与意向特别是欲望、愿望相同,但后三者缺乏专注性、坚韧性。意志有随意性,容易受主体认识,特别是受情绪、情感的影响。当主体由于情绪、情感的冲动而改变行为目标时,就是感情用事。所以情感是意志的动力。真正坚强的意志可以控制情感,使喜怒不形于色。意志是由理性主导的,但又受情感的深刻影响,因而它既包含理性因素,又包含非理性因素。

价值知识或价值认识不同于事实知识或事实认识,它是对事物的价值、价值关系的反映。价值知识或价值认识包括感性价值知识(或感性价值认识)和理性价值知识(或理性价值认识)。感性价值知识包括价值感觉、价值知觉、价值经验等,是对客体价值的表面的现象的反映或概括。理性价值知识是

---

① 章志光主编:《心理学》,人民教育出版社 1984 年版,第 56 页。

在感性价值知识的基础上形成的,是在对客体价值和主客体价值关系进行理性分析思考的基础上形成的关于价值、价值关系的本质和价值活动规律的反映。理性价值知识包括价值概念、价值范畴、价值判断、价值推理、价值分析、价值论证、价值选择、价值预测、价值决策等。

价值心理与价值知识或价值认识是相互渗透相互影响的。兴趣、爱好、情感、意志等价值心理活动都受一定的价值知识或价值认识的影响,在获得价值知识或价值认识过程中,有价值心理,如兴趣、爱好、情感、意志等参与其中并发挥重要作用。所以,这两方面是紧密联系的。

价值知识与价值心理相互渗透融合,经过积淀提升就形成价值观念。各种价值知识或价值认识和价值观念的进一步概括就形成价值观。

2. 价值意识的层次

价值意识按照稳定性及其概括程度,从低到高可分为三个层次:

价值意识的最低层次是价值心理和感性价值知识或感性价值认识。价值心理,如兴趣、爱好、情感、意志等,是非理性的价值意识,有其鲜明的价值取向。感性价值知识或感性价值认识,如价值感觉、价值知觉、价值经验等,是理性的价值意识,也包含一定的有关客体有价值或无价值的判断。这个层次的价值意识往往缺乏稳定性。

价值意识的中间层次是价值观念和理性价值知识或理性价值认识。价值观念是关于客体价值和主客体价值关系的稳定的观念模式,是关于客体价值的价值信念、价值目标、价值标准、价值规范的稳定的观念系统。价值观念是非稳定的朦胧的价值意识经过多次重复长期积淀而形成的稳定的思维模式。价值观念包含情感意志等心理因素和主体价值知识或价值认识等理性因素,是理性因素与非理性因素的统一。社会风俗习惯和传统文化对价值观念有重要影响。价值观念具有稳定性,但也随着社会变革而发生变革。理性价值知识或理性价值认识包括价值概念、范畴、价值判断或价值评价、价值推理、价值选择、价值预测、价值决策等,是价值意识的中间层次,它们对价值观念的形成有重要影响。

价值意识的最高层次是价值观。价值观是关于价值、价值关系的根本观点,正如世界观是人们对整个世界的根本观点一样。价值观概括了各种价值观念、价值知识或价值认识中的一般观点。价值观与价值观念、价值知识或价值认识的关系，是一般与特殊的关系，一般存在于特殊之中，价值观存在于价值观念、价值知识或价值认识之中。现实生活中人们经常接触到的是各种价值观念和价值知识或价值认识，而这些价值观念、价值知识或价值认识中都内含一定的价值观。价值观指导价值观念和价值知识或价值认识，而一定的价值观念和价值知识或价值认识则体现了一定的价值观。

二、价值观念

价值观念是价值意识的重要内容，对社会生活有重要影响。所以研究价值意识问题必须深入研究价值观念。

（一）价值观念的内涵

价值观念与价值意识不同。价值意识是价值存在的反映，是客观存在的价值、价值关系的反映。它包括价值心理、价值知识或价值认识、价值观念、价值观。价值观念是价值意识的一个层次或一个方面。所以，价值意识与价值观念的关系是整体与部分的关系。价值观念也不同于价值心理。价值心理指兴趣、爱好、意向、愿望、情感、意志等心理水平的价值意识，是价值意识的低级形式；价值观念则是长期积淀形成的人们对某一类价值的稳定的观念模式，是较高层次的价值意识。价值观念也不同于价值知识或价值认识。价值观念与价值知识或价值认识都属于价值意识。但价值知识或价值认识属于理性价值意识，价值观念则既有理性价值意识，又有非理性价值意识；价值知识或价值认识随事物的价值不同而不同，没有固定的模式，而价值观念则具有稳定的观念模式或思维定式。

价值观念有其深刻的内涵。其一，价值观念内含某种坚定的价值信念。如"时间就是金钱"，"一寸光阴一寸金"，都是关于时间的价值观念，表达的是对时间重要性的价值信念。这种价值信念是在社会生活中通过多次的价值活动、反复的价值评价积淀而形成的对某类价值的坚定信念。价值信念是价值观念的基础，没有价值信念就没有价值观念。

其二,价值观念的重要内容是具有稳定的明确的价值追求、价值取向的,因而内含确定的价值目标。例如,有"质量是企业的生命"的价值观念,就会以提高产品质量作为企业生产的主要目标,坚持质量第一。

其三,价值观念内含着鲜明的价值标准。价值信念、价值目标决定价值标准。价值观念具有坚定的价值信念和稳定的价值目标,就会以这一价值信念和价值目标为价值标准去衡量事物的价值。就会认为,凡是符合这一价值观念的,就是有价值的;凡是不符合这一价值观念的,就是无价值或有负价值的。价值观念内含鲜明的价值标准或评价标准,是价值观念的重要内涵和突出表现。

其四,价值观念内含着价值规范。一个人有了一定的价值观念,就有一定的价值信念、价值目标、价值标准,就会用它们去规范自己的行为。所以价值观念内含一定的价值规范,它启示人们应当怎样做,不应当怎样做,从而对人们的言行起一定的范导作用。

价值观念具有社会性,是一定的社会利益关系的反映;具有历史性,随着历史的发展而发展;具有群体性,往往为一定群体所共有;具有相对稳定性,一经形成就很难改变。它是对一类事物或一类现象的价值的稳定的观念模式或思维定式,因而价值观念对社会生活有重要影响。

所以,价值观念是在长期价值活动中积淀而形成的对某类事物的价值信念、价值目标、价值标准、价值规范的稳定的观念模式系统。

价值观念的形成,既有理性思维的作用,又有非理性思维的作用。有不少价值观念是以理性思维为主,是人们在社会实践中经过反复的思考,反复的价值判断、价值选择基础上形成的;但也包含着一些非理性因素的作用,如受社会风俗习惯、传统文化、社会舆论、社会风气、社会思潮、社会群体的影响,在从众心理的影响下,不假思索而形成的;有的甚至非理性因素占主导地位。所以,价值观念与人们的情感意志有紧密联系。

影响价值观念的因素很多,首先是人们的利益和需要,这是价值观念的基础。人们不同的利益和需要决定不同的价值观念。为什么不同时代、不同阶级、不同民族有不同的价值观念?原因很多很复杂,首先,是由于不同时代、不同阶级、不同民族的利益和需要不同。其次,是受生产力和科学技术发展状况的制约。例如,在自然经济条件下,生产力发展缓慢,这样就形成了因循守旧、安于现状、求稳怕乱的价值观念。市场经济时代,产品必须有竞争力,必须提高质量、节约时间、提高效率,必须不断开发新产品,因而就产生了"时间就是金钱,效率就是生命"的价值观念和开拓创新的价值观念。再次,是受传统文化、传统观念的影响。西方人的价值观念不同于东方人的价值观念,信奉某种宗教的人的价值观念不同于信奉另一种宗教和不信教的人的价值观念。这些都是受传统文化、传统观念的影响。

(二)价值观念的功能

价值观念具有多方面的功能,因而对社会生活有重要影响。价值观念的功能主要有以下几方面:

第一,导向功能。价值观念内含着一定的价值信念、价值目标、价值标准、价值规范,使主体具有鲜明的价值取向和突出的价值倾向性,因而具有导向功能,能引导人们向着一定方向前进。

第二,动力功能或激励功能。价值观念内含着价值信念、价值目标或价值追求,是主体前进的巨大动力,能鼓舞人们去追求美好的价值目标,激发主体的热情和意志,因而对主体具有重要的激励作用。

第三,权衡功能。价值观念包含一定的价值标准或评价标准,因而具有重要的权衡作用。具有某种价值观念的人不假思索地就会认为,凡是符合自己的价值观念的就是有价值的;反之则是无价值或有负价值的。人们往往把价值观念当作评价尺度使用。价值观念的这种功能就是权衡功能。

第四,凝聚功能。价值观念具有重要的认同作用。价值观念具有强大的群体定势。有相同价值观念的人,具有相同的稳定的价值信念、价值目标、价值标准、价值规范,彼此之间自然地就会相互认同、相互吸引、感到亲切,因而能团结起来共同行动。所以价值观念具有重要的凝聚功能。价值观念不同,价值信念、价值目标、价值标准、价值规范不同,价值取向、价值追求不同,对事物的评价与态度不同,就没有共同语言,往往会产生反感和拒斥。价值观念的这种凝聚功能,在文化生活中最为明显。有的民族在世界上居住分散,虽历时数千年却始终保持着自己的民族特色,重要原因之一就是这个民族始终保持着自己特有的价值观念。我们中华民族具有巨大的凝聚力,这种凝聚力从根本上说,就是我国文化中内含的价值观念的巨大凝聚力。有了这样巨大的凝聚力,我们中华民族虽然历经磨难,但能够从苦难中崛起,自立于世界民族之林。有了这种强大的凝聚力,任何人也无法分裂中华民族,我们中华民族一定能够团结起来实现祖国的完全统一和实现中华民族伟大复兴的中国梦。这是由中华民族文化心理中蕴含的共同的价值观念所决定的,任何人也不能逆转。

第五,规范功能。价值观念内含着价值信念、价值目标、价值标准,因而蕴含着价值规范。有了某种价值观念,就内含着"应当"做什么,"不应当"做什么,因而对主体行为有内在的规范作用。这种规范作用,对主体自身是一种内在的约束,一种内在范导和自律;对社会则起着舆论导向作用和他律作用,可以规范社会生活。

第六,调节功能。价值观念具有重要的调节功能,能改变那些不符合主体价值观念的东西,使之向着符合主体价值观念的方向变化发展,具有能动地改造世界的作用。价值观念的调节功能有两个方面,即自我调节和社会调节。自我调节即自省自律,强化或增大一些符合自身价值观念的思想行为,抑制或克服一些与自身价值观念相矛盾的思想行为。社会调节则是按照一定的价值观念去调节社会生活,支持鼓励扶持那些符合一定价值观念的东西,抑制抵制削弱那些不符合一定价值观念的东西。价值观念对社会生活的调节是一种自发的调节,往往是通过风俗习惯、传统文化、社会舆论并借助于社会实践而起作用。这种调节首先是改变人们的观念,从而影响人们的实践,实现社会调节。而要调节社会生活,不是个体主体的实践所能实现的,必须使人民群众行动起来才能实现。所以社会调节的主体是社会主体。社会主体对社会的调节,实际上是社会主体的自我调节。从社会主体的这个意义上说,自我调节与社会调节是统一的过程。这个过程表现为社会主体在一定的价值观念指导下的社会变革。这种变革可能是前进,也可能是倒退,这取决于价值观念的性质是先进的,还是落后的。只有先进的价值观念对社会的调节才有利于社会进步,这种调节就是社会改革;落后的价值观念对社会的调节,只能把社会引向倒退。所以,价值观念对社会生活有重要影响。要充分发挥先进的价值观念对社会生活的积极作用,抑制落后的价值观念的消极作用,必须坚持社会主义先进文化的前进方向，坚持正确的价值导向。

（三）价值观念与价值规范

价值观念与价值规范密切联系。要了解价值观念与价值规范的关系，首先要了解价值与规范的关系。

广义地说，价值是主客体相互作用中客体对主体或客体的效应，狭义地说价值是主客体相互作用中客体对主体或客体的积极效应。规范则是主体的行为准则或规则，是对人们"应当"如何行动的具体规定。规范内含主体"应当"如何的具体的行为规定，体现了一定的价值取向、价值判断。从这个意义上说，规范体现了价值，属于价值范畴。

但规范与价值不同。首先价值是一种客观存在，属于"是"什么的问题；而规范作为主体的行为准则，则是一种价值意识，属于"应当"如何的问题。其次，价值主要指客体对主体的积极效应或意义；而规范则主要指主体的义务、责任、行为准则及价值取向。再次，价值是一般，规范是特殊；价值比较抽象，规范比较具体。价值虽然蕴含"应当"如何，但并未具体指出"应当"如何；而规范则具体指出"应当"如何。

规范有两种类型：一种是事实规范，如科学规范、学术规范、技术规范、操作规范、语言规范等。这一类规范是根据客体的本质和规律、属性、功能制定的。另一种是价值规范，如道德规范、政治规范、法律规范、管理规范等。这一类规范是根据社会群体的利益和客体尺度制定的。这两类规范与价值都有联系。事实规范是根据客体尺度，即客体的本质、规律、属性、功能制定的，规定人们"应该"遵循客体尺度行动，否则就会失败。所以，事实规范也体现了一定的价值取向，也包含着价值问题，属于价值范畴。价值规范则是根据主体尺度即社会群体利益和客体尺度制定的。利益问题是一个价值问题。一种东西对主体有益、有价值，就意味着"应当"珍视它、肯定它。所以，价值蕴含着"应当"如何，蕴含着规范。价值规范以价值为根据，价值决定价值规范，价值规范是价值的体现。从以上分析可见，事实规范与价值规范与价值都有联系，都体现了一定的价值取向，都规定了具体"应当"如何，都属于价值范畴。但二者也有区别，主要区别在于：事实规范是根据事实、根据客体尺度制定的，价值规范则是根据价值、根据主体尺度与客体尺度制定的；价值规范与价值的关系比事实规范与价值的关系更为密切。

价值观念内含一定的价值规范，即内含"应当"如何行动。所以，价值观念与价值规范有密切联系。一般地说，价值观念决定价值规范，价值规范体现一定的价值观念。但二者也有区别：

其一，抽象程度不同。价值观念与价值规范的关系是一般与特殊的关系。价值观念虽然内含价值规范，即蕴含"应当"如何，但只是一般地指出"应当"如何，并未具体规定"应当"如何；而价值规范则具体规定"应当"如何。

其二，复杂性不同。价值观念比价值规范复杂，价值观念是价值信念、价值目标、价值标准、价值规范的稳定的观念模式，是一个稳定的观念系统；而价值规范则比较简单，它主要规定主体"应当"如何，规定行为的具体准则。

其三，形成过程不同。价值观念的形成，自觉的教育、灌输、诱导与自发的熏陶，如社会风气、社会思潮、社会舆论等都具有重要作用；而价值规范的形成则主要是根据社会群体利益自觉制定的。

其四，作用特点不同。价值观念对人们行为的规范，是通过人们的观念作为人们内在的动力来影响社会，属于柔性规范；而价值规范则是一种人们必须遵守的外在行为准则，强制人们遵守，不得违反，是刚性规范。价值观念对社会生活的影响体现了自觉性、主动性和自律的作用，而价值规范对社会生活的影响则体现了强制性、受动性和他律的作用。

价值规范的这些特点，对于发挥价值观念的作用，具有重要意义。由于价值观念是一般地指出"应当"如何而缺乏具体规定，同时价值观念的作用是一种自律作用，主要靠自觉，是一种柔性规范。所以仅仅依靠价值观念去调节社会生活就不够有力，或者说缺乏力度。对一些缺乏自觉的人，只好听之任之，无能为力。把柔性的价值观念与刚性的价值规范结合起来，就把自律与他律结合起来，把启发自觉与强制遵守结合起来，把一般性的"应当"如何，变成可操作的具体规范，这样就可以更好地发挥价值观念对社会生活的调节作用。价值观念是通过价值规范而起作用的。由此可见，价值规范对社会生活有重要影响。

（四）改革与价值观念变革

价值观念随着时代的发展而发展，也会随着社会改革而发生变革。

1. 价值观念变革的根据

价值观念具有稳定性，不易发生变化，往往经济生活变化了，人们的价值观念未跟上时代的发展。但是社会存在决定社会意识，随着经济体制的改革，人们的价值观念或迟或早也要发生变革。

价值观念变革是生产力发展的客观要求。高度集中的计划经济体制实行统一计划，按计划生产，统购统销。企业只管生产，不管销售，导致产销脱节，高投入，低产出，高消耗，低效益，生产力发展缓慢。在计划经济条件下形成的吃大锅饭，干好干坏一个样，重产值、轻效益，重生产、轻销售，皇帝女儿不愁嫁等旧的价值观念，压抑人们的积极性、创造性，严重束缚了生产力的发展。生产力的发展，要求对经济体制进行改革，由计划经济转变为社会主义市场经济。随着经济体制改革的推进，迫切要求改变不适应生产力发展的计划经济时期的价值观念，代之以适应社会化大生产和社会主义市场经济的新的价值观念。

价值观念变革是科学技术发展的内在要求。科学技术是第一生产力，生产力发展要依靠科学技术。现代科学技术在生产中的应用，使产品的技术含量增加，知识含量增加，信息成为经济增长的关键因素。而知识、信息与人才是紧密联系的，国际上和企业之间经济上的竞争，集中表现为科学技术的竞争，知识的竞争，人才的竞争。确立尊重科学、尊重知识、尊重人才、重视信息的价值观念，是现代科学发展的内在要求。科学技术的发展，基础在教育，树立百年大计、教育为本、尊师重教等价值观念，也是科学技术发展的客观要求。

价值观念变革是社会生活实践的迫切要求。一些经济特区和沿海城市，率先实行社会主义市场经济体制，树立"时间就是金钱"、"效率就是生命"等价值观念，使生产力快速发展、人民物质文化生活水平快速提高。生活实践的逻辑先于观念的逻辑，生活实践决定了人们的价值观念变革。生活实践证明，旧的价值观念不利于生产力发展和人民生活水平提高，与广大人民的根本利益相冲突，这是人们抛弃旧的价值观念，产生价值观念变革的根本原因；而与现代化大生产和社会主义市场经济相适应的新的价值观念之所以应运而生，则是因为它有利于生产力的发展和提高人民生活水平，符合广大人民的根本利益。生活实践证明，是广大人民的根本利益决定了广大人民的价值选择，决定了价值观念变革。

2. 价值观念变革的内容

我国经济体制改革的目标是建立社会主义市场经济体制。由计划经济到社会主义市场经济，是经济体制的重大改革。经济基础决定上层建筑，随着计划经济向社会主义市场经济的转变，人们的价值观念相应地也要发生变革。

市场经济的重要机制是运用市场竞争调节生产，实现资源的合理配置和有效利用，促进生产力发展。在市场经济条件下，各企业的产品在价值规律的作用下平等竞争，优胜劣汰，对企业形成巨大压力。这种压力作用于企业，成为推动企业进步的巨大动力，推动企业更新技术，改善管理，提高劳动者素质，节约成本，提高劳动生产率，提高产品质量，从而推动生产力快速发展。

市场经济要求把企业推向市场，要求树立市场观念，一切从市场出发，接受市场竞争的检验。

有市场就有竞争，有竞争就有风险，就有压力。这就要求树立竞争观念、风险观念，勇敢地面对竞争，敢冒风险，敢于迎接挑战，才能在竞争中取胜。

要取得市场竞争的胜利，就要重视信息，重视机遇。这就要求树立信息就是财富的观念，树立机不可失的观念。

要在市场竞争中取胜，必须提高劳动生产率，节约人力物力，节约时间，降低成本。这就要求树立时间就是金钱、效率就是生命的观念。

要在市场竞争中取胜，要使产品占领市场，打开销路，就要赢得顾客青睐，让顾客满意。这就要求尊重顾客，树立顾客就是上帝的观念。

要在市场竞争中取胜，要赢得顾客，占领市场，必须守合同，重信誉。这就要求树立诚信为本的观念。

要在市场竞争中取胜，关键在于提高产品质量。这就要求树立质量第一，质量是企业的生命的观念。

要在市场竞争中取胜，提高质量，降低成本，增加花色品种，开发新产品，必须依靠科学技术，依靠人才。这就要求树立科学技术是第一生产力的观念，树立尊重知识,尊重人才,人才是最宝贵的资源的观念。

要在市场竞争中取胜,不仅要重视产品质量和产值,还要看销售,看效益。这就要求树立效益观念。

社会主义市场经济是以社会主义公有制为主体、多种所有制经济共同发展的基本经济制度。社会主义市场经济不仅要讲经济效益,还要讲社会效益;不仅要建设物质文明,而且要建设政治文明、精神文明、生态文明、构建和谐社会。这就要求树立义利统一,经济效益与社会效益、生态效益相统一的价值观念。特别是要树立以人为本,全面、协调、可持续发展的科学发展观。

目前,我国改革已进入深水区。各项改革正深入进行,产生的新的价值观念更多,价值观念变革的内容更加全面、多样、丰富,需要我们继续不断地进行深入研究。

3. 价值观念变革的实质与意义

经济体制改革及随之而来的破除旧的计划经济体制下的价值观念,代之以适应社会化大生产和社会主义市场经济体制的价值观念,是思想领域的一场深刻的变革。这一改革和价值观念变革的目的是要促进生产力发展和提高人民生活水平,促进经济社会和人的全面发展。价值观念变革的实质是解放思想,破除主观僵化的旧的价值观念,坚持一切从实际出发,实事求是,以人为本,全面协调可持续发展的科学发展观,使我国经济社会优质、高效、快速、可持续发展。

价值观念变革对我国经济社会发展和提高人民物质文化生活水平具有重要意义。社会存在决定社会意识,社会意识又对社会存在有反作用。先进的适合生产力发展的价值观念,对经济社会发展和人民生活水平的提高,具有重要的促进作用;而落后的不适应生产力发展的价值观念,则不利于经济社会的快速发展和人民生活水平的提高。如果对经济体制进行改革,由计划经济转变为社会主义市场经济,而价值观念却不能随之变革,仍然固守计划经济体制下的价值观念,我国经济社会就难以快速发展,人民生活水平也很难提高。结果只能是回到计划经济体制的老路上去,继续过普遍贫穷的生活。改革开放以来,随着经济体制改革的深入推进,我国社会的价值观念也随之发生了深刻的变革,破除了计划经济体制下的一些旧的价值观念,代之以新的适合社会化大生产和社会主义市场经济的新的价值观念,从而有力地破除了旧的思想束缚,解放了人们的思想,振奋了人们的精神。人们实事求是地从经济发展的客观规律出发,从市场竞争的实际出发,求发展,谋发展,有力地促进了我国经济社会的快速发展和人民生活水平的大幅度提高。40多年改革的实践证明,价值观念变革是我国经济社会发展的重要动力,对我国经济社会快速发展,全面建成小康社会,实现中华民族伟大复兴的中国梦具有重要意义。

三、价值观

价值意识的最高层次是价值观。什么是价值观? 价值观与价值观念是什么关系? 这是研究价值观首先必须搞清楚的问题。

(一)价值观与价值观念

价值观一词有多种理解:其一,是关于价值问题的根本观点;其二,是关于价值问题的观点或看法;其三,指价值观念。

第一种理解,认为价值观是关于价值问题的根本观点,这是价值观一词的基本含义。我们常说世界观、人生观、价值观,这里的价值观就是指关于价值问题的根本观点。

第二种理解,认为价值观是关于价值问题的观点或看法。这种理解,实际上是从字面上理解,是一种表面的理解。关于价值问题的观点很多,并非任何关于价值问题的观点都是价值观,只有关于价值问题的根本观点才是价值观。正如世界观是关于整个世界的根本观点,历史观是关于历史发展的根本观点一样。

第三种理解,把价值观等同于价值观念。这是一种习惯用法,或价值观念一词的简略用法。

价值观是世界观的一个重要方面,是价值意识的最高层次,而价值观念则是中间层次的价值意识。价值观是关于价值问题的一般性的根本观点,而价值观念则是在长期价值活动中积淀而成的关于某一类事物的价值信念、价值目标、价值标准、价值规范的稳定的观念模式,是对一些具体事物价值的稳定的观念模式。价值观与价值观念的关系是一般与特殊的关系。价值观指导价值观念,价值观念包含一定的价值观并体现了一定的价值观。二者具有内在联系,也有重要区别,不能等同。如果把二者等同看待,用价值观指代价值观念,没有多大困难,因为价值观念中包含着价值观,价值观要通过价值观念表现出来;但如果用价值观念指代价值观,就有很大的困难。例如,我们讲世界观、人生观、价值观,但不能讲世界观、人生观、价值观念,因为世界观、人生观都是一般范畴,而价值观念是特殊范畴,不能与世界观、人生观并列;只有价值观才是一般范畴,才能与世界观、人生观并列。

价值观有主导的、具有统摄地位的、核心的价值观与从属的、居于被支配地位的、非核心的价值观之分。对于一个国家、一个社会来说,最重要的是主导的、居于统摄地位的、核心的价值观,其他价值观则居于从属、被支配、被决定的地位。每一个国家都有自己主导的、居于统摄地位的核心价值观。

党的十八大提出要培育和践行富强、民主、文明、和谐,自由、平等、公正、法治,爱国、敬业、诚信、友善的社会主义核心价值观。社会主义核心价值观包括三个层面的具体内容,富强、民主、文明、和谐是国家层面的价值目标;自由、平等、公正、法治是社会层面的价值取向;爱国、敬业、诚信、友善是公民个人层面的价值准则。这三个层面的内容,集中体现社会主义的根本价值观点,是社会主义意识形态的本质的体现。

社会主义核心价值观的基本导向是引导人们崇德向善,讲道德、尊道德、守道德,追求高尚道德,不断夯实中国特色社会主义的思想道德基础,引导人们奋发向上,弘扬真善美,贬斥假恶丑,坚持正确的价值导向,汇聚正能量。

社会主义核心价值观的基本思想是为人民服务,为人民造福,以人民为中心,以人为本,以人民为价值主体,以人民的根本利益为出发点和归宿,使改革发展成果为人民共享,使国家富强,社会和谐、公正,社会与人全面发展,人民生活幸福美好。

社会主义核心价值观追求的价值目标,是实现全面建成小康社会,建成富强、民主、文明和谐的社会主义现代化国家,实现中华民族伟大复兴,实现国家富强,民族复兴,人民幸福的中国梦,为人类社会和平和谐繁荣发展作出重大贡献。

　　面对世界范围思想文化交流、交融、交锋形势下价值观较量的新态势,面对深化改革开放,发展社会主义市场经济条件下,思想文化多元、多样、多变的局面,积极培育和践行社会主义核心价值观,具有重要的现实意义和深远的历史意义:

　　一是有利于巩固马克思主义在意识形态领域的指导地位;

　　二是有利于巩固全党和全国人民团结奋斗的共同思想基础;

　　三是有利于形成崇德向善、奋发向上的精神风貌,促进每个人的自由而全面的发展;

　　四是有利于促进社会主义精神文明建设,抵制各种错误思想干扰,促进社会和谐稳定,引领社会全面进步;

　　五是有利于汇聚正能量,促进全面建成小康社会,实现中华民族伟大复兴的中国梦。

　　要培育和践行社会主义核心价值观,汇聚正能量,为全面建成小康社会,实现中华民族伟大复兴的中国梦而努力奋斗,必须正确理解价值的本质。在我国价值哲学领域,广为流行的是满足需要论。这种观点认为,价值的本质就是满足需要。能满足主体需要,就是正价值;反之则是负价值。但是需要有合理与不合理之分,满足合理的需要,是有(正)价值的,满足不合理的需要,则是负价值。按照满足需要论的观点,满足一切需要包括满足吸毒贩毒、嫖娼卖淫、违法犯罪等有害的需要也是有正价值的。这就不利于汇聚正能量,不利于社会和谐发展,不利于培育和践行社会主义核心价值观,不利于全面建成小康社会,不利于实现中华民族伟大复兴的中国梦。

　　而实事求是价值哲学则认为,价值本质是善的,价值的本质在于促进事物发展完善,更加美好。从主客体关系来说,价值的本质是主客体相互作用中的客体主体化,客体对主体或客体(自然生态环境)的积极效应,使主体特别是人类社会或客体(自然生态环境)发展完善,更加美好。坚持这一观点,有利于弘扬真善美,贬斥假恶丑,激励人们向上向善,有利于培育和践行社会主义核心价值观,汇聚正能量,全面建成小康社会,实现中华民族伟大复兴的中国梦。

（二）世界观、历史观、真理观与价值观

价值观与世界观、历史观、真理观有密切的联系。要深入理解价值观，必须深入研究世界观、历史观、真理观与价值观的关系。

1. 世界观与价值观

哲学是关于世界观的学问。世界观也称"宇宙观"，是关于整个世界的根本观点，即对整个自然界、人类社会和人的思维的根本观点。客观世界有两个维度：一是事实的维度，如客观世界的本原、本质、规律是什么？客观世界是怎样发展的？等等。这类问题是属于狭义的事实问题，是不因人而异的客观存在。二是价值的维度，如客观世界（客体）对人和自然界有何意义？我们应当怎样使世界变得更美好？等等。这类问题属于价值问题。世界观应包括关于世界的事实问题的根本观点和关于价值问题的根本观点。关于价值问题的根本观点就是价值观。所以世界观包括价值观，价值观是世界观的重要组成部分。

世界观是一个体系，一个系统，包括世界本原观、发展观、自然观、实践观、历史观、人学观、真理观（认识论）、价值观等。完整的世界观应包含价值观，不包含价值观的世界观不是完整的世界观。世界观从不同领域来看，包括自然观、历史观、思维观（认识论、逻辑等），自然观、历史观、思维观中都包含价值观，如自然价值观、历史价值观、思维价值观。人生观是世界观、历史观的重要表现，同样人生观也包含着价值观，即人生价值观。价值观渗透于世界观的各个方面，成为主体的内在动力与评价标准，决定主体价值取向与价值选择，对社会生活有重要影响。

世界观决定价值观，价值观从属于世界观，并体现一定的世界观。有什么样的世界观就有什么样的价值观。唯心主义的世界观，决定其价值观必然是唯心主义的。新康德主义唯心主义的世界观，决定了新康德主义唯心主义的价值观；实用主义的世界观，决定了其价值观是实用主义的价值观；马克思主义的世界观，决定了其价值观是马克思主义的价值观。世界观决定价值观，这是从归根到底的意义上和总的倾向上说的。世界观相同的人，由于对同一世界观的理解的不同及文化背景的差异，其价值观也可能有差异。

马克思说:"哲学家们只是用不同的方式解释世界,而问题在于改变世界。"①解释世界,即了解世界是什么,世界发展的规律是怎样的,世界对人有何意义;改变世界就是运用客观规律改造世界,创造出更适合人类生存发展的人化自然,即更好地创造价值和实现价值,使世界变得对人类更有价值,更有利于人的生存和发展。不难看出,马克思主义哲学世界观内在地包含着价值观。哲学作为世界观的理论体系,应该是世界本原观、发展观、自然观、实践观、历史观、人学观、真理观(认识论)、价值观的统一;缺乏价值观的哲学不是完整的哲学。在过去很长时间里,价值范畴被视为经济学范畴,人们对哲学价值问题未作专门研究,因而在以往的马克思主义哲学教科书中,不包括价值观,这无疑是一个缺陷。这种情况直到 20 世纪 60 年代初才开始有所改变。这以后特别是近 40 多年马克思主义哲学对价值问题作了广泛而深入的研究,人们已普遍认识到世界观应包括价值观。从世界观不包括价值观到世界观包括价值观,即认识到价值观是世界观的重要组成部分,是对哲学的丰富和发展,是哲学发展的新阶段。

2. 历史观与价值观

价值观不仅以世界观为基础,也以历史观为基础;世界观、历史观决定价值观,价值观体现世界观、历史观。历史观或社会历史观,是关于社会历史的根本观点,即关于人类社会的起源、本质、动力和发展规律的根本观点。历史观是世界观的重要组成部分。广义的价值,是客体相对于一定主体和客体(自然生态)而言的,通常所说的价值是客体相对于主体(人)而言的,所以,价值观是相对于一定的主体,即相对于人而言的。主体有个体主体、群体主体、社会主体即人类社会。无论是个体的人还是群体的人,都是社会的存在物,都是社会的人,都随着社会发展而发展。所以,价值范畴是社会历史范畴,历史观决定价值观,价值观是历史观的体现。有什么样的历史观就有什么样的价值观。有新康德主义的历史观,就有新康德主义的价值观;有实用主义的历史观,就有实用主义的价值观;有马克思主义的历史观即唯物史观,就有马克思主义的价值观。以往哲学史上的历史观都是唯心史观,有的是客观唯心主义

①　《马克思恩格斯选集》第 1 卷,人民出版社 1995 年版,第 57 页。

的历史观,有的是主观唯心主义的历史观。只有马克思的唯物史观,才第一次使历史观成为科学的历史观。唯物史观克服了以往的历史观只考察人们历史活动的思想动机,不了解物质生产方式对社会历史的决定作用,认为历史是英雄创造的,忽视人民群众创造历史的伟大作用的缺陷,确立了社会存在决定社会社意识,社会物质生产方式决定社会生活、政治生活和精神生活,人民群众是历史的创造者的根本观点。坚持唯物史观就会坚持以人民为中心,以人民为价值主体和评价主体,以广大人民的根本利益为根本的价值标准,以是否有利于促进生产力的发展,是否有利于社会进步,是否有利于提高人民生活水平,是否有利于促进每个人的自由而全面的发展,作为衡量社会价值的最高标准。马克思主义的价值观是唯物史观在价值领域的具体运用。只有坚持唯物史观,才能坚持马克思主义价值观。

3. 真理观与价值观

真理是认识论范畴,认识论是研究人类认识的本质、来源、过程及发展规律的哲学理论。认识的目的是获得真理,指导实践以创造和实现价值。认识论包括认识真理的理论,即包括真理的本质、认识真理的规律、检验真理的标准等问题的理论。真理是认识的目的和结果,整个认识过程都是为了获得真理,认识论的其他部分都是为获得真理服务的。真理观是关于真理问题的根本观点,是认识论的核心和精髓。而价值观则是关于价值问题的根本观点。真理与价值是紧密联系的。人们认识真理的目的是创造价值和实现价值,而创造价值和实现价值必须以认识真理为基础;不认识真理就无法创造和实现价值,人们的价值活动就会失败。所以,真理观是价值观的基础。

马克思在《1844 年经济学哲学手稿》中指出,人的生产要遵循两个尺度:任何一个种的尺度和内在尺度,即客体尺度和主体尺度。客体尺度就是客观规律。客体尺度就是真理的尺度,人们对真理认识越深刻,对客体的改造活动就越有成效。主体尺度就是主体利益、主体发展或主体发展规律,即看是否符合主体主要是广大人民的根本利益,是否有利于主体主要是社会主体生存发展,主体尺度就是价值尺度。人的实践活动既要遵循客体尺度,又要遵循主体尺度,既要遵循真理尺度,也要遵循价值尺度。真理与价值是统一的。恩格斯说:"科学越是毫无顾忌和大公无私,它就越符合工人的利益和愿望。"①毛泽东说:"共产党人必须随时准备坚持真理,因为任何真理都是符合于人民利益的;共产党人必须随时准备修正错误,因为任何错误都是不符合于人民利益的。"②这些论述说明,真理是符合人民利益的,即对人民有价值的;反之,错误则是不符合人民利益的,即对人民无价值的或有害的。要维护人民利益,必须坚持真理;要实现价值,必须坚持真理。科学的真理观是科学的价值观的基础和前提,没有科学的真理观就不会有科学的价值观。例如,实用主义的真理观认为有用就是真理,不论是否符合客观实际,其真理观是主观唯心主义的真理观,决定了其价值观是主观主义价值论。所以,要有科学的价值观,必须要有科学的真理观。马克思主义价值观,以马克思主义真理观为基础。

(三)理想、信念、信仰与价值观

理想、信念、信仰是体现人们最高价值目标和价值追求的自我价值意识,对人的一生及社会生活具有重要影响。要深入研究价值意识和价值观念,必须深入研究理想、信念、信仰的本质及其与价值观念、价值观的关系。

理想、信念、信仰是三个紧密联系的概念,它们的关系是:信念是信仰的基础,信念、信仰是理想的基础。要研究理想、信念、信仰问题,首先必须研究信念。

信念是在对真理的确信与价值的认同基础上,超越现实、超越自我,坚信未来美好结果的稳定的持久的自我意识和思维定式,体现了主体坚定的价值追求。

信念是以对真理或自认为是真理的确信、对价值的坚信和对未来美好结果的坚信为基础的。对真理的确信,体现了对真理的追求;对价值的坚信,体现了对善的追求;对未来美好远景的坚信,体现了对美的追求。所以,信念体现了对真善美的追求。

信念的形成是一个过程。信念的基础是对真理的确信与对价值的坚信。

---

① 《马克思恩格斯选集》第 4 卷,人民出版社 1995 年版,第 258 页。
② 《毛泽东选集》第三卷,人民出版社 1991 年版,第 1095 页。

信念的起点是"信"、相信,由相信到信心、信任,再到深信,进而上升到坚信,由此而形成信念。信念比相信、信任更深刻、更稳定、更持久,具有稳定性、持久性,形成一种稳定的思维定式。信念有多种,有社会信念,也有个人信念;有政治信念、道德信念、审美信念、宗教信念;有理性的信念,也有非理性的信念;有支配的主导的信念和一般信念。每一种价值观念都包含一定的价值信念,与理想、信仰并列的信念是支配的主导的最高信念。

在现实生活中,人们重视信念,主要指的是支配的信念或主导的信念,即支配人们行为的最高信念。这样的信念由于坚信未来必将产生美好结果,因而就内含对未来美好价值目标的追求,并以此作为价值标准和价值规范去评价事物和规范人们的行为。所以,一种支配的主导的最高的信念,内含价值目标、价值标准、价值规范;同时它本身也是一种稳定的持久的观念模式或思维定式。这样的信念就是一种价值观念,而且是在价值观念系统中居于主导地位、支配地位的核心的价值观念。

信仰以信念为基础,信念经过反复强化就凝结成信仰。信仰是对某一对象高度景仰、崇拜并以之统摄自己的精神生活,作为精神寄托的主体终极的价值追求。信仰也是在对真理的确信与价值的认同基础上超越现实和自我,坚信未来美好结果的稳定的自我价值意识,也体现了对真善美的追求。信仰本身也是一种信念,是一切信念中最重要、最根本的居于统摄、支配地位的最高信念。

信念与信仰密切联系,常常在等同的意义上使用,但严格说来信仰与信念是有区别的:第一,信仰是支配一切的信念,具有单一性;而信念不仅有支配性信念,还有其他从属性信念。第二,执着程度不同,信仰比信念更执着、深沉、投入,以致整个身心都为信仰对象倾倒。第三,情感的融入程度不同,信仰比信念在情感上更融入,不仅是理智上对真理的确信与价值的认同,而且还是情感的皈依与虔诚的信奉。所以,信仰是最深层次的信念,也是居于支配地位的最高的信念。从这里可以看到,信仰与信念具有一致性。由于信仰是最高信念,人们往往在等同的意义上使用信念和信仰这两个概念,而忽视其差别。例如,人们常说对马克思主义的信念,对共产主义的信念。这里的信念指的就是居于支配地位的最高信念,实质上就是信仰。在这里,信念和信仰是同一的。

信仰是多方面的,有政治信仰、宗教信仰、道德信仰、科学信仰、艺术信仰等;有理性的信仰,也有非理性的信仰;有进步的信仰,有世俗的信仰,也有落后的信仰、有害的信仰、反动的信仰。信仰作为支配地位的最高信念,也包含着价值目标、价值标准、价值规范,也是一种稳定的观念模式,因而也是一种重要的价值观念,是一种居于支配地位、统摄地位的核心的价值观念。

理想是人们立足现实,超越现实,超越自我,追求未来远大价值目标的高度自觉的自我意识,是人们为之奋斗的未来最完美的远大价值目标体系或模型。理想也是以对真理的坚信和价值的认同为基础,是对未来美好目标的追求,也体现了对真善美的追求。一种进步的理想必须符合客观规律,符合社会发展方向,符合广大人民根本利益。理想不同于幻想。理想与现实是对立的统一。理想从现实出发,立足现实,又高于现实,超越现实。理想的构成,有理性因素,也有非理性因素。理想有层次性,有阶段理想和最高理想,最高理想就是最远大的理想。理想也是多方面的,有社会政治理想、道德理想、科学理想、艺术理想、职业理想、个人生活理想等。

理想以信念、信仰为基础。人们追求远大的理想,就是对这一远大理想的价值目标的真理性及其重要价值有着坚定不移的信念、信仰。有什么样的信念、信仰,就有什么样的理想,例如,有马克思主义的信念、信仰,就会确立共产主义的远大理想。没有坚定的马克思主义的信念、信仰,就不会产生远大的理想。信念、信仰包含着对未来美好远景的执着向往与追求,而对未来远大价值目标的不懈追求正是理想的特点。所以,信念、信仰与理想是一致的。但信念、信仰与理想的内涵是不同的。第一,从内涵上说,信念、信仰主要揭示主体最高价值追求的方向,即价值取向;而理想则主要揭示主体最高价值追求的价值目标。第二,从思维特点上说,信念、信仰较抽象,而理想较具体。信念、信仰是对具有最高价值的对象的信服、崇敬、景仰、憧憬、向往,是对具有最高价值的对象的笃信的思想倾向;而理想则把这种向往和倾向进一步确立为远大的目标,使远大的价值追求更明确、更具体。第三,从与实践的关系来看,信念、信仰主要是一种精神寄托和景仰;而理想则使信念、信仰与现实结合起来,把远大价值追求化为远大目标及行动方案以指导实践,从而使远大的价值追求与实践相结合。信念、信仰只有转化为理想,才能更好地发挥信念、信仰指导人们实践的重要作用。只有信念、信仰而无远大理想和行动方案,这样的信念、信仰对现实生活的影响就会大大降低。所以,信念、信仰向理想的转化是信念、信仰的内在要求。从信念、信仰到理想的转化,是人们最高价值追求的深化、明确化、具体化。从这个意义上说,理想是较之信念、信仰更为深刻的范畴,一般说来,信念、信仰是理想的基础,信念、信仰指导思想,理想体现信念、信仰,深化信念、信仰,强化信念、信仰,使信念、信仰在现实生活中发挥更大的作用。所以,我们既要重视信念、信仰的作用,又要重视理想的作用。理想以具有支配性的最高信念、信仰为基础,为实现最高价值目标而奋斗,相应地也内含一定的价值标准和价值规范,也是一种稳定的观念模式或系统,因而也是一种居于支配地位、统摄地位的核心价值观念。

总之,理想、信念、信仰都是具有一定的价值信念、价值目标、价值标准、价值规范的稳定的观念模式,都是重要的价值观念,而且是在各种价值观念中居于支配地位、统摄地位的价值观念,是核心的价值观念,是支配或决定人们全部思想言行的自我价值意识。

价值观决定价值观念,价值观念是价值观的体现。理想、信念、信仰是居于支配地位、统摄地位的核心的价值观念,所以是价值观的集中表现。例如,共产主义的理想、信念、信仰就是马克思主义价值观的集中体现;对上帝的崇拜与信仰,则是神学价值观的集中表现。

理想、信念、信仰,特别是共同的理想、信念、信仰具有重要功能:

第一,有导向功能。确立了革命的理想、信念、信仰,就确立了正确的价值目标和价值导向,就有了明确的前进方向,在错综复杂的征途中就不会迷失方向。

第二,有支柱功能。邓小平说:"在我们最困难的时期,共产主义的理想是我们的精神支柱,多少人牺牲就是为了实现这个理想。"①有了这样的理想,就有了浩然正气,就能"富贵不能淫,贫贱不能移,威武不能屈";就能抵制金钱、女色、名利、权位的诱惑;就能经受任何艰难困苦的考验,永葆高风亮节。

第三,有益德功能。理想、信念、信仰是道德的基础。道德的基础是利群、

---

① 《邓小平文选》第三卷,人民出版社1993年版,第137页。

利社会、利人民。只有目光远大、有远大抱负、献身社会的人,才会有高尚的品德。有了革命的理想、信念、信仰,勇于为社会、为人民、为祖国献身,就能舍己为群,就会有高尚的道德,就能保持高尚的情操。

第四,有凝聚功能。邓小平说:"根据我长期从事政治和军事活动的经验,我认为,最重要的是人的团结,要团结就要有共同的理想和坚定的信念。""我们过去几十年艰苦奋斗,就是靠用坚定的信念把人民团结起来,为人民自己的利益而奋斗。没有这样的信念,就没有凝聚力。没有这样的信念,就没有一切。"①有了共同的理想、信念、信仰就有共同的价值目标,就能使人们在共同的价值目标和共同利益的基础上团结起来,就有坚强的凝聚力,就能万众一心,排除万难,夺取胜利。

第五,有动力功能。邓小平说:"对马克思主义的信仰,是中国革命胜利的一种精神动力。"②他还说:"过去我们党无论怎样弱小,无论遇到什么困难,一直有强大的战斗力,因为我们有马克思主义和共产主义的信念。"③伟大的精力只能为伟大的目的而产生。有了远大的理想、信念、信仰,就有宏伟的价值目标,就会激励人们为之付出全部生命与精力,就会有火一般的热情与钢铁般的意志,就会不畏任何艰难险阻,不计个人得失,义无反顾,一往无前,就会具有强大的战斗力。

四、价值追求

价值追求是价值意识、价值观念的重要内容。要深入研究价值意识、价值观念,就必须深入研究价值追求。

(一)价值意识、价值观念与价值追求

价值意识的重要形式是价值观念。稳定的价值目标是价值观念的重要内容。价值目标就是主体价值追求的目标,所以,价值观念内含着价值追求。一

---

① 《邓小平文选》第三卷,人民出版社 1993 年版,第 190 页。
② 《邓小平文选》第三卷,人民出版社 1993 年版,第 63 页。
③ 《邓小平文选》第三卷,人民出版社 1993 年版,第 144 页。

定的价值观念决定一定的价值追求,一定的价值追求体现了一定的价值观念。但价值追求不仅存在于价值观念中。价值观念中的价值追求,是一种稳定的持久的价值追求。除此之外,还存在着不稳定的不断变化的价值追求,如由于一时的情绪、情感等偶然因素引发的某些价值追求。所以,价值追求是价值意识的重要内容,它比价值观念更广、更复杂。

什么是价值追求? 价值追求是对一定的价值目标的执着向往并力图达到此目标的强烈驱动倾向。价值追求的基础是对客体价值的深刻认识,由此而推动主体执着地追求一定的价值目标。对客体价值的认识来源于实践基础上对客体价值的价值评价、价值判断。在价值评价、价值判断中,人们认为是好的、有价值的东西,就产生好感、羡慕、欢迎。随着对事物重要价值认识的深化,人们便由倾慕积淀而形成执着的向往和产生获得此价值的强烈愿望,从而确立起坚定的价值目标,并千方百计地努力实现此目标,这样就形成了价值追求。

价值追求以一定的价值目标为前提,有了一定的价值目标就会产生一定的价值追求。所以价值目标与价值追求是不可分割的。但二者并不能等同。价值目标是未来的美好远景,是未来的客体的观念模型,是主体实践的目的;而价值追求则是实现此目的的强大动力。价值追求是对一定价值目标的追求,价值追求包含着价值目标;有了价值目标,而无强烈的价值追求,价值目标就难以实现。从价值目标的确立到产生强烈的价值追求,是价值活动的深化。

价值追求有三种形式:第一是情感上对一定价值目标的执着向往、思念、倾慕和实现此价值目标的强烈愿望。第二是认识上努力实现一定价值目标的坚定信念、不懈思考与探索。第三是实践上采取实际行动,克服各种困难,为实现一定价值目标而奋发努力。没有付诸实践的价值追求是空想或者是价值追求不够强烈的表现。真正的价值追求都是三方面的统一,价值追求的突出能动作用也在于把情感上、认识上的追求化为实践的追求。

价值追求是对一定价值目标的执着追求,从根本上说,属于价值意识、价值观念范畴。但它又不仅仅是价值意识、价值观念,还包含着价值实践活动,与人的实践活动密切联系,推动着人们用自己的实践去实现自己的价值目标。价值追求对人的实践具有重要作用。首先,价值追求对实践有重要的导向作用。有了一定的价值追求,人们就向一定的价值目标前进。价值追求决定人们前进的方向。其次,价值追求是人们实践活动的强大动力。对美好的远景与宏伟的价值目标的追求,激励着人们,推动着人们振奋精神去战胜困难。再次,价值追求有调控作用,能协调主体的各种活动,把主体各方面的活动统一起来,排除各种干扰,集中精力去实现价值目标。最后,价值追求有巨大的承受作用。一个有坚定的价值追求的人,能忍受各种艰难困苦,能直面各种挫折、坎坷,忍受各种委屈、失败,一往无前地努力实现自己不懈追求的价值目标。

(二)价值追求的两个层次:价值自发与价值自觉

价值追求是一个充满矛盾的过程,具有多样性、复杂性、层次性。

1. 价值追求的多样性和复杂性

社会生活是多姿多彩的,价值追求也是多种多样的。价值追求的多样性,首先表现在价值追求的主体是多样的。价值追求的主体是人。作为主体的人,可以是个人,可以是某一群体,也可以是民族、国家、人类社会。个人、群体、民族、国家都是多种多样的。由于不同主体的利益、需要及价值观念、生活经历、文化背景、兴趣爱好等不同,人们的价值追求也各不相同,因而价值追求具有多样性。

价值追求的多样性,还表现在价值目标或理想客体的多样性。价值追求是对一定的价值目标的追求。价值目标就是未来客体的理想状态,即理想客体的模型。理想客体是多样的,有物质客体,有精神客体,有人,也有活动或事业等。物质客体有生产资料及科学、文化、教育、体育用品等发展资料与消费资料、生活资料等。精神客体有知识、能力、道德理想、审美境界及某种信仰对象等。作为理想客体的人,有理想的领导人、理想的朋友、理想的同事、理想的配偶、理想的自我等。理想的客体还有活动或事业,如某一活动成功、某一事业成功、个人生活的美好远景等。

价值追求的多样性还表现在它的错综复杂性。价值追求的价值目标,有合理的,也有不合理的;有健康向上的,也有黄色、腐朽、低下的;有对社会和他人有益的,也有损害社会和他人利益的,等等。

价值追求的复杂性首先表现在价值目标与价值手段的矛盾上。如为了发展经济而破坏生态平衡,污染环境;为了追求金钱而贪污盗窃,搞假冒伪劣,坑蒙拐骗;为了多出成果而剽窃他人成果;为了取得好的考试成绩而弄虚作假,考试作弊;等等。

价值追求的多样性的原因,首先是主体的利益和需要的多样性。不同主体或不同条件下的同一主体有不同的利益和需要,不同利益和需要决定不同的价值追求。主体利益和需要的多样性决定价值追求的多样性。利益和需要都是社会关系范畴。利益是对主体有益,有的需要对主体有益,有的需要却并不符合主体利益,利益较之需要更具有根本性。但主体自己总是认为符合自己需要就是符合自己的真实利益的。人的一切行为都是为了追求一定的利益和满足一定的需要,人的利益和需要直接决定着人的价值追求。人的利益和需要既是人的价值追求的根源,又是人的价值追求的内在动力。而主体利益和主体需要都很复杂,有许多层次、许多方面。主体利益有国家利益、集体利益、个人利益,整体利益与局部利益,长远利益与眼前利益,真实利益与虚假利益,正当利益与不正当利益等;主体需要有社会需要与个人需要,整体需要与局部需要,长远需要与眼前需要,生存的需要、享受的需要、发展的需要,合理的需要与不合理的需要等。美国心理学家马斯洛将需要分为五个层次:生理需要、安全需要、爱的需要、尊重的需要、自我实现的需要。主体利益特别是主体需要的复杂性,决定了价值追求的复杂性、多样性。

其次是世界的多样性、复杂性。世界万物千姿百态,各有特点,各有不同的特性与功能,对主体各有其不同的作用。世界万物错综复杂,不断发展变化。面对复杂多样的大千世界,主体的价值选择、价值追求必然是多样的、复杂的。

再次是社会变革、经济的快速发展。社会变革、体制转型,经济快速发展,既造就了多元化的价值主体,又提供了多样化的价值资源,使价值选择个体化和自由度增大,从而使人们的价值追求更加复杂和多样化。

2. 价值追求的两个层次:价值自发与价值自觉

价值追求有两个基本层次:一是价值自发,二是价值自觉。自发是相对于自觉而言的。自发与自觉有两种含义:第一种含义,自发指无意识的,未意识到的;而自觉则指有目的有意识的,自己意识到的;第二种含义,自发指缺乏对事物本质和规律的认识,缺乏远大目标的意识;而自觉则是认识事物本质和规律,具有远大目标的意识。这里主要是在第二种含义上理解。所谓价值自发就是自发的价值追求,就是受本能支配,受非理性思维支配,为表面现象所迷惑,不认识事物本质和规律,缺乏正确的远大的价值目标的价值追求;所谓价值自觉就是自觉的价值追求,指人们从科学的理性思维出发,在认识事物本质和规律基础上形成的,对正确的远大的价值目标的价值追求。价值自发是价值追求的第一阶段,是价值追求一开始必然产生的现象。人们一开始总是从本能,从自发心态,从眼前直接利益、需要出发去追求直接的近期价值,追求感官快乐,追求功利价值。这种自发的价值追求,虽然也可能产生一些好的效果,但往往会产生一些损害自身长远利益或损害社会和他人利益的不良后果,使自己受到惩罚,付出代价或遭到谴责。于是迫使主体反思自己的价值追求,使主体开始认识到自发价值追求的局限性,并逐渐地克服价值追求的自发性,逐渐地由价值自发过渡到价值自觉。

价值自觉是对价值自发的扬弃,是在认识事物本质和规律基础上,对正确的远大的价值目标的价值追求;它内在地包含、吸收了价值自发的一些合理因素,而不是一概否定自发价值追求的内容。价值自发是价值追求的低级阶段,而价值自觉则是价值追求的高级阶段。人们的价值追求从价值自发到价值自觉的转化,不是一帆风顺、一劳永逸的,而是一个曲折反复永无止境的过程。从价值自发过渡到价值自觉,这是一个飞跃,是价值追求上升到一个新的阶段。实践是发展的,认识也是发展的,人们对事物价值的认识也是发展的。在一定阶段里对事物价值的认识,由现象上升到本质、规律,从片面到全面;事物发展了,人们对新的事物的价值缺乏认识,会形成片面性、表面性的价值认识,在价值追求上又会产生新的价值自发。实际上,价值追求从价值自发过渡到价值自觉,往往并不是在一切方面、一切问题上都达到了价值自觉,而只是在主要方面、主要问题上达到了价值自觉,在另一些方面和另一些问题上,仍然会存在着价值自发。所以,价值自觉中往往都包含着某些价值自发,同时还会不断产生新的价值自发。从价值自发到价值自觉,是价值追求的一个具体过程的结束;同时又开始了新的由价值自发到价值自觉转化的过程。从价值自发到价值自觉,再由新的价值自发到新的价值自觉,循环往复,以至于无穷,这就是人类价值追求的无限过程。在人类的价值追求中,始终充满着价值自发与价值自觉的矛盾,这一矛盾的发展转化,推动着人类价值追求逐渐向着更高级的境界前进,推动着人类社会发展。

(三)价值追求的两种境界:工具理性与价值理性

与价值追求的两个层次相适应,价值追求存在着两种境界:工具理性与价值理性。

工具理性与价值理性这两个命题,是德国社会学家马克斯·韦伯(Max Weber,1864—1920)提出来的。韦伯把人们的社会行为分为合理性与非理性两类,又把合理性分为工具合理性与价值合理性。所谓工具合理性行为是指能够计算和预测后果为条件来实现某种目的的行为;价值合理性则是由对价值的绝对性的确信所驱动的、不顾后果如何、条件如何都要完成的行动。现在人们把这两个命题通常称为工具理性和价值理性。人们对这两个命题用得很多,对二者的理解各不相同,其内涵还需要进一步深入研究。概括地说,工具理性和价值理性是两个层次的价值理念,表现了人们对价值本质的理解的两个层次和价值追求的两种境界。从对价值本质的理解来看,当今西方世界的工具理性主要是从主观主义价值论特别是从情感主义价值论出发来理解价值,从是否使情感愉快、是否满足兴趣、欲望、需要等出发去理解价值;价值理性则是从实践、实践结果,从对主体发展、对人类社会发展、对每个人自由而全面发展的实践效果或效应出发来理解价值。从价值追求的境界来看,工具理性往往把直接的近期的物质功利,如金钱、财富、名誉、感官快乐、技术、效用、效率等实现某种功利目的的有效手段作为价值追求的主要目标,忽视长远的、根本的价值,忽视远大理想,忽视对真善美的追求,缺乏任何终极价值;而价值理性则是把整体的、长远的、根本的价值,把远大理想和人类终极价值,把人的尊严的维护和人类美好未来,把对真善美的执着追求作为价值追求的主要目标。韦伯认为工具合理性是排除价值判断或者说是价值中立的,这是由于他认为价值判断完全是由人的主观情感决定的,是主观情感的表达。正如 R.阿隆所说,韦伯把价值视为"纯粹由主观性来证明其合理性的选择"①。认为所有的信仰和评价,都是由情感发出的主观命令。韦伯的这种观点,实际上是一种情感主义观点。价值是客体对主体的积极效应,是一种客观存在,评价是价值的能动反映,而不是随心所欲的主观命令。工具理性也是一种价值理念和价值追求,是以价值评价、价值判断为基础的,并非排除价值判断的,也并非价值中立的。工具理性主要是追求直接的物质功利,追求兑现近期眼前的直接功利,追求更大功利,是在价值比较、价值判断基础上作出的价值选择,而不是排除价值判断的纯数学计算。

工具理性与价值理性的主要区别是:工具理性是价值理念、价值追求的较低层次或较低境界;价值理性则是价值理念、价值追求的较高层次或较高境界。工具理性主要追求手段价值、技术价值、功利价值,追求直接的眼前的价值;价值理性则主要追求目的价值、理想价值,特别是追求长远的整体的根本的目的和远大理想的价值,追求功利与真善美的统一。

工具理性与价值理性的关系,是手段价值与目的价值、现实价值与理想价值的关系。手段是相对于一定的目的而言的,手段与目的都是多层次的。一种行为相对于一定的目的来说是手段,相对于实现它的行为来说则是目的。目的与手段是密切联系的。一方面,手段不能离开目的而存在,手段离开了目的,就失去其意义,就会产生迷误,就失去其合理性;工具理性正是由于只追求手段价值,忽视目的价值,导致物对人的统治,玩物丧志,物对人的惩罚,产生了严重的不良后果。所以工具理性依赖于价值理性,工具理性脱离价值理性必然导致价值迷失。另一方面,目的离开手段就不可能实现,价值理性也依赖于工具理性。工具理性直接实现着人们最关心、最直接、最现实的价值,它可以直接调动广大群众的积极性,促进技术进步,推动经济发展,提高人民生活水平,促进人的发展,工具理性包含一定的合理方面,不可忽视,但它又有消极的方面。离开工具理性去追求价值理性,对远大价值理想、对真善美的追求,就会脱离实际而失去其现实基础,就会变得苍白无力而无法实现。所以,真正

① R.阿隆:《在社会学主流思想中的马克斯·韦伯》,载麦金太尔:《德性之后》,龚群等译,中国社会科学出版社1995年版,第35页。

的价值自觉,真正合理的价值追求是工具理性与价值理性的统一,是在价值理性的指导下去发挥工具理性的积极作用,抑制其消极效应;既不是脱离价值理性去崇拜工具理性,也不是只讲价值理性而否定工具理性。

从现实生活来看,市场经济追求利润最大化,追求金钱、财富、技术、能力、效率的价值,追求功利价值,塑造"经济人",这表明市场经济培育着工具理性而忽视价值理性。由此可见,工具理性有其现实的社会基础。但是当代社会的发展在展现工具理性的积极效应的同时,也日益暴露其局限与弊端。在现代市场经济的条件下,也有越来越多的人认识到,不能离开价值理性去追求工具理性;不能单纯追求金钱、利润、物质财富的增殖与感官享受,还应有远大的理想、高尚的情操、健康向上的精神生活与价值追求,还要重视自然价值、生态环境价值,坚持人与自然和谐发展,坚持可持续发展。可持续发展的思想的提出和在当代世界各国获得的广泛认同,表明人们已开始认识到工具理性导致的严重后果,开始由工具理性向工具理性与价值理性统一转化。这是一种历史的进步,也是社会发展的客观趋势。这种趋势并不是要排斥工具理性,而是要坚持工具理性与价值理性的统一,在价值理性的指导下去发挥工具理性的积极作用,抑制其消极效应。由单纯追求工具理性到工具理性与价值理性的统一,是价值追求由价值自发发展到价值自觉的重要表现。

我国改革开放以来,坚持"三个有利于"价值标准,坚持"三个代表"重要思想,坚持以人为本、全面协调可持续发展的科学发展观,构建社会主义和谐社会,按照中国特色社会主义,"五位一体"总体布局和"四个全面"战略布局,统筹推进经济建设、政治建设、文化建设、社会建设、生态文明建设协调推进,全面建成小康社会,全面深化改革,从严治党。为实现中华民族伟大复兴的中国梦而努力奋斗,就是工具理性与价值理性统一的生动体现,也是价值自觉的突出表现。在价值追求中逐步从价值自发发展到价值自觉,实现工具理性与价值理性的统一,是我国改革开放以来经济社会全面、协调、健康、快速发展的思想保证。

(四)价值追求与价值冲突

价值追求的多样性、复杂性必然导致价值冲突。所谓价值冲突就是不同价值、价值意识、价值观念、价值追求之间的矛盾与碰撞。价值冲突有两个层次：其一是不同价值之间的冲突，其二是不同价值意识、价值观念之间的冲突。不同价值的冲突是不同价值意识、价值观念冲突的基础，不同价值意识、价值观念的冲突是不同价值的冲突的反映。而价值的基础是利益，所以价值冲突的实质或根源是利益冲突，表现为价值意识、价值观念的冲突，特别是表现为价值目标、价值选择、价值取向、价值追求上的冲突。

价值冲突是普遍存在的。从世界范围来看，有不同社会制度之间的价值冲突，如资本主义制度与社会主义制度、民主制度与专制制度、计划经济体制与市场经济体制之间的价值冲突；有不同宗教信仰、不同教派之间、不同国家之间、不同文化传统之间的价值冲突，如西方文化与东方文化之间的价值冲突；等等。

在同一国家、同一民族内部也存在着价值冲突。例如，个人利益、集体利益与国家利益之间的价值冲突；个人之间、地区之间、部门之间的价值冲突；领导与群众之间的价值冲突；物质价值与精神价值、功利价值与道德价值之间的价值冲突；先进的价值观念与落后的腐朽的价值观念的价值冲突；主体对不同价值选择、价值取向、价值标准、价值规范之间的价值冲突；等等。

价值冲突具有二重性：一方面，价值冲突可以对社会生活和人的发展产生积极效应。例如，在经济领域，市场竞争就是在不同经济主体的利益驱动下的一种激烈的价值冲突。这一价值冲突可促进各经济主体改进技术，完善管理，合理利用资源，节约成本，提高效率，提高质量，推动生产力发展。在政治生活中，立党为公与以权谋私、廉洁奉公与贪污腐败之间，以人为本与官本位之间的价值冲突，可以促进民主法治，推动廉政建设。在科学文化领域，百花齐放、百家争鸣就是价值冲突的重要表现。百花齐放、百家争鸣能有力地促进科学文化的发展。在意识形态领域，新旧价值观念之间的价值冲突有力地冲击着旧的价值观念，促进旧的价值观念的消解，有利于展现新的价值观念的活力，促进价值观念更新。价值冲突是促使价值观念更新的重要契机，也是树立新的进步的价值观念的重要途径和重要动力。价值冲突是利益冲突和价值意识、价值观念的冲突，人们总是维护其既得利益，人们的价值观念具有稳定性、惰性、惯性，不易改变。没有价值冲突，原有价值观念就不会受到冲击，人们就不可能反思自己已有的价值观念,也就不可能有价值观念的变革。价值冲突使人们的思想经受到猛烈的冲击、震动,迫使人们反思,从而有助于人们调整其价值观念,接受新的价值观念。

另一方面,价值冲突往往也会对社会生活产生一些消极的效应。如在经济领域,不同经济主体在利益驱动下进行的激烈的市场竞争,既有利于提高效率,促进生产力发展,又容易产生两极分化,加剧社会矛盾,导致一些企业破产,工人失业,使国民经济运转失序,不利于经济的顺利发展;一些企业为了获取暴利,对资源进行掠夺性开发,导致资源枯竭,环境污染,破坏了生态平衡,严重影响经济社会可持续发展。政治领域的价值冲突往往使各国之间或各政治集团之间的矛盾冲突白热化,甚至出现政治危机,爆发战争,产生灾难性后果。社会生活领域的价值冲突往往使社会关系错综复杂,人际关系紧张,社会矛盾激化,导致社会运转失序,干扰社会正常生活,影响社会和谐稳定。在思想文化领域,不同价值观念之间的价值冲突往往使主导的价值观念边缘化甚至失落,使人们的思想茫然无序,往往导致思想混乱,行为失范。价值冲突是普遍的,不可避免的。价值冲突既有积极效应,也有消极效应,不能简单地一概肯定或一概否定,应根据具体情况作具体分析,因势利导。坚持正确的价值导向,充分发挥其积极效应,尽量抑制其消极效应,使之有利于促进经济社会全面、协调、可持续发展,促进和谐社会构建及人的自由而全面的发展。

(五)价值追求与价值认同

不同价值追求之间,既可能产生价值冲突,也可能产生价值认同。要深入研究和认识价值追求,既要深入研究价值冲突,又要深入研究价值认同。

价值冲突与价值认同同时并存,是不同价值追求之间的矛盾的两个方面。价值冲突是不同价值追求之间相互排斥、相互对立、相互否定,价值认同则是不同价值追求之间相互吸引、相互贯通、相互肯定。

价值认同是由价值的特点决定的。首先,不同客体的价值各具特点,有差异性;不同客体的价值之间又有共同性。价值的差异性往往导致相互排斥、相互对立、相互否定,产生价值冲突。价值的共同性则会使人们相互吸引、相互贯通、相互肯定、产生价值认同。例如,当今世界经济全球化、政治多极化、文化多元化,各个国家、民族、地区都有自身的特殊利益、独特文化背景和价值观念,因而各个国家、民族、地区之间往往会因为利益和价值观念的差异而产生价值冲突。但是不同国家、民族、地区共同生活在同一地球上,彼此之间有着千丝万缕的交往与联系,特别是经济全球化使全球经济文化连成一体,使各个国家、民族、地区之间又有着共同的或相近的利益,因而各国人民之间在许多方面存在着广泛的认同:如和平、发展、合作,反对在国际争端中使用武力或以武力相威胁,加强经济发展和科学文化交流的主张,得到各国人民的广泛认同;民主、法治、自由、平等、科学、人权、环保、可持续发展等成为各国人民广泛认同的价值理念。共同的利益和共同的价值理念,使各国人民联结起来,形成人类命运共同体,为人类社会的共同繁荣发展,开辟了广阔的道路。价值认同是构建人类命运共同体的思想基础。

其次,价值既有多元性又有一元性。同一客体对不同主体的价值往往不同,具有多元性。价值多元性决定了人们价值追求的多样性、差异性。这种多样性、差异性往往相互排斥、对立,导致产生价值冲突。价值不仅具有多元性,也具有一元性。同一客体对不同主体的价值不同,但同一客体对社会主体、对每一具体主体及每一具体主体的某一具体方面的价值是一元的、同一的。价值一元性使同一客体对人类社会,对相同国家、民族、社会群体的人们具有共同价值,因而产生价值认同。例如,我国各族人民包括台湾同胞、港澳同胞、海外侨胞,生活在天南地北,各有自己的利益和特点,存在着各种差异,但是在维护祖国统一、反对分裂、快速发展经济、提高人民生活水平、振兴中华这些根本利益上,有着广泛的价值认同。这种价值认同,反映了价值一元性的内在要求。

再次,价值认同还决定于价值的超越性、开放性。事实是实然,而价值内含着应然,应然是理想的存在,实然是现实的存在,理想是对现实的超越,应然是对实然的超越,价值是对事实的超越,具有超越性。价值的超越性决定了价值的本质在于促进人类社会发展完善、更加美好。价值的超越性使它不断超越自身,因而具有开放性。价值的超越性、开放性使它具有包容性,使它能吸收不同价值、价值观念中合理的东西,丰富、补充、发展自己。我国汉唐文化灿烂辉煌、多姿多彩、气魄宏大,就是吸收各种外来文化而形成的丰硕成果。所以，在社会生活的各个领域，相异的东西之间往往相互吸引、相互补充、相互认同。我们不仅应当看到相异的东西之间存在着价值冲突的方面，还应当看到它们之间存在着价值认同的方面。我们不应用狭隘的眼光排斥一切相异的东西，而应以开放的眼光、博大的胸怀去观察世界，努力发现并吸收与自己相异的但有益于自己的东西来充实、丰富、完善自己，使自己更快地发展起来。相互对立甚至剧烈冲突的双方之间也有不少可资借鉴、可以利用之处。但价值认同不是价值混同，不是机械地等同，而是异中之同，和而不同。吸收外来文化中合理的东西是为了发展有中国特色的社会主义先进文化，而不是用外来文化取代中国文化。价值认同并不意味着各种不同的价值、价值观念的差异的消解与混同，而是异中之同、存异求同。在求同中放射出异彩，展现自身特色。

价值认同也有二重性，有积极效应，也有消极效应。价值有正负之分，有好坏、真伪、善恶、美丑之别。认同真善美，认同广大人民的根本利益，认同健康向上的东西，认同有利于社会发展进步和人的自由而全面发展的东西，是好的、积极的、有价值的；反之，认同假恶丑，认同社会上腐朽丑恶的东西，认同不利于社会发展进步、不利于人的自由而全面发展的东西，则是消极的、有害的，有负价值的。社会生活是复杂的，价值认同也是很复杂的。在社会生活中，既有积极的有益的价值认同，也有消极的有害的价值认同。积极的有益的价值认同催人奋发进取，促进社会发展和人的自由而全面发展；而消极的有害的价值认同则引诱人颓废甚至堕落，不利于社会发展和人的自由而全面发展。我们应当努力倡导与促进积极的有益的价值认同，抑制、抵制消极的有害的价值认同。为此，必须提高价值自觉，坚持价值追求的正确导向，使人们区别什么是真善美，什么是假恶丑，以对祖国、对人民、对社会发展、对人的自由全面的发展是否有利作为价值标准，去引导价值认同，决定价值选择。对社会生活中的价值认同如不加以正确引导，让价值追求自发地发展，就可能使消极的有害的价值认同滋长泛滥，就会产生混乱，就会有害于社会进步与人的自由的全面的发展。

价值冲突与价值认同是紧密联系的。价值冲突与价值认同的统一，是不同价值追求之间的对立面的统一，是矛盾的斗争性与同一性的统一。我们既要看到不同价值追求之间的差异与冲突,也要看到不同价值追求之间的吸引与认同;既要看到价值冲突中包含着价值认同的因素,又要看到价值认同中包含着价值冲突的方面。对价值冲突与价值认同,既要看到其积极的效应,也要看到其消极的效应。应当逐步掌握价值追求的特点与规律,进行正确引导,使之有利于经济社会全面、协调、可持续发展,有利于和谐社会构建和人的自由而全面的发展,有利于加快全面建成小康社会和实现中华民族伟大复兴的中国梦。

第十二章　价值评价

价值评价是价值活动的重要内容。价值活动包括价值评价、价值选择、价值创造、价值实现等活动。价值评价贯穿于整个价值活动中,是价值选择、价值创造、价值实现等活动的前提。价值评价在社会生活中运用很广,对社会生活有重大影响。所以,研究价值哲学必须深入研究价值评价问题。

一、评价的本质与特点

评价一词,有广义与狭义之分。广义的评价,包括真理性的评价和价值评价。真理性的评价,亦称真值评价,如科学评价或学术评价等,是对学术理论的真理性、科学性,即是否正确反映事物本质和规律的评估;价值评价则是对客体价值的评估。二者的评价标准或评价尺度不同。通常所讲的评价,主要指价值评价,即狭义的评价;有时亦兼指真理性的评价与价值评价,即在广义上使用评价一词。

价值评价(以下简称"评价")是对事物价值的评估。要研究评价问题,首先要了解评价的本质与特点,了解价值与评价的关系。

(一)评价的本质

什么是评价?评价是对价值的评估活动。评价以价值的客观存在为前提。如果价值是纯主观的东西,就无法对其作出客观评价。价值是主客体相互作用中客体对主体或客体的积极效应,是一种客观存在。评价一词包含过程与结果。作为过程,指评价活动;作为结果,表现为一定的价值判断。评价的目的在于运用一定的评价标准对事物的价值作出正确的评估或价值判断,而正确的评价或正确的价值判断,必须符合事物客观存在的价值。所以,评价过程是一个认识过程或反映过程。评价的本质是评价主体对事物价值的能动反映,是评价主体观念地把握客体价值的一种认识活动。

实践是评价的基础。实践的目的是改造客体以获得更大价值。要进行实践活动,达到预期的目的,使实践获得成功,必须对实践活动的对象、目的、方法等进行价值评价,看实践活动是否有价值。在此基础上进行价值选择,开展价值创造与价值实现的活动。正确的价值评价是正确的价值选择的基础。只有确定地认为实践活动是有价值的或者正价值大于负价值,人们才会进行实践,否则实践就成为盲目蛮干,往往劳而无功或事倍功半,导致实践失败。所以正确的评价是实践获得成功的重要因素。同时,实践的结果是否成功,也需要评价,即对实践结果作全面考察,看其实际作用和影响如何,是正效应大还是负效应大,从而对实践的价值作出评价。如实践活动的正效应大于负效应,实践就是基本成功的,否则就是失败的。对实践结果的评价是进一步实践的依据。所以,评价是实践活动的重要环节或因素。

价值与评价的关系是:价值是客观存在,评价是价值的反映;价值决定评价,评价反映价值并能动地反作用于价值。对事物的评价往往对人们的价值选择、价值创造、价值实现活动产生重要影响。

评价关系不同于价值关系。从对象来看,价值关系是价值主体与价值客体的关系,价值主体的对象是价值客体;而评价关系则是评价主体与评价客体的关系,评价主体的对象是评价客体,即价值、价值关系,而不是价值客体。从主体来看,评价主体比价值主体复杂,有三种情况:一是评价主体与价值主体重合,价值主体同时也是评价主体;二是评价主体与价值主体部分重合,评价主体是价值主体的一部分;三是评价主体在价值主体之外。往往只有当评价主体在价值主体之外时,才能作出客观公正的评价。当评价主体与价值主体重合或部分重合时,评价主体往往容易受自身利益与情感等影响而干扰评价,从而影响评价的客观公正性。而这两种情况是常有的,所以,评价过程特别复杂。

（二）评价的特点

1. 价值认识与价值评价

人的认识包括对事实的认识和对价值的认识。对事实的认识是通过认知的方式来实现，即在实践基础上从感性认识到理性认识，再通过实践检验，以认识事物的本质和规律。

对价值的认识有两种方式：一种是价值认知，一种是价值评价。价值认知与事实认知的过程基本上是一致的。例如，我们对针灸的价值的认识，就是在实践中看到医生用针灸疗法治好了某种疾病，产生了良好的医疗效益，我们认识到针灸对治某些病有价值。这个过程实际上是一个认知过程。此外，对食可充饥、衣可暖身、水可解渴、房可居住等，这些通过直接经验而得到的价值认识，也是通过价值认知而获得的。这种认识是对客体的价值或意义的认识，属价值认识，而不同于对客体的事实认识，即不同于对客体属性、本质、规律的认识。价值认识虽然也可以通过认知而获得，但是通过认知方式获得的价值认识往往是对比较简单的价值现象的认识。对一些复杂的特别是重大的、有争议的、需深入分析比较才能认识的事物的价值问题，只能通过评价的方式去把握。评价是价值认识的主要形式。所以，我们应着重研究评价问题。

2. 评价的特点

认知（包括事实认知与价值认知）与评价都是认识，都是对事物或事物的价值的反映。二者本质上是相同的，也是密切联系的。认知是评价的基础，认知为评价提供有关事实材料。认知越准确、越深刻，评价就越准确、越深刻、越可靠。而评价也影响认知。人们总是首先探索认知那些评价高的课题，正确的评价能促进人们有效地探索认知，错误的评价则阻碍人们有效地探索认知。认知与评价各有特点：

第一，对象不同。认知的对象是一切客体，包括事实与价值、价值关系；而评价的对象则是价值与价值的关系。所以认知的对象比评价的对象要广。

第二，目的不同。认知的目的在于掌握事物的本质与规律，在于掌握真理；而评价的目的则在于正确地把握价值。

第三，尺度不同。认知旨在使主体认识与客体相符合，所用的是客体尺度;而评价则旨在了解主客体相互作用中客体对主体或客体的效应如何,对主体或客体的效应要受主体和客体制约。所用的既有主体尺度又有客体尺度。

第四,主客体运动的方向不同。认知过程要求主体认识符合客体本质与规律,表现为主体向客体运动;评价则是评估主客体相互作用中客体对主体或客体(这里的客体实质上是价值主体)的效应,主要是对主体的效应或效益,表现为客体向主体运动。

第五,中介不同。认知过程的中介主要是主体的认识图式、知识结构、逻辑结构等,而评价的中介主要是价值标准或评价标准,如主体发展、主体利益、客体本质特性规律等。

第六,确定性不同。认知有较高的确定性,对同一客体的本质与规律的真理性认识只有一个,不因主体不同而不同。所以客观真理具有一元性。而同一客体对不同主体的价值不同,具有多元性,因而不同评价主体对同一客体的价值所作的评价也不同,而且不同评价主体对同一客体的价值所作的不同评价可能都是合理的。所以评价具有多元性或不确定性。但对同一客体对每一具体主体的价值的正确评价是一元的,对同一客体对社会主体的价值的正确评价也是一元的,具有确定性。所以评价既有多元性又有一元性,既有确定性又有不确定性。

第七,理性程度不同。认知活动有情感与意志等非理性因素参与,但主要是以理性思维形式反映客体的本质与规律。在认知活动中理性思维起主导作用。而评价是用一定的价值标准(主体尺度和客体尺度)去衡量客体价值,评价结果往往与主体有利害关系,所以评价受主体利益、感情、意志影响较大。在评价活动中理性思维有重要作用,但非理性因素对评价的影响比认知活动大得多,因而评价比认知更为复杂和困难。

二、评价的类型

评价活动是多种多样的,按照不同的视角可以将评价活动划分为不同的类型。按评价的领域划分,可划分为经济评价、政治评价、科学评价、道德评价、审美评价、宗教评价等类型。根据价值客体来划分,可划分为物的评价和人的评价。对人的评价又可分为个人评价、群体评价、社会评价和自我评价。从时间来划分,可划分为历史评价、现实评价和未来评价等。根据价值的性质来划分,可划分为功利评价、科学评价或学术评价、道德评价、审美评价等。这里采用最后一种划分方法,对几类评价作一些简略的研究。

(一)功利评价

功利评价是对客体功利价值的评估。功利指功效、效用、利益,核心是利。利与义相对,义主要指道德价值;利或功利,首先指物质利益、经济利益,同时还包括政治利益、精神文化的社会效益和权益。物质资料的生产是人类社会生存发展的前提和基础。人们对真、善、美的追求要以一定的功利价值的享有为基础,缺乏最基本的功利价值,就谈不到对真善美的追求。所以功利价值是一种基础性的价值。人们追求价值,首先是追求功利价值,人们追求功利价值是正常的。功利价值又是较低层次的价值,而真善美则具有超功利性,是更高层次的价值。如果只追求功利价值、物质价值,认为"金钱就是上帝",就会使人物欲膨胀,沦为金钱财富的奴隶,沦为经济动物了。所以,功利价值有其局限性。

功利评价是最基本最广泛的一种评价,包括经济价值的评价,政治价值的评价,生态价值、环境价值的评价,文化、科学、教育、医疗、体育生活中有关经济效益、文化、科学等个人权益,如名誉权、著作权、肖像权等的评价,都属于功利评价。道德价值是一种超功利的价值,道德评价本身是一种超功利的评价;但道德评价中也包含一定的功利评价。如道德对社会经济政治文化发展的影响,就属于功利评价。艺术也是如此,艺术评价本身属于超功利的审美评价,但艺术的经济效益如何,则属于功利评价。

功利评价的内容,主要是评估一定对象对主体是有利还是有害,包括对哪些方面有利,哪些方面有害,有多大的利、有多大的害;什么情况下有利,什么情况下有害。当有几个对象存在时,哪一个最有利,哪一个最有害。当达到一定目的可采取多种手段时,哪一种手段最有利,哪一种较有利,哪一种最不利,哪一种代价最大,哪一种代价较大,哪一种代价最小。还要对眼前利益、近期利益、长远利益,眼前的弊端、近期的危害、长远的危害、潜在的危害等作出评价,以便作出最佳价值选择。

功利评价的标准是主体利益,基本的评价标准是人民利益。毛泽东说:"任何一种东西,必须能使人民得到真实的利益,才是好的东西。"①他还说:"共产党人的一切言论行动,必须以合乎最广大人民群众的最大利益,为最广大人民群众所拥护为最高标准。"②人民利益或最广大人民的根本利益,是根本的价值标准或评价标准。为什么必须以人民的根本利益作为最根本的价值标准呢?因为主体利益包括个体利益、群体利益、社会利益。社会利益就是人民利益。以个体利益、群体利益作为价值标准进行评价时,由于同一客体对不同主体价值不同,不同的个体主体和群体主体往往会出现评价多元性现象。所以,必须以社会主体利益即广大人民的根本利益为价值标准,才能作出正确的评价。广大人民的根本利益代表了各个个体主体与群体主体的共同利益,以广大人民根本利益为价值标准,是最科学最合理的价值标准。要坚持以人民根本利益为价值标准,必须坚持人民眼前利益与长远利益相结合,局部利益与全局利益相结合,国家利益、集体利益与个人利益相结合。在个人利益、集体利益与社会利益、国家利益不相冲突的情况下,也可以个人利益与集体利益为价值标准或评价标准。

功利评价的形式很多。从时间来看,有事前评价,即预测评价、阶段评价、总结评价、事后评价、历史评价等。从空间来看,有当地评价、外地评价;国内评价、国外评价等。从评价主体来看,有个人评价、社会评价。个人评价包括个人自我评价、他人评价,社会评价包括社会舆论评价、会议评价等。从评价的形式看,有口头评价、书面评价、歌谣评价、情感评价、实践或行动评价等。功利评价是否正确要以社会实践为最终标准,要在长期的社会实践中检验,要经受时间的检验和历史的检验。

(二)科学评价或学术评价

科学评价或学术评价指对自然科学和社会科学的科学理论或学术理论、

---

① 《毛泽东选集》第三卷,人民出版社 1991 年版,第 864—865 页。
② 《毛泽东选集》第三卷,人民出版社 1991 年版,第 1096 页。

学说、观点、方法、科学成果或学术成果的价值的评估。广义地说，科学评价或学术评价应包括功利评价在内；狭义地说，科学评价或学术评价主要指对科学成果或学术成果的科学价值或学术价值的评估。在这里主要从狭义上理解，即主要探讨科学成果、学术成果的科学价值、学术价值的评价问题。

科学评价、学术评价的对象是科学成果、学术成果的科学价值、学术价值，即科学成果、学术成果对科学发展、理论发展、学术发展的价值，对人类探索真理，认识自然、社会、思维发展的本质与规律的价值。

科学评价、学术评价的内容是多方面的。首先，是科学性、真理性问题。包括科学或学术成果要解决的问题的重要性，即选题的意义，理论根据是否正确，材料是否真实、充分、有力，逻辑分析是否严密，推理是否正确，概括是否准确，语言表达是否精确，理论是否有普适性，是否得到实践或实验证实，证实是否有力，等等。其次，是原创性。科学研究成果的生命在于创新，没有创新，成果就失去意义。创新包括成果对原有科学理论、学术理论有哪些创新、发展，创新程度如何，弥补了原有科学或学术理论的哪些不足，解决了原有理论的哪些困难和问题，纠正了原有理论的哪些失误，对科学理论、学术理论的研究有哪些重要推进、建树，有何长远的理论、学术价值，等等。再次，是方法论意义。成果提出的新的学说、观点、方法有何方法论意义，对推进科学研究、学术研究有何价值。最后，是不足或失误之处，失误原因及其教训等。科学研究中的失误有二重性：它本身是负价值，但又可使人们在探索真理中少走弯路。谬误往往是真理的铺路石，是探索真理的一个阶梯，具有重要的借鉴价值。

科学评价的标准或尺度，主要是客体尺度，即客观事物的本质和规律。主要是看科学理论或学术理论是否符合客观事物的本质与规律，也就是科学理论或学术理论的真理性和科学性问题。最根本的评价标准或尺度是社会实践，包括科学实验、生产实践、社会政治文化等实践。

科学评价、学术评价包括自我评价和社会评价。自我评价是科研成果、学术成果的作者（个人或群体）对自己的成果的科学价值、学术价值的评估。这种自我评价对科学研究有重要意义，它有助于了解科学研究的进展情况，发现存在的问题，及时加以改进弥补。科学研究中的自我评价包括选题的自我评价，理论体系的自我评价，成果的科学性、创造性、逻辑严谨性、方法论、语言表达以及资料的翔实性等的自我评价。自我评价越严、越深入,取得的成果的质量越高。自我评价主要是以科学前沿、学术前沿的最新和质量最高的成果做参考,评估成果在科学研究上有何新进展、有何建树、有何重要价值。

对科学成果、学术成果的主要评价是社会评价。对科学成果、学术成果的社会评价主要有以下形式:

第一,社会反馈,即成果的社会评价或社会反响。包括人们口头议论、引用、刊物转载、复印、评介、质疑、商榷等。这种自发的评价很重要,是成果的主要社会评价形式之一。

第二,有组织的评价,即同行评议,亦即组织同行专家通过会议形式,如成果鉴定会或通讯评审等,对成果进行评价。同行专家对相关专业有专门研究,对成果所研究的内容比较熟悉,比较了解科学前沿或学术前沿的情况,对研究成果能作出比较中肯的评价。同行专家从不同视角所作的各种评价,有利于从总体上对相关成果作出正确评价。因而同行评议具有较高的可靠性,受到科学界、学术界的普遍重视。

同行评议中最重要的是权威评价,即科学界、学术界权威人士或权威机构的评价。这种评价是同行评议中最高水平的一种评价。权威评价之所以有权威,一是由于评价者是权威人士或权威机构。权威人士是某一领域中最有造诣的专家,权威机构一般由这一领域最有影响的专家组成,最有发言权。二是由于评审过程更为严格、慎重,评价更可靠。权威评价中权威机构的评价比权威人士的评价更具有权威性,受到人们的普遍尊重。权威评价对科学成果、学术成果在社会生活中推广、运用起很大作用。权威评价较高的成果往往会被社会广为推广应用,而被权威评价所否定的成果,往往会被社会拒绝。

第三,实践评价与时间评价。评价作为人的一种认识形式,不可能没有失误或偏颇,不可能百分之百都客观公正,这是由人的认识的相对性、局限性决定的。一个专家,他对某一方面有很深的研究,但不可能对各方面的认识都正确;而且一个学者的认识,还要受到整个时代科学水平、学术研究进展的限制,因而任何一个人的评价都难免会带有一定的局限性。所以社会反馈、社会舆论、同行评议、权威评价在作出大量公正评价的同时,也往往存在着某些评价上的偏颇、失当之处,甚至产生根本性的错误评价。

还应看到,科学评价、学术评价不仅要求评价者有较高的专业素质或学术水平,而且要求有科学的态度和公正无私的正直品德。然而社会生活是复杂的。在各种各样的科学评价、学术评价中,不可能每一个评价者都是公正无私的,难免有某些人因个人学术观点或个人感情、个人关系等原因,对成果的评价过高或偏低,甚至对优秀成果全盘否定,而对低劣成果却过多溢美,因而导致评价的失当。这种情况只有经过长期的实践检验和时间检验,即经过实践评价和时间评价才能作出公正的评价。实践是检验真理的唯一标准,也是对科学成果、学术成果价值作出公正评价的根本标准。实践是一个过程,实践检验也是一个反复检验的过程;实践过程需要一定时间,因而实践的评价表现为时间的评价、历史的评价。实践评价、时间评价、历史评价是对科学成果、学术成果价值的最终最权威的评价。对一个追求真理的人来说,如果一个具有真理性、科学性的成果受到不公正的评价,不应为之气馁,应坚定信心,坚信真理必然战胜谬误,那些无视真理的不公正的评价,必然要被实践的评价和时间的评价所推倒。真理是不可战胜的。我国 20 世纪 50 年代,马寅初提出的"新人口论"曾被加上新马尔萨斯主义的罪名而遭到粗暴的否定。历史实践证明,马寅初的"新人口论"的主张是正确的,马寅初的冤屈终于得到平反昭雪。这件事有力地证明,实践的评价、时间的评价、历史的评价是最权威的最公正的评价。

(三)道德评价

道德评价是对人的行为的道德价值的评估。人的行为不仅有道德价值,还有功利价值、审美价值。道德评价的客体是人们行为的道德价值,而不是其他价值,也不是人的行为。人的行为是道德价值关系中的价值客体,价值客体不等于价值;只有价值客体(人的行为)作用于主体(社会、群体或他人)或客体(自然生态)产生的积极效应才是道德价值。

道德价值的基本范畴是善和恶,道德评价的内容是对人们行为善恶及其程度的评估。道德价值是人的行为对社会、群体、他人或自然生态的效应。道德效应有积极与消极之分。积极的有益的效应是善,消极的有害的效应是恶。积极的效应越大,善越大;反之,消极的效应越大,恶越大。善恶有大小。道德评价不仅要评价人的行为的善恶,还要评价人的行为善恶的程度与大小。

道德的特点是利人民、利群、利他,道德评价的一般标准是人民根本利益、社会群体利益或公共利益。道德是以不损害社会、群体、他人利益为前提的,这就是道德底线。有利于社会、群体、他人的行为就是善,越是有利于社会、群体、他人的行为,其善越大;反之,危害社会、群体、他人的行为则是恶,危害越大,恶越大。真正有高尚道德品质的人,是自觉造福社会、群体、他人而不计个人私利的,即无私奉献的人。所以道德具有超功利性。不损害社会群体他人利益而安分守己的人,其行为也是善,这是最起码的善。

道德评价的具体标准是道德规范。符合道德规范的行为就是善,反之则是恶。道德规范是在一定的社会历史条件下,从一定社会或阶级利益出发制定的,用以调整人与人之间利益关系的行为准则或善恶标准,是一定社会物质生活条件及相应的社会关系的反映。它具有社会性、历史性、阶级性、民族性。道德评价是通过对行为是否符合道德规范来确定行为的善恶的。

道德评价的根据是动机与效果的统一。这是道德评价的突出特点。功利评价、科学评价或学术评价主要看效果,道德评价却不仅要看效果,而且要看动机。动机就是行为主体的意图,效果则是主体行为的实际后果。在伦理学历史上,对道德评价问题有康德的动机论和功利主义的效果论两种对立的观点。动机论只看行为的动机,忽视效果,淡化道德责任,容易成为一些人推卸责任的借口;效果论只看行为的效果,不看动机,容易给一些卑劣的伪善者披上道德的外衣。二者都是片面的。所以在道德评价上必须坚持动机与效果统一论。一个人的动机是内在的,比较难于把握,而效果则具有直接现实性,比较容易把握。在道德评价上,首先应考察行为的社会效果,并通过对人的全部历史和全部活动的后果及其态度的分析去把握其行为的真正动机;然后根据动机与效果统一的原则确定其道德价值。在动机与效果统一的情况下,好的动机产生好的效果,是善;效果越大,善越大。坏的动机产生坏的效果,是恶;效果越坏,恶越大。当动机与效果不一致时,判断道德价值往往很困难。"真正的好心,必须顾及效果。"①一般地说,一个人动机好,也努力去做,但事与愿

---

① 《毛泽东选集》第三卷,人民出版社1991年版,第874页。

违,效果不好,也是不好的。这种情况,属于好人办错事,应与居心不良干坏事的人区别开来,责令其改正错误。而一个人动机恶毒,或怀有不可告人的目的,干了某些好事,从道德上说则是恶;因为他干好事是实现其恶毒目的的手段。可见道德评价具有超功利性。动机与效果是对立统一的。从动机到产生效果是一个复杂而曲折的过程。其间要以一系列客观和主观条件,包括机遇等偶然事件为中介。人的道德评价也是一个复杂的过程,必须根据一个人的全部历史和全部工作,对具体情况作具体分析,才能作出公正的评价。

道德评价有两种形式,即自我道德评价和社会道德评价。自我道德评价就是按照一定的道德规范对自我的言行进行自我反省、自我检讨、自我评估。自我评价是道德修养的重要途径。曾子所说的"吾日三省吾身"①,就是重视自我反省、自我评价、自我修养。这是中国儒家的优良道德传统。自我道德评价表现了自我约束、自我反省,自觉向善抑恶的道德自律意识。这是提高道德品质的内在动力和基本途径。一个真正有道德的人,都是有自律意识自觉践行道德规范的人。

道德的社会评价形式很多,主要有社会舆论包括街谈巷议,新闻媒介宣传报道,会议讨论,组织考核、评比、表彰奖励,等等。道德的社会评价具有重要意义。道德不仅要靠自律,还要靠他律。道德的社会评价活动为人们树立良好的榜样,批评不良道德行为,引导人们学先进找差距,造成人人重视培养良好道德品质的氛围,具有他律作用。可以催人上进、促人向善,促进人们努力提高道德境界。

(四)审美评价

审美评价是对客体审美价值的评估。审美价值是客体与具有一定审美能力的主体相互作用,对主体的超功利的愉悦效应。审美价值的基本范畴是美与丑。美具有客观性、主体性、社会性、历史性、愉悦性和超功利性。美的客观性、社会性决定了审美标准的客观性,是审美评价的理论基础。美具有主体性,同一客体对不同主体的审美效应不同,所以审美价值非常复杂,审美评价

---

① 《论语·学而》。

也非常复杂。

美有个性美与共同美。个性美是审美客体对个人特有的审美效应,表现了个人审美情趣的个性特点。例如,有的服装,有的人感到美,有的人却感到不美;有的家庭装饰,有人感到美,有人感到并不美,等等。个性美是由个人生活经历、文化背景、审美情趣、审美追求等个性因素决定的。个性美的审美标准主要是对个人的审美效应或实际的审美体验。是否具有个性美要看客体是否对个人产生了审美效应。在个性美的评价上,只要这种评价是符合主体(个人)的实际审美体验的,就应承认这种评价是合理的。

共同美是客体对一定共同体成员的普遍的审美效应,包括自然美、工艺美、服饰美、人体美、建筑美、装饰美、文艺美、音乐美、绘画关、舞蹈美、雕塑美等。例如,桂林山水、黄山奇峰等自然风光,万里长城、苏州园林等雄伟秀丽的人文景观,无论中国人还是外国人都感到美。这说明在审美领域,不仅存在着个性美,也存在着共同美。个性美与共同美的关系是个性与共性的关系。共性存在于个性之中,个性中包含着共性,共性是各个个性中共同的东西。美是个性美与共同美的统一。个性美的评价,只能以客体是否使主体(个人)获得实际的审美效应或审美体验为根据,别人很难再作评议。所以,审美评价主要是对共同美的评价。

审美价值的产生过程包括三个方面的因素:一是客体因素,即客体的造型;二是主体因素,即主体审美能力、审美情趣等;三是主客体相互作用及由此而产生的审美效应。直接影响审美价值的主要是客体因素与主体因素。不同的主体的审美能力、审美情趣各不相同,审美评价时只能设想主体是具有充分审美能力和良好审美情趣的理想的审美主体。审美评价的重点是客体的结构造型特点,如形态、线条、色彩、情节、形象、节奏、旋律、语言、音韵、动作、姿态、表情、意蕴等方面的动人特点。不同客体有不同的造型特点。客体一旦具有一定的独特的造型特点,就具备了与具有一定审美能力和审美情趣的主体相互作用产生美的效应的可能性。根据客体的独特的造型特点和审美规律或审美逻辑,就可以对客体作出审美评价。这种审美评价是一般的审美评价。因为,首先,这是根据一般审美规律对共同美所作的审美评价;其次,这是根据一般审美能力或有较高审美能力的审美主体与客体作用作出的评价。这种评价是对共同美的一般评价。同一客体对不同审美主体产生的审美效应不同,不同的审美评价主体对同一客体的审美评价也不同。所以,在对共同美的评价中,也存在着审美评价的个体差异性。对同一客体的审美评价,既有一般的共同认可的评价,即存在着评价的同一性、一元性,也存在着各种不同的评价,即存在着评价的差异性、多元性。审美评价是同一性与差异性、一元性与多元性的统一。

审美评价有自我评价和社会评价之分。自我评价是主体对自己创作的审美客体的审美价值的评价。古人在诗词创作上反复推敲,提出"语不惊人死不休",就是对自己诗歌作品进行严格的自我评价,精益求精,力求达到至善至美的境界的写照。自我审美评价是文学艺术创作的重要手段和内在动力,具有重要意义。不重视自我审美评价或者自我审美评价不严,要求不高,就不可能创作出高水平的文学艺术作品,社会对他的成果的审美评价也不可能高。

自我审美评价有一定局限性,往往受个人审美能力、审美情感兴趣的影响,产生偏爱而使评价受到限制,失去公正性。社会审美评价则是人们从多方面多视角进行评价,因而可以克服自我审美评价的局限。所以社会审美评价是更为重要的审美评价形式。

社会审美评价的形式很多。一是自发的社会审美评价,如街谈巷议、自发议论、报刊等媒体的评介、学术争鸣、学术批评等,这些属于社会舆论的评价。这方面的审美评价很重要,特别是文化艺术评论这种理论形式的审美评价及其争鸣,对促进审美评价的深入和公正,提高文学艺术评价的水平,推动文学艺术创作发展有重要意义。二是有组织的社会审美评价,包括同行审美鉴定、权威审美评价等。这些审美评价由同行专家进行评价,一般更为深入、全面。特别是权威审美评价由权威人士、权威机构作出,是最高层次的审美评价,受到社会高度重视和尊重。三是历史评价和时间评价。无论自发的社会审美评价还是有组织的社会审美评价,包括同行评议和权威评价在内,归根到底都是通过个人进行的,而个人的审美能力及文化素养、思想修养等方面总是有局限的,因而审美评价中产生失误、偏颇甚至错误评价往往是难免的。但是审美价值高的文学艺术作品和其他审美客体,经过历史的检验与时间的检验,总是历久而弥新,受到历代的珍视。如屈原的《离骚》,司马迁的《史记》,李白、杜甫的诗,唐宋八大家的散文,曹雪芹的《红楼梦》,罗贯中的《三国演义》,鲁迅的小说、杂文,等等,其审美价值为历代人们所公认。这表明在审美领域存在着审美评价的一元性。尽管如此,人们对这些公认的文化瑰宝仍然存在着不同的甚至相反的审美评价,这表明在审美领域同样存在着审美评价多元化现象。历史经验告诉我们:美既有客观性,又有主体性,既有一元性,又有多元性,是客观性与主体性的统一、多元性与一元性的统一。只有把审美标准的客观性与主体性,审美评价的一元性与多元性辩证地统一起来,才能全面地把握审美评价。

三、影响评价的因素

评价活动是复杂的价值活动,要受许多因素的制约和影响。正因为如此,要获得客观、公正的评价往往非常困难。所以,研究影响评价的种种因素,对评价活动具有重要意义。影响评价的因素很多,有主体因素、客体因素、环境因素及评价中介,如评价标准或价值标准等,其中最重要的是主体因素与评价标准或价值标准等评价中介对评价的影响。

(一)主体因素对评价的影响

评价是评价主体运用一定评价标准对客体价值的评估活动,评价主体的主体因素直接对评价产生重要影响。影响评价的评价主体的主体因素有很多,主要有以下几个方面:

1.思想观念

第一,世界观对评价的影响。不同世界观的人,对同一事物的价值往往会作出不同的评价。

第二,人生观对评价的影响。人生观是关于人生目的、意义、理想、追求的根本观点。人生观对评价的影响主要表现为人生目的、理想、信念、追求和立场对评价的影响。有不同人生目的、理想、信念、追求和立场的人,往往对同一事物的价值的评价不同,甚至相反。所以,人生观对评价有重要影响。

第三,价值观对评价的影响。价值观决定价值观念,一定的价值观念是一定的价值观的体现。价值观对评价的影响直接表现为价值观念对评价的影响。价值观念内含一定的价值标准。具有不同价值观念的人,对同一事物的价值所作的评价往往不同,甚至相反。

另外,还有偏见对评价的影响。偏见是片面的、褊狭的、固执的成见,是一种片面的、偏执的价值观念。它形成一种先入之见,使人戴上有色眼镜去看事物,往往使评价失去公正性。

2. 情感、意志

评价主体的情感是影响评价的重要因素。价值关系到人们的利益,牵动人们的思想情感,往往会引起强烈的情感反应,对评价产生重要影响。主要表现是:第一,情感有导向作用,影响评价主体选择评价对象。评价主体往往选择主体最感兴趣的东西作为评价对象,而忽视其他东西。第二,对评价信息的选择过滤作用。情感有排他性,它好比一种过滤器,人们往往以它作为标准对信息进行筛选。对那些与自己情感产生共鸣的东西或自己喜欢的信息,容易吸收;而对那些与自己情感格格不入的信息,则往往拒斥或忽视。由于情感的作用,会有意无意地突出某些情节,掩盖或忽视某些情节,往往导致偏听偏信,使评价失当。第三,放大或遮蔽作用。评价主体喜欢的人或事,往往评价偏高,对不喜欢的人或事则往往评价偏低,甚至被说得一无是处,产生感情用事现象。第四,智力激发作用。良好的心态,使主体智力活跃,反应敏捷,思考严密,易于作出客观公正的评价;相反,心情不好,情绪不高或心绪不宁,心情沉闷,人们的智力便受到抑制,往往感觉迟钝,思维迟滞,思绪紊乱,思考难以深入,容易作出表面的肤浅的轻率的甚至失当的评价。

与情感相联系的是意志对评价的作用。意志是人为了一定目的自觉地控制自己的思想和行动同困难做斗争的心理过程。意志,以一定的认识为基础,以情感为动力。意志指向一定价值目标,具有自觉性或目的性、专注性、坚韧性等特点。意志对评价有重要影响:第一,影响评价对象的选择。意志指向一定的价值目标,而评价主体往往把与自己价值目标相关的事物作为优先评价的对象,对其他事物则往往会将其排除在对象之外或缓后评价。第二,意志指向一定的价值目标,而价值目标本身就是一个价值尺度。凡符合价值目标的事物,评价主体就给予肯定的评价;反之则给予否定的评价。第三,意志保证评价主体集中精力关注有效信息,克服困难和干扰,坚持不懈地从各个方面审视评价对象,这是保证作出正确评价的必要条件。第四,意志对情感有控制与调节作用。它可以调节情感的方向和强度,有利于其作出客观公正的评价。

3. 知识结构

知识是评价的前提。要对客体价值作出正确评价,必须要有相关的专业知识和历史知识,要了解国内外历史及研究现状,了解相关的前沿信息。相关的知识越丰富、越深刻,作出的评价越中肯。缺乏相关知识或知识面窄,不懂行、不识货,就无法作出正确评价。

4. 能力结构

能力是主体完成某种活动的本质力量或本领。能力以知识为基础,但知识不等于能力,能力是知识的灵活运用。评价是一个复杂而艰巨的过程,需要运用各种能力,特别是要有很高的理解、分析、比较、批判、识别能力,还要有很高的逻辑分析能力。缺乏一定能力,即使具有丰富的知识,也不可能作出正确的评价。

(二)客体因素对评价的影响

评价客体或评价对象就是价值、价值关系,亦即价值事实。价值关系包括价值主体、价值客体和主客体相互作用中客体对主体或客体的实际效应三个方面,这三个方面对评价都有重要影响。

1. 价值客体

首先,价值客体的稀缺度对评价的影响。"物以稀为贵",人们给予最高评价的东西往往不是有很高价值而大量存在的东西,而是稀有的东西。当人们拥有某种东西时,往往感觉不到它的价值;只有失去它时,人们才发现它的价值。

其次,客体的复杂性是影响评价的重要因素。例如,人们对商品经济、市场经济的评价就是如此。在很长一段时间里,人们认为商品经济、货币、市场"与旧社会差不多",认为市场经济是资本主义经济,计划经济是社会主义经济。直到 20 世纪 70 年代末,特别是 1992 年邓小平发表南巡谈话以后,人们才开始认识到,市场经济不等于资本主义,社会主义也可以搞市场经济。计划与市场都是手段。客体的复杂性,在人作为价值客体时更为突出。人们往往受花言巧语所迷惑,以貌取人,或听其言而信其人,造成用人不当。所以,对人要听其言而观其行。对一个人不能只看一时一事,要看他的全部历史、全部工作,才能作出正确评价。

再次,客体是发展的,客体的价值也是发展的。有些东西原来很有价值,随着时间的推移变成价值不大或无价值;有些东西原来无价值或价值不大,后来变得有价值甚至很有价值。如果看不到客体价值的发展变化,对客体价值就会作出错误的评价。

2. 评价对象中的价值主体

评价对象中的评价主体对评价也有重要影响。

首先,不同主体具有不同利益和特点,其思想观念、生活经历、文化背景、工作性质、思维特点和实践能力各不相同。同一客体对不同主体的价值也不相同,价值具有多元性。客体对某一主体的价值如何,必须根据这一主体的实际利益和特点进行评价,不能搞一刀切,用千篇一律的公式去套。其次,价值不仅具有多元性,还具有一元性。同一客体对社会主体的价值是一元的,对每一具体主体的价值也是一元的。当出现价值多元化和评价多元化现象,难以确定到底客体价值如何时,就应从客体对社会主体的价值,即以最广大人民的根本利益去评价。再次,在社会生活中,对一项政策的评价,不仅要看它是否符合人民的根本利益,还要考虑到群众的觉悟程度和承受程度,即群众对这项改革的价值和改革带来的变化与震动是否能承受。只有把改革的力度与群众的觉悟程度和承受力结合起来,才能对改革作出正确评价。

3. 主客体相互作用中客体对主体或客体的效应

评价的主要目的是评估主客体相互作用中客体对主体或客体的效应如何,即评估对主体或客体的作用和影响。这种作用和影响有正有负,有大有小,有强有弱,有宽有窄,有近有远,有隐有显,有表面的也有深层的,是一个从无到有,从小到大,从隐到显,从浅到深,从近到远,从眼前到长远的显现过程。当这种效应较小、较隐蔽时,人们往往不重视其价值。由于效应是从近到远的,人们往往容易看到眼前价值,忽视长远价值,从而产生评价失当。客体对主体效应信息的强度与显度、深度,及能否全面地把握各方面的效应信息,特别是能否及时把握萌芽式的隐蔽的、深层的信息,预测长远效应,对作出正确评价至关重要。历史的经验证明,人们往往是在经过长期实践获得正反面效应,产生了尖锐的价值冲突时,才能深刻地评价某一事物的价值。例如,毁林开荒、围湖造田,可以获得显著的近期价值,只有当严重影响生态环境,带来严重干旱和洪涝灾害时,人们才认识其负价值。

(三)环境因素对评价的影响

环境有自然环境与社会环境,两种环境对评价都有影响。

1. 自然环境

自然环境,如地理环境对一些事物的评价就有重要影响。同一客体其价值不仅因人而异,也因地而异。例如,在北方特别是在北极圈,皮衣、皮帽、皮靴等抗寒保暖用品,有很高的生活价值。而在南方特别是热带,这些东西则价值不大。又如,捕鱼、水产的生产工具在江湖及沿海地区很有价值,而在高山、内陆、沙漠地区则价值小。同一客体在不同自然环境下,受到的评价不同。所以自然环境对评价有重要影响。

2. 社会环境

社会环境比自然环境复杂,对评价的影响也更大。社会环境包括政治环境、经济环境、文化环境,对评价都有重要影响。

社会环境对评价的影响,首先是政治环境对评价的影响。政治环境包括许多方面,其中很重要的是党和政府的政策及其价值导向。党的十一届三中全会后,坚持以经济建设为中心,科学技术是第一生产力,尊重知识、尊重人才,一些地方重视科技人才,科技价值、知识价值、人才价值增值,对科技、知识、人才的评价也相应提高。所以政治环境,特别是党和政府的政策导向,对评价有重要影响。

其次是经济环境对评价的影响。这方面马克思有过生动的论述。他说:"一座房子不管怎样小,在周围的房屋都是这样小的时候,它是能满足社会对住房的一切要求的。但是,一旦在这座小房子近旁耸立起一座宫殿,这座小房子就缩成茅舍模样了。这时,狭小的房子证明它的居住者不能讲究或者只能有很低的要求;……那座较小房子的居住者就会在四壁之内越发觉得不舒适,越发不满意,越发感到受压迫。"①原来评价不错的东西,环境变了,评价就变低了,就不满意了。可见评价随着经济环境的改变而改变。

再次是文化环境对评价的影响,表现在:

其一,传统文化、传统观念对评价有重要影响。我国传统文化包括中华民族的传统文化和革命传统文化,是中华民族优秀思想的积淀。文化的核心是价值观念,它本身包含价值标准。有什么样的传统文化就有什么样的价值观念,就有什么样的价值标准,就按什么样的价值标准去评价。宗教信仰是传统文化的重要内容。宗教信仰是对超自然的神灵的虔诚崇拜,包含着深层次的宗教价值观念,包含着一定的价值标准。受宗教文化影响深的国家和地区,人们的评价往往受到宗教信仰的深刻影响。

其二,社会舆论对评价的影响。社会舆论是社会生活中广大群众对社会现象的社会评价的一种形式。社会舆论有群众自发形成的,也有自上而下有组织有领导地利用新闻媒体形式发布的。社会舆论是一种公众的议论和看法,具有群众性。舆论有导向作用,违反舆论就受到舆论谴责,形成舆论压力,所以人们对事物的评价往往要受社会舆论影响。

其三,社会风俗习惯和社会风气对评价的影响。一个民族、一个地区、一个时期有自己独特的风俗习惯和社会风气,形成一种惯例和一种潮流。这种惯例和潮流作为一种世俗的价值标准,自发地影响人们的评价。凡是符合风俗习惯和社会潮流的,人们评价就高;反之,人们评价就低,甚至给予否定的评价。

(四)评价中介对评价的影响

评价是评价主体运用一定中介对客体价值的评估过程和结果。评价中介对评价有重要影响。评价中介有评价尺度与评价参考系等,它们各有特点。

1. 评价尺度

评价尺度有主体尺度和客体尺度。评价的主体尺度,如主体利益、主体发展等,是价值评价(狭义的评价)的评价标准或价值标准。评价主体是借助于

① 《马克思恩格斯选集》第 1 卷,人民出版社 2012 年版,第 349 页。

一定的尺度或标准来评估客体价值的,这是评价不同于价值认知的一个重要特点。人们通常说的评价标准是评价主体直接用于衡量客体价值的尺度。价值标准决定评价标准,评价标准是价值标准的反映。价值标准也可以直接用作评价标准。从评价标准是衡量价值的标准的意义上说,评价标准也是一种广义的价值标准。所以,评价的尺度就是评价标准或价值标准。

评价的尺度首先是评价的主体尺度。评价的主体尺度有很多,主体需要、欲望、兴趣、爱好、偏好、情感(快乐)、理想、信念、信仰等都是主体尺度。主体需要是国内外流行的重要的主体尺度,是一种人们常用的价值标准或评价标准。持此种观点的学者认为,凡能满足主体需要就有(正)价值;反之则是负价值。但需要并非天然合理。符合广大人民需要或满足合理的需要是有(正)价值的,满足吸毒贩毒者对吸毒贩毒的需要或其他不合理的需要,则是有害的,有负价值的。只有满足合理需要才有价值。所以,主体需要不能做普遍的价值标准,用主体需要做普遍的一般的价值标准必然导致混乱。同样,兴趣、爱好、偏好、情感(快乐)、欲望、理想、信念、信仰等也并非都是合理的,用它们作为主体尺度去进行评价也必然导致混乱。主体尺度是否合理,是影响评价的最关键的因素。什么尺度是合理的主体尺度? 合理的主体尺度是主体利益。凡是符合主体利益的就有价值,反之则无价值或是负价值。以主体利益为主体尺度,能保证理论上的逻辑一贯性。如何确定客体是否符合主体利益,最根本的要看是否有利于主体发展。所以,主体尺度最根本的是主体发展,用主体发展作主体尺度可以正确地评价客体价值。主体发展是科学的主体尺度,即科学的评价标准或价值标准。

评价中介还有客体尺度。只讲评价的主体尺度,不讲评价的客体尺度是不全面的。评价的客体尺度主要是客体的本质与规律,具体表现为客体的质量、属性、功能等。一种客体,质量好,有良好的属性与功能,就能与主体作用产生良好的效应、效益;反之,一种产品,质量差,属性、功能不好,与主体作用必然产生不良的效应、效益。评价一种产品的价值,既需要看质量,又要看效益。质量主要用客体尺度来衡量,效益则要用主体尺度与客体尺度的统一去衡量。所以,客体尺度是评价的重要尺度。客体的尺度有很多,对不同客体价值的评价,要用不同的客体尺度。如同量长度用米,称重量用公斤,衡量时间用时、分、秒一样,功利价值的评价尺度不同于科学价值、道德价值、审美价值的评价尺度,新闻价值的评价尺度不同于小说价值的评价尺度,真理性的评价尺度不同于价值的评价尺度。客体尺度运用不当,同样不能作出正确的评价。

2. 评价参考系

评价中介除了评价尺度之外还有评价参考系。评价参考系是评价中的参照物。评价过程是一个对比分析过程,人们往往是将评价对象与一定的参考系相比较而作出有无价值及价值大小的评价的。所以评价参考系问题对评价有重要意义。

评价参考系是多种多样的,各种各样的规范、样式、范型都可以作评价的参考系。人们常用的参考系主要有以下两类:一是以自己过去发展的情况作参考系进行历史对比,看有何变化,变好变坏,变化大小,看有无价值和价值大小。这是纵向对比。二是以他人他物作参考系,从对比中作出评价,这是横向对比。以他人他物作参考系,包括以本国、本地区的他人他物和以外国、其他地区的人和事物作参考系,也包括以先进国家、先进地区的人或事物作参考系和以落后的国家、地区的人和事物作参考系。以先进的国家、地区的人或事物作参考系,可能作出的评价较低;以落后的国家、地区的人或事物作参考系,可能作出的评价较高。要作出全面的比较准确的评价,必须既以先进的国家、地区的人和事物作参考系,又以落后的国家和地区的人和事物作参考系。在科学理论评价或学术评价中,如果不了解国内外同类课题的研究现状,不了解科学或学术研究前沿情况,不了解国内外相关研究的最新进展,就无法确定一项成果有无创新之处及创新程度如何,就无法作出准确的评价。所以正确选用评价参考系,对于保证评价的科学性,具有重要意义。

四、评价的科学性或合理性问题

价值评价的目的是对客体的价值作出客观公正的评价,以指导实践,使人类社会更美好。要获得客观公正的评价,评价必须是科学的、合理的。评价缺乏科学性、合理性,很难保证其客观公正性,用这样的评价指导实践必然产生失误。所以评价的科学性或合理性问题是评价理论的重要问题。影响评价科学性或合理性的因素很多,这里主要探讨以下几个问题。

(一)评价标准的科学性

评价活动是评价主体以一定评价标准去衡量客体价值的过程,评价标准是影响评价科学性的核心或关键的因素。如果评价标准缺乏科学性,评价必然失去科学性。

价值标准决定评价标准,评价标准是价值标准的反映和运用。评价标准的科学性问题决定于价值标准的科学性问题。所以研究评价标准的科学性问题,首先必须研究价值标准的科学性问题。

1. 国内外学者关于价值标准的基本观点

西方不同学派的学者对价值标准的看法不同。直觉主义者认为,基本的价值标准是善、正当、义务。自然主义者认为,基本的价值标准是兴趣、欲望、需要、喜欢等。功利主义者认为,基本的价值标准是快乐或幸福。情感主义者认为价值是情感的表达,这样也就无法进行评价了;如果要评价,其基本的价值标准是主体的情感、态度、欲望、意愿等。国外学者关于价值标准的看法众说纷纭,莫衷一是。

我国学者关于价值标准的看法主要有三种:

第一种见解,也是多数人的见解,认为价值是客体对主体需要的满足,价值标准是主体需要,评价标准是对价值标准的反映。

第二种见解,认为价值认识尺度或价值认识标准有主体需要、兴趣、偏爱。主体需要是首要的、最根本的价值认识尺度,其他尺度都与它有关,或由它派生出来。因为所谓价值,归根到底就是客体对主体需要的满足。

第三种见解,认为价值标准是一个多层次、多指标的复杂系统,包括客体尺度(物种尺度)、主体尺度(人的尺度)、实践尺度三大层次的标准。每个大层次的标准又都包含着更小层次的标准和尺度,每项标准又有多项指标。客体尺度即物种尺度,物种无限多,客体尺度也无限多。创造价值首先必须遵循客体尺度,评价也必须运用物种自身尺度。不同物种有不同尺度。评价文艺作品要用艺术标准,评价新闻要用新闻标准。每种标准又都有多项指标。客体尺度不能错用,否则就会导致评价失误。主体尺度或人的尺度,主要指主体需要、利益及其理想、愿望、兴趣、爱好等。主体尺度有个体尺度、群体尺度、人类尺度(社会历史尺度)三个层次,个体尺度、群体尺度应服从社会历史尺度。实践尺度就是以实践结果、效果、效益作为标准进行价值评价。实践尺度就是实践标准,实践标准是标准的标准,是价值标准的最终裁决者。

这三种见解相同之处是都以主体需要作为价值标准或最根本的价值标准,这是我国评价理论中的主导观点。

2. 主体需要是不是科学的价值标准?

应当承认主体需要的确是一种重要的主体尺度或重要的价值标准。因为在现实生活中,人们往往自发地首先以自身的需要作为价值标准去进行评价,自发地认为:凡是符合自己需要的,就是有价值的;凡是不符合自己需要的,就是无价值的;凡是阻碍满足自己需要的,就是有负价值的。主体需要是一种自发的主体尺度或自发的价值标准,这是客观事实,不能否认。人们自发的价值标准还有兴趣、爱好、情感、愿望、欲望、理想、信念、信仰等。

主体需要作为价值标准,是不是一种科学的合理的价值标准呢?以主体需要作为一种基本的普遍的价值标准,其前提是:主体需要必须都是合理的。只有主体需要都是合理的,才能作出"凡能满足主体需要就有(正)价值"的结论。

怎样判断主体需要是否合理? 主要看主体需要是否有利于主体发展,特别是要看是否有利于促进人类社会生存发展完善,是否有利于每个人自由而全面的发展。对此,许多学者已提出过自己的看法。

例如,张岱年认为,"需要也有高下之分","人们都承认,有些需要是比较高级的,有些需要是比较低级的"。在民族危急时期救国的需要,在有人陷入危难之时加以拯救的需要,是高级需要;追求声色货利、贪财好色的需要,则是低级趣味,低级的需要。[①]

李连科认为:"个体有着复杂的、各式各样的需要。""按社会价值划分,有合理的、有益的、健康的需要和不合理的、有害的、病态的(如吸毒、卖淫、同性

---

① 张岱年:《论价值的层次》,《中国社会科学》1990 年第 3 期。

恋等)需要。"①

袁贵仁认为,"人的需要并非都是天然合理的,都是必须满足的。有些属于正当需要,也就是有利于人和人类生存、享受和发展的需要"。"能够满足主体的正当需要的客体对主体是有价值的"。"人还有不正当的需要,这类需要一旦得到满足,客观上就有害于人和人类生存、享受和发展"。所以,"满足不正当需要的是没有价值的;相反,不满足这种需要或限制这种需要得到满足的则是有价值的"②。

由此可见,主体需要并非天然合理,这是客观事实,也是许多学者的共识。既然如此,满足主体需要并非都有价值。所以,主体需要不是科学的价值标准,不能把它作为一种基本的、普遍的价值标准。

3. 价值标准的科学性的条件

怎样的价值标准才是科学的价值标准呢? 科学的价值标准至少需要以下条件:

第一,客观性。科学的价值标准必须是客观的价值标准。主体情感、兴趣、爱好、欲望、愿望、理想、信念、信仰等主观的东西,具有由己性,难以保证评价的客观性,因而都不是科学的价值标准。主体需要既是经济、社会、历史范畴,又是心理学范畴,既有大量的客观需要,也有由兴趣、爱好、嗜好、情感等心理因素决定的主观需要;而且主体需要往往以欲望、愿望等主观形式表现出来,以主体需要作为价值标准同样难以保证评价的客观性。所以主体需要也不是科学的价值标准。

第二,普适性,即不矛盾性或逻辑一贯性。爱因斯坦说:"一个希望受到应有的信任的理论,必须建立在有普遍意义的事实之上。"③"理论不应当同经验事实相矛盾。"④科学的价值标准必须具有普遍性,即符合这种标准的都是有价值的,而不会出现符合这种标准的部分有价值、部分无价值或有负价值的情况,不会违背逻辑一贯性。以主体需要作为价值标准,就不具有普遍

---

① 《李连科集》,黑龙江教育出版社 1989 年版,第 75 页。
② 袁贵仁:《价值学引论》,北京师范大学出版社 1991 年版,第 53—54 页。
③ 《爱因斯坦文集》第 1 卷,商务印书馆 1976 年版,第 104 页。
④ 《爱因斯坦文集》第 1 卷,商务印书馆 1976 年版,第 10 页。

性。因为主体需要并非天然合理。满足合理的需要是有价值的,满足不合理的需要则无价值或是负价值,这就违背了逻辑一贯性。

第三,准确性。这一标准必须真实可靠,具有充分的说服力。

符合上述第一、第二两个条件的价值标准是主体利益标准、主体发展标准,特别是人民根本利益标准、社会发展进步标准;符合上述三个条件的是实效标准,主体发展的实效标准,特别是社会发展进步的实效标准。

为什么说主体发展,特别是社会主体发展进步的实效标准是科学的价值标准呢? 因为客体的价值是相对于一定的主体而言的。同一客体对不同主体价值不同。要评价事物的价值,首先要确定价值主体,运用主体尺度。主体需要是一种自发的主体尺度,如前所述,由于需要并非天然合理,所以主体需要不是科学的价值标准。毛泽东说:"任何一种东西,必须能使人民群众得到真实的利益,才是好的东西。"①把人民利益作为价值标准,特别是以"最广大人民群众的最大利益"作为最高标准。② 人民利益标准,是以人民为价值主体的主体利益作为价值标准。在这里作为主体尺度的价值标准是主体利益。利益是社会关系范畴,是在一定社会关系中人们所享有的权益。作为主体的人是客观存在的,社会关系是客观存在的,主体利益也是客观存在的。符合主体利益的客体就有价值,反之则无价值。以主体利益作为价值标准能保证逻辑一贯性。

有人说,利益是"人们通过社会关系表现出来的不同需要。"③把利益与需要等同起来。这种看法只看到二者的联系,未看到二者的区别,是不全面的。利益是对主体有利、有益的。从主体自身主观的认识来说,符合自己需要就是符合自己的利益;从客观上说,真正对主体有利、有益的是正当的、合理的需要,不合理不正当的需要表面上对主体有利,实际上对主体有害,因而是违背主体利益的。所以主体利益是一般的普遍的价值标准,而需要却不能作为一般的普遍的价值标准。

如何衡量是否符合主体利益? 最根本的是要看是否有利于主体发展,特

---

① 《毛泽东选集》第三卷,人民出版社 1991 年版,第 864—865 页。
② 《毛泽东选集》第三卷,人民出版社 1991 年版,第 1096 页。
③ 《哲学大辞典·马克思主义哲学卷》,上海辞书出版社 1990 年版,第 467 页。

别是要看是否有利于社会主体,使人类社会发展完善,更加美好,是否有利于每个人自由而全面的发展。主体发展是主体利益的核心所在。所以主体发展是最根本的主体尺度。

主体有个体主体、群体主体、社会主体。不同的个体主体、群体主体的利益不同,同一客体对不同个体主体、群体主体的价值不同,存在着价值多元化现象。当我们谈到客体对某一个体主体或群体主体的价值时,运用主体利益、主体发展作为价值标准就行了;当我们遇到同一客体对不同的个体主体或群体主体价值不同,难以确定到底客体的价值如何时,就必须以社会主体发展为价值标准。社会主体发展或社会发展进步标准是最根本的价值标准。这种标准不偏向任何一个人或任何一个群体,具有公正性。以社会发展进步作为价值标准,能确保评价的公正性。

主体发展特别是社会发展进步标准是客观的标准,并且有普遍性,运用这一标准进行评价,能保持逻辑一贯性。但这一标准毕竟是抽象的价值标准。在实际运用中到底如何判断客体是否有利于推动社会发展进步,人们往往感到缺乏具体依据,难以把握,因而对同一客体的价值的评价往往不尽相同;而且作出的价值判断说服力不强,容易产生争议。所以,仅仅用一般的社会发展进步标准作为评价标准,还不能确保评价的科学性。

为了解决这个问题,必须借助于实践,把价值标准建立在实践结果的客观事实之上。这种客观事实,就是主客体相互作用产生的效应,这种效应是主体与客体之间直接的感性的相互作用的结果或产物,即实践结果或实效标准。实效标准是实践标准在评价理论上的应用。实践具有普遍性和直接现实性,实效或效应也具有普遍性和直接现实性,因而实效标准或效应标准既有普遍性又有客观性。它不仅普遍适用于各种价值评价,而且可产生直接现实的感性的客观效果。事实是不因人而异的客观存在,事实胜于雄辩,以实效或效应作为价值标准,具有很强的说服力,有利于确保评价的准确性、可靠性。所以,实效标准或效应标准是科学的价值标准。

以实效或效应作为价值标准也有一个对什么主体的实效或效应的问题。所以实效标准或效应标准必须与主体尺度相结合。根本的主体尺度是主体发展标准,最根本的是社会发展进步标准。实效标准与主体尺度相统一,就是主体发展特别是社会发展进步的实效标准,简称"社会发展进步的实效标准"。社会发展进步标准与实效标准是不可分割的。社会发展进步标准是最根本的价值标准,而实效标准则是解决到底如何确定或检验、验证是否真正有利于社会发展进步的问题。前者保证了评价的正确的价值导向,后者保证了评价的客观性、准确性、可靠性。把实践或实效引入价值标准,是保证价值标准科学性的关键所在。

价值标准决定评价标准,有了科学的价值标准,就为科学的评价标准奠定了基础。

评价尺度,首先是主体尺度。除了主体尺度之外,还有客体尺度。对不同客体的评价要用不同的客体尺度,客体尺度也有一个科学性问题。要保证客体尺度的科学性,关键是要以实事求是思想为指导,一切从实际出发,如实地认识客体的本质、规律与特性。

(二)评价信息的真实性

评价是对客体价值的评估。对客体价值的评价依据的是评价客体的信息。要作出正确的评价,评价主体所掌握的评价信息必须是真实的。评价主体所依据的评价信息失真,作出的评价必然是错误的。所以评价信息的真实性是评价科学性的一个重要前提。评价信息是关于评价客体,即主客体价值关系及其结果的信息,包括四方面内容:一是价值客体的结构、层次、属性、功能等信息;二是价值主体利益、需要、兴趣、爱好、情感、意志、价值观念、主体能力、主体生存发展状况及其特点等信息;三是价值中介、价值环境方面的信息;四是主客体相互作用及其产物,即主客体相互作用中客体对主体或客体的效应的信息,如对主体或客体的哪些方面产生作用和影响,产生了多大的作用和影响等。

所谓评价信息的真实性,就是信息的客观性、准确性、全面性。客观性就是要如实反映客观实际。准确性就是不夸大、不缩小、准确可靠。全面性就是全面地反映评价对象各个方面的情况,既包括正面信息,又包括负面信息;既包括主要方面的信息,也包括次要方面的信息;既包括眼前的影响,也包括长远的影响,还要了解付出的代价等;客体信息有隐有显,不仅要善于把握明显的信息,还要善于捕捉隐形的信息,要见微知著,防微杜渐,才能增强评价的预见性,充分发挥评价的警示功能。

客体信息的搜集应全程式搜集,不能只搜集某一阶段的信息。信息有时效性,搜集信息要把握适当时机,以便获取最有用的信息。为了确保评价信息的真实性,必须对评价信息进行核实、鉴定和筛选,消除假象,淘汰失真的或用处不大的信息,保留真实可靠的重要信息。这是保证评价科学性的重要条件。

要根据评价信息对客体价值作出正确评价,还有一个对评价信息的解读、理解的问题。对评价信息的解读决定于评价主体的认识图式、知识结构、逻辑结构,需要有相关的广博知识;否则就不可能真正理解评价信息,就不可能作出正确的评价。

(三)评价判断的逻辑严谨性

要保证评价的科学性,评价过程和评价判断必须具有逻辑严谨性。

评价过程是评价主体运用一定的评价标准去分析衡量评价信息作出评价即价值判断的过程。从运用一定评价标准去分析评估评价信息,到作出评价即作出价值判断,这个过程是一个逻辑分析过程。即使评价标准是科学的,评价信息是真实、准确和全面的,如果逻辑分析上出现问题,逻辑分析不严密,或缺乏逻辑一贯性,仍然无法保证评价的科学性,评价结论即价值判断就可能是靠不住的、不准确的。所以,评价过程和评价判断必须坚持逻辑严谨性。

评价过程的逻辑严谨性与评价判断的逻辑严谨性是密切联系的。评价过程的逻辑严谨性,是评价判断的逻辑严谨性的前提;评价判断的逻辑严谨性,是评价过程的逻辑严谨性的结果。评价过程的逻辑严谨性,是为评价判断的逻辑严谨性服务的,归根到底是为了保证评价判断的逻辑严谨性。

评价判断必须坚持逻辑严谨性,是价值判断的性质决定的。在价值哲学历史上,对价值判断的性质存在着两种对立的观点。一种是杜威的观点。他认为伦理判断(即价值判断)与物理判断都是科学判断。他说:"一切科学的判断,无论是物理的还是伦理的,最后都是要用客观的(即一般的)名辞来陈述经验以指导进一步的经验的。"①既然无论是物理判断还是伦理判断或价值判断都是科学判断,评价判断当然就应坚持逻辑严谨性。艾耶尔则认为,价值判断即评价判断或价值陈述"不是科学的陈述","而只是既不真又不假的情感的表达"②。既然如此,那就谈不到遵守逻辑规律,就不存在坚持逻辑严谨性的问题了。如前所述,事实有广义与狭义之分。价值是一种客观存在。从广义来说,作为客观存在的价值也是一种事实,即价值事实,而评价即价值判断是对价值事实的反映。既然如此,价值判断就应当和狭义的事实判断的科学判断一样,必须遵守逻辑规律,必须坚持逻辑严谨性。一般地说,任何学术理论都必须坚持逻辑严谨性;失去学术严谨性,就失去学术理论的科学性,也失去了评价的科学性。

要坚持评价判断的逻辑严谨性,首先必须要有科学的评价标准。如前所述,评价标准是价值标准的反映,所以要保证评价判断的逻辑严谨性,首先必须保证价值标准的科学性。以"主体需要"作为价值标准,就无法保证逻辑一贯性。因为以"主体需要"作为价值标准,作出的价值判断是:"凡是能满足主体需要的都有价值",这是一个全称判断,即"满足主体的任何需要都是有价值的"。但主体需要并非天然合理,这是不容否定的客观事实。满足主体合理的需要是有价值的,而满足主体不合理的需要则是无价值的或有负价值的。所以,以主体需要作为价值标准,正确的结论是:"满足合理的需要是有价值的",这是一个特称判断。把这种特称判断换成一个全称判断,就会出现这样一种情况,即"满足一切需要包括满足不健康不合理的需要都是有价值的"这样的判断,这显然是荒谬的。这种把特称判断变成全称判断,以偏赅全的现象,是一种逻辑上的混乱。而以主体利益、主体发展特别是以人民根本利益、社会发展进步为价值标准,则能保证逻辑严谨性。因为符合主体利益,有利于主体发展,特别是符合人民根本利益、有利于社会发展进步的都是有价值的;反之则是负价值。所以,价值标准的科学性是坚持评价判断的逻辑严谨性的一个重要前提。价值标准失去科学性,就不可能坚持评价判断的逻辑严谨性。

---

① ［美］杜威:《人的问题》,傅统先、邱椿译,上海人民出版社1965年版,第201页。

② ［英］艾耶尔:《语言、真理与逻辑》,尹大贻译,上海译文出版社1981年版,第116页。

　　要坚持评价判断的逻辑严谨性,必须坚持以实事求是的思想为指导,尊重客观事实。我国价值哲学中的一些分歧,就是由于一些学者不承认客观事实造成的。例如,一些学者坚持以主体需要作为价值标准,就是因为不承认"主体需要并非天然合理"反映的是客观事实。诚然,"主体需要并非天然合理",这是一个价值判断,但这个价值判断反映的是这样一种客观事实,即有些需要是合理的、正当的;有些需要是不合理的、不正当的,如吸毒贩毒、嫖娼卖淫、搞假冒伪劣、坑蒙拐骗等需要,就是既不利于主体个人的全面发展,更不利于社会发展进步的不正当的需要。这是一种客观事实,不以评价主体的意志为转移,谁也无法否认。但是有的学者却无视这一客观事实,坚持以主体需要作为基本的普遍的价值标准。如果坚持以实事求是思想为指导,按照事物的本来面目去认识它,就应该如实地承认:主体需要并非天然合理,反映的是客观事实。从这一事实出发,我们就可作出"主体需要不是科学的价值标准"的结论,从而为采用科学的价值标准,为保证价值评价的科学性创造条件。

(四)评价检验的可靠性

　　认识过程是从实践到认识,再从认识到实践,循环往复螺旋发展的过程。评价是价值认识的一种形式,评价过程也是从实践到评价,再从评价到实践,循环往复螺旋发展的过程。评价的目的是为了获得客体价值的正确的价值判断,以指导实践。在实践基础上搜集到各种评价信息,运用评价标准进行价值评估,作出客体价值的评价,即作出价值判断,并运用逻辑分析进行逻辑检验,这个过程就是从实践到评价的过程。这是评价过程的第一阶段。但评价过程并未结束。因为作出的评价即价值判断虽然经过逻辑检验证明正确,但到底是否正确,在第一阶段还没有解决,必须将作出的评价运用于实践,让评价接受实践的检验。这是评价过程的第二个阶段,即从评价到实践的阶段。评价过程的第二阶段包括两方面的内容:一是将评价结果运用于实践,指导实践;二是在实践中检验评价。这两个方面是密切联系的,评价运用于实践、指导实践,同时也接受实践检验。评价的科学性不仅要求评价标准的科学性、评价信息的真实性、评价判断的严谨性,还要求评价检验的可靠性。一种产品没有经过严格检验,就无法证明是合格产品;一种评价没有经过严格检验,也无法保证其正确性。所以,评价检验的可靠性是评价科学性的重要保证。

评价检验包括逻辑检验和实践检验。

评价检验第一步是逻辑检验。逻辑检验的内容包括评价标准是否科学,评价信息是否全面、真实、准确、可靠,评价判断推理是否符合逻辑,是否全面准确。如评价是否既考虑到客体是否符合主体利益、主体发展,又考虑到主体有无必要的条件和能力;是否符合事物发展的客观规律;是否既考虑到眼前价值,又考虑到长远价值;是否既考虑到局部利益,又考虑到全局利益;以及评价判断是否全面、准确、严谨;等等。逻辑检验的形式,一是评价主体自我审查检验;二是群众评议,广泛征求意见,倾听各方面的意见,包括正反两方面的意见,特别要听取弱势群体的意见,应发动群众共同审议,这样可以使检验更为全面和公正;三是专家评审,充分听取同行专家的意见。评价的逻辑检验应在评价的第一阶段结束后立即进行,是评价过程第一阶段的最后一步工作。只有经过逻辑检验证明正确,或正确性存在争议,有待实践证明的评价,才能将它运用于实践,使之接受实践的进一步检验。

评价的实践检验有两种形式:一是试点,二是推广,广泛付诸实践。试点即在小范围内进行实践,看实践结果是否与评价相符合。如果不符合,就要进行分析,看是什么原因造成的:是实践条件或操作方面的问题,还是评价本身的问题。如果是评价本身的问题,就要对评价作出修正,将修正后的评价再进行试点,在实践中再检验。如果是实践过程中条件不具备或操作方法有问题,就应改进实践条件与操作方法,再进行试点实践。如在试点实践中失败,证明评价错误,就不能推广,不能扩大实践。如在试点实践中证明评价正确,就可以逐步推广,扩大实践,使之在更大范围内接受社会实践的检验。

推广是对试点中经过实践检验证明正确的评价的再一次检验。试点是小范围的实践检验,有局限性。只有在大范围内广泛推广的实践中取得成功,才能证明评价是正确的。社会实践主体是广大人民群众。广大人民群众的根本利益是一致的,但不同的个人和群体有不同利益和不同情况。社会实践中某些个人和群体对某一事物的评价往往是多元的、不一致的。必须以广大人民的根本利益作为价值标准去衡量实践结果是否成功。如果实践结果符合广大人民根本利益,评价就是正确的;反之,则是错误的。实践是一个过程。对一种事物的评价往往要经过长期实践检验才能确定其是否正确。实践检验是最权威的检验。经过大范围的实践检验证明评价正确,就有力地证明了评价的客观公正性,从而保证了评价的科学性。但实践是发展的,评价也是发展的,经过一个阶段实践证明是正确的评价,还要在新的实践中接受新的检验。所以实践对评价的检验是一个无限发展的过程。

评价过程既要有严谨的逻辑检验,又要有反复的实践检验,二者之中最重要的是实践检验。因为实践既具有普遍性,又具有直接现实性,实践结果以直接的感性的现实的客观事实展现在人们面前,最客观而有力地证明了价值的有无与大小。所以实践检验是对评价的最重要的检验。但逻辑检验也很重要,逻辑的格是实践的客观规律的积淀,逻辑严谨性有助于保证评价的客观公正性。所以,坚持严肃的逻辑检验与坚持严格的实践检验,是评价科学性的最可靠的保证。

第十三章　价值实现

价值活动的目的是实现价值,即价值的实现。价值实现就是主客体相互作用产生的客体对主体或是客体的积极效应,即对主体或客体生存、发展、完善产生的实际的积极作用和影响。价值实现是一个过程。要实现价值必须创造价值。要创造价值必须认识价值,使自在价值变为自为价值,必须确定正确的价值目标,作出正确的价值选择。所以,价值实现过程,是从自在价值、自为价值、价值目标、价值选择、价值创造到价值实现的过程,是从自在价值到自为价值、创造价值、现实价值的转化过程。价值实现的起点是自在价值,研究价值实现必须首先研究自在价值。

一、自在价值

什么是自在价值? 自在价值就是未被认识和利用的价值。这种价值由于未被认识也未被利用,因而也未发挥其价值。

自在价值有三种形式:

第一种形式是潜在价值。即客体的潜能或潜在的待开发的价值,是客观事物未被认识和利用的潜在的、可能的价值。由于它是潜在的、未被发现和利用的价值,人们还不认识它。这种潜在价值在自然界、在人类社会比比皆是。人类已认识和利用的自然物,在大自然中只占很少一部分,而有待认识和开发利用的自然物却无限多。认识和开发潜在价值,有着无限广阔的前景。

要充分认识和开发利用潜在价值的重要意义。大家知道,中国曾被称为贫油的国家。西方一些地质学家根据他们的地质理论断言:中国的地层不会有多少石油。后来,中国人民在李四光的地质理论指导下,首先在黑龙江大庆找到了丰富的石油资源。这以后,又相继找到了胜利油田、大港油田及海上丰富的石油资源,从而丢掉了贫油的帽子,为中国人民争了气。石油沉睡在中国大地之下、海洋之中,千百年来,未被人们认识,反而被人认为是贫油。这种未被人们认识、开发和利用的石油资源的价值,就是潜在价值。

人体中也有大量的潜在价值,它表现为人的一种潜能。这种潜能发挥出来,可以创造巨大的价值,它是一种未被认识和利用的可能的价值或待开发的价值。美国心理学家奥托说:"何谓人的潜在能力? 简单地说,它的含义是,一般健康人只在运用着他的潜能的极小一部分。"①他所谓潜能,就是未被利用的能力。20 世纪初,美国心理学家威廉·詹姆斯曾提出假说:一个正常的健康的人,只运用了其能力的 10%。之后,玛格丽特·米德认为只运用了6%,而奥托则认为只运用了 4%。据苏联心理学家的研究,一个在正常情况下工作的人,一般只使用了其思维能力的很小一部分。如果我们能迫使我们的大脑达到其一半的工作能力,我们就可以轻而易举地学会 40 种语言,将一部苏联大百科全书背得滚瓜烂熟,还能学会数十所大学的课程。总之,人的潜能是很大的,而真正被利用的比例很少。

人不仅有思维方面的巨大潜能,还有体能、感知、记忆、想象等方面的潜能,有巨大的艺术潜能。有的人失去了双手,他可以用脚吃饭、刷牙、写字。有的人四肢残废,他却能用自己的嘴写字、写文章。有的人双耳失聪,他却能参加排练千手观音的舞蹈,演出精美的节目。苏联有个无脚飞将军,失去了双脚,仍能重上蓝天,驾驶银鹰翱翔。一些身体残疾的人,往往悲观失望,失去生活的信心,其实大可不必。人的身体潜能是很大的,也是多方面的。一个器官坏了,别的器官往往更发达,能代替损坏了的器官的某些功能。只要善于发挥自己的潜能,某些器官残疾的人也可以成为价值的创造者,使生命充实多彩。这里的关键是要有信心,有坚强的意志,有适于发挥自己潜力的良好方法。如何发挥人的潜在价值,是价值哲学的重要课题。价值实现,最根本的就是使潜在价值变为现实价值。

---

① ［美］马斯洛等:《人的潜能与价值》,华夏出版社 1987 年版,第 385 页。

自在价值的第二种形式,是被埋没了的现实价值。例如,20世纪80年代,在陕西扶风县法门寺的塔基下面,人们发现了一个地宫,其中的许多稀世珍宝,具有极高价值。这些珍宝光彩夺目,是当年皇家贡品,本为现实价值。但运到法门寺佛塔下封存起来,就无人知晓了,在地宫发掘之前,这些珍宝沉睡地宫,就成为自在价值了。西安临潼秦始皇陵兵马俑,南海打捞沉船发现的大量古瓷器,在未被发现之前,也属于自在价值。

从这里可以看出,自在价值与现实价值是可以相互转化的。现实价值经过人们的秘藏,或遇某种灾难被埋没,以致鲜为人知,便转化为自在价值。而自在价值经过人们发现以后,便转化为现实价值。这种作为被埋没了的现实价值的自在价值很多,每年都有很多新发现。发现这种被埋没的价值,是考古工作者的重要任务。

自在价值的第三种形式,是未被发现的人的内在价值。内在价值是主体内在具有尚未表现出来的价值,即人内在的优秀品德和卓越的才能的价值。这种内在品德和才能在未施展出来之前,往往为人所不知而被忽视。正如韩愈所说:"世有伯乐,然后有千里马。千里马常有,而伯乐不常有。"(《杂说四》)。千里马在未被伯乐发现之前,人们把它和一般马一样看待。在千里马被伯乐发现以前,它的内在价值就是自在价值。人的内在价值很重要,发现人们未曾认识的内在价值更重要。毛泽东说:"人才难得。"①他说的是人才的重要性,要尊重知识,尊重人才,也是要人们充分认识人的内在价值。历史上有许多发现人才的光辉范例,诸葛亮的起用就是一个例子。诸葛亮在未出茅庐以前,虽然有人推荐,但是知道他的才能的人很少。在隆中对中,一席话指明三分天下的大趋势,充分表明了他的远见卓识。在以后的治国治军中表现出卓越的才能,堪称天下奇才。诸葛亮出山之前,他具有卓越的内在价值,但为人所不知,是一种自在价值。他出山后施展他的才华,产生了重大的价值。所以,发现人的内在价值很重要。刘备为了起用诸葛亮三顾茅庐,传为佳话。可惜历史上有许多优秀人才,未得到认识和利用,成为千古的遗憾。埋没人才的原因很多,很复杂,发现人才很不容易。我们的任务就是要创造条件,提供一

---

① 《邓小平文选》第二卷,人民出版社1994年版,第50页。

个平台,让卓越人才能脱颖而出,施展自己的才华,以造福社会。

自在价值与现实价值是对立统一的。自在价值是现实价值的基础,为现实价值提供了可能性,没有自在价值,就不可能有现实价值。现实价值是自在价值的运用与发展。没有现实价值,就不可能表现出自在价值的重要意义。自在价值中潜在价值的存在,是创造价值的内在根据;自在价值中被埋没的现实价值的存在,是考古发掘的内在根据;自在价值中未发现的人的内在价值的存在,是发现人才的内在根据。所以,自在价值具有重要意义。

但是自在价值还不是现实价值,要使自在价值转化为现实价值,必须认识价值,发现价值,使自在价值转化为自为价值。

二、自为价值

要使自在价值转化为现实价值,必须认识自在价值,发现自在价值,掌握价值实现的规律,使自在价值转化为自为价值。这种被认识、发现了的自在价值就是自为价值。

(一)自为价值的意义

首先,自在价值转化为自为价值,是自在价值转化为现实价值的前提。任何自在价值,如果不被认识、发现,不了解其运动规律,它就永远是自在之物,永远沉睡于地下,或继续被埋没,就谈不到使自在价值转化为现实价值。

其次,自为价值为确立价值目标与价值手段提供依据。要使自在价值转化为现实价值,必须确立正确的价值目标,并采取正确的价值手段。自为价值包含着对客体发展方向的价值预测,为确立正确的价值目标提供依据。自为价值包含着对自在价值转化为现实价值的规律的认识,为确立价值手段提供了依据。没有自为价值,就不能确立正确的价值目标和价值手段,就不能使自在价值转化为现实价值。

再次,要使自在价值转化为现实价值,必须作出正确的价值选择。自为价值提供了各种自在价值的情况和转化的各种条件的信息,为作出正确的价值选择提供了重要依据。没有自为价值,就不能作出正确的价值选择,就不能使自在价值转化为现实价值。

最后,要使自在价值转化为现实价值,必须创造价值,必须对自在价值进行加工改造。而创造价值以认识和发现价值,使自在价值转化为自为价值为前提。对自在价值的认识和发现,使自在价值转化为自为价值,是创造价值的动力和基础。

(二)影响自为价值的因素

自为价值反映了主体的认识水平,它决定于各种客观的和主观的因素。

首先,自为价值决定于生产力发展水平和科学技术发展水平。在原始社会生产力水平很低的条件下,人们改造自然的能力很低,大自然对于人的价值很有限。这时候,只有可食的果实以及天然洞穴、树木、阳光、空气、雨露等能被人直接利用的自然物对人有价值。广袤的土地上的无数宝藏,在那时对人类没有多少价值。至多只能作为制作石刀石斧或洞穴外墙的石料之用。那时候,大自然的现实价值有限,潜在价值也不多。潜在价值是相对于人类一定生产力和科学技术水平,相对于人类改造自然的能力而言的。只有那些经过加工改造能产生一定价值而未被认识的东西,才有潜在价值。随着生产力和科学技术的发展,潜在价值与现实价值不断增多,自为价值也不断增多。生产力越发达,科学技术越发达,越能认识和发现更多的自在价值,越能使自在价值转化为自为价值。

其次,自为价值还决定于社会制度和体制。社会制度对人们的自为价值有重要影响。在封建社会里,人的价值决定于社会门第,门第低的人,即使有高尚道德和卓越才能也很难由自在价值转化为自为价值,为人们所认识和发现。在资本主义社会里,人才的价值取决于能否为资本家带来更多的利润。与此无关的人,决不会受到重视,其价值也不会被认识和发现。在那里一切为了钱,金钱的多少决定人的价值大小。只有到了社会主义社会,人民成为国家的主人,才会尊重知识,尊重人才,人才的认识和发现才不受门第和金钱的影响。

政治体制也影响到对人的价值的认识与发现。在实行干部委任制的条件下,只能凭领导人的印象选用人才,由于个人认识的局限,很容易埋没人才。

人才的发现需要竞争机制。只有在平等竞争中,优秀人才才能脱颖而出。而通过实绩考查,竞争上岗,择优选用,就能为优秀人才创造竞争平台。这就是让实践来证明,用事实来说话。这样的实绩竞争机制,更有利于发现人才,使优秀人才的内在价值转化为自为价值。

最后,自为价值还决定于人们的认识水平。要认识某一事物的价值,必须有相关的专业知识。没有相关的专业知识,就不可能认识该事物的价值。只有能识别千里马的人,才能识别千里马。一个自身无知的人,是不可能去发现相关的优秀人才的。自为价值还要受到人的情绪或情感的影响,当一个人忧心如焚的时候,他对最美丽的风景也无动于衷,要他去发现事物的潜在价值那就更困难了。

所以,自为价值要受许多主观和客观因素的影响。它是随着生产力的发展,科学技术的发展,社会的变革和人的认识的发展而发展的。随着自为价值的发展,人类的价值活动也随之深化。

三、价值目标

从自在价值转化为自为价值,认识和发现了潜在价值,被埋没的价值和内在价值,就会对价值产生一定的预测、评价和选择,形成一定的价值目标。人作为实践和认识主体的一个重要特点,是具有自觉的能动性,即人的活动都有一定的价值目标。人的活动都是在一定的价值目标指导下进行的。

什么是价值目标? 价值目标就是主体价值活动的目的,是主体根据对客观规律的认识和主体利益与需要提出的并为之奋斗的未来客体的模型,是观念中设计的未来的活动的理想结果或理想客体。正确的价值目标是在客观规律和主体利益或合理需要基础上提出的,错误的价值目标则是违背客观规律和主体利益或从主体不合理的需要出发的产物。

(一)价值目标的重要作用

价值目标有重要的作用。对此,马克思曾作过重要论述。他说:"劳动过程结束时得到的结果,在这个过程开始时就已经在劳动者的表象中存在着,即已经观念地存在着。他不仅使自然物发生形式变化,同时他还在自然物中实现自己的目的,这个目的是他所知道的,是作为规律决定着他的活动的方式和方法的,他必须使他的意志服从这个目的。"①马克思的论述说明,人的劳动过程中都有一定的目标或目的,这个目的存在于观念中。人的目的指引着人的活动,去改造自然物,使之实现自己的目的。目的作为规律决定活动的方式、方法,他的意志必须服从于活动的目的。马克思的论述,充分说明目的在劳动过程中的重要作用。马克思所说的劳动过程的目的,就是实践活动的价值目标。

(二)价值目标的特点

第一,正确的价值目标是主体利益或合理需要与客观规律的统一。价值目标,是主体的价值追求,反映了主体的利益和需要。需要有合理与不合理之分,只有反映主体合理需要的价值目标,才是正确的价值目标。价值目标不仅反映了主体的长远利益,而且符合事物发展的客观规律。离开了客观规律的价值目标,是空想,是不可能实现的。列宁说:"人的目的是客观世界所产生的,是以它为前提的。"②不反映客观世界的规律的目的,不是正确的目的,也不是正确的价值目标,而是错误的价值目标。错误的价值目标,只能把实践活动引向歧途。

第二,价值目标是理想与现实的统一,是超前性与现实性的统一。价值目标是未来理想客体的模型,是人们为之奋斗的理想。它是对现实的超越,具有超前性,否则就失去其意义了。同时,价值目标又是从现实出发,立足现实,以现实条件为根据,具有经过艰苦努力实现的现实可能性。在这个意义上说,它又具有现实性,不具有现实性的价值目标,是乌托邦,是空想,是不可能实现的。

第三,价值目标是知、情、意的统一。确立价值目标是主体深思熟虑进行分析思考作出的价值选择,是主体高度自觉的表现,反映了主体的思维能力与

---

① 马克思:《资本论》第 1 卷,人民出版社 1975 年版,第 202 页。
② 《列宁全集》第 55 卷,人民出版社 1990 年版,第 159 页。

智力水平。价值目标体现了主体的价值追求,集中体现了主体利益,能激发主体激情,鼓舞主体意志,激励主体为实现价值目标而百折不挠地顽强拼搏。所以,价值目标是主体知情意的统一。

第四,价值目标是同一性与多样性的统一。同一时期,同一国家、民族有共同的价值目标;而不同时期,同一国家、民族又有不同的价值目标。价值目标是多层次的,有全人类的价值目标,有国家、民族、地区包括省、地、县、区,以及企业、学校、家庭、个人的价值目标。价值目标是多方面的,有政治、经济、军事、科学、教育、卫生、文化、体育、生态等方面的价值目标。按时间来说,有长远目标、中期目标、近期目标、年度目标、月目标、周目标、日目标。价值目标是一个系统,是同一性与多样性的统一。一个时期、一个国家、一个民族最重要的是确立共同的价值目标,如当前我国人民正为实现中华民族的伟大复兴的中国梦而奋斗,这就是全国人民共同的价值目标。各方面、各层次的价值目标和每个人的价值目标都应服从并服务于这一伟大的价值目标,为实现这一伟大价值目标而努力奋斗。

(三)价值目标的功能

第一,价值目标具有导向功能。一个人树立了远大的价值目标,就确立了远大的奋斗方向,就为自己确立了价值导向,使自己的一切都服从和服务于这一远大的价值目标,集中全部精力为实现这一远大的价值目标而奋斗。确立远大的价值目标,对一个人来说,就是立志。立志对一个人很重要。我国古人很重视立志,马援说:“有志者事竟成。”王阳明说:“志不立,天下无可成之事。”诸葛亮说:“夫志当存高远。”古人把立志作为事业上取得成就的关键。一个胸无大志的人,一生必然碌碌无为。古人不仅重视立志,而且强调志当存高远,即应树立远大正确的价值目标。有了远大的价值目标,就不会因为前进道路上遇到困难而气馁,也不会被名利所诱惑,就会百折不挠地为实现远大的价值目标而奋斗。

第二,价值目标具有凝聚功能。对此,邓小平作过重要论述。他在讲“四有”,即“有理想、有道德、有文化、有纪律”时说,其中我们最强调的,是有理想。理想就是远大的价值目标。他说:“根据我长期从事政治和军事活动的

— 331 —

经验,我认为,最重要的是人的团结,要团结就要有共同的理想和坚定的信念。""没有这样的信念,就没有凝聚力。没有这样的信念,就没有一切。"①共产党人的最高理想是实现共产主义,各个不同的历史阶段又有代表那个阶段最广大人民利益的价值目标,有了这种共同的价值目标,我们就能够团结和动员最广大的人民群众,万众一心,共同奋斗,就能把全国人民最广泛地团结起来。这种团结,就是价值目标的凝聚力。所以价值目标,具有重要的凝聚功能。

第三,价值目标具有激励功能。价值目标是激励人们前进的重要动力。斯大林说:"伟大的精力只是为了伟大的目的而产生的。"②一个人树立了远大的价值目标,就会产生强大的动力,就会激发巨大的热情,鼓舞自己的斗志,百折不挠地顽强拼搏,为实现这一价值目标而奋斗。一个人无远大的价值目标,胸无大志,就会失去前进的动力,就难以克服前进道路上的各种困难,就会要求不高,得过且过,碌碌无为。

第四,价值目标具有支柱功能。毛泽东说,"人是要有一点精神的"③。这就是说,人要有精神支柱。一个人没有精神支柱,就不能经受艰难困苦的考验。远大的价值目标就是人生的强大的精神支柱。心中有了大目标,泰山压顶不弯腰。"砍头不要紧,只要主义真",有了远大的价值目标,就能"富贵不能淫,贫贱不能移,威武不能屈",就能抵制一切威逼利诱,永葆革命的品格。一个人没有远大的价值目标,往往会随波逐流,追名逐利,被金钱女色所迷惑,经受不住艰难困苦的考验,甚至会失去革命的气节。

(四)价值目标与价值手段

要实现价值目标,必须要有正确的价值手段。价值手段就是实现价值目标的方式、方法、工具、措施等中介。价值目标离不开一定价值手段。价值目标与价值手段是辩证的统一。

首先,价值目标决定价值手段。马克思说过,劳动过程的目的决定劳动的

---

① 《邓小平文选》第三卷,人民出版社 1993 年版,第 190 页。
② 《斯大林全集》第 1 卷,人民出版社 1953 年版,第 16 页。
③ 《毛泽东文集》第七卷,人民出版社 1999 年版,第 162 页。

方式、方法,就是说价值目标决定价值手段,价值手段服从并服务于价值目标。价值手段如果背离价值目标,就是错误的价值手段。例如,我们要实现中国梦,必须坚持深化改革,扩大开放,以加快经济发展;但要发展经济,不能违背"四项基本原则"去发展经济,也不能牺牲精神文明去发展经济。要发展经济当然要讲求经济效益,讲求利润,但生财有道,不能损害社会效益和生态效益去谋取经济效益,否则就背离了价值目的,就会失去正确的价值导向而产生失误。

其次,价值目标依赖于正确的价值手段。要实现远大的价值目标,必须要有正确的价值手段。没有正确的价值手段,就不可能实现远大的价值目标。例如,1958 年,为了实现中国快速发展的价值目标,动员各行各业的人土法上马,大炼钢铁,让一些毫无冶炼钢铁知识的人,涌去大炼钢铁,违背了客观经济规律,对国民经济造成严重危害。这种违背客观规律的"大跃进"运动,就是一种错误的价值手段。可见,价值手段不正确也会影响价值目标的实现。

最后,价值目标和价值手段是相对的。价值目标是多层次的,有长远价值目标,阶段价值目标,近期价值目标。对于实现长远价值目标来说,阶段目标和近期目标的价值都是手段价值。一定的价值目标,相对于更高的价值目标来说是手段价值,相对于更低的价值目标,它又是目的价值。

西方一些学者认为,目的价值是自身作为目的的事物的价值,如健康、幸福、自由等的价值;手段价值是事物本身无价值,但它作为实现某种价值的手段,因而具有价值。手段价值又称为工具价值,是达到善事物的手段。他们认为,只有作为终极目的的价值,才是目的价值,目的价值是固定不变的。这种看法是不全面的,忽视了目的价值与手段价值的相对性。当一个人为了捍卫祖国和人民的利益抵抗侵略而牺牲生命时,他的健康、他的生命的价值就是手段价值;当一个人为了祖国的解放而失去自由时,他的自由的价值也是手段价值。"为了免除下一代的苦难,我们愿把牢底坐穿。"为了祖国的美好明天,许多革命的先烈,牺牲了自由,这时自由的价值就是手段价值,是实现更高的价值目标的手段。

价值目标与价值手段的关系,就是理想和手段或理想和现实的关系。价值目标是指引人们前进的灯塔,没有正确的价值目标,就会失去前进的方向。

邓小平一贯讲求实效,同时他高度重视理想的作用,他说:"我们干的是社会主义事业,最高目的是实现共产主义。这一点,我希望宣传方面任何时候都不要忽略。"①他特别强调远大理想的重要意义。但在西方实用主义者看来,理想是十分遥远的,与直接迫切的实际需要联系很少,而手段则是现实的,所以他们轻视理想而重视现实的手段。对此,杜威说:"如果在手头上的一只鸟的价值抵得过在邻树上的两只鸟,那么在手头上的一桩现实的事情的价值便抵得过许多遥远而不可看见和不可接近的理想。"②杜威的这种看法,代表了实用主义哲学的基本倾向,即重视现实价值而轻视理想。对实用主义的这种思想,美国学者宾克莱批评说:"实用主义的方法,如威廉·詹姆士和约翰·杜威所发展的那样,给美国人之关心实际行动而不关心崇高理想提供一个哲学根据。"③关心实际行动而不关心崇高理想,这就是实用主义价值观的特点,也就是说,他们只重视眼前价值而忽视长远价值,这种价值观在西方也受到不少有识之士的批评。实用主义重视实践,重视实效,注重实际,但是他们不关心长远价值和崇高理想,是一种庸俗的功利主义价值观。这种只重视现实价值而忽视理想,只重视手段而忽视目的的哲学受到人们的鄙视与批评是不奇怪的。马克思主义的价值观则既关心实际行动又关心崇高理想,以崇高理想指导行动,以实际行动实现崇高理想,把眼前价值和长远价值紧密地统一起来,使崇高理想成为推动实际行动的强大动力和精神支柱。马克思主义的这种价值观,较之西方实用主义的价值观,具有巨大的优越性。

四、价值选择

价值目标、价值手段与价值选择是紧密联系的。价值目标的确立与价值手段的运用,都是价值选择的结果;价值目标有导向作用,它又指导价值选择。我们既要重视价值目标和价值手段的研究,又要重视价值选择的研究。

---

① 《邓小平文选》第三卷,人民出版社1993年版,第110页。

② [美]杜威:《确定性的寻求》,傅统先译,上海人民出版社2004年版,第284页。

③ [美]宾克莱:《理想的冲突——西方社会中变化着的价值观念》,马元德等译,商务印书馆1994年版,第20页。

（一）价值选择的实质

价值选择是相对于自然选择而言的。在自然界的生物中存在着生存竞争和自然选择，即物竞天择，优胜劣汰，适者生存，不适者淘汰。自然选择是自然环境、自然规律对生物的选择，这种选择是一种无意识的过程，不是一种价值选择。

人类的特点是有意识。有意识、有目的是人类自觉的初级层次，认识到客观规律和主体根本利益的意识则是人类自觉的高级层次。从有意识有目的这个意义上讲，人的活动是自觉的活动。价值选择是人们根据客观规律、主体利益或主体发展和审美规律，对诸多客体或同一客体可能产生的不同价值进行分析比较，以求以最小的代价取得对主体的最大效益的过程。价值选择是人类有意识有目的的自觉活动，是人们的自由的一种形式。真正的自由是以认识客观规律与主体利益为前提，是以克服主观随意性为基础的。价值选择是以价值评价为基础，以对客体的价值分析、价值预测为前提，没有价值评价、价值预测，就不可能作出价值选择。价值选择是客体尺度、主体尺度、审美尺度的统一过程，是主体自觉性、能动性的重要表现，是主体实现本质力量对象化的重要途径。

（二）价值选择的根据

价值选择体现了主体的意志自由，体现了主体的能动性、自主性。主体的这种自由不是随意的，而是有客观根据的。

其一，是客体的多样性。人们的价值活动面对的价值客体是多种多样的，不同客体有不同的结构、属性、功能，作用于主体的效应不同。同一客体也有多方面的特点，具有不同的属性与功能，作用于主体的效应也不同。面对多种多样的客体和客体不同方面的特点作用于主体产生不同效应的情况，主体必须权衡利弊，进行价值选择。

其二，是事物发展的多向性。社会生活是复杂的，但客观事物的发展是有规律的。客观规律是作为一种趋势而起作用的，这种发展趋势以可能的形式表现出来。同一社会历史条件下，由于各种因素相互作用，使事物发展存在着多种可能性。有好的可能性,也有坏的可能性,不同的可能性对主体的作用不同,效应不同。面对客观事物发展的不同的可能性及其对主体的不同效应,就需要主体进行价值选择。

其三,是价值的多样性。价值在性质上有正负之分,在量上有大小之别;在效果上有近期和长远之分;有对国家、民族的价值,有对集体的价值,也有对个人、对家庭的价值;有生存价值、享受价值、发展价值;有经济价值、政治价值、科学文化价值、社会价值、生态价值;等等。不同的价值对主体作用不同,这也需要进行选择。

其四,不同时期不同形势决定不同的价值选择。例如,土地革命时期,面临敌强我弱的形势,中国共产党的价值选择是巩固和发展根据地,打破敌人的围剿,发展革命力量。抗日战争时期,在中华民族面临生死存亡的紧急关头,中国共产党的主要价值选择是最广泛地团结全国各族人民,打败日本侵略者。解放战争时期,面临着如何夺取中国革命的伟大胜利的形势,中国共产党提出打倒蒋介石,解放全中国的战略决策这一重要的价值选择。今天,我国人民面临着实现中华民族的伟大复兴的大好时机,为实现中国梦而奋斗,成为我国人民主要的价值选择。总之,不同时期、不同条件决定了不同的价值选择。

(三)价值选择的标准

价值选择的标准是什么? 有的人说价值选择的标准是主体需要。如前所述,需要并非都是合理的,所以,主体需要不是价值选择的科学的价值标准。价值选择的标准是主客体的相互作用产生的客体对主体或客体(自然生态)的客观效应或效果。从实践来说,就是实践效果,也就是总结自己的实践经验或借鉴前人或他人的实践效果并对实践效果作出的预测。这种预测的实践的客观效果,包括近期效果和长远效果,局部效果和全局效果,对个人、集体、国家、民族的效果,对经济、政治、思想文化、社会、生态的客观效果等。以主客体相互作用产生的效应作为价值选择的标准,是客观的科学的辩证的价值标准,有助于保证价值选择的科学性。例如,我们国家在采用计划经济还是市场经济的问题上的价值选择,就是如此。邓小平说:"我们过去一直搞计划经济,但多年的实践证明,在某种意义上说,只搞计划经济会束缚生产力的发展。把计划经济和市场经济结合起来,就更能解放生产力,加速经济发展。"①邓小平是以实践证明作为选择市场经济的根据,也就是以实践结果为根据。在这里价值选择的标准就是实践结果,也就是以主客体相互作用产生的实际效应作为价值选择的标准。

(四)价值选择的内容

价值选择是多方面的,概括起来,主要有以下几个方面:

第一,价值目标选择。人的一切实践活动都有一定目的,目的决定着实践的方向,决定着方式方法,决定着活动的全过程。实践目的就是价值目标。价值目标错了,方向选择错了,价值活动必然失败,所以选择价值目标至关重要。

价值目标选择在人生哲学上具有重要意义,一个人的人生价值目标选择就是立志。立志对人一生事业、成就有重要影响。如何选择志向?诸葛亮说:"夫志当存高远。"也就是说要确立远大的价值目标,要有远大的抱负。要把个人的价值目标与祖国的繁荣富强、人民的幸福、人类社会的发展进步结合起来,在促进祖国富强、人民幸福、人类社会发展过程中施展自己的才华,在实现中华民族伟大复兴的中国梦中建功立业,决不虚度年华。立下高远之志,就会激励自己努力为实现自己的理想而奋斗,推动自己不断前进。否则,一个人胸无大志,对自己要求不高,就难免碌碌无为。

第二,价值手段选择。目的决定手段,手段影响目的实现。没有正确的手段,价值目标就不会实现。例如,我们要加快经济发展,必须采用一定的经济体制。我们过去认为计划经济是社会主义,市场经济是资本主义,因而一直搞计划经济,不搞市场经济。这种做法束缚了生产力的发展。实际上计划经济和市场经济都是手段,社会主义可以利用,资本主义也可以运用。我们现在采用社会主义市场经济体制,使计划经济与市场经济相结合,就有力地促进了我国经济的发展。

第三,价值客体选择。价值客体是价值活动的对象。价值客体的质量如何直接影响到价值活动的效益、效果?在生产上,价值客体的选择就是对原材

① 《邓小平文选》第三卷,人民出版社1993年版,第148—149页。

料的选择。同一条件下,不同的原材料生产出的产品其质量、数量不同,效益也不同。在企业管理上,价值对象的选择,就是对企业管理人员、技术人员、工人的选择。管理人员、技术人员、工人的素质不同,创造的效益也就不同,所以价值客体的选择很重要。

第四,价值环境选择。环境是影响价值活动的外部条件。人生活在一定环境中,环境对人的生存发展、对创造和实现价值有重要作用。环境有自然环境和社会环境,不同的自然环境,对人的价值不同。宜人的气候和肥沃的土壤,有利于农作物的生产,有利于发展农业。地下资源丰富,有丰富的石油、天然气、矿产资源,对一个国家经济发展和人民生活水平的提高具有重要价值。

环境选择中重要的是社会环境选择。古人说:良禽择木而栖,良臣择主而仕。就是说,有见识的人要选择工作环境和领导者,人们总是力图选择适合自己发展的环境。我们现在要发展经济,要吸引外资,就要创造有利于外商投资的环境。要发展旅游业,就要改善交通,提高服务质量,丰富旅游产品,改善旅游环境。我们要吸引人才,就要创造适合优秀人才发展的环境。可见,环境选择很重要的是改造环境,创造新的适合创造价值和实现价值的环境。所以环境选择是一个改革创新工程,是价值选择的重要方面。

第五,时机选择。时机选择是价值选择中的一种重要选择。马克思很重视时机问题。他在致库格曼的信中谈到巴黎公社失败的原因时,认为一个重要的原因就是因为丧失时机。他说:"当维努瓦和随后巴黎国民自卫军中的反动部队逃出巴黎的时候,本来是应该立刻向凡尔赛进军的。由于讲良心而把时机放过了。"①导致巴黎公社的失败,这是一个深刻的历史教训。

邓小平也特别重视机遇。他说:"抓住时机,发展自己,关键是发展经济。""要抓住机会,现在就是好机会。"②他还说,现在人们都在讲"亚洲太平洋世纪","现在世界发生大转折,就是个机遇。"③他强调说:"机会难得呀!"④时机、机遇、机会,是一个可能导致新突破或超常发展的有利时间,或一定时间

---

① 《马克思恩格斯选集》第4卷,人民出版社1995年版,第600页。
② 《邓小平文选》第三卷,人民出版社1993年版,第375页。
③ 《邓小平文选》第三卷,人民出版社1993年版,第369页。
④ 《邓小平文选》第三卷,人民出版社1993年版,第369页。

内客观环境提供的不可多得的大发展的有利条件。这些有利条件存在时间有限,很难得,如不抓住,就丧失了。别人抓住机会发展了,我们没有抓住机会,就落后了。事物发展是必然性和偶然性的统一。事物发展是有规律的,这种规律表现为一种可能性和趋势。事物发展又是在一定时间和空间中运动的。在一定时期内可能产生某些好的有利于发展的条件,这种产生有利于发展的好时间就是时机。时间空间也是运动变化的,时机是短暂的,不抓住时机,就会丧失良机,错失发展机会。

要抓住时机,不仅要重视时机,还需要一定条件。法国科学家巴斯德说:"机遇只偏爱有准备的头脑。"只有平时自强不息,刻苦自励,不断进取的人,在机遇到来时才能抓住时机,获得成功。反之,平时不努力,自身素质不高,即使有好的机遇,也与他无缘。

时机、机遇,对一个国家、民族,对社会发展,对各项事业,对每一个人一生都有重要意义。新中国成立后,特别是在 20 世纪 60 年代和 70 年代,曾有过大发展的良好时机,我们都错过了。十一届三中全会后,中国共产党抓住了亚洲太平洋世纪大发展的时机,奋力拼搏,使中国迅速崛起,为世界所瞩目,充分说明时机选择的重要性。目前我们仍处于重要的战略机遇期,我们一定要乘势而上,再接再厉,为实现中华民族的伟大复兴的中国梦而努力奋斗。

(五)价值选择的原则

价值选择必须遵循一定的原则,主要是:

第一,客观规律与主体利益或合理需要相统一的原则。

人们在进行价值选择时,首先是选择符合主体利益和需要的东西。但主体需要有合理与不合理之分。满足合理需要是有价值的,满足不合理需要,就是负价值。价值选择是选择真正有正价值的东西。所以,价值选择只能选择符合主体利益或合理需要的事物。如果选择那些能满足不合理需要的事物,就是错误的选择。

价值选择不仅要符合主体利益或合理需要,还要遵循客观规律。如果只考虑主体利益需要,违背客观规律,这种选择必然失败。1958 年我国"大跃进"运动,就是只讲需要大发展、大跃进,忽视客观规律,所以,价值选择必须遵循客观规律。

客观规律与主体利益或合理需要的统一，表现为主体利益或合理需要与客观可能性的统一。只考虑主体利益、需要，不考虑客观可能就会失败。

客观规律与主体利益或合理需要的统一，还表现在主体利益、需要与实际效果的统一。不能只讲需要，不问效果，不能只问动机，不问效果。实际效果是判断价值选择的正确性的标准。所以，必须从实际出发，讲求实效，从实践效果出发去进行价值选择。

第二，眼前价值与长远价值、局部价值与全局价值相统一的原则。

价值有眼前价值和长远价值、局部价值与全局价值之分。价值选择时既要立足现实，重视眼前价值，又要重视长远价值，既要重视局部价值，更要重视全局价值，把眼前价值和长远价值、局部价值和全局价值统一起来。不能只顾眼前价值而忽视长远价值，也不能只顾局部价值而忽视全局价值。对此，恩格斯曾说：美索不达米亚、希腊、小亚细亚以及其他各地的居民，为了得到耕地，毁灭了森林，但是他们做梦也想不到，这些地方今天竟因此成为不毛之地。因为他们使这些地方失去了森林，也失去了水分的积聚中心和贮存库。据此，恩格斯深刻地指出："我们不要过分陶醉于我们人类对自然的胜利。对于每一次这样的胜利，自然界都对我们进行报复。每一次胜利，起初确实取得了我们预期的结果，但是往后和再往后却发生了完全不同的、出乎意料的影响，常常把最初的结果又消除了。"①美索不达米亚等地的居民的做法，只看到眼前价值，忽视长远价值，忽视长远的影响，因而受到自然界的报复，这是违背自然规律所受到的惩罚。在价值选择时，我们不能只顾眼前价值而不顾长远价值，也不能只顾局部价值而忽视全局价值。要把眼前价值与长远价值统一起来，立足现实，着眼长远。既要重视全局价值，又要照顾到局部价值。当局部价值与全局价值发生矛盾时，要坚持局部价值服从全局价值。

第三，义与利、经济效益与社会效益相统一的原则。

在价值选择时，要坚持义与利相统一、经济效益与社会效益相统一的原则。义，指道德价值、社会价值；利，指功利价值、物质价值、经济价值、政治文

---

① 《马克思恩格斯选集》第 4 卷，人民出版社 1995 年版，第 383 页。

化权益等。利,作为功利价值,是人类生存发展的基础性价值。忽视功利价值,不利于社会生存和发展。但也不能重利轻义,更不能见利忘义。功利价值又是较低层次的价值。如果唯利是图,"群居终日,言不及义",就会违背道德原则和国家法制,社会就会陷于混乱。孔子说:"不义而富且贵,于我如浮云。"(《论语·述而》)他主张在义指导下去求利,实现义与利的统一。义与利的统一,在经济生活中,就是社会效益与经济效益、生态效益的统一。在经济生活中,我们要讲求经济效益,努力多创利润;同时又要重视社会效益,重视政治思想文化道德和生态效益。不能只重视经济效益而忽视社会效益和生态效益,也不能只讲社会效益而忽视经济效益。应把社会效益放在首位,坚持经济效益与社会效益、生态效益相统一。

第四,价值最大与代价最小相统一的原则。

人们在价值选择时,总是力图两利相权取其大,两害相权取其小。当存在多种不同价值的客体时,选择价值最大的客体;当存在几种有害的客体而必须选择一种时,就选危害最小的客体。两害相权取其小,就是说,在价值选择时必须考虑代价问题。代价是获得价值时付出的价值。价值与代价成反比。代价越大,实际价值越小。在经济生活中,我们总是力图用最小的投入获得最大的产出,以最低廉的成本取得最佳的效果。

要获得最大价值,必须提高产品功能,而要提高产品功能必须提高质量。只有提高产品质量,又提高产品功能,产品才能有竞争力,才能占有市场,才能适销对路,取得良好效益。而要提高产品功能,就需要增加投入,增加代价。为此,必须在提高必要功能的同时,消除不必要的功能。这样就需要在增加产品的新功能时,节约成本,减少代价,以实现大价值与低代价的统一,取得最佳经济效益。

第五,速度、质量与效益相统一的原则。

我国经济虽然在近40多年有很大发展,但我国仍属于发展中国家,仍处于社会主义初级阶段。要实现"两个一百年"的奋斗目标,要实现中国梦,实现中华民族伟大复兴,经济发展必须保持一定速度。经济发展不能太慢,否则,人民生活得不到明显的改善,就会引发各种矛盾和困难。邓小平说:"世界上一些国家发生问题,从根本上说,都是因为经济上不去,没有饭吃,没有衣穿,工资增长被通货膨胀抵消,生活水平下降,长期过苦日子。如果经济发展老是停留在低速度,生活水平就很难提高。"①所以,"发展才是硬道理"②。但是,"不是鼓励不切实际的高速度,还是要扎扎实实,讲求效益,稳步协调地发展"③。发展速度必须与效益相统一。我们要的速度是有效益的速度,没有效益就谈不到发展,更谈不到速度,效益是发展的基础。而经济效益要好,提高产品质量是关键。只有高质量的产品,才能开拓市场,有良好效益。所以发展速度必须与效益、质量相统一。不能离开效益、质量去求高速度发展。

第六,最紧迫的事优先的原则。

当我们面临许多方面的工作要做,首先做什么的问题时,首要的价值选择就是要选择最重要最紧迫的事情。抓最重要最紧迫的事情,就是抓主要矛盾。例如,当发生地震造成人员伤害时,首要的是抢救被困人员和救护伤员,当一个地区的广大群众温饱问题还未解决时,这个地区最重要最紧迫的就是解决温饱问题。温饱问题解决以后,再解决进一步改善民生的问题。牵牛要牵牛鼻子,价值选择要抓主要矛盾。抓不住主要矛盾,不解决群众最关心最现实最紧迫的问题,工作就会处于被动,就会影响全局的发展。

五、价值创造

价值创造是价值活动的重要阶段,可以说是价值活动的基础或核心。从自在价值到自为价值,到确立价值目标,作出价值选择,只是在认识和观念上为实现价值,使自在价值转化为现实价值提供前提条件;只有经过价值创造,才能从根本上为实现价值奠定基础。所以,研究价值创造具有重要的理论意义和实践意义。

(一)价值创造的本质

什么是价值创造? 价值创造是对原有价值客体进行加工改造,改变客体

---

① 《邓小平文选》第三卷,人民出版社 1993 年版,第 354 页。
② 《邓小平文选》第三卷,人民出版社 1993 年版,第 377 页。
③ 《邓小平文选》第三卷,人民出版社 1993 年版,第 375 页。

的形式,使客体获得新的属性与功能,增大客体的价值的过程。价值创造包括创造新的价值客体和创造更大的内在价值。创造价值客体是创造更大内在价值的基础,创造更大内在价值是创造价值客体的目的和实质。

价值创造,从价值客体的创造来看,主要是主体客体化,主体本质力量对象化的过程。即人们在实践中改造价值客体,使主体的体力和智力对象化,使客体发生合目的的变化,改变客体的形式,使客体获得新的属性与更高的功能,形成新的价值客体,创造或增大客体的内在价值。价值客体的创造,是创造具有更大的内在价值。内在价值是可能的价值,还不是现实的价值。价值创造是主体本质力量对象化的过程,要受客体规律的制约、主体本质力量的制约。

价值创造,还包含着主体自身的改造和人的价值的创造。人们要改造客体,创造新的价值客体,使之具有新的属性与功能,主体必须具有更多的知识和更强的能力,必须在实践中提高主体素质。人们在改造客体的对象化过程中,经过多次反复,使实践过程中的内在规律、逻辑经过多次反复作用于主体,逐步积淀形成主体内在的新的知识、能力、道德等内在素质,从而增大了主体的本质力量,增强了主体的创造力。马克思说,在生产活动中,"生产者也改变着,他炼出新的品质,通过生产而发展和改造着自身,造成新的力量和新的观念,造成新的交往方式,新的需要和新的语言"①。这个过程实质上是客体主体化过程。所以,价值创造,是主体客体化,主体本质力量对象化与客体主体化,实践的逻辑内化形成主体新的素质的过程。这个过程包括两个方面:即主体客体化,主体本质力量对象化和客体主体化,后者就是对象化产品的生产过程中实践的逻辑内化为主体的本质力量的过程。前者是后者的基础,后者是前者的前提,二者是相互联系相互依赖的。前一方面是创造新的价值客体,后一方面是创造主体的新的素质,增强主体本质力量。

价值创造,从深度来说,有两种创造:一种是重复性创造,即将原材料加工改造生产出对象化产品。如由铁矿石生产出钢铁,由钢铁加工成机床等。这也是工人的劳动创造。但这种创造是按一定设计进行的重复性创造。生产的

----

① 《马克思恩格斯选集》第 2 卷,人民出版社 2012 年版,第 747 页。

产品是人们已经生产过的,没有增加新的属性与功能。另一种是原创性创造,即创新型创造,亦即不仅改造原有客体的形式,同时使客体获得新的属性与功能,增大对象化产品的内在价值。这种原创性创造,是前人所未有的,是在前人创造的基础上的更深层次的创造,这种创造是更重要的创造。

重复性创造与原创性创造是相互联系、相互转化的,重复性创造是原创性创造的基础。在长期反复的重复性创造过程中,人们进一步加深了对事物规律的认识,并逐渐认识到对象性产品的某些不足,在实践中提高了主体对客观规律的认识,提高了生产技能,从而使重复性创造转化为原创性创造;而原创性创造的产品大量生产以后,逐步普及,又使原创性创造转化为重复性创造。

价值创造是人类社会生存和发展的基础和动力。人类社会要生存和发展,就必须从自然界获取物质生活资料和一定的精神文化生活资料。自然界可供人类直接享用的物质和精神文化生活资料很有限,人类所享用的大量的物质和精神文化生活资料,只能通过人类劳动,在生产实践中创造;通过主体本质力量对象化,改变自然客体的形式,使客体获得新的属性和功能,创造客体的内在价值,从而为人类所享用。离开了价值创造,人类既不可能生存,也不可能发展。所以,价值创造对人类社会生存和发展具有极其重要的意义。

(二)价值创造的类型

价值可分为物质价值、精神价值和人的价值,价值创造也可分为物质价值创造、精神价值创造和人的价值的创造。不同类型的价值创造各有特点。

1. 物质价值的创造

物质价值包括天然物的价值与人化自然的价值。从整个宇宙来看,天然物要比人化自然多得多。

(1)天然物价值的创造

天然物是大自然的产物,不是人类加工生产的劳动产品,未经过主体本质力量对象化过程。天然物具有重要的价值,它不仅具有重要的生态价值,还对人类社会具有重要的资源价值,如人们生存所需要的空气、阳光、雨露、森林、湖泊、山川、海洋、草原等。这些都是人们须臾不能离开的东西。天然物的价值是天然物含有的待开发的潜在价值和可利用的内在价值。潜在价值要转化为现实价值,要经过主体劳动创造,形成人工自然,才能实现。可利用的内在价值,则可以通过主体作用,对主体产生一定的价值。所以,天然物的价值,离不开主体对天然物的作用。没有主体对天然物的作用,就不会有天然物的价值。而且,不同主体或不同条件下的同一主体作用于同一天然物其价值也不同。例如,阳光对久旱无雨、禾稻枯焦的人们和对暴雨成灾、江河泛滥下的人们的价值不同。秀丽的自然景观,青山绿水,鸟语花香,使人心旷神怡,但对处于饥寒交迫、身心交困的人们或自身视听素质有缺陷的人来说,就谈不到去欣赏这些自然风光。可见,天然物的价值虽不是主体创造的,但天然物的价值的实现也离不开主体的作用。也就是说,天然物的价值不是自然物本身所固有的特性,天然物的价值是主体与自然客体相互作用的产物,是主体作用于客体条件下的客体主体化,天然物的价值是主体本质力量与天然物相互作用的结果,在这个意义上可以说,主体本质力量也参与了天然物价值的创造。这种创造指的是主体作用乃是天然物的内在价值转化为现实价值即对主体产生的积极效应的必要条件,而不是改变天然物本身的形式。这与作为主体本质力量对象化产品的人化自然价值的创造是不同的。有的人把天然物价值的实现,也叫作主体本质力量对象化,把天然物价值的实现混同于人化自然价值的创造,显然是夸大了主体的作用。

（2）人化自然价值的创造

人化自然,是主体劳动的产品,主体实践的产物,是主体本质力量对象化。人化自然价值的创造包括两个方面:一方面是主体客体化,主体本质力量对象化,创造新的价值客体。这个过程中主体根据自己对客体本质和规律的认识而确定活动的目的、计划、方案、图纸等,运用一定的工具,作用于劳动对象,使自然物即原材料发生合目的性的变化,改变自然物的形式,使之获得新的属性与功能,生产出新的劳动产品。这种劳动产品体现了主体的目的、意志,是主体体力与知识、能力的凝结,是主体本质力量的对象化。这种对象化的劳动产品,具有新的属性与功能,具有更高的内在价值,这种更高的内在价值,就是主体本质力量创造的价值。

主体本质力量对象化即主体劳动创造过程,并非单纯的实践创造过程。人的劳动创造不能无中生有。马克思说:"没有自然界,没有感性的外部世界,工人什么也不能创造。"①劳动创造首先必须有劳动对象。在劳动中,劳动者只是将劳动对象的潜在价值加工转化为内在价值。而且这种加工改造过程还必须遵循客观规律,不能随心所欲去创造,主体的劳动创造过程要受到客体和客观规律的制约。所以,人化自然价值的创造,即主体客体化的过程,实际上是主体与客体相互作用的过程。

人化自然价值的创造,还包含着主体的改造过程。主体要改造客体,改变客体的形式,生产出具有新的属性与功能的劳动产品,必须具有新的知识和更高的技能,必须改造主体,提高主体素质。这是客体主体化过程,也是主体本质力量对象化的前提;而且改造主体,提高主体素质增强主体本质力量,应先于改造客体,应先于主体本质力量对象化。生产过程中对工人的技术和技术人员的新的技能培训、学习,就是如此。同时,在生产过程中,客体也作用于主体,使主体适应客体的本质与规律,进一步提高主体素质,使客体主体化,使主体得到进一步的改造。主体客体化,主体本质力量对象化与客体主体化,改造主体,是两个相反的过程而又统一于生产实践过程。这两个方面是相互依赖、相互转化的,要使主体客体化,必须首先使客体主体化;而在主体客体化的过程中,又进一步使客体主体化。客体主体化,促进了主体客体化。总之,人化自然价值的创造,创造的是客体的内在价值。这个过程是主体客体化与客体主体化的统一,是主体作用于客体,与客体又作用于主体的统一,是主体能动性与受动性的统一,是主体本质力量对象化与客观规律的统一。

2. 精神价值的创造

精神价值包括主观精神价值与客观精神价值。主观精神指人的意识、心理、观念形态的东西,是人脑中的知、情、意的总和。客观精神指物化的精神产品,如语言、文字、图画、书报、音乐、舞蹈、戏剧、影视、网络等。这两类精神价值相互联系,但形式不同,其价值的创造过程也不同。

(1)主观精神价值的创造

人是有意识的存在物,意识即主观精神。人的一切活动无不是在人的意识指导下进行的。人的意识包括知识、情感、意志,对人的实践活动有重要影

---

① 《马克思恩格斯选集》第1卷,人民出版社2012年版,第92页。

响。科学技术是第一生产力,知识就是力量,知识是主体本质力量的重要表现,科学知识具有重要价值。马克思说:"激情、热情是人强烈追求自己的对象的本质力量。"①"在整个劳动时间内还需要有作为注意力表现出来的有目的的意志。"②意志也是主体本质力量的重要表现。所以,人的知识、情感、意志都是人的本质力量的表现,都具有重要价值。

主观精神的价值是怎样创造的?

其一,主观精神是实践逻辑在人脑中的内化。主观精神即人的意识是人脑对物质的能动的反映。社会存在决定社会意识,社会意识是社会存在的能动的反映。社会存在转化为意识是以实践为中介的,社会实践是意识产生的基础。人们在社会实践中,在主体客体化的同时,也产生了客体主体化,即在改造客观世界的同时,客观事物的本质和规律也作用于主体,内化为主体的内在逻辑,从而增长了人们的智慧与才能,丰富了人们的情感,锻炼了人们的意志。所以,从根本上说是实践的逻辑内化产生了主观精神,实践的逻辑创造了主体本质力量,创造了主观精神价值。

其二,是社会生活在人脑中的能动的反映。存在决定意识。人们生活中的自然环境、社会经济政治制度、社会文化教育生活、社会传统、风俗习惯、社会舆论、社会思潮、人与人之间的各种交往,必然要反映到人们的头脑中来,经过人脑的筛选加工制作形成自己的主观。

其三,读书学习。学习书本知识,从影视网络中获取信息,经过主体大脑加工,丰富主体的知识,促进主体智力的发展,促进主体能力的提高。这是向前人和他人学习,用间接知识来丰富自己。

其四,多思考,"多想出智慧"。在掌握一定的感性材料和大量书本知识、网络信息的基础上,认真思考,反复分析概括,可以使感性知识上升到理性认识,从现象到本质,由表入里,掌握规律性的东西。这是产生智慧,增长才干,创造主观价值的重要途径。脑子越用越灵。人脑加工的感性材料和知识,归根到底来自实践。尽管如此,人脑的思考分析仍然具有重要的意义。同样的

① 《马克思恩格斯文集》第1卷,人民出版社2009年版,第211页。
② 《马克思恩格斯选集》第1卷,人民出版社2012年版,第170页。

材料,不同的人可以作出不同的结论。在这里,大脑的素质,个人的思想方法、主观努力、顽强的意志具有重要作用。一个好的思想,一个好的见解,往往需要苦思苦想,需要花不少心血,才能构思出来。

其五,集思广益。善于向群众学习,善于集中群众智慧,也是创造主观精神价值的重要途径。"三个臭皮匠,胜过诸葛亮。"多交朋友,虚心学习,积极参加学术争鸣与对话,在交流中发现新的思路,有助于促进主观精神价值的创造。

其六,善于向失败学习。失败是成功之母,失败是成功的先导。失败往往使人刻骨铭心,使人对客观规律和自身的缺点认识更加真切,往往能使人领悟许多深刻的道理。恩格斯说:"要获取明确的理论认识,最好的道路就是从本身的错误中学习,'吃一堑,长一智'。"①错误有两重性。错误本身是坏事,使人们产生挫折、痛苦;错误又是好事,使人吸取教训,使人聪明。历史上取得成功的人,都要经过艰难困苦的磨炼,都要经过失败的折磨。从失败中获得启示,向失败学习,是产生智慧的重要途径。

(2)客观精神价值创造

客观精神是人的思想、观念与物质载体相结合的产物,是主观精神的外在化、感性化的形式,如语言、文字、书刊、绘画、音乐、舞蹈、戏剧、影视、录音、录像、网络等。说它们是客观精神,因为它们既表达一定的思想、情感、意志,又与一定的感性的物质形式相结合,既表达了一定的精神内容,又有客观的感性物质形式,是主观精神的感性化、外在化。

客观精神价值的功能在于能够交流一定的思想、观念、情感、意志,从而向社会传递一定的思想信息,影响人们的思想情感。主观精神具有内在性,很难进行交流,也难以传承;客观精神则具有感性化、外在化的物质形式,便于交流、传承。所以客观精神具有重要价值。它可以广泛交流传播精神信息,以一定的思想、观念、情感、意志影响人,塑造人的灵魂,增长人的才智。

客观精神价值的创造,大体要经过三个阶段:

第一阶段,构思阶段,在头脑中进行思考创作,即打腹稿。也就是在头脑

_____

① 《马克思恩格斯选集》第4卷,人民出版社1995年版,第679页。

中对实践基础上获得的感性素材进行加工、构思、创作,使之理论化、系统化、典型化、形象化,形成主观精神价值。这是客观精神价值创造的主要阶段。

第二阶段,内在思想初步客观化、外在化阶段。包括语言表达,文字书写,写作书稿,写作剧本,绘画草稿,节目排练,影视策划拍摄,等等。这个阶段是内在思想、情感的提炼加工过程,也是精神价值创造的继续,是精神产品修改提高的过程,是客观精神产品定型化的准备阶段。这一阶段产生的是初步的客观精神产品。

第三阶段,客观精神产品定型化阶段。初步的客观精神产品要广为传播,必须进一步加工,在初稿基础上进一步加工定稿,然后出版、演出、播出、展出,使之规范化、定型化。出版、演出、展出的作品既是精神生产创作的成果,又是一定的物质形式,所以,客观精神价值的创造,是一个精神价值客观化、外在化、规范化的过程,是精神价值与物质价值创造的统一。

(3)精神价值创造的特点

首先,精神价值的创造与物质价值的创造并非同步。并非物质价值丰富的国家和地区,精神价值必然丰富。享誉世界的德国古典哲学产生于资本主义相对不发达的德国,19世纪的俄国是农奴制国家,经济上远远落后于英法,但却涌现了一大批著名的文学家、艺术家。有些国家物质价值的生产很发达,精神价值的生产却相对很贫乏。可见精神价值的生产有其特殊规律,并非与物质价值的生产成正比。

其次,精神价值的生产具有个性化的特点。精神价值的创造主要依靠个人的构思,靠个人的创造才能。即使是集体合作的精神价值的项目,也必须建立在充分发挥个人的创造才能的基础之上。个人的天赋、才能和努力具有重要作用。精神价值的生命力在于创新。借鉴吸收前人或他人优秀的东西是创造出更高更新的精品、繁荣精神生产的重要途径;但是抄袭、简单模仿都不能生产出真正有价值的精神产品。繁荣精神价值的生产,必须为精神价值生产创造有利于充分发挥人们聪明才智的环境,使优秀人才脱颖而出,充分发挥人们的创造性。

最后,精神价值的创造需要交流和争鸣。精神价值具有社会性,是社会上各种思想交互作用的结晶。精神价值的创造需要不同观点的交流、交锋、碰撞与启迪,需要比较、竞争、辩论。真理越辩越明。精神价值的生产需要百花齐放、百家争鸣,需要自由讨论的宽容环境。我国春秋战国时期百家争鸣,有力地促进了学术文化的大发展,群星灿烂,成为千古的绝唱。唐代文化上百花争艳,涌现了大批著名诗人、作家、画家、书法家。科学创造中有科学家群体的现象,就是一群出类拔萃的科学家相互启发、相互影响、相互切磋、相互促进,形成有影响的科学家群体。所以,良好的创作环境对精神价值的创造有重要影响。

3. 人的价值的创造

人的价值是人的言行对社会和自我的积极效应,所以人的价值包括人的社会价值和人的自我价值。人的社会价值最根本的是人对社会的价值,人的社会价值是人的自我价值的基础。人的社会价值在于对社会的贡献,所谓对社会的贡献,就是对社会的有益的创造,为社会创造出有益的物质价值和精神价值。为社会创造的有益的物质价值和精神价值越多,人的社会价值越大。人的自我价值是在为人民造福的基础上,使自身更美好。人的价值怎样创造呢?

人的价值包括人的社会价值,既有内在价值,也有外在价值。内在价值是人内在具有的德智体美等内在素质的价值,外在价值则是人们现实生活中表现出来的价值即现实价值。人的外在价值的创造,我们将在探讨人的价值实现时再研究。这里我们所谈的主要是创造人的内在价值,即创造人的德智体美的良好内在素质的价值。

德,是人生的灵魂和精神支柱,它决定人生的方向。德,首先是人的理想、信念、道德情操、爱祖国、爱人民、爱社会主义和为人民服务的思想品质。一个人能力有大小,只要有良好品德,有一分热,发一分光,能为人民作出力所能及的贡献,就是一个高尚的人,有价值的人。人的道德品质,要从小开始培养,长期严格地修养磨炼,特别要在艰苦的环境中考验。培养良好品德,是创造人的内在价值的基础和灵魂。

才,是人的智慧、才能,集中表现为创造力,是创造物质价值与精神价值的能力,是为人民服务、为社会作出贡献的本领。智慧、才能以知识为基础。知识在实践中运用,就形成技能技巧。实践出真知,实践长才干,勤学长知识,多想出智慧。所以,积极实践,刻苦学习,勤于思考,勇于探索,是造就人的智慧才能的重要途径,也是创造人的内在价值的重要途径。

美,良好的审美素质,艺术修养,广义地说,也属于才干之列。培养良好的艺术才能和审美素质,不仅可美化生活,还可以陶冶情操,提高想象力、创造力,增进创新活力。

体,指良好的体质,是创造人的价值的物质基础,它表现为旺盛的精力。一个人既要有好的德才,还要有良好的体质,才能发挥德才的作用,才能为社会作出贡献,创造人的社会价值和自我价值。有的人有德有才,但英年早逝,令人痛惜。诸葛亮德才出众,但他只活了 54 岁,使"出师未捷身先死,长使英雄泪满襟"成为千古遗憾。所以刻苦锻炼,铸造良好体质,是创造人的内在价值的重要途径。

上述德智体美几方面对人的内在价值的培养创造,既是对人的社会价值的创造,也是对人的自我价值的创造。一个人在德、智、体、美诸方面有良好的素质,就为实现社会价值和自我价值奠定了基础。

(三)价值创造的尺度

价值创造活动以实践为基础,实践是主体有目的地改造客体的客观物质活动。主体及其活动要受到客体和客观规律的制约,所以价值创造必须遵循客体尺度;价值创造过程是主体有目的地能动地作用于客体的主客体相互作用过程,因而必须遵循主体尺度;价值创造是一个创优过程,必须遵循美的尺度。价值创造的尺度是客体尺度、主体尺度、美的尺度的统一。

1. 价值创造的客体尺度

创造价值是主体改造客体的过程,客体的存在是创造价值的前提,所以创造价值必然要受到客体的制约,必须遵循客体尺度。客体在主体之外,所以客体尺度也是外在尺度。客体尺度内涵很丰富,总的说来就是客观规律。遵循客体尺度,就是要按照客观规律办事。

价值创造过程,是主体运用一定中介作用于客体,以改变客体的形式,使客体获得新的属性和功能,从而使客体的潜在价值转化为内在价值的过程。客体的潜在价值是待开发的尚未利用的深藏于客体内部的价值,如铁矿石中含有铁,是炼铁的原料,铁矿石中的铁不能直接利用,所以它只是一种潜在价值。由铁矿石炼成铁,就可以直接利用铁来创造机器。铁具有可直接利用的属性和功能,在未利用它之前,它就是内在价值。由潜在价值到内在价值的转化,需要一定的中介。转化过程,有其客观规律。人们在创造价值时,必须遵循客观规律,按客观规律办事。人们的思想越符合客观规律,创造能力就越高,创造的客体的质量就越高,价值就越大。人们对客观规律认识越深刻,人们越自由,人们的创造力就越强。创造价值的过程是主客体相互作用的过程,既是主体能动地改造客体的过程,又是一个受客体和客观规律制约的受动过程。只有遵循客观规律、客体尺度,主体才有自由,才能发挥主体的能动作用。价值创造过程是能动性与受动性的统一,受动性是能动性的前提和保证。

要按照客体尺度创造价值,首先要认识客观规律。要认识客观规律,从根本上说靠实践,实践出真知。人们的认识是有限的,认识要靠实践来检验、修正和发展。所以,遵循客体尺度,从根本上说,就是要尊重实践,在实践中检验和发展我们的认识。

实践具有社会性,所以实践是社会实践。人民群众是社会实践的主体。尊重实践必须尊重群众,倾听群众的呼声,关心群众的疾苦,一切从人民的根本利益出发。

实践是认识的源泉。但是实践本身是一种感性物质活动,它并不能直接提供客观规律。客观规律作为事物运动发展的必然过程,是事物内部的必然联系。它深藏于事物内部,是看不见、摸不着的,只能通过对实践基础上获得的大量感性材料的分析思考抽象概括才能发现。实践过程的多次重复,为我们提供了一些带有普遍性的感性材料,经过科学分析,就可以发现事物内部的必然联系,认识事物的客观规律,再经过实践检验,就可以形成科学理论。客观规律是在实践基础上,经过科学分析、概括和实践检验而发现的。要科学揭示规律,遵循客体尺度,尊重客观规律,就必然尊重科学,尊重知识。

科学与知识是人类智慧的结晶,知识就是力量,知识就是财富,博学则多才。科学与知识的掌握和运用是通过人实现的。人才难得。要遵循客体尺度,尊重客观规律,尊重科学,尊重知识,就必须尊重人才。

总之,要遵循客体尺度,尊重客观规律,就必须尊重实践,尊重群众,尊重科学,尊重知识,尊重人才,一切从实际出发,实事求是。

2. 价值创造的主体尺度

价值是主客体相互作用产生的客体对主体的积极效应。同一客体对不同主体效应不同、价值不同。价值是因人而异的。所以,价值创造不仅有客体尺度,还有主体尺度。客体尺度是外在尺度,主体尺度是内在尺度。

价值创造的主体尺度是什么? 有的学者说,主体尺度、内在尺度就是主体需要。这种看法是根据马克思在《1844 年经济学哲学手稿》中的一句话——"动物只是按照它所属的那个种的尺度和需要来建造"①得出的结论,即认为主体尺度就是人的需要。这是我国价值哲学中流行的看法,如前所述,这种理解是不妥的。首先,马克思的这句话说的是"动物"的生产尺度,而不是人的生产尺度。其次,马克思在该书同一段话里还指出动物生产的局限,即"动物只是在直接的肉体需要的支配下生产,而人甚至不受肉体需要的影响也进行生产,并且只有不受这种需要的影响时才进行真正的生产"②。马克思在这里指出人的生产不同于动物生产的特点,即人的生产只有不受直接的肉体需要的支配时才进行真正的生产。也就是说,人的生产不受直接的肉体需要的支配,这说明人的生产的主体尺度不是主体需要。最后,主体需要并非都是合理的,并非满足主体的任何需要都有价值。只有满足合理的需要才有价值,满足不合理的需要只有负价值。所以,马克思说的主体尺度不是主体需要。主体需要不是科学的主体尺度,而是自发的、片面的主体尺度。

人们奋斗所争取的一切,都同他们的利益有关。对利益的追求,形成人们的动机。主体利益是人们常用的一种主体尺度,但是对利益有不同的理解。一种通常的理解认为,利益是人们通过社会关系表现出来的需要,即认为主体利益就是主体需要,把主体利益等同于主体需要;而需要并非都是合理的。如果这样理解主体利益,以主体利益作主体尺度必然会产生混乱。但是如果把主体利益理解为对主体发展有益,则可以避免上述缺陷。

马克思说:未来社会是"以每个人的全面而自由的发展为基本原则的社

---

① 《马克思恩格斯选集》第 1 卷,人民出版社 1995 年版,第 47 页。
② 《马克思恩格斯选集》第 1 卷,人民出版社 1995 年版,第 46 页。

会形式"①。每个人的全面而自由的发展是未来社会的基本原则,即社会主义、共产主义社会,是以每个人的全面而自由发展为基本原则的社会制度。基本原则即基本尺度。可见,在马克思看来,最基本的主体尺度是主体发展,是主体自由而全面的发展。

邓小平也说:"发展才是硬道理。"②在他看来发展才是决定性的东西。有利于主体发展,特别是有利于社会主体自由全面发展的东西,就有价值。所以主体发展是最基本的主体尺度。在这个基础上理解主体利益,即认为主体利益是有利于主体发展的东西,那么主体利益也可作为一个基本的主体尺度。

主体尺度最基本的是主体发展,主体发展表现在许多方面。邓小平说:"判断的标准,应该主要看是否有利于发展社会主义社会的生产力,是否有利于增强社会主义国家的综合国力,是否有利于提高人民的生活水平。"③在这里,邓小平把发展尺度与利益尺度结合起来了,提出以是否发展、增强、提高社会主义社会的生产力、社会主义国家的综合国力、人民的生活水平为尺度。邓小平提出的"三个有利于"标准就是以发展为基本的主体尺度,同时以是否能促进主体发展来理解主体利益。主体最根本的是社会主体,是广大人民群众,因而主体利益最根本的是人民的利益。最广大人民的最根本的利益是最基本的价值尺度。

主体有社会主体、群体主体和个体主体,主体利益相应地也有社会利益、集体利益和个人利益。社会利益代表整个社会发展的根本利益。集体利益和个人利益则代表各个集体和各个个人的特殊利益。一般说来,社会利益、集体利益和个人利益在根本上是一致的,但在具体的社会生活中也难免有矛盾。在三者有矛盾的情况下,应该在坚持从最广大人民的根本利益出发的原则下,兼顾集体和个人的正当利益,以保证整个社会能够健康而和谐地发展。一切从最广大人民的根本利益出发和兼顾集体和个人的正当利益是主体利益尺度在社会生活中的运用。

---

① 《马克思恩格斯全集》第 44 卷,人民出版社 2001 年版,第 683 页。
② 《邓小平文选》第三卷,人民出版社 1993 年版,第 377 页。
③ 《邓小平文选》第三卷,人民出版社 1993 年版,第 372 页。

价值创造活动是客体尺度与主体尺度相结合,主体本质力量与客观规律相结合,人的劳动与自然规律相结合,是以主体顺应客观规律为基础的能动的创造过程。

3. 价值创造的审美尺度

马克思说:"动物只是按照它所属的那个种的尺度和需要来建造,而人懂得按照任何一个种的尺度来进行生产,并且懂得处处都把内在的尺度运用于对象;因此,人也按照美的规律来构造。"①马克思这里说的"按照任何一个种的尺度来进行生产",就是按照客体尺度来进行生产;"把内在尺度运用到对象上去",就是按主体尺度改造对象;"按照美的规律来建造",就是按照审美尺度来建造。也就是说,价值创造要遵守三个尺度,即客体尺度、主体尺度、审美尺度。

什么是审美尺度?正如客体尺度是客观规律一样,审美尺度就是美的规律。所谓美的规律,就是生产、创造的物质客体与精神客体要体现审美要求,要使产品内容与形式精美、奇特、动人心弦,使人产生超功利的愉悦效应,以美化人们的生活,为人们提供美的享受的规律。按照美的规律,生产的客体必须造型新颖、和谐、对称、独出心裁、色彩协调、音色优雅、悦人耳目等等。审美尺度是价值创造的重要尺度。价值创造的客体,必须是既符合客体尺度,又符合主体尺度,也符合审美尺度。如果不按照审美尺度来创造,创造的价值客体就不是好的价值客体,至多只是生产一些粗制滥造的劣质品。这样的"创造",价值很小。产品必须质优、物美、价廉,所以真正优质的产品的创造,必须遵循美的规律。

美的规律以客体尺度、客观规律为基础。物质客体要以自然规律为基础,社会客体要以社会发展规律为基础,精神客体要以思维的规律为基础,艺术客体要以艺术规律为基础。但符合客观规律的东西,不一定都是美的,如地震、台风等虽符合客观规律,但并不美。作为美的基础的是客观规律与有利于人类生存发展完善,即与主体尺度的统一。所以,美的规律不仅以客体尺度、客观规律为基础,而且还以主体尺度、主体发展为基础,以符合主体尺度、有利于

---

① 《马克思恩格斯选集》第5卷,人民出版社1995年版,第47页。

人类生存发展完善、符合人民根本利益的东西为基础。由此可见,价值创造的审美尺度以客体尺度和主体尺度为基础,价值创造是客体尺度、主体尺度、审美尺度的统一。客体尺度、客观规律,体现真;主体尺度、主体发展,符合人民利益,体现善;审美尺度、美的规律,使人产生超功利的愉悦效应,体现美。价值创造是客体尺度、主体尺度、审美尺度的统一,是真、善、美的尺度的统一。

六、实现价值

创造价值,是整个价值活动的基础。创造价值是为了实现价值。实现价值是创造价值的逻辑发展和归宿,是创造价值的目的,是一次价值活动的终点,也是另一次价值活动的起点。不实现价值,所创造的价值只是可能的价值,创造价值就失去其意义。所以,价值实现问题具有重要意义。

(一)价值实现的实质

什么是价值的实现呢? 价值的实现就是由客体的潜在价值、内在价值转化为外在价值,即现实价值的过程,也就是由天然客体的潜在价值、内在价值和主体创造价值过程中所产生的内在价值转化为外在价值或现实价值的过程。

价值实现的实质是什么? 这取决于对价值本质的理解。一种流行的观点认为,价值的本质就是满足需要。这种观点是美国实用主义哲学家詹姆士于1897 年提出来的。他说:"善的本质,简单说来就是满足需要。"①詹姆士所说的善,指的就是价值(即正价值),所以,詹姆士认为价值的本质就是满足需要。根据这种理解,价值的实现就是客体的属性与功能对主体需要的满足,简单地说,价值的实现就是客体对主体需要的满足。也就是说,客体能满足主体需要就有正价值。这样理解价值的实现是不科学的。首先,如前所述,主体需要有合理与不合理之分。满足主体合理需要是有正价值的,满足主体不合理

---

① 詹姆士:《信仰的意志》,转引自张岱年:《论价值的层次》,《中国社会科学》1990 年第 3 期。

的需要只有负价值。产生正价值,意味着客体能促进主体发展,体现了价值的实现。产生负价值,则表明客体对主体的发展起了消极的有害的作用,这是对价值的颠覆或否定,是对价值的实现的否定。所以,从需要的满足理解价值的实现,是不科学的。

其次,把价值理解为客体对主体需要的满足,这种理解所谓的价值,实际上是使用价值,而不是哲学价值。因为使用价值的特点是能够满足一定的社会需要,能使人愉快,对人有用,而不问善恶;而哲学价值则本质上是善的。满足需要能使人愉快,但并非都是善的。所以,从满足需要去理解价值的实现,指的是使用价值的实现,而不是哲学价值的实现。使用价值是功利价值,而哲学价值不仅包括功利价值,还包括超功利的真善美的价值。这也说明,从满足需要来理解价值的实现,不是对价值实现的科学的理解。

要正确理解价值的实现,首先要了解什么是价值。价值是主客体相互作用产生的客体对主体或客体(自然生态)的效应。这种效应有积极效应和消极效应。通常所谓价值,是指主客体相互作用产生的客体对主体或客体的积极效应,能促进主体或客体生存、发展、完善,更加美好。价值的实现,就是客体作用于主体或客体产生的实际的积极效应,即对主体或客体生存、发展、完善产生的实际的积极效应。

价值实现的本质是什么?价值实现是使潜在价值、内在价值转化为外在价值,即现实价值的过程。价值的实现,对自然价值(即天然物价值)来说,是使自然物的潜在价值和内在价值转化为外在价值,即现实价值的过程。这一过程的本质是客体主体化。人化自然价值的实现以价值创造为前提。人化自然价值的实现,是把价值创造过程中生产的价值客体的内在价值转化为外在价值,即现实价值的过程,即新生产的价值客体与主体或客体相互作用,对主体或客体产生积极效应,促进人和事物生存发展完善,使之更加美好的过程。这一过程从生产的价值客体与主体相互作用产生现实的积极效应来说,是客体主体化过程;从生产的价值客体与自然(客体)相互作用对自然(客体)的积极效应来说,是客体效应化过程。所以,人化自然的价值实现的本质是客体主体化或客体效应化。

价值实现过程是主体与客体或客体与客体相互作用的过程。主体作用于客体,客体的属性和功能作用于主体,主体以自身的素质、知识、能力、情感、意志对客体的属性和功能进行加工、改造,使之成为对主体有用的东西,以增强主体的本质力量。主体的本质力量对客体属性和功能的作用和加工、改造过程,是一个价值再创造过程,也是一个主体客体化过程,体现了主体对客体作用的处理与改造。不同主体的本质力量不同,所以不同主体对同一客体的加工改造也不同,因而产生的实际效应也不同。一本书,一部作品,对不同的读者的效应不同。鲁迅说:一部《红楼梦》,"经学家看见《易》,道学家看见淫,才子看见缠绵,革命家看见排满,流言家看见宫闱秘事"①。人们的世界观、人生观、价值观、艺术观及文化素养不同,对同一作品的理解也不同。所以,客体对主体的效应要受主体本质力量的影响。可见,价值实现过程,主要是客体主体化,客体效应化;同时也包含着主体客体化,主体本质力量对象化。人化自然的价值实现主要是客体内在价值的现实化,同时也是主体本质力量的确证。马克思说:"对象如何对他来说成为他的对象,这取决于对象的性质以及与之相适应的本质力量的性质。"②主体不具备一定的本质力量,客体的内在价值就不可能转化为外在的现实价值。主体本质力量不同,客体对主体的效应也不同。

(二)价值实现的类型

价值有物质价值、精神价值、人的价值三种类型,价值实现也有三种类型,即物质价值的实现、精神价值的实现、人的价值的实现。三者的共同点:都是客体主体化、客体效应化,都是主客体相互作用中客体作用于主体或自然产生的实际的积极效应;同时包含着主体客体化,即包含着主体对客体的再创造加工过程。三种类型的价值实现,又各有特点。

1. 物质价值的实现

物质价值包括天然物价值和人化自然价值。物质价值的实现有两种情况:一种情况是作为客体的生活资料的价值的实现,即作为客体的生活资料被

---

① 《鲁迅全集》第7卷,人民出版社1957年版,第419页。
② 《马克思恩格斯文集》第1卷,人民出版社2009年版,第191页。

主体直接消费,对主体或自然产生一定的实际的积极效应。在这一过程中,客体的要素和功能,转化为主体或自然的内在要素,增强主体体质,促进自然环境的改善,或作为主体的活动的物质条件,促进社会和自然发展。这个过程主要是客体主体化,客体对主体的积极效应或客体效应化,同时也包含着主体客体化的作用。因为主体要消费客体,使客体对主体发挥积极效应,首先要对客体进行加工制作。如粮食要加工成饭,才能吃;布做成衣才能穿。做饭、缝衣服的过程是主体客体化的过程,但是从整个消费过程来看,主要的方面是客体主体化或客体效应化,主体客体化是作为实现客体主体化的条件和补充而存在的,居从属的地位。

另一种情况是作为客体的生产资料的价值的实现,即作为客体的生产资料作用于主体的生产活动或作用于自然,产生实际的积极的效应,以维持生产的正常运作,促进生产发展,生产出更多的新的物质或精神价值产品,促进人与自然和谐发展。作为客体的生产资料的价值的实现,就是生产消费。生产消费是创造价值客体的再生产过程,是人类社会生存和发展的基础。生产资料价值的实现过程,是作为客体的生产资料对主体(社会)或客体产生的现实的积极效应,这个过程是客体主体化,客体效应化的过程;同时,这个过程又是一个再生产过程,是主体作用于作为客体的生产资料以创造新的价值客体的过程,后一过程则是主体客体化。所以,作为客体的生产资料的价值的实现过程,是客体主体化或客体效应化与主体客体化的统一。从价值实现的意义上说,主要方面是客体主体化或客体效应化,而主体客体化则是作为主体客体化或客体效应化的条件和必要补充而存在的。

物质价值的实现,是通过消费或使用来实现的。有的消费是一次性的,如食物被人吃了变成主体的营养成分,价值就实现了。有些物质价值客体可以反复使用较长时间,如机器、厂房、耐用家具等。这些物质客体价值的完全实现,则需要较长时间。一般来说,这类物质价值客体质量越高,使用时间越长,产生的实际积极效应越多,效益越高,价值越大。所以,价值实现是一个过程,一种物质价值客体的实现,往往是它多次使用产生的实际效应的总和。

2. 精神价值的实现

精神价值比物质价值复杂,它的实现过程也很复杂。而且不同的精神价值,其实现过程也不同。

(1)主观精神价值的实现

主观精神就是人的意识。主观精神存在于人的大脑中,包括指导主体行为的主体知、情、意等思想观念,如世界观、人生观、价值观、思维方式、生活习惯、理想、信念、信仰等。主观精神价值,是主观内在思想观念的价值,是主体的内在素质的价值。主观精神如思想观念等具有内在性,本身不能实现什么东西。主观精神价值的实现是通过人及其实践,借助于一定中介而实现的。

主观精神价值的实现有两个方面:一是主观精神对社会、他人的社会价值的实现;二是主观精神对自身的自我价值的实现。

主观精神的社会价值的实现,主要是通过主体的实践,通过语言、文字、声音、图像、网络等中介,以主体的思想、智慧、激情、意志影响社会和他人,为社会创造物质价值和精神价值,对社会产生良好的效应,促进社会繁荣发展,为人民造福。

主观精神的自我价值的实现,首先是借助于人的实践活动,借助于语言、文字、声音、图像、影视、网络等中介,使自己德、智、体、美全面发展,并以自身的智慧、能力、激情、意志、思维方式、价值观念指导自身的实践,产生有益于社会、他人和主体自身的积极效应。在此基础上使家庭幸福、事业有成,使生命放射出光彩,使自身更完美。

(2)客观精神价值的实现

客观精神价值的实现比较复杂。客观精神种类很多,各有特点,其价值的实现过程各不相同。客观精神如自然科学、哲学社会科学、文学艺术,包括小说、诗歌、戏剧、音乐、舞蹈、美术、电影电视、网络以及宗教等。这里只研究两种较有代表性的客观精神价值即科学价值和文学艺术价值的实现。

先谈科学价值的实现。科学包括自然科学和哲学社会科学或人文社会科学。自然科学是反映客观事物本质和规律的系统化、理论化的知识体系。它以科学原理、科学理论的形式存在。科学价值的实现,首先表现为通过科学教育的作用,用客观规律的知识武装人们的头脑,提高人们的智力,增强主体本质力量,增强人们改造世界的能力,扩大人们的自由。

其次,科学技术是第一生产力。但科学作为系统化理论化的客观规律的知识的理论体系,它本身并不是直接的生产力,而是以技术为中介作用于客观世界发挥作用的。技术作为科学的应用,表现为机器设备、工艺设计、流程、操作规范等等。技术比较具体,有可操作性,容易掌握。人们掌握了技术,就可以运用技术作用于客体,改造客体,生产出新的价值客体,生产出新的产品。产品的科学技术含量越高,价值越大。现代化工业生产的产品,是现代科学技术的物化。所以,科学技术在现代化生产中的作用越来越重要。科学价值的实现,最根本的是以技术为中介,运用于生产,推动生产的发展和技术的进步,为人类生产出更多更好的物质与精神产品,推动生产工具的革命,促进生产力的发展,促进社会发展,为人民造福。

最后,科学是人类文明的结晶。科学越发达,文明程度越高;科学技术落后,文明程度就低。科学与文明相联系,无知与野蛮相联系;科学是民主的基础,而野蛮则是专制的基础。所以科学具有重要的促进社会文明的启蒙价值。科学的社会文明价值,是通过科学教育开发民智、促进社会文明和民主而实现的。

哲学社会科学或人文社会科学在启迪人的思维,增长人的智慧,增强人的本质力量,扩大主体自由,促进社会文明和社会民主方面,与自然科学相同。但是哲学社会科学或人文社会科学不能直接用于创造物质财富,而是以思维方式、价值观念、管理理念、运作智慧等启迪人们,促进社会生产和社会进步而实现其价值的。

无论是自然科学还是哲学社会科学或人文社会科学,其价值的实现,都是以其理论为接受主体所认同、理解、运用作为前提的。理论一旦掌握了群众,就会变成物质力量。如果一种科学理论,人们不认同、不理解、不应用,即使这种科学理论本身具有很高的科学价值,其价值仍无法实现。所以,加强自然科学和哲学社会科学理论的学习、教育、普及宣传,对科学价值的实现具有重要意义。

再谈文学艺术价值的实现。文学艺术价值的实现更为复杂。文学艺术是重要的精神价值客体,具有认识价值、教化价值、审美价值,可帮助人们认识社会、认识历史、理解人生、陶冶情操、净化灵魂、获得美的享受。文学艺术的这些价值,是通过人们阅读、观赏文学艺术作品,使作品的思想、感情、艺术特点转化为人们的认识、感受,从而提高人们的认识,培养人们良好的情操,发展审美能力,获得美的享受而实现的。文学艺术价值的实现,以读者、欣赏者的知识结构、价值观念、文化素养及其对作品的理解力、欣赏力为中介。同一部文学艺术作品,由于人们的世界观、人生观、价值观、思维方式、文化背景、艺术修养、理解能力不同,人们对作品的思想主题、艺术形象、社会意义等会作出不同的理解。有的丰富了作者的构思,赋予新的更深的内涵;有的则歪曲了作者的创作意图,按照自己的想象去理解作品。所以,文学艺术作品往往随读者、欣赏者的不同而产生不同的作用和影响。对于缺乏一定的理解能力和欣赏能力的人来说,文学艺术作品对他没有什么价值,或者说文学艺术作品的价值也就无法实现。总之,文学艺术作品的价值是通过人们的阅读、欣赏,借助于接受主体的思维方式、价值观念、审美情趣为中介对作品的理解和感悟影响人们的灵魂而实现的。作品的读者、欣赏者越多,作品的影响越大;反之,一部作品读者少,其影响就小,一部作品没有读者就没有价值。这种作用和影响,有正效应,也有负效应。文艺作品价值的实现,是通过作品对社会生活,对人们的思想观念、精神风貌产生积极的效应,促进人们奋发向上健康发展而实现的。

文学艺术的价值的实现,有一次性的,也有较长时间的。人们听一首歌曲,看一台戏,这是一次性的。有的文艺作品,人们百看不厌。一些优秀的作品,有长久的魅力,历久而不衰,其价值的实现是一个长久的过程。

客观精神价值很多,其价值的实现也各有特点。总的说来都是以接受主体的思想观点为中介,通过人们的理解认同与感悟产生一定的影响而实现的,不通过人们的思想观念的作用,没有人们的理解与感悟,客观精神的价值就不可能实现。但客观精神价值的实现,归根到底,还是决定于作品本身的思想和艺术成就。

3. 人的价值的实现

人的价值是人作为客体对社会和自我的积极效应。人的价值包括人的社会价值和自我价值。人是社会的人,人的价值从根本上说是人的社会价值。什么是人的社会价值? 人的社会价值就是人作为客体对社会的积极效应,即对社会的贡献,也就是人们通过劳动创造生产出优秀的物质价值产品和精神价值产品,对社会产生的积极的作用和影响。人的社会价值的实现,就是人们通过劳动创造为社会提供优良的物质和精神价值产品对社会作出积极的贡献,使人民生活更美好而实现的。

为什么说这是人的社会价值的实现呢? 这里所谓实现,是相对潜在价值和内在价值而言的。人的价值的实现是一个由潜在价值到内在价值,再到外在价值即现实价值的过程。人们通过学习、教育、实践、思考,在自己潜在价值基础上,逐步培养自己的德、智、体、美各方面的内在素质即内在价值。这种内在素质是人们创造和实现价值的基础。内在价值是可能的价值。内在价值在未转化为外在价值即现实价值以前,还不能为社会产生直接的现实效应。只有通过实践,在实际工作中施展他的才干,才能为社会创造一定的物质和精神价值,使人的内在价值转化为物质和精神客体的内在价值。当主体创造的物质价值和精神价值客体被人们享用、产生一定的实际效应时,人的价值才由内在价值转化为现实价值,这才是真正的人的社会价值的实现。可见人的社会价值的实现过程,是由潜在价值——人的内在价值——对象化为物质和精神价值客体的内在价值——现实价值(价值实现)的过程。从人的潜在价值到人的内在价值,再到对象化为物质和精神客体的内在价值,对社会也有一定影响,这是人的社会价值的初步实现。从主体创造的物质和精神客体的内在价值,转化为现实价值,促进社会发展和人的发展,使人们生活更美好,这才是人的社会价值的最后实现。

人们为社会创造的物质财富和精神财富多,对社会贡献大,人的社会价值大,往往受到社会表彰,担任一定职务,享受较高报酬。怎样看待人的价值是否实现? 是看贡献,还是看报酬多少、职务高低、荣誉大小? 有的人主要看获得多少,这种看法是不正确的,容易使人追名逐利、迷失方向。爱因斯坦说:"一个人的价值,应该看他贡献什么,而不应该看他取得什么。""一个人对社会的价值,首先取决于他的感情、思想和行动对增进人类利益有多大作用。"也就是说,人的社会价值,从根本上说,在于他对社会的贡献,而不是报酬多少、职位高低、荣誉大小,不在于他取得什么。只要在自己的岗位上辛勤劳动,锐意进取,努力创新,创造出优异成绩,为社会、为人民作出了积极的贡献,使人们生活更美好,就是人的社会价值的实现。在我们国家有许多人,埋头苦干,为人民作出了卓越的贡献,他们工资不高,有的人还资助不少困难学生,他们不计名利,不求报偿,无私奉献,他们是社会真正的脊梁,应受到社会的高度尊重。

人有社会价值,还有自我价值。人的自我价值是人作为客体对自身生存、发展、完善的积极效应,使自身更完美。人的自我价值的实现,就是人作为客体在为社会作出贡献、在增进人类幸福基础上,促进自身德、智、体、美的全面发展,使自身更加完美。

人的价值,是人的社会价值和自我价值的统一。马克思说:"在选择职业时,我们应该遵循的主要指针是人类的幸福和我们自身的完美。不应认为,这两种利益是敌对的,互相冲突的。"①为人类谋幸福,为社会作出贡献,这是人的社会价值;使我们自身完美,这是人的自我价值。马克思还说:"人们只有为同时代人的完美,为他们的幸福而工作,才能使自己也达到完美"②也就是说,只有为人类的幸福而工作,具有良好的社会价值,才能使自己也达到完美,才具有良好的自我价值。人的社会价值是自我价值的基础。一个人不能为社会为人类谋幸福,只为个人劳动,这样的人,也许能够成为著名学者或百万富翁,但他永远也不能成为完美的人,因为他自私,只顾自己而不顾社会与他人,人格低下。只有为社会、为人民、为国家民族辛勤劳动,为社会创造物质和精神财富,使社会和他人更加美好,同时也使自己高尚起来,美好起来,这样的人,才既具有良好的社会价值,也具有良好的自我价值。这样,既实现了人的社会价值,也实现了人的自我价值。

人的社会价值的实现与人的自我价值的实现是相互联系、相互制约的。人们要能为社会作出贡献,首先必须要生存,要吃穿住行,要享有一定生活资料,同时要刻苦自励,修养品德,发展才智,才能够更好地为社会作出贡献,才能更好地实现社会价值;在为造福社会而奋发工作作出卓越的贡献的同时,也会促进自身品德修养,增长才干,使自身更美好。人的社会价值是人的自我价值的基础。人的价值的实现,是在实现人的社会价值的过程中,实现人的自我价值,使自身奉献社会,为人民造福,同时使自身更加完美,即为祖国、为人民

---

① 《马克思恩格斯全集》第 40 卷,人民出版社 1982 年版,第 7 页。
② 《马克思恩格斯全集》第 40 卷,人民出版社 1982 年版,第 7 页。

建功立业,使自身充实完善。

(三)价值实现的条件

价值实现是一个复杂的过程,需要一定条件。各类价值实现的条件不同,一般说来需要以下几方面的条件:

1. 客体条件

价值实现是价值客体的潜在价值、内在价值转化为外在的现实价值的过程。客体和作为客体的人的潜在价值是待开发的价值,内在价值是可能的价值。在主客体相互作用中,潜在价值作用于主体或自然产生的实际效应,使潜在价值、内在价值转化为现实价值,这个过程就是价值的实现。

要使客体和作为客体的人的潜在价值、内在价值能够实现,首先客体和作为客体的人必须有良好的素质。从物质客体来说,必须质量好,物美价廉,有竞争力。产品质量差,性能差,价格太贵,缺乏竞争力,就销售不出去,价值就不能实现。作为客体的人的价值也是如此,人的潜在价值、内在价值不高,体弱多病,德才素质差,工作绩效差,其价值的实现往往就不够理想。

2. 主体条件

价值实现还需要有良好的主体条件。

首先,要有良好品德,有远大理想。一个人的品德理想决定了人生的价值取向。人的价值实现是一个长期奋斗过程,会遇到艰难曲折,要经受严峻的考验,需要有满腔的热忱和百折不挠的意志与毅力,需要有坚定的理想信念。缺乏良好品德和远大理想,目光短浅,经受不住艰难困苦的考验,就不可能实现价值。

其次,要有相应的知识和才能。要实现价值,就要把客体的潜在价值、内在价值发挥出来。为此,主体必须要有相应的知识和能力。如要实现先进机器的价值,不仅需要购买这种机器,还必须有现代科学知识和操作这种机器的技能,否则,先进机器就不能安装运转,就发挥不了应有的作用,其价值就不能实现。同样,要实现京剧的价值,必须具有关于京剧的知识和欣赏京剧的能力;要实现交响乐的价值,必须具备有关交响乐的知识和欣赏交响乐的能力。对于缺乏相关艺术知识和能力的人来说,京剧和交响乐不是他的对象,也就根本谈不上京剧和交响乐价值的实现了。

再次,良好的体质。价值实现需要付出巨大的精力,需要有良好的体质。一个人品德好,有才华,但身体不好,要实现价值就力不从心。有的优秀的中青年,成果卓著,奋力拼搏,超负荷工作,英年早逝,令人遗憾。所以,要实现价值,要为人民作出更大贡献,一定要有好的身体。

最后,不畏劳苦,艰苦拼搏,创造性地劳动。价值实现是价值活动的目的和归宿。要实现价值离不开人的劳动。因为要使客体的潜在价值、内在价值转化为外在价值、现实价值,会遇到许多困难。如果主体不付出艰苦劳动,其价值就不能实现。马克思说:"在科学上面是没有平坦的大路可走的,只有那在崎岖小路的攀登上不畏劳苦的人,有希望达到光辉的顶点。"①在科学上是如此,在其他领域也一样,要实现价值,特别是要达到光辉的顶点,必须不畏劳苦,艰苦拼搏,创造性地劳动。畏难怕苦,不付出辛勤劳动,只能虚度年华,碌碌无为,无法实现良好价值。

3. 中介条件

要实现价值,使客体的潜在价值、内在价值转化为外在的现实价值,必须要有一定的中介。正如我们要过河,必须有船或桥一样,船和桥就是过河的中介。

例如,要实现中华民族伟大复兴的中国梦,要加快经济发展,必须坚持改革开放,要引进先进的技术设备,引进外资,这些都是重要的中介。不改革开放,不引进先进的技术设备,不引进外资,我国经济就不能快速发展。

要加快经济发展,一定要采用先进的经营管理方法。先进的经营管理方法可以将人财物等生产要素科学地组合起来,节约人力物力时间,充分发挥人财物的作用。所以管理是重要的中介。科学管理出效益。邓小平说:"一定要按照国际先进的管理方法,先进的经营方式,先进的定额来管理,也就是按照经济规律管理经济。"②采取先进的经营管理方法,是提高经济效益、实现经济价值的重要途径,也是重要的中介。

---

① 马克思:《资本论》第 1 卷,人民出版社 1975 年版,第 29 页。
② 《邓小平文选》第二卷,人民出版社 1994 年版,第 129—130 页。

邓小平说:"经济发展得快一点,必须依靠科学和教育。"①科学和教育也是加快经济发展的重要中介。产品的科技含量越高,产品的性能越好,越有竞争力,效益越好。科学技术的发展,基础在教育。百年大计,教育为本。教育是加快发展科学技术,加快经济发展,加快人才培养的根本中介。

4. 环境条件

价值实现不仅需要客体条件、主体条件、中介条件,还需要一定的环境条件。环境条件不好,也不利于价值的实现。

首先要有良好的自然环境。一个国家和地区的自然环境,对这个国家和地区的价值的实现有重要影响。中东地区的一些国家,地下蕴藏着丰富的石油,这些国家大力开采石油,有力地促进了经济的发展。我国陕北榆林地区,风沙大,经济落后,但地下有丰富的煤田,后来又发现了蕴藏着丰富的石油天然气,通过石油天然气和煤的大规模开采,使经济快速发展起来。自然资源是得天独厚的潜在价值,为价值的实现提供了有利条件。资源匮乏,要加快价值实现就有困难。

其次,要有良好的社会环境。经济要发展,政局必须稳定。邓小平说:"中国发展的条件,关键是要政局稳定。""中国不能再折腾,不能再动荡。"②政局稳定就是要有稳定的国内环境,没有稳定的国内环境就不可能集中精力搞建设,各种资源设备就不可能充分发挥作用,经济就不可能快速发展,人民生活也不可能很快得到改善。要加快发展,要实现价值,必须要有稳定的政治环境。

要建设,不仅要有稳定的国内环境,还需要有和平的国际环境。一旦发生战争,不仅不能建设,已有的建设成果也会遭到破坏。所以,在国际上,我们要争取和平的环境。坚持与世界各国和平共处,互利双赢。特别重视同各大国及各周边国家发展和平友好关系,努力倡导构建和平、合作、互利、共赢的人类命运共同体,创造一种有利于我们全心全意搞建设谋发展的和平的国际环境。

经济要快速发展需要良好的环境,人的价值的实现也需要有一定的环境。

---

① 《邓小平文选》第三卷,人民出版社 1993 年版,第 377 页。
② 《邓小平文选》第三卷,人民出版社 1993 年版,第 216 页。

历史上孟母三迁教子就是选择孩子成才和实现价值的环境。环境对人才的造就与实现影响巨大。要充分发挥人才的作用,就要重视创造适合人才发展的环境。邓小平说:"要创造一种环境,使拔尖人才能够脱颖而出。改革就是要创造这种环境。"①要改革僵化的经济管理体制与人才管理体制,创造一种使优秀人才在平等竞争中脱颖而出的环境,为优秀人才发挥聪明才智实现价值创造条件。

环境对人的价值的实现有重要影响,所以人们很重视环境选择。人们在选择工作环境时,往往选择条件好、工资高、住房好的地方;而困难多、条件差、比较艰苦的地方,很需要人才,却往往很少人愿意去。从人的价值的实现来说,选择艰苦的地方、条件差的地方,比选择工作条件好、困难少的地方,更有利于人的价值的实现。工作条件好、困难少的地方,对人们的压力不大,不需要人们作艰苦努力,就可以应付过去,不需要发挥潜力,也不利于增长才干。而艰苦的环境,与困难作斗争,则迫使人们振奋精神,开动脑筋,发挥潜力,发挥创造性,从而在与困难作斗争中增长才干。人们的才智是在艰苦的环境中锻炼出来的。"艰难困苦,玉汝于成。"艰难困苦的地方,乃是实现人的价值的最佳环境。

(四)价值实现的检验

研究价值问题,归根到底是为了实现价值。价值实现如何检验,这是一个重要问题。要检验价值是否实现,最根本的是要解决价值实现的途径和检验价值实现的标准。总的来说,检验各类价值是否实现的根本途径和标准是实践,在实践中看各类价值的实际效益、效果如何,拿事实来说话。各类价值各有特点,检验各类价值实现的标准也各不相同。

1. 物质价值实现的检验

在社会生活中,物质价值主要表现为经济价值或经济效益。物质价值的实现,主要指物质资料生产的产品的价值的实现。物质价值产品有生产资料和消费资料。生产资料的价值的实现,主要表现为产品的销售,税利的增长,

---

① 《邓小平文选》第三卷,人民出版社 1993 年版,第 109 页。

取得良好经济效益,促进生产力发展和社会发展;消费资料价值的实现,主要表现为被人民购买享用,提高人民生活水平。邓小平说:"按照历史唯物主义的观点来讲,正确的政治领导的成果,归根结底要表现在社会生产力的发展上,人民物质文化生活的改善上。"[1]并说:"最根本的因素,还是经济增长速度,而且要体现在人民的生活逐步地好起来。"[2]这就是说,物质价值实现与否,最根本的要看是否有利于生产力的发展,经济是否快速增长,人民物质文化生活是否提高。有利于生产力发展,就有利于社会发展,就为提高人民物质文化生活水平提供了保证。历史是人民创造的,价值主体是人民。物质价值的实现,最主要的要看人民物质文化生活水平是否提高。所以,是否促进生产力发展、促进社会进步,人民物质文化生活水平是否提高,是检验物质价值是否实现的标准。

2. 精神价值实现的检验

精神价值的实现是一个十分复杂的问题。精神价值包括思想文化教育卫生等部门的工作的价值。思想文化教育卫生等部门的工作的价值的实现如何检验,邓小平作过重要论述。他说:"思想文化教育卫生部门,都要以社会效益为一切活动的唯一准则,它们所属的企业也要以社会效益为最高准则。"[3]也就是说,思想文化教育卫生部门的工作价值的实现要以社会效益为唯一的价值标准。这些部门所属的企业也要讲求经济效益,但要以社会效益为最高价值标准,即把社会效益放在首位,经济效益应服从社会效益,决不能损害社会效益去追求经济效益。

什么是社会效益? 社会效益的内涵很丰富,主要指坚持社会主义方向,对社会、对国家、对人民有益。思想文化教育卫生工作要有利于发展社会主义的思想道德文化和健康向上的精神生活,促进社会发展,促进人们自由而全面的发展。思想文化教育卫生部门的价值是否实现,就是要看这些部门的各项工作及其所产生的精神产品,对坚持正确的政治方向,坚持社会主义的思想道德文化和健康向上的精神生活,促进社会发展和促进人们自由而全面的发展是

---

[1] 《邓小平文选》第二卷,人民出版社 1994 年版,第 128 页。
[2] 《邓小平文选》第三卷,人民出版社 1993 年版,第 355 页。
[3] 《邓小平文选》第三卷,人民出版社 1993 年版,第 145 页。

否产生积极的效应,即是否产生良好的效益。这就要求思想文化界要多出健康向上的精品,要坚决制止黄色下流低俗的坏产品的生产和流传,坚决制止宣扬错误政治方向的思想作品的传播。

3. 人的价值实现的检验

人的价值有社会价值和自我价值。人的价值的检验包括人的社会价值和自我价值的实现的检验。

人的社会价值与自我价值是相互联系的,人的社会价值是自我价值的基础。

邓小平说:"用人的政治标准是什么? 为人民造福,为发展生产力、为社会主义事业作出积极贡献,这就是主要的政治标准。"①他所说的用人的政治标准,就是人的社会价值的标准。为人民造福,为发展生产力作出贡献,都是为社会主义事业作出积极贡献。所以,人的社会价值就是对社会主义事业的贡献。为发展生产力,为社会主义事业作出积极的贡献,归根到底是为了为人民造福。为人民造福是目的,为发展生产力、为社会主义事业作出积极的贡献是手段。为人民造福是人的社会价值的主要标准,它包含着发展生产力,为社会主义事业作出积极的贡献。

怎样检验人的社会价值是否实现呢? 邓小平说:"群众对干部总是要听其言、观其行的。"②谁来检验,人民群众来检验。用什么来检验,用实践来检验,即看实践,看实绩,实际看行动。也就是考察其言行的实际效果,是否为人民造福,是否为人民办实事,是否促进生产力发展,为国家、为人民作出积极贡献,是否有利于提高人民物质文化生活水平,使人民生活更美好。

人的自我价值是在为人民造福基础上使自身更加美好。要使自身更加美好,必须使自身德智体美自由而全面地发展,以为社会造福为基础。所以,人的自我价值的检验,首先是看在社会实践中其言行的实践结果是否为人民造福。同时看其思想道德品质是否健康向上,是否有利于促进自身自由而全面地发展,使自身更加美好。自我不能离开社会,一个人不能独善其身。人们只

---

① 《邓小平文选》第二卷,人民出版社 1994 年版,第 151 页。
② 《邓小平文选》第二卷,人民出版社 1994 年版,第 124 页。

有为人民造福,有良好的社会价值,才能使自己达到完美,才会有良好的自我价值。人的自我价值实现的检验,是在人的社会价值实现的检验基础上,对人的自我价值实现的检验,是对人的社会价值的实现和人的自我价值实现的双重检验。

第十四章　价值活动与历史发展

　　价值活动不是单个人孤立的活动,而是人们在一定历史条件下,在一定社会关系中进行的活动。一定历史时期,人民群众进行的影响历史发展进程的价值活动就构成社会历史活动。这种历史活动的运动过程就构成历史。所以历史发展与价值活动密切联系。广大群众的价值活动是内容,而历史发展则是价值活动的运动过程。

一、价值活动与历史主客体

　　价值是客体对主体的积极效应。这里主体可以是社会、群体或个人。客体可以是自然、社会、思维和人群,也可以是单个的物质客体、事件、人物、精神现象。历史活动是历史主体的价值活动。历史主体与历史客体是宏观的概念。历史活动的主体主要是指社会、国家、民族、阶级、人民群众等,也包括杰出人物在内。严格地说,历史主体是指一个时代社会成员的总和,既包括推动历史发展的人群,也包括阻碍历史发展的人们。但从创造历史来说,主要是进步阶级和劳动人民。历史活动的客体,则是指受历史主体主动作用的与社会生活有关的自然、社会、人及精神现象。一定历史时期历史主体实践和认识的自然界,是历史主体改造与探索的对象,无疑是历史客体。社会是在一定的物质生产基础上联合起来共同生活的人类共同体,是历史活动的舞台,是历史主体活动的主要客体。而社会是由人组成的,组成社会的人及其精神产品,也是历史客体。人既是历史主体,又是历史客体。

　　历史主体与历史客体的相互作用表现为历史活动。历史活动包括实践活动、认识活动和价值活动。实践活动是认识活动和价值活动的基础。实践活动是改造客体和主体自身的活动。改造客体是为了创造物质和精神财富,以改善人们的生活,使人们生活得更美好。所以,实践活动改造客体,目的是为了创造价值。改造客体是手段,创造价值是目的。实践活动同时也是改造主体自身的活动,实践活动对主体的改造表现在主体顺应客体规律,增加对客观规律的认识,改正自己的错误认识,锻炼意志,增长能力,丰富感情,增强主体本质力量,扩大主体自由。前一个过程是主体客体化,是创造价值的过程;后一个过程是客体主体化,是价值实现过程。所以,实践过程是价值创造与价值实现过程的统一。认识活动的目的是为了获得真理,而获得真理的目的是为了指导行动,更好地改造客体,创造价值,其最终目的也是为了实现价值。相对地说,获得真理是手段,指导行动、创造价值、实现价值是目的。实践活动和认识活动的最终目的都是为了创造价值、实现价值。人类的一切活动无不是为了认识、创造和实现价值。所以,历史主体的一切活动都是价值活动。

二、价值活动与历史发展的合规律性、
合目的性、不合目的性

(一)价值活动与历史发展的合规律性

历史是历史主体创造的。历史主体创造历史,就每个人来说,都是有目的、有意志的,而人们的目的、意志各不相同,但整个历史的发展是有自身的规律的。马克思说:"我的观点是把经济的社会形态的发展理解为一种自然史的过程。不管个人在主观上怎样超脱各种关系,他在社会意义上总是这些关系的产物。同其他任何观点比起来,我的观点是更不能要个人对这些关系负责的。"①在马克思看来,社会经济形态的发展是一个自然历史过程。社会经济形态是上层建筑与意识形态的基础,经济基础决定上层建筑,所以,整个社会发展也是自然历史过程。也就是说,社会发展是服从一定的规律的,不以人们的意志为转移。这就是说,社会历史发展有着自身的客观规律。

---

① 《马克思恩格斯选集》第 2 卷,人民出版社 1995 年版,第 101—102 页。

社会历史发展规律就是"人们自己的社会行动的规律"①。这种行动的规律表现在社会历史发展具有普遍的必然的内在联系。生产力决定生产关系，生产关系反作用于生产力。生产关系的总和构成经济基础。经济基础决定上层建筑，上层建筑服务于并反作用于经济基础。生产力与生产关系之间的决定作用与反作用的辩证统一，经济基础与上层建筑之间的决定作用与反作用的辩证统一，就使社会历史发展具有一定的规律性。这种规律在社会历史发展过程中的主要体现就是生产关系一定要适合生产力发展的规律，上层建筑一定要适应经济基础、服务于经济基础，有利于经济基础的巩固和发展的规律，后一规律归根到底也决定于生产力的发展。根据生产关系一定要适合生产力的发展的规律，随着生产力的发展，人类社会依次经过原始社会、奴隶社会、封建社会、资本主义社会、社会主义和共产主义社会五种社会形态。根据生产力和生产方式的发展水平及人的发展程度，社会发展是由"人的依赖关系"阶段到"以物的依赖性为基础的人的独立性"阶段，再到"建立在个人全面发展和他们的共同的社会生产力成为他们的社会财富这一基础的自由个性"阶段，即从自然经济阶段，到商品经济阶段，再到产品经济阶段。

社会发展规律与自然规律如力学、电学规律不同，它是通过人的活动起作用的，而人的活动是自觉的、有目的的、能动的、复杂的活动，因此，社会规律也是复杂的，它是通过大量的偶然事件表现出来的。它主要表现为一种趋势，一种在一定条件下的必然性。如社会主义代替资本主义是历史发展的客观规律，新生事物必然战胜陈旧落后的事物的规律，都是指的社会发展的趋势，而不是确定某年某月社会主义制度必然代替资本主义制度，也不能完全排除一定条件下资本主义复辟、颠覆社会主义制度的可能性。新生事物必定战胜腐朽、落后、陈旧的事物，也是说的总的趋势，而不是说任何新生事物都一定会战胜腐朽落后陈旧的事物。在落后势力强大，力量对比悬殊或新生力量主观指导失误的条件下，新生事物失败、被扼杀也是常见的。社会发展要经过原始社会、奴隶社会、封建社会、资本主义社会、社会主义和共

---

① 《马克思恩格斯选集》第3卷，人民出版社1995年版，第634页。

产主义社会,并不是每一个国家都必须经过这五种社会形态。经济落后国家在一定条件下可以不通过资本主义制度的卡夫丁峡谷。在特定的外部条件和内部条件的总和作用下,如资本主义制度已显示严重弊端,国际上出现了先进的科学社会主义思潮和强大的工人运动,特别是产生了社会主义国家,在国内有强大的无产阶级政党和成熟的领导集体的条件下,经济落后国家可以不通过资本主义制度的卡夫丁峡谷而进入社会主义社会。在这里,社会发展表现为超阶段发展,这是一定条件下的超阶段发展,同样也表现了一种规律性。这就是说,具备一定内外条件的经济落后国家,可以不通过资本主义的卡夫丁峡谷;不具备一定内外条件的经济落后国家,则必然要经过资本主义制度的卡夫丁峡谷。所以,历史发展是有规律的,是合规律的,具有合规律性。

历史发展的规律并不排除偶然性、机遇、巧合及个人的作用,而是通过偶然性、机遇、巧合及个人作用表现出来。它是作为一种趋势存在于这些因素内的现象之深层,并与这些因素相作用而形成现实性,形成历史的运动过程。

社会历史发展的合规律性与价值活动有什么关系呢? 社会历史的合规律性,从根本上说,是符合生产力发展的要求。生产关系要适合生产力发展的规律就是生产关系要符合生产力发展的要求;上层建筑要适合经济基础发展的规律,归根到底也是要符合生产力发展的要求。历史的进步,社会的发展,从根本上说决定于生产力的发展。有助于推动生产力发展的,就是先进的事物、先进的力量、先进的阶级、新兴的力量、新的东西;阻碍生产力发展的,就是落后的势力、没落的社会势力、没落的阶级、衰朽的力量。人类历史总是朝着有利于生产力发展的方向发展的,这是社会发展的总规律。为什么人类历史总是朝着有利于生产力发展的方向发展呢? 这是因为生产力发展,就是人的本质力量、劳动能力的发展,而人的本质力量的对象化,就会在劳动过程中生产出更多更好的产品,使人们生活得到改善,使主体获得更大的价值。同时,生产力发展,主体本质力量的发展,使主体获得支配自然的更大的能力,从而增大了自由。自由意味着主体潜力的解放。自由的增大,提高了主体的创造力,为创造更多的价值、进一步改善人类的生活提供了条件。"文化上的每一个进步,都是迈向自由的一步。"①所以,自由是"历史发展的产物"。人类历史总是朝着增大人的自由,提高人的创造力,创造更多的物质和精神财富,进一步改善人类的生活的方向发展。不难看出,人们追求生产力发展,增强主体本质力量,扩大自由,最终是为了获得更多更好的价值客体,为人类创造更多的价值,改善人类的生活。发展生产力的活动,与人类的价值追求是分不开的。更确切地说,人类的价值追求是人类历史活动的目的、动力,而发展生产力则是历史活动的手段。正是价值追求推动人类不断发展生产力,因而发展生产力也是人类的最高利益,是实现人类最高利益的最根本的手段,是人类的最高价值所在。所以,一切不利于生产力发展的生产关系和上层建筑,或迟或早都要被新的适合生产力发展的生产关系和上层建筑所取代;不适合生产力发展的社会制度,或迟或早都要被新的适合于生产力发展的社会制度所代替。这是社会历史发展确定不移的规律。为什么一切阻碍生产力发展的东西最终都必然要灭亡? 这是因为生产力发展是人类的最高利益,是人类的根本价值所在,是人心所向,它能唤起人们的最大热情,形成巨大的力量,谁也不能阻挡。这种趋向可能暂时受到压抑,但终究会爆发出来,冲决一切旧的制度、体制,产生社会变革,用新的适合生产力发展的生产关系、上层建筑取代旧的生产关系和上层建筑。有利于生产力发展的方向,就是争取最大价值的方向。有利于发展生产力、适合生产力发展的方向,就是有利于创造和实现最大价值的发展方向。人类总是要力图创造和实现最大价值,所以,总是要努力发展生产力,在此基础上相应地产生一系列社会历史规律,形成历史发展的合规律性。历史发展的合规律性,从根本上说,就是向适合生产力发展的方向发展,就是适合人类社会以物质利益为基础的价值最大化的价值取向。历史主体以物质利益为基础的价值活动和价值追求,是历史发展合规律性的内在动力和内在机制。

(二)价值活动与历史发展的合目的性与不合目的性

历史的发展是通过人的活动来实现的,而人是有意识、有目的、有激情、有

---

① 《马克思恩格斯选集》第 3 卷,人民出版社 1995 年版,第 456 页。

意志的。马克思恩格斯在《神圣家族》一书中说:"'历史',并不是把人当做达到自己目的的工具来利用的某种特殊的人格。历史不过是追求着自己目的的人的活动而已。"①"在社会历史领域内进行活动的,是具有意识的、经过思虑或凭激情行动的、追求某种目的的人;任何事情的发生都不是没有自觉的意图,没有预期的目的的。"②创造历史的人们都具有一定的目的。但人们的目的是多种多样的,不仅不同时代、阶级、阶层、地域的人们的目的不同,就是同一时代、阶级、阶层、地域的人们,其目的也不尽相同。怀着各种不同的甚至相反的目的的人们,其目的能否都得到实现呢? 当然不可能都实现,即使人们的目的都相同,人们的实践结果,特别是从长远来看,并不一定都能实现。恩格斯说:"行动的目的是预期的,但是行动实际产生的结果并不是预期的,或者这种结果起初似乎还和预期的目的相符合,而到了最后却完全不是预期的结果。这样,历史事件似乎总的说来同样是由偶然性支配着的。但是,在表面上是偶然性在起作用的地方,这样的偶然性始终是受内部的隐蔽着的规律支配的,而问题只是在于发现这些规律。"③从现象上看,社会发展是与许多人的目的不相符合的,即并非都是合目的性的。我们常说,社会历史发展是有自身规律的,不以人们的意志为转移,也就是这个意思。也就是说,不论人们的目的如何、意志如何,历史发展是按客观规律运动的。从这个方面说,社会历史发展往往并非都是合目的的。这就是说,对许多人来说,特别是对那些逆历史潮流而动的阶级、阶层、集团和个人来说,历史发展并非都是合目的的。

但是我们必须看到,历史发展是向着有利于生产力发展的方向发展,向着有利于增大人的自由、增强人的本质力量的方向发展,向着争取获得更大价值的方向发展,这是人类的根本的物质利益所决定的共同倾向或趋势,也是历史发展的总规律。向着争取获得更大价值的方向发展,争取创造和实现更大价值,是人类的共同目标,也是人类共同的根本的价值追求。人类历史的发展总是指向这一目标——争取创造和实现更大价值,这是人类共同的根本的目的。从这个意义上说,历史发展是合目的的,这个目的就是人类共同的根本价值追

---

① 《马克思恩格斯全集》第 2 卷,人民出版社 1957 年版,第 118—119 页。
② 《马克思恩格斯选集》第 4 卷,人民出版社 1995 年版,第 247 页。
③ 《马克思恩格斯选集》第 4 卷,人民出版社 1995 年版,第 247 页。

求。创造和实现更大的价值最根本的途径就是发展生产力,正是人类共同的根本的目的,推动人类发展生产力,用新的生产关系取代旧的生产关系,用适合生产力、生产关系发展的上层建筑,取代旧的过时的上层建筑。人类社会的这一共同的、根本的目的与历史发展规律是一致的,它正是社会历史规律作用的机制与内在动力。

所以,从现象上看,历史发展并非都是合目的的;但从本质上看,历史发展具有合目的性,即符合人类的最根本的价值追求,符合人类力图争取创造和实现更多更大的价值这一趋向,符合人类总是趋向于获得更大价值这一价值目标或根本目的。

有的同志讲历史发展的合规律性,强调社会历史规律的客观性是不以人的意志为转移的,这无疑是对的,但似乎社会发展规律是排除主体目的,与主体无关的。这种看法未看到社会不同于自然,社会是在共同的物质生产活动的基础上人们相互作用而形成的人类生活的共同体。社会是人组成的,人是有思想意识、有目的、有意志的。说社会规律与人的目的、意志无关,很容易把社会规律等同于自然规律。社会规律与自然规律都是规律,都有客观性,都是不以人们的意志为转移的;但社会规律与自然规律不同,社会规律是人类社会活动的规律,它不以某一个人或几个人甚至某一阶级、阶层、集团的意志为转移,它同时又是合目的的,符合人类的根本价值追求,符合人类要求获得更大价值的根本价值目标的。在这个意义上,社会规律是合目的性与不合目的性的统一。它符合人类要求获得更大价值的根本价值目标,但是不以个别人或某一阶级、阶层、集团的意志为转移。恩格斯说:"当一种生产方式处在自身发展的上升阶段的时候,甚至在和这种生产方式相适应的分配方式下吃了亏的那些人也会欢迎这种生产方式。大工业兴起时期的英国工人就是如此。"①一种生产方式处在上升阶段的时候,如资本主义制度处在上升阶段的时候,被剥削阶级如工人阶级也会欢迎资本主义制度,因为这种制度比封建制度更适合当时的生产力的发展水平,更有利于调动劳动者的积极性,使劳动者获得比封建制度下更多的物质和文化生活资料,比封建制度更有利于劳动者自身的

---

① 《马克思恩格斯选集》第3卷,人民出版社1995年版,第491页。

发展。这就是说,资本主义制度比封建制度更有利于劳动者获得更多的价值。有的同志说,人的社会本能是趋利避害,因而,人的社会本能趋向于先进的生产方式。其实,这种趋利避害的趋势或本能,就是人类自发的根本的价值追求。人类这种自发的根本的价值追求,或一般价值追求,存在于每一个特殊的、个别的价值追求中,一些先进阶级、阶层或先进的人士已经意识到人类这一根本的价值追求;但还有许多人,只看到自己的特殊的个别的价值目标、价值追求,而不认识人类的总的根本的价值追求,从表面上看,似乎是人的社会本能。实际上,正是人类根本的价值追求,趋向于价值最大化,所以,人类总是趋向于新的生产方式,倾向于解放和发展生产力,促进生产力发展。

历史发展的合目的性,是指社会发展符合人类总的价值追求、总的趋向、总的目的。这种总的目的与个体的目的是什么关系? 个体的目的如何转化为人类这个总的价值追求、总趋向、总目的呢? 人类的总目的与个体的目的之间,是一般与个别的关系。任何一个人,他所追求的都是对他有价值的东西,都是趋向于价值最大化。这就是趋利避害,好中选优,力图获得更大价值。所以,每一个个体主体的目的中包括人类总目的,即一般的目的。但个别中除包含一般之外,还有自身的特殊目的、要求。这种特殊目的和要求各不相同,有些与社会的总目的相符合,从而强化了社会总目的,有的与社会总目的不相符合,与其他人的目的相互冲突而抵消,这样,社会发展就是对这种不符合社会总目的的个人目的的否定。所以,社会发展规律,既是合目的,即合社会总目的、合人类总的根本的价值追求的;又是不合目的的,即不合个体、集团、阶级、阶层那些背离社会总目的、总的根本的价值追求的目的。而社会总目的、总的根本的价值追求,就是人类社会最根本的目的,从这个意义上说,社会发展是合目的的。

(三)历史发展合规律性与合目的性的关系

历史发展的合规律性与合目的性是辩证的统一。从根本上说,二者都是适合生产力发展,使人类物质和文化生活逐步改善。合规律性,从根本上说就是适合生产力发展;合目的性,就是符合人类追求更大价值的总目的、总趋势,符合人类的根本价值目标、根本价值追求。合规律性与合目的性的关系是手段与目的的关系:适合生产力发展是根本手段,适合更大价值则是目的。也就是说,要获得更大价值,必须合规律性,适合生产力发展;合规律性,适合生产力发展,最终是为了实现人类获得更大价值这一根本价值目标。合规律性是基础,合目的性是动力。合规律性决定合目的性能否实现,合目的性决定了历史发展合规律性的特点。所以二者是紧密联系不可分割的。

三、价值活动与历史决定论、历史选择论

人类社会发展是一个自然历史过程,是受社会发展的客观规律支配的,受必然性支配的,这就是历史发展的决定论。同时,历史又是人创造的,人是有能动性、选择性的,历史发展的规律是通过人的选择而实现的。这就是历史发展的选择论。历史发展的决定论是怎样的决定论? 历史发展的选择论是怎样的选择论? 历史决定论与历史选择论是什么关系? 历史决定论、历史选择论与价值活动又有什么关系? 这些问题是唯物史观和价值哲学中的重大理论问题,需要我们进行深入研究。

(一)价值活动与历史决定论

决定论一词拉丁文词源为 determinare,原义是"确定",它是一种与非决定论相对立的,认为世界上一切事物都存在着必然性、规律性的哲学学说。决定论有唯物主义与唯心主义之分。唯心主义的历史决定论,是历史宿命论。唯物主义的历史决定论又有机械的形而上学的历史决定论和辩证的历史决定论之分。机械的历史决定论认为历史发展具有客观规律性,但是排斥偶然性的作用,排斥人的能动作用,把历史进程理解为一种纯粹必然性作用下的决定论。马克思主义的唯物史观,是辩证的历史决定论,认为历史发展有着必然性和规律性。"历史进程是受内在的一般规律支配的。"[①]"根据唯物主义观点,历史中的决定性因素,归根结蒂是直接生活的生产和再生产。"[②]一切重要历

---

① 《马克思恩格斯选集》第4卷,人民出版社1995年版,第247页。
② 《马克思恩格斯选集》第4卷,人民出版社1995年版,第2页。

史事件的根本原因是社会的经济发展,归根到底决定于社会生产力的发展。辩证决定论承认历史发展是有自身的客观规律的,认为历史发展规律是一种趋势,历史发展是由各种主客观因素的总和决定的,各种因素的作用是辩证的,必然性是通过偶然性而起作用的。

为什么把认为历史发展有规律性的理论称为历史决定论? 因为社会发展是有客观规律的。也就是说,人类创造历史要受客观条件制约,要受已有的历史条件的决定和制约。马克思说:"人们自己创造自己的历史,但是他们并不是随心所欲地创造,并不是在他们自己选定的条件下创造,而是在直接碰到的、既定的、从过去继承下来的条件下创造。"①历史是人们自己创造的,但他们是在已有的从过去继承下来的条件下创造,而不能随心所欲地创造;他们是在前人已取得的物质成果和精神成果基础上进行创造,而不是一切都是自己创造;他们是从客观存在的自然环境和一定的社会条件、社会关系、社会制度、社会环境出发进行创造。从过去继承下来的条件是人们出生以前就存在的,是作为必要前提而客观存在的,是人们不能选择的,因而历史发展是有自身规律的,是由客观必然性决定的,这是历史决定论的根据。

辩证的历史决定论,认为历史发展是有内在规律的;同时又承认人的自觉活动、能动作用,承认偶然性的作用。历史发展的规律性,归根到底是适合生产力发展。生产力发展是人类社会发展的基础,是人类的根本利益所在,是人类的根本的价值追求。发展生产力,符合人类追求更大价值的普遍价值追求,因而历史决定论与人类价值活动是一致的。历史决定论认为生产力是最终决定因素,生产力决定生产关系,生产关系反作用于生产力;经济基础决定上层建筑,同时上层建筑又反作用于经济基础。生产力发展的最终决定作用,实际是人类普遍利益机制的制约作用,而利益问题是价值问题。所以,价值是社会历史的辩证发展、合规律发展的内在动力,价值活动是历史决定论的内在动力机制。

(二)价值活动与历史选择论

历史是人们自己创造的。人们创造历史不是随心所欲地创造,而是从客

———————

① 《马克思恩格斯全集》第 2 卷,人民出版社 1957 年版,第 118—119 页。

观条件出发的,是受客观必然性支配的,是有规律的。同时历史发展过程是人类实践过程,是一个改造环境和改造自身的过程。人们在实践活动中遇到的现存的客观条件,提供了多种可能性,最后利用哪一种可能性,一方面取决于当时的主客观条件,另一方面也取决于主体的选择。因为在社会发展的每个具体阶段上,都存在着不同的客观趋向和可能性,而人则需要确定自己对它们的态度,作出选择。人的存在的具体历史制约性并不排除他自由的和有明确目的的创造。历史发展的选择性是由社会发展的客观趋向的多向性或多种可能性和人的自觉的价值追求决定的。历史发展的客观规律是以趋向和可能性的形式出现的,历史过程中存在的各种客观条件相互作用,使其发展具有不同的趋向和可能性,这种不同的趋向和可能性,在一定条件下有的可以变为现实。而不同的趋向和可能性,对同一阶级、群体或个人的利益不同,即价值不同。创造历史的人们都是有目的有意识的、自觉的,都有着自己的利益和价值追求。面对历史发展的不同趋向和可能性及不同的价值,人们必须作出选择,这就是历史选择论的客观根据。

人们创造历史是从既有的自然环境和社会历史条件出发的,是从客观存在的自然条件、生产力、生产关系、社会制度、社会文化条件出发,并受这些条件制约的,人有没有可能进行历史选择呢?这里的选择不是个人日常生活实践中的价值选择,如选择商品、选择职业、选择学校、选择专业、科研中的选题等,这种选择是客观存在的,谁也不能否认。这里说的是历史选择,这是一种宏观的选择,如社会制度、体制、发展方向、道路,一个国家的战略决策,即关系到历史发展长远进程的方向、道路、制度、体制等问题的选择。历史和现实生活已给我们作出了回答,能够进行这样的选择。这种选择的可能性,就是在一个具体历史时期内,一个社会、国家、民族,通过其代表人物对一定历史条件下的诸种客观可能性,作出选择,作出抉择。这表现在一定历史时期的统治者或代表人物的决策中。这种历史的选择和决策之所以可能,一方面,是因为人具有认识客观规律及其趋势或可能性的能力,并根据自身的利益,对客观可能性作出评价,据此作出选择;另一方面,是通过代表人物的权力和影响,将这种选择化为决策,付诸实施,组织社会力量实现决策,以实现有利的可能性,抑制不利的可能性。这就是说,历史选择之所以可能,是因为历史主体有一定认识能力和实践能力,能认识社会发展的不同客观趋向和可能性,作出评价、选择,并通过实践,创造条件实现这一选择。历史主体对社会发展趋势的认识是通过实践和学习历史知识而获得的,最根本的是通过实践获得的。没有社会实践,就不可能认识历史发展的趋势,就不可能进行选择,更不可能实现历史选择。

同一个国家,同一个历史时期,历史的发展存在着不同的可能性,处在同一历史时期的不同阶级、阶层、集团的人们,都在进行选择,都在根据自身的不同的认识和利益作出不同的选择,但是历史的发展成为现实的选择只有一种。到底哪一个阶级、阶层、集团的选择得到实现,首先取决于选择是否正确。其次,选择能否实现,还取决于力量对比。在阶级斗争中,有的选择不能实现,并非选择不正确,而是力量对比悬殊,敌对力量过于强大。最后,主观指导是否正确,是否善于抓住时机,也是重要因素。

历史选择就是历史主体在社会发展的方向、道路、制度、体制等重大问题上对存在的各种可能性进行评价以确定最优价值目标的过程,因而也是一个价值活动过程。历史选择的基础是客观的可能性,内在动力是主体的价值追求。历史主体的价值追求,从根本上说是由历史主体的经济、政治利益决定的。所以历史主体的价值追求有其客观基础。同时,历史主体的价值追求,又激发主体的激情和意志,推动着主体,决定着主体选择的方向,表现了主体的自觉能动性。

历史主体的选择性是否与历史决定论相矛盾呢?是否可以无视历史发展的必然性与规律性呢?当然不可以。历史主体的选择性以历史决定论为前提,历史主体的选择性服从于历史决定论。首先,历史发展的自然环境是大自然的产物,从过去继承的社会条件,是前一代人创造的,都是不能选择的;其次,人们的选择只能在一定历史时期所提供的客观可能性的基础上进行选择,历史环境和条件提供了历史发展的可能性空间,不能选择那些根本不可能的东西;再次,要选择一种可能性,使之变为现实,需要一定条件,需要一定中介,这种条件往往需要人们去创造,但创造也是在现有条件基础上创造,没有一定条件,就不能创造;最后,这种选择能否成功,能否取得胜利,关键在于是否符合历史发展规律,能否顺乎时代之潮流,合乎人民群众的客观需要。历史发展存在着前进的可能性,也存在着倒退的可能性;存在着变革的可能性,也存在着保守的可能性。历史主体在进行选择时,既可能选择前进的可能性,也可能选择倒退的可能性。前一种可能性在一定条件下能变成现实,后一种可能性在一定条件下也能变成现实。后者有两种情况,一种是历史前进得太快、太远,超过了生产力发展的水平,造成了生产力的破坏,人们否定了原来的选择,选择了较适合生产力水平的形式,这是一种"倒退",但这是一种积极的有利于生产力发展的"倒退",是为了前进而"倒退"。这只是形式上的"倒退",实质上是前进。另一种倒退则是倒行逆施,逆历史的潮流而动,必然以失败而告终。因为它是违反社会历史发展规律的,是反人民的。选择符合历史发展的进步的可能性,也可能受到挫折而失败,但最终必然胜利,这是历史发展的规律,谁也不能逆转。所以,历史决定论决定了历史选择论,历史选择论服从于历史决定论。历史选择是历史决定论的表现形式,历史决定论通过历史选择而表现出来,因为历史选择归根到底是选择有利于生产力发展的东西。历史选择最终决定于历史发展规律。

但是,历史选择又对社会发展有重大影响。历史发展是社会发展规律与历史选择的统一。社会发展是有规律的,如前所述,这种规律不是表现为机械的必然性,而是表现为一种趋势和可能性。同一历史时期,历史发展具有多种可能性,一个国家、民族选择何种可能性,对这个国家、民族的命运,对历史的发展有重要影响。从历史发展规律来说,历史总是向前发展的,是由低级向高级发展的;但是历史发展又不是直线前进的,而是在各种力量的作用下曲折地前进的。历史发展是社会发展的客观规律和一个时代各种力量的合力相互作用的产物。由于各种力量的对比不同,其合力的方向可能是进步的,可能是倒退的,也可能是停滞、维持现状的。历史的道路不是笔直的。历史发展是前进还是倒退?在这里,历史主体的选择具有重要的作用。从这个意义上说,历史发展规律的作用,历史发展的进程,又要受到历史选择的影响。

(三)价值与历史决定论、历史选择论的关系

唯物史观的历史决定论,是辩证的历史决定论。这一理论认为历史发展既具有必然性、规律性,又有偶然性、机遇的作用。历史发展的必然性、规律性从根本上说决定于生产力发展,决定于生产力与生产关系的矛盾运动,经济基

础与上层建筑的矛盾运动。生产力发展是人类社会的根本利益所在,是人类社会的价值活动的共同的价值目标与价值追求,是人心所向。历史选择是对历史发展的各种可能性的选择,是对历史发展的价值选择。人类物质利益基础上的价值追求是生产力发展、社会发展规律与历史选择的内在动力。所以,历史决定论与历史选择论有着内在联系。

历史发展的必然性、规律性,表现了人们创造历史要受客观规律制约,表现了人的实践活动具有受动性;历史发展的选择性,则表现了人们创造历史的实践活动的能动性。人们创造历史的活动的受动性和能动性是实践活动的本质特性决定的。实践是改造世界和自身的客观物质活动,是一种对象性活动,以存在着的客观的对象为前提。马克思说:"人作为自然的、肉体的、感性的、对象性的存在物,同动植物一样,是受动的、受制约的和受限制的存在物。"①人作为对象性的存在物是受动的,实践作为对象性的活动,也是受动的,要受被改造的对象的规律的制约。历史实践改造的对象是社会,要受社会发展的客观规律的制约,因而历史发展是有客观规律的,有客观必然性的。

同时,人又"是能动的自然存在物"②。人的实践活动又是主体的自觉的有目的的改造客观世界和自身的客观物质活动,是主体本质力量对象化活动,是按一定目的去改造客体,具有能动性,而实践的能动性内在地包含选择性。历史发展的必然性、规律性表现为不同的趋势和可能性,不同的趋势和可能性对历史主体的价值不同。历史主体在社会历史实践提供的各种可能性面前,必然要根据自身的利益,进行价值权衡,作出历史抉择。所以,历史活动又必然具有选择性。

历史决定论与历史选择论的统一,是人类实践活动的受动性与能动性的统一,是历史发展的规律与主体的价值活动的统一。它们是辩证的统一,二者是互补的。否认历史决定论和历史发展的必然性、规律性,就会陷入唯意志论,陷入唯心史观,就会认为历史发展是随意的,是由英雄人物或上帝创造的。否认历史发展的选择论,就会陷于机械决定论、宿命论,就会否认历史主体的

---

① 《马克思恩格斯文集》第 1 卷,人民出版社 2009 年版,第 209 页。
② 《马克思恩格斯文集》第 1 卷,人民出版社 2009 年版,第 209 页。

主动性,就不能解释历史发展的复杂性和曲折性。历史决定论与历史选择论的辩证统一,是生产力发展与历史主体物质利益基础上的价值追求的统一。生产力发展是人类实现其价值追求的基础,人类的价值追求是生产力发展的动力。所以,历史决定论与历史选择论的统一,是历史发展的客观规律与历史主体物质利益基础上的价值追求的统一,是生产力发展的客观规律与人类的根本物质利益或根本价值追求决定的。

四、社会发展的历史尺度与道德尺度

(一)道德上的恶对历史发展的作用

道德上的恶曾经在历史上起过推动作用。对此,恩格斯说:"在黑格尔那里,恶是历史发展的动力的表现形式。这里有双重意思,一方面,每一种新的进步都必然表现为对某一神圣事物的亵渎,表现为对陈旧的、日渐衰亡的,但为习惯所崇奉的秩序的叛逆,另一方面,自从阶级对立产生以来,正是人的恶劣的情欲——贪欲和权势欲成了历史发展的杠杆,关于这方面,例如封建制度的和资产阶级的历史就是一个独一无二的持续不断的证明。"①他还批评费尔巴哈说:"费尔巴哈就没有想到要研究道德上的恶所起的历史作用。历史对他来说是一个不愉快的可怕的领域。"②恩格斯在这里肯定了黑格尔关于道德上的恶对历史发展的推动作用的思想的深刻见地,同时又批判了费尔巴哈的道德思想的贫乏、空泛。

恩格斯说道德上的恶在历史上曾起过推动作用,这里的恶是在什么意义上说的呢? 他所说的恶主要的含义是:

第一,这种恶是相对于陈旧的、日渐衰亡的旧秩序、旧道德来说的,是对旧秩序、旧道德的叛逆。如奴隶制度是对原始社会的叛逆,封建制度是对奴隶制度的叛逆,资本主义制度是对封建制度的叛逆。这种叛逆,对旧秩序、旧制度来说是恶,但对新秩序新制度、对生产力发展来说,则起推动作用。

---

① 《马克思恩格斯选集》第4卷,人民出版社1995年版,第237页。
② 《马克思恩格斯选集》第4卷,人民出版社1995年版,第237页。

第二，自从阶级对立以来，正是人的贪欲和权势欲成了历史发展的杠杆，驱动着人们去发展生产；而人的贪欲、权势欲，从道德上来看，是恶。

恩格斯所说的道德上的恶成了历史发展的杠杆，这在奴隶社会代替古代氏族社会的变革中就表现出来了。恩格斯对此曾写道："文明时代以这种基本制度完成了古代氏族社会完全做不到的事情。但是，它是用激起人们的最卑劣的冲动和情欲，并且以损害人们的其他一切禀赋为代价而使之变本加厉的办法来完成这些事情的。鄙俗的贪欲是文明时代从它存在的第一日起直至今日的起推动作用的灵魂；财富，财富，第三还是财富，——不是社会的财富，而是这个微不足道的单个的个人的财富，这就是文明时代唯一的、具有决定意义的目的。"①

恩格斯这里说的为追逐财富而不惜损害人们其他一切禀赋的卑劣的贪欲，是文明时代的动力，包括奴隶社会、封建社会、资本主义社会在内。之所以是卑劣的贪欲，因为它是损人利己的，不惜以卑劣的手段实现占有更多财富的贪婪的欲望。这从道德上说，是一种恶，一种卑劣行径。

但是这种道德上的恶，即对财富的卑劣的贪欲，却曾经是历史发展的杠杆，是社会发展的动力。这种对个人财富的贪得无厌的追求，曾经推动着人们去发展生产，改善经营管理，推动生产力发展。这在资本主义社会发展过程中，最为明显。马克思恩格斯在《共产党宣言》中曾说，资产阶级在它的不到一百年的阶级统治中所创造的生产力，比过去一切世代创造的全部生产力还要多，还要大。所以，资产阶级在历史上曾经起过非常革命的作用。而资产阶级所取得的这些成就，是在其利己主义的追逐金钱的贪欲的推动下取得的。"它无情地斩断了把人们束缚于天然首长的形形色色的封建羁绊，它使人和人之间除了赤裸裸的利害关系，除了冷酷无情的'现金交易'，就再也没有任何别的联系了。它把宗教的虔诚、骑士热忱、小市民伤感这些情感的神圣发作，淹没在利己主义打算的冰水之中。它把人的尊严变成了交换价值，用一种没有良心的贸易自由代替了无数特许的和自力挣得的自由。总而言之，它用

---

① 《马克思恩格斯选集》第4卷，人民出版社1995年版，第177页。

公开的、无耻的、直接的、露骨的剥削代替了由宗教幻想和政治幻想掩盖着的剥削。"①马克思恩格斯的这些论述,说明资产阶级把人与人之间的关系都变成了冷酷无情的、利己主义的"现金交易",把一切关系都变成了金钱关系。资产阶级这种利己主义的贪欲,冲决了旧的封建羁绊,是对封建关系、封建道德的叛逆;同时资产阶级又以无耻的露骨的剥削,榨取无产阶级和其他劳动人民的血汗。他们曾贩卖黑奴,贩卖鸦片,到处抢劫、掠夺别国财富,用坚船利炮侵略落后国家。资本主义国家对殖民地、半殖民地的疯狂掠夺,曾受到当时西方的正直人士的谴责。

由此可见,道德上的善与恶和历史上的进步与倒退不尽一致。有的行为,由于追求财富,而改进技术与管理,促进了经济发展,在历史上推动生产力发展,有进步作用;但从道德来看,却是恶。历史的进步,社会的发展,伴随而来的往往是道德的沦丧。这在私有制社会里,是不可避免的现象。

恩格斯说道德上的恶在历史上起过推动作用,是历史发展的动力或杠杆,这一思想深刻地揭示了人类的价值追求在历史发展过程中的重要作用。

人类社会是在生产力与生产关系、经济基础与上层建筑的矛盾运动的推动下发展的。生产力决定生产关系,生产关系反作用于生产力;经济基础决定上层建筑,上层建筑又反作用于经济基础。生产力与生产关系、经济基础与上层建筑的关系是辩证的统一。社会发展,社会基本矛盾的发展,归根到底决定于生产力的发展,生产关系、上层建筑的发展,归根到底是生产力发展的要求。生产力发展是生产关系、上层建筑发展的原动力。

那么,生产力本身发展的动力是什么呢?生产力包括人和物两个方面,具体说包括劳动力、劳动资料、劳动对象,还包括渗透于这些要素中的科学技术、管理、信息等因素。科学技术是第一生产力,现代化生产充分证明科学技术的作用。能否说生产力发展的动力是科学技术呢?如果这样说,就会与科学技术是生产力发生矛盾。因为科学技术本身是一种生产力,确切地说是潜在生产力,说生产力本身是生产力的动力,就说不通。说竞争是生产力发展的动力,这有一定道理。因为竞争导致优胜劣汰,产生压力,压力可转化为动力。

---

① 《马克思恩格斯选集》第 1 卷,人民出版社 1995 年版,第 274—275 页。

为什么竞争会成为生产力发展的动力呢？因为不加快生产力发展，就会在竞争中被淘汰，就会失败，就会亏损，就会损害主体的利益。所以，归根到底，是主体的利益推动人们去发展生产力，改进技术和管理，从而提高劳动生产率。人们是在自己的物质利益的推动下去发展生产力，降低成本，提高技术，改进管理的。而卑劣的贪欲，对财富、权势的追求就是追求更大的利益。正因为他"贪得无厌"，他才永远也不会满足，才使他不断地改进技术和管理，提高质量，降低成本，寻找市场，打开销路，力图在竞争中取胜。竞争也正是在这种贪欲的推动下，在追求更大利益的贪欲的促进下产生的。对于"安贫乐道"、"小富即安"的人来说，他不会用很多时间去改进技术和管理，他会与世无争。在生产发展上，他们是保守的势力，对生产力的发展推动不大。相反，卑劣的贪欲、权势欲，虽然卑劣、自私、损人利己，却能推动生产力发展。所以，追求更大的利益，是生产力发展的内在动力。这里的利益就是物质利益。而利益问题，是价值问题，物质利益就是物质价值问题。由此可见，正是基于物质利益基础上的历史主体的价值活动，推动着生产力的发展。所以，价值追求是生产力发展的动力。道德上的恶，之所以能推动历史发展，是因为道德上的恶作为一种追求财富、追求金钱、追逐个人权势的贪欲，作为物质利益基础上的价值追求，曾经推动了经济的发展，推动了生产力的发展。

（二）历史尺度与道德尺度

是不是社会的进步都必然伴随着道德的退步呢？这个问题是一个历史尺度与道德尺度的关系问题。历史尺度是看是否推动历史进步，主要看是否促进生产力发展；道德尺度是看道德上的善恶，主要看是否损人利己、贪婪奸诈。从社会发展来看，从原始社会到奴隶社会过渡是从氏族社会向私有制发展。生产力的发展，私有制的产生，产生了剥削阶级。剥削者的私欲无穷，贪婪残暴，其行为卑劣奸诈，就这一方面说，从道德尺度看，这是恶。但这种贪欲是生产力发展出现私有制的产物，是在生产力有一定发展而又水平不高的情况下出现的。从原始社会向奴隶社会过渡，生产力得到大的发展，社会物质生产和精神生产都有很大进展，人类社会由原始社会进入文明时代。由于生产力发展，有了剩余产品，一些劳动能力强、辛勤劳动的人，比劳动能力差怕吃苦的人生产的财富多得多,这时公有制下共同劳动、平均分配已不利于调动劳动者的积极性,于是私有制便应运而生。随着私有制的产生,社会逐渐分化,产生了阶级,出现了剥削阶级,产生了卑劣贪婪残暴的阶级——奴隶主阶级。奴隶主卑劣的贪欲,在当时无疑促进了生产力发展,从历史尺度看,它推动了社会进步;而奴隶主的剥削行为,其奸诈凶残的行径,是道德上的恶,是对原始社会没有阶级、剥削的社会关系及其道德的否定。所以,从原始社会向奴隶社会过渡来看,社会进步伴随而来的是道德的退步,这有一定的必然性。因为随着生产力发展,财富增多,产生了私有制,产生了剥削阶级,剥削者的恶行统治着社会。

奴隶主的卑劣的私欲,在原始社会向奴隶制过渡时期和奴隶制初期,都曾经推动过生产的发展,推动过社会的进步。但是奴隶主对奴隶的残酷剥削和压迫,使奴隶没有一点人身自由,过着牛马不如的生活。奴隶的这种境遇使奴隶失去了劳动积极性,怠工、反抗、破坏等现象不断发生。所以,奴隶社会后期,随着生产力的发展,奴隶主的卑劣的私欲,就不再是历史发展的动力和杠杆,而是历史发展的阻力和桎梏。这时奴隶主的卑劣的贪欲,不仅从道德尺度上看是恶,而且从历史尺度上看也是反动。最后奴隶制终于被封建制所取代。

在封建制度下农民向地主租种土地,向地主交纳钱粮和提供劳役服务,农民依附于地主,但农民比奴隶有较多的自由,因而生产积极性比奴隶要高。所以,从奴隶社会向封建社会过渡,是历史的又一进步。封建主与奴隶主一样,也是贪婪的剥削者,有的就是由奴隶主转化而来。他们建立封建制,发展生产,完全是为了自身的私欲。他们的剥削形式与奴隶制不同,但他们的贪婪残暴丝毫也不比奴隶主逊色。封建主的行径与奴隶主一样是卑劣的,从道德尺度看是恶;但从历史尺度看,封建主的恶行,在奴隶社会向封建社会过渡时期和封建社会初期,曾经推动了生产力的发展和社会进步。这个时期,社会的进步与道德上的恶是相伴而生的。到了封建社会末期,封建主的贪欲,不再促进生产的发展,相反,成了生产力发展的阻力。这时,封建主的贪欲,不仅从道德尺度上看是恶,从历史尺度上看也是反动的。

取代封建社会的是资本主义制度。在资本主义制度下,工人一无所有,但是摆脱了人身依附,可以自由出卖劳动力,比农民有更大自由。工人干多少活拿多少工资,表面上是平等交易,积极性比农民高。打破了封建割据,为贸易自由、平等竞争创造了条件。自由竞争推动了技术进步和生产的发展。这一切都是在资本家卑劣的追逐财富的私欲支配下进行的。资本主义的发展史,是血腥的压迫剥削劳动人民的历史。为了金钱,为了权利,资本家使用了各种卑劣的手段。这在资本原始积累时期,更为明显。资本家的残酷剥削和奸诈行径,从道德尺度上说是恶;但从历史尺度来看,正是资本家的贪欲,促进了生产力发展、科学技术的发展和社会的进步。自私自利、损人利己、唯利是图、奸诈剥削是资本家的本性。在资本主义制度下,人与人之间的关系,完全变成了冰冷的现金交易、金钱关系。道德风尚日益败坏,出现了道德危机。在资本主义社会,社会生产力的发展,社会的进步,伴随而来的是道德的退步,社会风气的败坏。因为道德是以不损害社会和他人利益为前提的,在资本主义制度下,自私自利、损人利己是资产阶级的本性,在这种思想的统治下,不可能有良好的道德风尚。

道德是上层建筑,是为一定的经济基础服务的。随着私有制被公有制取代,社会进步及物质文明的发展,伴之而来的是公有制的巩固、发展与社会精神文明建设的加强,相适应地将是道德的进步,一个良好道德风尚的时代将会出现。但是消灭私有制,以公有制取代私有制,还将经历一个很长的历史时期,只有到了共产主义社会才能实现,需要我们经过长期奋斗才能实现。

我国目前还处在社会主义的初级阶段。生产力发展水平不高,基本经济制度是以公有制为主体、多种所有制经济共同发展。随着改革开放的深入,一些领域道德滑坡的现象。这是对我国改革开放、社会主义现代化建设的严峻挑战。我国是社会主义国家,各项建设工作都要求把社会效益放在首位,坚持经济效益与社会效益相统一。这种道德滑坡现象,不仅从道德尺度来说是恶,在我国社会主义制度下,从历史尺度来看也是腐败,对社会发展、对社会和谐稳定,对生产力发展起破坏作用。这种现象在一些地方显得较为突出,一些地方的道德风尚则要好一些,这与各地抓社会主义精神文明建设,特别是抓党风廉政建设的力度有关。如果不重视社会主义精神文明建设,忽视党风廉政建设,就必然会出现道德滑坡现象。在深化改革、扩大开放和发展社会主义市场经济的条件下,社会道德风尚的建设出现了许多新的问题,使培育良好道德风尚的难度增大了。如果我们不坚决惩治腐败,不从根本上扭转道德滑坡的现象,我们的国家就有变质的危险,这是一个关系到中国共产党、国家前途和命运的大问题。而我们要建设的是有中国特色的社会主义国家,只有物质文明建设和精神文明建设都搞好,才是有中国特色的社会主义。我们国家的社会主义性质决定了我们必须而且也可能扭转伴随物质文明建设发展而来的道德滑坡现象。我国是社会主义国家,公有制经济是主体,有共产党的坚强领导和马克思主义思想做指导,有优良的传统作风,我们有条件,也有能力在改革开放和社会主义市场经济的条件下,在抓好经济建设的同时,搞好社会主义精神文明建设,坚决惩治腐败,树立良好的社会道德风尚,这是我国有中国特色的社会主义制度的优越性与生命力之所在。党的十八大以来,我们党在惩治腐败方面已取得了突出的成效,党风廉政建设取得了显著进展。只要我们坚持不懈地加强社会主义精神文明建设,坚决惩治腐败,大力培育和践行社会主义核心价值观,就一定能够从根本上扭转道德滑坡、贪污腐败蔓延的现象,使经济发展、物质文明发展与良好道德风尚同步发展。

对历史活动,应当作全面地、辩证地分析。从唯物史观来看,社会发展归根到底决定于生产力发展,是否促进生产力发展是最根本的历史尺度。所以,社会发展最根本的尺度是历史尺度,道德尺度应服从历史尺度。一个人道德上卑劣,在历史上推动了社会进步,总的来说,对他就应当肯定。但肯定他对历史发展的进步作用并不能否定他道德上的卑劣。对道德上的恶在历史上的作用,也要做具体分析。我们既不能因为剥削者的卑劣的贪欲是道德上的恶,就否定其历史作用,认为对历史发展也是恶;也不能因为剥削者卑劣的贪欲曾经推动过历史发展,就认为这种卑劣的贪欲也是道德上的善。道德上的恶在历史上曾经起过推动作用,但在社会主义社会里则起腐蚀作用,它破坏社会和谐稳定,阻碍生产力发展,不利于人的自由而全面的发展。

主要参考文献

1.《马克思恩格斯选集》第 1—4 卷，人民出版社 1995 年版。

2.《马克思恩格斯全集》第 3、8、19、23、32、42 卷，人民出版社 1960、1965、1975、1979 年版。

3. 马克思：《1844 年经济学——哲学手稿》，刘丕坤译，人民出版社 1983 年版。

4.《列宁选集》第 2、4 卷，人民出版社 1995 年版。

5.《列宁全集》第 18、38、55 卷，人民出版社 1986、1990 年版。

6.《斯大林全集》第 1 卷，1953 年版。

7.《斯大林选集》（下卷），人民出版社 1979 年版。

8.《毛泽东选集》第 1—4 卷，人民出版社 1991 年版。

9.《毛泽东著作选读》（上、下册），人民出版社 1986 年版。

10.《邓小平文选》第 1、2、3 卷，人民出版社 1994、1994、1993 年版。

11.《习近平总书记系列重要讲话读本》（2016 年版），中共中央宣传部编，学习出版社、人民出版社 2016 年版。

12. 中共中央办公厅：《关于培育和践行社会主义核心价值观的意见》，《人民日报》2013 年 12 月 13 日。

13. ［英］休谟：《人性论》（下册），关文运译，商务印书馆 1997 年版。

14. ［德］文德尔班：《哲学史教程》（上、下卷），罗达仁译，商务印书馆 1987、1993 年版。

15. 李凯尔特：《文化科学和自然科学》，涂纪亮译，商务印书馆 1986 年版。

16. ［德］舍勒：《伦理学中的形式主义与质料的价值伦理学》，倪梁康译，三联书店 2004 年版。

17. ［美］培里：《现代哲学倾向》傅统先译，商务印书馆 1962 年版。

18. ［英］摩尔：《伦理学原理》，长河译，商务印书馆 1983 年版。

19. ［英］罗素：《宗教与科学》，徐奕春、林国夫译，商务印书馆 1982 年版。

20. ［英］艾耶尔：《语言、真理与逻辑》，尹大贻译，上海译文出版社 1987 年版。

21. ［英］萨缪尔·亚历山大：《艺术、价值与自然》，韩东辉、张振明译，华夏出版社 2000 年版。

22. [美]卡尔纳普：《卡尔纳普思想自述》，陈晓山、涂敏译，上海译文出版社 1985 年版。

23. [美]詹姆士：《实用主义》，陈羽纶、孙瑞禾译，商务印书馆 1997 年版。

24. [美]杜威：《评价理论》，冯平、余泽娜译，上海译文出版社 2007 年版。

25. [美]杜威：《确定性的寻求》，傅统先译，上海人民出版社 2004 年版。

26. [美]杜威：《人的问题》，傅统先、邱椿译，上海人民出版社 1965 年版。

27. [美]杜威：《经验与自然》，傅统先译，商务印书馆 1960 年版。

28. [德]尼采：《尼采生存哲学》，杨恒达等译，九州出版社 2003 年版。

29. [德]石里克：《伦理学问题》，张国珍、赵又春译，商务印书馆 1997 年版。

30. [意]葛兰西：《狱中札记》，梁煦译，人民出版社 1983 年版。

31. [阿根廷]方迪启：《价值是什么——价值学导论》，黄藿译，台北联经出版事业公司 1986 年版。

32. [英]黑尔：《道德语言》，万俊人译，商务印书馆 1999 年版。

33. [美]斯蒂文森：《伦理学与语言》，姚新中、秦志华等译，中国社会科学出版社 1991 年版。

34. [法]萨特：《存在与虚无》，陈宣良等译，三联书店 1987 年版。

35. [法]萨特：《存在主义是一种人道主义》，周煦良、汤永宽译，上海译文出版社 1988 年版。

36. [美]怀特编：《分析的时代——二十世纪的哲学家》，杜任之主译，商务印书馆 1981 年版。

37. [美]宾克莱：《理想的冲突——西方社会中变化着的价值观念》，马元德等译，商务印书馆 1994 年版。

38. [日]牧口常三郎：《价值哲学》，马俊峰、江畅译，中国人民大学出版社 1989 年版。

39. [美]麦金太尔：《德性之后》，龚群、戴扬毅等译，中国社会科学出版社 1995 年版。

40. [美]罗尔斯：《正义论》，何怀宏、何包钢、廖申白译，中国社会科学出版社 1988 年版。

41. [美]罗尔斯顿：《环境伦理学》，杨通进译，中国社会科学出版社 2000 年版。

42. [美]罗尔斯顿：《哲学走向荒野》，刘耳、叶平译，吉林人民出版社 2000 年版。

43. [英]卡尔·波普尔：《无穷的探索——思想自传》，邱仁宗、段娟译，福建人民出版社 1984 年版。

44. [美]马斯洛等：《人的潜能和价值》，林方主编，华夏出版社 1987 年版。

45. [捷]布罗日克：《价值与评价》，李志林、盛宗范译，知识出版社 1988 年版。

46. [英]拉蒙特：《价值判断》，马俊峰、王建国、王晓升译，中国人民大学出版社 1992 年版。

47. [英]维特根斯坦：《文化和价值》，许志强译，浙江文艺出版社 2002 年版。

48. [苏]图加林诺夫：《马克思主义中的价值论》，齐友等译，中国人民大学出版社 1989

年版。

49.[英]梅内尔:《审美价值的本性》,刘敏译,商务印书馆 2001 年版。

50.[美]塞森斯格:《价值与义务》,江畅译,中国人民大学出版社 1992 年版。

51.[美]芬德莱:《价值论伦理学》,刘继译,中国人民大学出版社 1989 年版

52.[美]培里等:《价值和评价》,刘继编选,中国人民大学出版社 1989 年版。

53.[德]U.伯姆编:《思想的盛宴——与西方著名思想家伽达默尔的对话》,王彤译,浙江人民出版社 2001 年版。

54.[美]阿德勒:《哲学的误区》,汪关盛等译,上海人民出版社 1992 年版。

55.[美]艾德勒:《六大观念》,郗庆华等译,三联书店 1991 年版。

56.[美]欧文·拉兹洛:《意识革命——跨越大西洋的对话》,朱晓苑译,社会科学文献出版社 2001 年版。

57.[芬]冯·赖特:《知识之树》,陈波等译,三联书店 2003 年版。

58.[德]伽达默尔:《伽达默尔集》,严平编选,邓安庆等译,上海东方出版社 2003 年版。

59.[英]怀特海:《科学与近代世界》,何钦译,商务印书馆 1989 年版。

60.[英]怀特海:《过程与实在》,杨富斌译,中国城市出版社 2003 年版。

61.[美]拉兹洛:《系统哲学讲演录》,闵家胤等译,中国社会科学出版社 1991 年版。

62.[美]安德鲁·芬伯格:《可选择的现代性》,陆俊等译,中国社会科学出版社 2003 年版。

63.[美]约翰.塞尔:《心灵、语言和社会》,李步楼译,上海译文出版社 2001 年版。

64.[南]马尔科维奇、彼得洛维奇:《南斯拉夫"实践派"的历史和理论》,郑一明、曲跃厚译,重庆出版社 1990 年版。

65.[匈]维坦依:《文化学与价值学导论》,徐志宏译,中国人民大学出版社 1992 年版。

66.[苏]列.斯托洛维奇:《审美价值的本质》,凌继尧译,中国社会科学出版社 1994 年版。

67.周辅成编:《西方伦理学名著选辑》(下卷),商务印书馆 1987 年版。

68.江畅:《现代西方价值理论研究》,陕西师范大学出版社 1992 年版。

69.江畅主编:《现代西方价值哲学》,湖北人民出版社 2003 年版。

70.万俊人:《现代西方伦理学史》(上、下卷),北京大学出版社 1990、1991 年版。

71.王克千编:《价值之探求》,黑龙江教育出版社 1989 年版。

72.王守昌、[美]苏玉昆:《现代美国哲学》,人民出版社 1990 年版。

73.赵修义、童世骏:《马克思恩格斯同时代的西方哲学》,华东师范大学出版社 1994 年版。

74.刘放桐等编:《现代西方哲学》,人民出版社 1990 年版。

75.全增嘏主编:《西方哲学史》(上、下),上海人民出版社 1985 年版。

76.杨寿堪:《冲突与选择——现代哲学转向问题研究》,北京师范大学出版社 1996

年版。

77. 江畅主编：《价值论与伦理学论丛》（第 1 辑），湖北人民出版社 2002 年版。

78. 程志民、江怡主编：《当代西方哲学新词典》，吉林人民出版社 2003 年版。

79. 冯平主编：《经验主义路向》（上、下），北京师范大学出版社 2009 年版。

80. 冯平主编：《先验主义路向》（上、下），北京师范大学出版社 2009 年版。

81. 冯平主编：《语言分析路向》（上、下），北京师范大学出版社 2009 年版。

82. 冯平主编：《心灵主义路向》，北京师范大学出版社 2009 年版。

83. 张书琛：《西方价值哲学思想简史》，当代中国出版社 1998 年版。

84. 俞吾金、陈学明：《国外马克思主义哲学学派》，上海复旦大学出版社 1990 年版。

85. 甘绍平：《应用伦理学前沿问题研究》，江西人民出版社 2002 年版。

86. 洪谦主编：《西方现代资产阶级哲学论著选辑》，商务印书馆 1964 年版。

87. 张东荪：《价值哲学》，上海世界书局 1934 年版。

88. 杜汝辑：《马克思主义论事实认识和价值认识及其联系》，《学术月刊》1980 年第 10 期。

89. 张岱年：《中国古典哲学的价值观》，《学术月刊》1985 年第 7 期。

90. 张岱年：《论价值的层次》，《中国社会科学》1990 年第 3 期。

91. 张岱年：《论价值与价值观》，《中国社会科学院研究生院学报》1992 年第 6 期。

92. 高清海主编：《马克思主义哲学基础》下册，人民出版社 1987 年版。

93. 肖前、李淮春、杨耕主编：《实践唯物主义研究》，中国人民大学出版社 1996 年版。

94. 《刘奔文集》，中国社会科学出版社 2008 年版。

95. 李连科：《世界的意义——价值论》，人民出版社 1985 年版。

96. 《李连科集——人·主体·价值》，黑龙江教育出版社 1989 年版。

97. 李连科：《价值哲学引论》，商务印书馆 1999 年版。

98. 李德顺：《价值论》（第二版），中国人民大学出版社 2007 年版。

99. 袁贵仁：《价值学引论》，北京师范大学出版社 1991 年版。

100. 袁贵仁、方军：《邓小平价值观研究》，河南人民出版社 1998 年版。

101. 江畅：《幸福与和谐》，人民出版社 2005 年版。

102. 张岂之：《中国儒学思想史》，陕西人民出版社 1990 年版。

103. 毛崇杰：《颠覆与重建——后批评中的价值体系》，社会科学文献出版社 2002 年版。

104. 马俊峰：《评价活动论》，中国人民大学出版社 1994 年版。

105. 冯平：《评价论》，东方出版社 1995 年版。

106. 陈新汉：《评价论导论》，上海社会科学院出版社 1995 年版。

107. 陈新汉：《社会评价论》，上海社会科学院出版社 1997 年版。

108. 孙伟平：《事实与价值》，中国社会科学出版社 2000 年版。

109. 赵馥洁：《中国传统哲学价值论》，陕西人民出版社 1991 年版。

110. 门忠民：《价值学概论》,陕西师范大学出版社 1993 年版。

111. 刘永富：《价值哲学的新视野》,中国社会科学出版社 2002 年版。

112. 邬焜、李建群主编：《信息哲学问题研究》,中国社会科学出版社 2002 年版。

113. 张理海：《社会评价论》,武汉大学出版社 1999 年版。

114. 刘进田：《人本价值与公共秩序》,中国社会科学出版社 2010 年版。

115. 熊晓红、王国银等：《价值自觉与人的价值》,人民出版社 2007 年版。

116. 王伦光：《价值追求与和谐社会构建》,浙江大学出版社 2006 年版。

117. 黄海澄：《艺术价值论》,人民文学出版社 1993 年版。

118. 杨曾宪：《审美价值系统》,人民文学出版社 1995 年版。

119. 庞元正：《当代中国科学发展观》,中共中央党校出版社 2004 年版。

120. 赖金良：《主客体价值关系模式的方式论特点及其缺陷》,《浙江社会科学》1993 年第 1 期。

121. 赖金良：《人道价值的概念及意义》,《天津社会科学》1997 年第 3 期。

122. 赖金良：《哲学价值论研究的人学基础》,《哲学研究》2004 年第 5 期。

123. 韩东屏：《"价值是人"及其意蕴》,《哲学研究》1993 年第 11 期。

124. 韩东屏：《论价值定义的困境及其出路》,《江汉论坛》1994 年第 7 期。

125. 韩东屏：《质疑非人类中心主义环境伦理学的内在价值论》,《道德与文明》2003 年第 3 期。

126. 李明华：《生态文明对主观价值论的颠覆》,《广东社会科学》2003 年第 6 期。

127. 李征：《评超越哲学——评所谓"对唯物论和唯心论对立的超越"》,《人文杂志》1990 年第 2 期。

128. 郝晓光：《对所谓普遍价值定义的否证》,《光明日报》1987 年 1 月 5 日。

129. 赵守运、邵希梅：《对现行哲学"价值"范畴的质疑》,《哲学动态》1991 年第 1 期。

130. 王玉樑：《价值哲学》,陕西人民出版社 1989 年版。

131. 王玉樑：《价值哲学新探》,陕西人民教育出版社 1993 年版。

132.《邓小平的价值观》,陕西人民出版社 1995 年版。

133. 王玉樑：《21 世纪价值哲学:从自发到自觉》,人民出版社 2006 年版。

134. 王玉樑：《从理论价值哲学到实践价值哲学》,人民出版社 2013 年版。

135. 王玉樑：《客体主体化与价值的哲学本质》,《哲学研究》1992 年第 7 期。

136. 王玉樑：《价值哲学发展的里程碑——邓小平对价值哲学的重大贡献》,《中国社会科学》1998 年第 1 期。

137. 王玉樑：《当代价值哲学发展的困境及其原因》,《哲学研究》2004 年第 10 期。

138. 王玉樑：《理论价值哲学的困境与实践价值哲学的生机》,《光明日报》2004 年 12 月 7 日。

139. 王玉樑：《评实践核心论》,《北京大学学报》2001 年第 4 期。

140. 孙正聿：《辩证唯物主义的哲学智慧和实践智慧》,《中国社会科学报》2015 年 4 月

15 日。

141.《培育和践行社会主义核心价值观》,人民出版社 2014 年版。

142.《社会主义核心价值观学习读本》,新华出版社 2015 年版。

责任编辑：崔秀军
封面设计：汪　莹

图书在版编目(CIP)数据

实事求是价值哲学研究/王玉樑 著. —北京：人民出版社,2021.6
ISBN 978－7－01－022971－3

Ⅰ.①实…　Ⅱ.①王…　Ⅲ.①实事求是-价值论(哲学)-研究
　Ⅳ.①B022.2

中国版本图书馆 CIP 数据核字(2020)第 262507 号

实事求是价值哲学研究

SHISHIQIUSHI JIAZHI ZHEXUE YANJIU

王玉樑　著

人民出版社出版发行
(100706　北京市东城区隆福寺街 99 号)

北京汇林印务有限公司印刷　新华书店经销

2021 年 6 月第 1 版　2021 年 6 月北京第 1 次印刷
开本：710 毫米×1000 毫米 1/16　印张：25.25
字数：400 千字

ISBN 978－7－01－022971－3　定价：88.00 元

邮购地址 100706　北京市东城区隆福寺街 99 号
人民东方图书销售中心　电话 (010)65250042　65289539